当代新闻与传播学系列教材

新闻写作学

（第五版）

胡欣　谢献谋　郑忠祥　著

WUHAN UNIVERSITY PRESS
武汉大学出版社

图书在版编目(CIP)数据

新闻写作学/胡欣,谢献谋,郑忠祥著.—5版.—武汉:武汉大学出版社,2020.1
当代新闻与传播学系列教材
ISBN 978-7-307-20555-0

Ⅰ.新… Ⅱ.①胡… ②谢… ③郑… Ⅲ.新闻写作—高等学校—教材 Ⅳ.G212.2

中国版本图书馆CIP数据核字(2018)第222786号

责任编辑:王智梅　　责任校对:李孟潇　　版式设计:韩闻锦

出版发行:**武汉大学出版社**　(430072　武昌　珞珈山)
(电子邮箱:cbs22@ whu.edu.cn 网址:www.wdp.com.cn)
印刷:湖北民政印刷厂
开本:787×1092　1/16　印张:17　字数:421千字　插页:1
版次:1998年4月第1版　　2003年8月第2版
2006年7月第3版　　2012年8月第4版
2020年1月第5版　　2020年1月第5版第1次印刷
ISBN 978-7-307-20555-0　　定价:48.00元

序

何 微

胡欣同志长期从事写作方面的教学和研究，他是这方面的专家，有丰厚的教学实践功底，曾出版过《写作学基础》等著作。

《新闻写作学》是“武汉大学面向21世纪教学内容和课程体系改革计划”暨“湖北省高等学校教学研究项目”之一。此书作为新闻写作学课程改革课题的主干部分和CAI课件及题库，组成“三位一体”的教学模式。这样，新闻写作学课程就避免了过去教材孤零零地立在那里的状况。“三位一体”形成新闻写作学课程的新体系，据我所知，这在全国同类专业课中应数第一家。对于此种首创精神，我表示衷心的祝贺！

我浏览过一些有关新闻写作的著作，对比之下，这本书有它的特色：

体系完整。以往的新闻写作教材，多数是列出“消息”和“通讯”两大部分，而且仅限于报刊体裁。此书由总论和分论组成，体裁范围和报道形式扩宽了，这符合新闻写作的实际。因为新闻媒体不止报纸一家，体裁也有了新的发展。

继承传统有创新。本书在学术上和应用上提出一些新观点，表现出作者的思辨能力。比如将“用事实说话”界定为新闻写作的“基本规律”，而不是过去流行说法是“基本方法”；将“新闻要素是5W+H”改正为“事实要素是5W+H”，“新闻要素”应从新闻本质属性中认识构成新闻的因素。

实用性强。本书理论联系实际，涉及面较广，内容较新，使学生能很快将理论知识转化为动手能力，并能写出符合客观事物发展规律的新闻作品。对在岗的新闻从业人员提高业务水平也有借鉴作用。

该书贯穿了新闻写作的基本原理：

第一，重视事实。事实是任何新闻体裁的必需材料，没有事实就构不成新闻。事实是新闻的本源，这是有道理的。

第二，务求真实。捏造的事实、说谎都不是事实，是对真理的伤害，是欺骗受众的，损害了职业道德，这是新闻工作者的大忌。

第三，扣紧时间。因为新闻须新鲜，作品要以最快速度发表。在某种意义上讲，新闻界的竞争是报道时间上的竞争，将鲜活的新闻信息以最快的速度传播出去，就是胜利。

第四，文字优美。不论什么体裁，不管行文长短，都像观赏一幅画一样，使人感到是一种美的享受。为什么提出用散文形式写新闻？用散文形式不是目的，写的新闻应使人受益和有美的感受，这才是目的。

以上所谈，聊以为序。

目　录

绪　　论

一、新闻写作学研究的对象、任务和方法

新闻写作学是研究新闻写作主体，写出新闻作品的应用性学科。它是“新闻与传播学”的一个重要组成部分，也是“写作学”的一大类别，隶属人文科学范畴。

新闻写作学之所以成为一门学科，是因为它有特定的研究对象、任务、结构体系和研究方法。

它研究的对象是：新闻写作主体（记者）和新闻写作客体（新闻事实、新闻作品和受众）所特有的关系与矛盾。这样，主体、客体和主体对客体的认识与表现，就构成了新闻写作学研究对象的三个基本要素。在新闻写作中，记者、作品和记者对新闻的报道，就成了新闻写作学研究的对象和应解决的基本问题。

新闻写作学的任务是：运用马克思主义新闻观，指导新闻采写实践，在报刊、广播、电视、网络、手机五大媒体中写出新闻精品，使之坚持正确方向、创新方法手段，提高新闻舆论与信息的传播力引导力。

新闻写作学有自己的结构体系。从目前研究新闻写作学的情况看，大体有四种类型：

一是体裁型。分为消息和通讯两大体裁，涉及新闻写作的方方面面。这是一种传统体系。

二是过程型。把采访与写作合为一体，名之曰“新闻采访写作”。这是考虑到在新闻实践活动中，采访与写作密不可分，没有“单打一”的情况，因而构建的体系。

三是专题型。运用“系统论”的观点，把新闻写作学分为：新闻写作本体、新闻写作主体、新闻写作客体、新闻写作载体、新闻写作受体等，这种体系较新，尚在探索中。

四是综合型。运用一般到个别、基本规律到特殊规律的观点，把新闻写作学分为：总论、分论。总论主要阐述原理和方法；分论主要阐释各类新闻体裁的写作。这种体系目前比较通行，因为它从宏观到微观、从整体到个别把握住了新闻写作实际。本书拟采用这种体系来构建新闻写作学。

新闻写作学研究的方法是：运用唯物辩证法，将理论与实践、历史与现实、人本（记者）与文本（作品）紧密联系起来，以充分体现应用性学科的特点。

二、学习新闻写作的目的、要求和方法

新闻写作，是新闻记者（包括通讯员）通过采访获取新闻事实后，经过缜密的构思，然后运用一定的体裁形式及语言文字等符号，迅速写出新闻作品的一种艰苦的脑力劳动。

学习新闻写作的目的是：根据新闻写作的特性，掌握新闻写作基本知识，创造性地运用新闻写作的一般规律、方法与技巧，写出高质量的消息、通讯、特写、专访等多种新闻作品，以适应新闻与传播学专业和新闻业务工作的需要。

学习新闻写作的要求是：讲究规范，写作不能鱼龙混杂；讲究实效，训练不能走过场；讲究质量，稿件不能粗制滥造。这“三讲究”是很快提高新闻写作能力和报道水平的关键之处。

学习新闻写作的方法是：学与用、知与行、采与写紧密结合起来，而以实践为中心。我们只有不间断地实践，将知识转化为技能，把记者的看家本领学到手，才有助于使自己成为挥写时代风云的新闻传播者。

第一章 总 论

第一节 新闻写作的基本规律

一、用事实说话是新闻写作的基本规律

(一)什么是用事实说话

首先，要弄清什么是“事实”。广义的说法是：客观存在。它泛指人的一切活动和自然界的一切现象。它是真实存在的和实际发生的，具有时间、地点、人物、事件、原因、结果六个要素。事实的形态有具体事实、概括事实和数据三种。具体事实要素俱全，往往生动、典型，因为它把事实的不同侧面、前因后果的细节显露出来了。概括事实是从许多相同事实中概括出来的事实。数据，是把概括事实精确化，其中表示概率和比例的数据显示了相关事物所具有的普遍意义。

事件也是事实，但和一般事实有三点不同：一是人与人或人与自然的关系处于矛盾激化状态；二是事件有明显的运动过程；三是它的后果显得重大，不能忽视。事件是人们关注事实的重点。

新闻报道的“事实”，是不是仅此而已？不是。它是有个性特征的，这就是“新闻事实”，不是一般的事实。什么是新闻事实呢？新闻事实是指构成一条新闻所必须具备的有传播价值的事实，必须具有新鲜性、真实性、重要性、时效性等特殊素质。一般事实是指那些意义不大、没有传播价值、大量存在的、重复千万次的事实，它不能构成新闻。如人吃饭，是一般事实，不是新闻。人吃草(湖北鄂西确有其人其事，报纸报道过)，是新闻事实，可以写一条新闻。

其次，要弄清什么是“说话”。它不是平常人们的言谈、生活中的谈话，而是一种“观点的宣传”，一种“宣传报道倾向”，至少有“达到某种目的”的含义。简言之，就是“报道”。

这样，“用事实说话”的含义就是：通过报道事实来向人们表明一种思想观点和意见。换句话说，是把作者的观点和意见寓于事实的叙述之中，让人们从事实中得出结论。

“用事实说话”是个简要表述，全面表述应是：迅速地用新闻事实向受众(读者、听众、观众)报道。

(二)为什么说用事实说话是新闻写作的基本规律

“基本”是基础和根本；“规律”是事物之间的内在的必然联系，也叫法则。基本规律

由事物的基本矛盾引申而来。

写作，作为人的一种脑力劳动，其基本矛盾是主观认识与客观存在的矛盾，即观点与材料的矛盾。对新闻写作来说，是记者(作者)的报道意图与所报道的事实之间的矛盾。这对矛盾就构成了“说话”与“事实”的对立统一关系。解决这个矛盾就是“说话”服从“事实”。这符合辩证唯物主义。

从新闻的定义来看，新闻是新近发生的事实的报道。报道的基础和内容是事实。如何运用事实、报道事实，做到“说话”与“事实”的统一，正确反映客观事物，就成了记者的写作目标。

“说话”与“事实”这对基本矛盾，支配和制约着新闻写作的方方面面，其内涵非常丰富。它涵盖着选材、立意、布局以及语言表达，也涉及表现手段、方法和技巧。难怪诸多新闻学者把“用事实说话”视为新闻写作的“基本方法”，有的说是“基本要求”，有的定为“基本原则”，有的称为“基本特征”，有的强调为“新闻写作第一要义”。这正是“基本规律”使然。

如果从理论上认识，把“用事实说话”视为基本规律则更为确切。正如老新闻工作者吴冷西同志所说：“新闻应该按新闻的规律办事——让事实说话。”“新闻所以有力量是靠事实说话，用事实宣传观点、思想、政策。这是因为，人们认识世界的规律，是从具体到抽象，从个别到一般。新闻要提供大量的事实，让受众从中得出概念、结论、判断。”①这应该说是从理论上对“用事实说话”的完整的解释。

二、新闻写作应遵循用事实说话的基本规律

(一)新闻写作为什么要用事实说话

第一，事实是新闻的本源。唯物主义新闻观认为，新闻的本源是事实，事实是第一性的，新闻是第二性的；事实是客观存在，新闻是客观存在的反映，有了事实才有新闻。所以，有人称新闻学是“事学”②，以此来区别“用形象说话”的“人学”(文学)。

作为传播新闻的实践行为及其载体——新闻写作及其作品，同样要以事实为本。写消息基本上是依托于事实，写通讯、特写更离不开详细生动的事实。就是写新闻评论，也要以事实为根据，才能缘事而发。事实，严格地说是新闻事实，是一切新闻体裁写作的源泉和基础。不用事实说话，新闻写作就不复存在。

第二，事实最有说服力。用事实说出来的意见是最有力量的意见，因为事实胜于雄辩。抽象、笼统的说教，只能给人以抽象的概念。只有事实，具体翔实的事实，才能给人以深深的印记。一般来讲，事实愈具体、真切、形象，那么感人就愈深，说服力就愈强。生活中往往有这种情况，群众听了那么多文件指示，看了那么多理论文章，远不如看(听)一篇生动的典型报道。像孔繁森的事迹报道，传遍千家万户，激励着千万个领导者廉洁奉公当好人民的公仆。仅援藏一项，现在主动要求和服从分配到西藏艰苦地方工作的领导干部、大学毕业生和科技人员，就比以往多得多。看来，一个生动的典型(活生生的事实)，比多次抽象说教的效果要强得多。

---

① 吴冷西：《吴冷西谈广播电视新闻》，载《新闻战线》杂志 1982 年第 12 期。

② 参见林帆《新闻是“事学”》，载《上海市新闻学会通讯》1985 年第 9 期。

第三，事实最符合受众的接受心理。受众看报纸、听广播、看电视上互联网、刷手机上的新闻，首先是想知道一些新鲜事，而不是首先想知道一些大道理。就是电视新闻节目上出现少量的“编者的话”，也不可能先来个“评论”，然后才播事实，这是从受众接受心理的特点考虑的。受众最感兴趣的是那些吸引人的事实，最关心的是当前国内外重大事件和与己相关的重要信息。新闻媒介提供的事实越新鲜、越具体、越生动，受众就越乐于接受。对那些空洞的说教、抽象的观念，受众是不屑一顾的(他可以去读学术著作)。这是受众普遍心理特点。

(二)新闻写作怎样用事实说话

在流行的新闻写作教材中，一般是按文章写作手法作为用事实说话的方法，如：筛选事实、以小见大、对比衬托、点面结合、再现场景、画龙点睛等，还有“赋、比、兴”这些传统手法。这些手法在很多文章写作中都适用，新闻写作也不例外，理所当然要运用。但它们不是新闻写作独有的。作为新闻写作独特之处，是既报道了事实，又发表了无形的意见。以下常用方法更能显示“用事实说话”的内涵：

1. 运用“春秋笔法”

“春秋笔法”是孔子修订史书《春秋》的笔法，也包括孔子之后各种史书的笔法，统称为史家笔法。据司马迁《史记·孔子世家》记载，孔子一生没有得到重用，晚年曾无限忧虑地说：“君子病没世而名不称焉。吾道不行矣，吾何以自见于后世哉?”于是他决定用鲁国史官所记的材料来编撰一部《春秋》。孔子编《春秋》，主要意图是维护没落的奴隶主阶级的等级秩序。因此，他在编写过程中讲究章法、句法、字法，花很大的精力斟酌字义，选择特定的词语以表现这一意图。譬如，对臣下杀君，他专用“弑”字，表示贬义；吴、楚的国君都曾自称为王，孔子认为他们违反了原有的等级原则，故《春秋》史书中仍称他们为吴子、楚子。又如，孔子对诸侯征召周天子参加盟会的僭越行为极为气愤，行文中便故意写成“天王狩于河阳”，为天子掩饰。

后来，历代封建君主很推崇孔子的这种修史笔法，是因为他在《春秋》里不动声色地通过用词的褒贬，维护了封建统治者的利益。这种笔法，以简练的文笔，写出寓意深刻的事实。它有材料，有见解，但见解多融于事实中，“以一字为褒贬”，“微言”显“大义”，使文章言简意赅。于是后人称这种文笔曲折而意含褒贬的文字为“春秋笔法”。

这种笔法与现在所讲的用事实说话的含义很接近。虽说那是写历史，但今日之新闻就是明天的历史，从纪实来说，本质上是相通的，都是真实事实的记录。

我们学习、借鉴“春秋笔法”的优良传统，对今天写新闻很有帮助，能很好地体现用事实说话的原则。如我们在介绍苏联、东欧20世纪90年代初期发生政治变化时，所用的词语是“苏联解体”和“东欧剧变”，含有“中性”的词义。而西方记者则用“民主改革”，含有“褒义”。所以，对同一事物，通过使用含有褒贬之义的词汇，能表达记者的不同立场和不同观点。

2. 进行客观报道

客观报道与用事实说话的含义很相近。它是西方新闻界最早提倡的一种报道方法。它要求记者只提供材料，不表达观点，反对在新闻中夹叙夹议，只把所报道的事实发生的时间、地点、人物、情况和原因交代清楚就行了。如果报道的事实牵涉几种不同的意见，记者也要不偏不倚，写出各方面的看法。

客观报道方法兴起于19世纪60年代的美国。美国早期报纸多属于政治性刊物，具有强烈的党派倾向。它们的报道一般是夹叙夹议，直言褒贬，往往对一件事又各执一说。可是，受众要知道事情的真实情况，要求记者尽可能客观、公正地进行报道。在这种情况下，美国最大的通讯社——美联社为向具有各种党派倾向的报纸一律出售稿件，避免得罪任何一家报纸，又适合受众的要求，于是奉行一种“不偏不倚”的发稿政策，便采取上述客观报道手法写新闻。后来这种报道手法逐渐为各种新闻传播媒体所接受。到了20世纪初，在西方报道中把新闻与议论（包括评论等）分开的观点，已得到新闻界广泛承认。因此，客观报道被看做新闻写作的一个基本准则延续至今。

现在，西方新闻界虽然对新闻报道提出不少新的观点和不同的看法，但是客观报道的手法依然被当做新闻写作的基本要求和基本技巧，尤其是通讯社播发的电讯稿将此奉为“信条”。

我们对西方新闻界所标榜的“客观报道”，应作具体分析。美国新闻学家保罗·希汉就讲过：“即使机器人也无法获得绝对的客观。这是因为机器人亦无例外都是人的思考的产物。采访、撰写、编辑、散发新闻的都是活生生的人，而每一个人都不可避免地有一定的思想、感情、态度、意见。”①当然，“客观报道”如果作为报道的手法，作为掩盖其报道倾向的技巧，则是值得我们学习、借鉴的。早在1956年5月28日刘少奇同志对新华社负责人的谈话中就指出：我们“要学习资产阶级通讯社的报道技巧。他们善于运用客观的手法、巧妙的笔调，既报道了事实，又挖苦了我们，他们的立场站得很稳”②。这就道出了客观报道并不客观，只是手段巧妙而已。

3. 借用他人之口说话

这实际上是“春秋笔法”和“客观报道”当中的一种表达技巧。因为借用他人之口说话在新闻写作尤其是消息写作中常见，故单独列出。

借用他人之口说话，就是记者借用别人讲的话来表达自己的观点。外国有一种说法：“记者的舌头是缩在后面的”，让别人充当代言人。这样写，从表面上看，是被采访对象和新闻事实中的人物谈的话，表现得很客观，实际上是记者在幕后操纵，因为这说话的人及其说话的内容是经过记者挑选的，与记者看法合拍。这样就用第三人称来表述。其表现形式为“引述”，又称为引述法、引语法。

引述法有两种情况：一是假托；二是实引。假托，就是记者不显露自己身份，假借他人发话，如“此间观察家认为”“消息灵通人士说”及“分析家认为”等。实引，就是实实在在引述别人的话。实引又分引原话和引大意两种。引原话时（一般是重要的），必须加“引号”，有说话人真实身份、姓名；引大意时，不加“引号”，一般也都有说话人真实身份和姓名。

怎样运用引述法？无一定之规，这要看行文的需要。例如，下面这则消息：

---

① 转引自杜荣进主编《中外新闻采写借鉴集成》，浙江教育出版社1997年版，第16~17页。

② 刘少奇：《对新华社工作的第一次指示》，载《中国共产党新闻工作文件汇编》（下），新华出版社1980年版，第360页。

外交部发言人表示：

联合国声明再证南海仲裁案完全无效

新华社北京7月14日电（记者靳若城）外交部发言人陆慷14日在例行记者会上表示，中方注意到联合国有关机构发表的声明，这再次说明，南海仲裁案临时仲裁庭作出的所谓裁决是完全无效和没有拘束力的。

有记者问，昨天联合国官方微博声明，常设仲裁法院与联合国没有任何关系，国际法院同时发表声明指出，国际法院作为完全不同的另一机构，自始至终未曾参与所谓的南海仲裁案。此前，联合国秘书长发言人也表示对南海仲裁案法律和实体问题不持立场。中方是否认为联合国机构的这些公开权威表态对中方是有利的？

陆慷说，我们注意到联合国有关机构发表的上述声明。这再次说明，南海仲裁案临时仲裁庭根本不是“国际法庭”，它的组成和运作根本不具合法性和代表性，它作出的所谓裁决也根本不具权威性和公信力，是完全无效和没有拘束力的。看来这也说明了为什么这个非法的仲裁结果出来后，只有三四个国家一厢情愿地宣称这个结果“有法律约束力”。

陆慷说，这两天《华尔街日报》、法新社等一些媒体在相关报道中也曾把这个菲律宾前政府单方面请求成立的仲裁庭称作“联合国仲裁庭”，“我希望这只是因为有关媒体没搞清情况疏忽了”。

他表示，现在联合国有关机构已公开声明这个仲裁与联合国无关了，希望媒体也好，个别国家的有关人士也好，以后不会再疏忽了。

（载《新华每日电讯》2016年7月15日）

这则消息是2016年7月12日所谓“南海仲裁案”出笼后，记者用他人之口说话来表明自己立场观点。本来中国政府也于当天发表了关于在南海的领土主权和海洋权益的严正声明，官方主流媒体也发表了评论员文章，为了使受众具体了解事情真相，同时也表明记者观点，就采用了“借用他人之口说话”的写法：一是借用外交部发言人的话，二是借用联合国官方微博声明，三是借用外国媒体的报道。这就强有力地说明：南海诸岛自古以来就是中国领土，且符合国际海洋法，由菲律宾单方面向“南海仲裁庭”申诉、且又是由被收买的5名法官来裁决，是一场政治闹剧，裁决结果是一张废纸。

4. 注明消息来源

消息来源又称新闻来源，是新闻学一个专门术语。消息来源有广义和狭义之分。广义的消息来源指供应新闻的媒介，如通讯社供稿、读者来信、记者采访、通讯员来稿、各种文件资料及宣传品等。狭义的消息来源是指消息的出处，是新闻第一手材料的提供者。消息来源可以是人，也可以是物，如文件材料、宣传品等。

消息来源通常的写法是“据……（通讯）社”“据……提供的消息”“记者从……获悉”“据知情人士透露”等，接着就是作者的陈述。

注明消息来源是用事实说话的一条经验，但不是每条新闻都要注明消息来源。有些不言而喻的事实，如新闻发生的时间、地点、人物、地理环境、气象条件等，不注明消息来源受众也不会生疑。另外，记者目击的事实，受众一看（听）就知道这是记者在现场看到、听到、感觉到的，也不必句句都加上“记者看到”等字样。

注明消息来源的情况有：

(1)对那些阐明事件的原因、预示事件发展的趋势、揭示事物之间内在联系的事实，一般要注明消息来源。特别是内幕新闻，不写明消息来源，无法使受众相信，甚至会以为这是记者瞎猜的。

(2)对于重要的事实，一般要注明消息来源，它可以增加新闻的分量。

(3)对于有争议的、容易引起怀疑的事实，注明消息来源可增强新闻的可信性，同时也利于受众对这些事实进行分析、判断。

(4)对于那些一时得不到官方证实，又十分重要的事实，几乎每句话都应注明消息来源。

以上所述，都是用事实说话的主要方法与技巧。用事实说话是不是一概排除含有主观因素的必要的议论呢？不是。那些附着事实的画龙点睛式的议论，不但能强化事实、深化主题，而且能帮助受众正确理解乃至深刻理解新闻事实。我们反对的是那些偏离事实的空泛议论，也反对照搬政策条文，或领导人冗长的讲话。那样写新闻稿，新闻报道就变味了。

第二节　新闻写作的基本原则

新闻写作是用事实说话，那么，事实是真实的还是虚假的，这就关系到新闻写作的原则问题。真实的新闻取信于民，有益于民；虚假的新闻贻害无穷，令人唾弃。所以，新闻写作的内容真实与否是其第一要义，是一个基本原则问题。

一、真实性是新闻写作的基本原则

按照新闻学的观点，真实性是新闻的根本属性，是新闻的生命线，是新闻赖以存在的基础，是新闻报道的基本原则。离开了真实性，新闻就成了空中楼阁、无源之水、无本之木。作为新闻学应用部分之一的新闻写作，亦应恪守新闻真实性原则，否则新闻写作就毫无意义，不复存在。试想，如果媒体报道了假新闻，那就成了《红楼梦》中第一回所说的“假作真时真亦假，无为有处有还无”，读者一概不相信你的报道了，因为你愚弄了人，欺骗了人，就像顾客买到的是貌似真货的假货一样。

例如，2003 年 3 月 20 日美国发动对伊拉克的战争，除了双方进行军事对抗外，还同时进行媒体大战。战争进入第二天，双方媒体已经提前报道说进入“近战”“肉搏战”和“巷战”。美国媒体报道：美国中央情报局“透露”，萨达姆被击中受伤了；这时伊拉克人赶快播出萨达姆的讲话。美国人耸耸肩，说“这个萨达姆是假的”，要不然“播出的是一个在美军空袭前就事先录制好的讲话”。于是，伊拉克人很快又播出另一段有关萨达姆的画面。美国人又说：“还是假的。”不管怎么样，说萨达姆受伤并造成既定印象对美方是大为有利的。还有：美军直升机坠毁，造成 8 名美军和 4 名英军士兵死亡，伊拉克对此立即宣布是“被伊军导弹击落的”；即刻，美国五角大楼(国防部)坚决否认，说是“自己掉下来的”。于是，“被击落的”和“自己掉下来的”便又成了一个悬案。再有：美方反复播出几十名伊军投降的画面，企图影响伊军士兵的士气；伊方新闻部长萨哈夫则说“那些不是军人，是平民”。双方这场媒体大战的结果是：全世界的观众、读者都对他们的新闻失去了信任。①

上面事例说明，造假新闻往往使真的也变成假的，下回谁还看(听)他们的新闻报道呢？当然，这是他们的政治需要、军事需要，或为经济利益所驱动。这是与社会主义新闻事业格格不入的，“我们的力量在于说真话”，绝不效仿这一套。

那么，什么是新闻的真实性呢？它的含义是：新闻报道如实反映客观事实，符合事物本来面目。这个含义包含三层意思：

第一，新闻报道的具体事实必须真实，即事实中的时间、地点、人物、事件、原因、过程、结果，以及人物的思想活动、语言行动、事实数据、背景材料和各种细节描写，都必须准确无误。也就是说，一是一，二是二，不能掺和“合理想象”，也不能搞“基本属实”。

第二，新闻报道概括的事实必须真实，即准确地概括具体事实，反映事物的全貌，不能以点代面、以偏概全、以一当十。

第三，新闻真实性原则更高一个层次的要求是揭示事物的本质。但是，不能把揭示事物的本质当做整个报道的出发点，而应看成真实的新闻报道的必然结果，即不能以“本质真实”来制约新闻报道。如果把“本质真实”作为整个报道的出发点，那么新闻写作的路子就窄了，因为人的认识有感性认识和理性认识两个阶段。感性认识——对事物现象的认识是对的，也可以写成报道。当然，最好是现象与本质的统一。

二、如何防止新闻失实

防止新闻失实有多种途径和办法，诸如提高新闻从业人员的思想政治水平，加强职业道德教育，制订严格审查的规章制度，加强领导和群众对媒体的监督，等等，这些都是完全必要的。但是，在新闻传播中偏偏有人明知故犯，或变换花样来以假乱真。怎么办？以下三种打假办法是比较实际而有效的：

(一)曝光

曝光就是毫不留情地把查出来的假新闻和盘托出，公之于众，让它原形毕露，让受众擦亮眼睛，杜绝这种“病毒”蔓延。

例如，为了让新闻造假者改过自新，也为了他人引以为戒，上海《新民周刊》2003年第1期发表了《给去年十大假新闻颁“客里空奖”》一文，将2002年出现的有“轰动效应”的假新闻暴露在光天化日之下。这十大假新闻是：1.《女记者与“狼”共穴61天》；2.《诗人汪国真卖字求生》；3.《南京大屠杀纪念馆拟改名》；4.《微波炉是恐怖杀手》；5.《央视全面封杀米卢广告》；6.《意韩赛主裁判惨死于乱枪》；7.《地球生命只剩50年》；8.《宋祖英要揭央视“老底”》；9.《刘晓庆在狱中有空调有淋浴》；10.《千年木乃伊出土后怀孕》。这些离奇古怪的假新闻出自多家报纸杂志，也被多家传媒转载，蛊惑了不少读者。就《女记者与“狼”共穴61天》来说，就迷惑了很多人。它是《家庭》杂志2002年1月下半月推出的特别报道，讲的是山西省城某党报女记者吴丽，因写批评报道而被劫持，拐卖到陕北吴堡县朱家坪61天，通过斗智斗勇，最后获救。此文刊出后，被国内十余家传媒转载，但《山西日报》《太原日报》两家党报经过调查后确认，该事件纯属子虚乌有。

---

① 参阅郑若麟《美伊媒体也大战》，载《文汇报》2003年3月21日。

(二)惩处

一旦发现有造假新闻，媒体和有关部门应视情节和手段轻重，分别予以惩罚或处分，对造成严重后果的还要追究法律责任。这对造假者是个震慑，对跃跃欲试造假者能起警戒作用，对树立良好的社会风气也有好处。

据《新华每日电讯》2016年7月4日刊登的《网络平台内容未经核实不得作新闻刊发》(记者荣启涵、罗宇凡)报道：记者3日从国家互联网信息办公室了解到，为进一步打击和防范网络虚假新闻，国家网信办日前印发了关于进一步加强管理制止虚假新闻的通知，严禁未经核实将社交工具等网络平台上的内容直接作为新闻报道刊发。

通知要求，各网站要落实主体责任，进一步规范包括移动新闻客户端、微博、微信在内的各类网络平台采编发稿流程，建立健全内部管理监督机制。严禁网站不标注或虚假标注新闻来源，严禁道听途说编造新闻或凭猜测想象歪曲事实。各级网信办要切实履行网络内容管理职责，加强监督检查，严肃查处虚假、失实新闻信息。

据了解，2016年以来，国家网信办持续加大网络虚假新闻整治力度，针对造成恶劣社会影响的"东北村庄'礼崩乐坏'""长沙大巴被纵火""魏则西事件后续：国家信访局为近百名相似患者开通绿色通道""上海女孩春节逃离江西农村""城市媳妇回乡过年上桌吃饭怒掀桌子"等网络虚假新闻信息，责令有关地方网信办加大执法力度，重点约谈了一批违法违规登载虚假新闻的网站，并依据《全国人民代表大会常务委员会关于加强网络信息保护的决定》《互联网新闻信息服务管理规定》等法律法规，对制造、传播虚假新闻情节较为严重的新浪网、凤凰网、中华网、扬子晚报网、张家界在线、财经网、腾讯网、网易网、今日头条等多家网站进行了处罚和惩戒。有关网站也依法依规对炮制、传播虚假信息的"想说又说不出口""农地圈""财经""@ KDS 宽带社""@ 华西都市报"等账号进行了处置。

国家网信办负责人表示，将保持整治网络虚假新闻信息的高压态势，进一步健全有关法律法规和工作机制，不断规范网络新闻信息传播秩序。欢迎广大网民对网上违法和不良信息进行监督举报，共同维护良好网络生态。

(三)把关

很多假新闻出笼，往往是编辑、记者把关不严，审阅草率所致。

据《文汇报》1996年10月2日刊登杨雄里的文章《现代科技与科技传媒》披露：上海某报刊发了一条消息，说东南亚某地有原始部落人居住，那里的妇女生孩子生下的是一个蛋，以后再把蛋孵化成孩子。这是记者道听途说的怪事，没有去调查就写成了报道。编辑见到此稿也没有去核实，就登出来了。这条"荒诞新闻"不久被有关专家戳穿：根本没有这回事。这是记者、编辑忘了起码的科学常识，也是对稿件的真实性问题把关不严，以致闹出了笑话。

无论编辑也好，作者本人也好，都要把新闻的真实性问题放在首位，以严肃认真的态度对待稿件中的点点滴滴，包括细节部分，确保事实与客观实际完全相符合，不可有一丝一毫的疏忽和纰漏。

据《广东侨报》记载，巴金在1985年元旦前夕对中国新闻社谈及自己的一次新闻报道失实的事，并表示深为抱憾，"终生难忘"。

这是六十多年前的事：20世纪20年代初期，巴金到广州旅行，小住了一段时间，返回上海后就把自己在广州的所见所闻写成一篇《广州一月记》的报道，以马琴的笔名发表在开明书店出版的《中学生》杂志上。报道中，巴金引用从一位朋友那里听来的材料，说当时的广州海珠桥是从某一家外国公司买来的旧货。文章发表后，广州市政府派人与开明书店交涉，指出该报道失实，要求“加以更正，澄清事实”，“以正视听”。因为这座大桥虽然是向外国公司购买的，但绝非“旧货”。结果，开明书店只好花了2万元大洋，在报纸上道了歉。巴金深有感触地说：“这件事教训了我，使我懂得写新闻报道不同于搞文学创作，任何一点失实都是不允许的。”①

巴金青年时代写的一篇报道，只因一字之差——新货与旧货，就惹出这么大的麻烦，可见对新闻报道的真实性问题绝不能掉以轻心。

第三节 新闻写作的基本要求

对新闻写作的基本要求，中国和外国、过去与现在，都有些不同的提法，但不外乎是从新闻的本质、特征、规律与方法，或从新闻的内容与形式以及传播特点等方面着眼的。在我国新闻事业发展中，一般是按照新闻界权威人士代表中央或新华通讯社，对新闻写作的基本要求所做的“规范性”阐述。现摘要介绍如下：

早在1943年9月1日，陆定一同志在《解放日报》上发表的《我们对于新闻学的基本观点》一文中就提出“新闻要真实”，“‘新闻五要素’缺一不可”。1946年9月27日，胡乔木同志又在《解放日报》上发表了《短些，再短些!》的评论，又着重强调了新闻要“短”的要求，并提出三条建议：

一、新闻要五分之四是500字左右的；
二、通讯和副刊稿件五分之四是1 000字左右的；
三、研究性的论文等等五分之四是2 000字左右的。

他还同时提出要像鲁迅先生那样：“写完后至少看两遍，竭力将可有可无的字、句、段删去，毫不可惜。”

1953年12月，任新华社社长的吴冷西同志在新华社第三次全国社务会上所作的总结报告中提出了新闻写作的8条要求：

第一，用事实说话。用充分的事实来体现一定的政策思想，而不是用记者的口吻去大发议论。

第二，事实要精练。

第三，事实安排要有一定的规格。即：将最重要、最新鲜、最吸引人的事实放在最前面。

第四，逻辑清晰，条理分明。

第五，交代背景，说明意义。

---

① 转引自杜荣进主编《中外新闻采写借鉴集成》，浙江教育出版社1997年版，第53~54页。

第六，生动活泼，饶有风趣，为群众喜见乐闻。

第七，文字简洁、确切、优美。

第八，迅速及时。

吴冷西同志指出：这 8 条要求中，前 5 条是基本的，必须做到，后 3 条是力求做到的。

这 8 条要求，在相当长的一段时间一直作为我国记者新闻写作的最规范的基本要求，对新闻写作起了很好的指导作用。以后的阐述，虽有深入，但基本上未超出此范围。

进入新的历史时期以后，随着社会主义市场经济体制的建立和发展，新闻学界又提出了具有中国特色的社会主义新闻报道对新闻写作的基本要求，这就是：新、实、深、快、短、好。新，是指报道的事实新鲜，有新意；实，是指真实，实在，实事求是；深，是指深入报道事物的本质或意义，在阐述方针、政策、理论上和揭示社会生活方面有深度；快，是指最佳时效；短，是指篇幅短小、精练；好，是指事实、主题、角度和文字俱佳，写出来的是精品。

以上是新闻写作中文字、内容、篇幅等的具体要求，那么对新闻舆论工作乃至新闻写作的总体要求是什么呢？据新华社北京 2016 年 2 月 19 日电文(记者李斌、霍小光报道)：习近平总书记当天上午到人民日报、新华社、中央电视台调研后，下午在北京主持召开党的新闻舆论工作座谈会上强调，党的新闻舆论工作是党的一项重要工作，是治国理政、定国安邦的大事，要适应国内外形势发展，从党的工作全局出发把握定位，坚持党的领导，坚持正确政治方向，坚持以人民为中心的工作导向，尊重新闻传播规律，创新方法手段，切实提高党的新闻舆论传播力、引导力、影响力、公信力。“文者，贯道之器”，可以说，这是新闻写作的风向标。为此，新闻工作者必须践行习近平总书记在座谈会上提出的新闻舆论工作的职责和使命：“高举旗帜、引领导向，围绕中心、服务大局，团结人民、鼓舞士气，成风化人、凝心聚力，澄清谬误、明辨是非，连接中外、沟通世界。”这 48 个字为新闻舆论工作作了概括性要求，应视为新闻写作的基本要求。通过我们手中的笔和现代传播技术，努力写出准确而快速的新闻报道，犀利而服人的舆论引导，真实而感人的中国故事。

第四节　报道内容的价值取向

新闻写作是一门选择和表现新闻事实的艺术。在报道内容上，不是见到什么就写什么，不是想写什么就写什么，而是有限定的、有选择的，要按新闻规律和要求选择有报道价值的事实。

一、认清新闻要素

迄今为止，我国新闻界大多仍沿用西方新闻界提出的新闻要素是五个“W”加一个“H”的观点。这五个“W”是指由“W”开头的五个英语单词：Who(何人)，What(何事)，When(何时)，Where(何地)，Why(何因)，再加上一个由“H”开头的 How(如何)。

此说源于 1851 年西方新闻界。1889 年美联社总编辑 E. 斯通要求导语写作要“五要素俱全”，并将其规范化，列入记者写作准则。此后，“五要素”之说引起普遍关注，并逐步推广到世界新闻界。1932 年，美国的麦格杜尔提出“新闻六要素”，即在原来“五要素”的基础上加一个 How(如何)要素。后来，“六要素俱全”导语的格局被打破，但对一则新闻的内容来说，一般应具备这六个要素。

五个“W”加一个“H”，是不是“新闻要素”呢？不是的。它应该称为“事实要素”，确切地说，是一个完整的事实构成的要素。

强调五个“W”加一个“H”有什么意义呢？它是把事实弄清楚的最起码的条件，是事实走向精确的阶梯，是说明新闻怎样报道才具体的依据。

五个“W”加一个“H”的性质是什么呢？它是人类用来把握客观事物的几个基本的概念。用信息论观点来说，是整理客观世界的映象使之有序化的几个基本负熵值。我们在历史书籍、文学作品及日常应用文中，同样可以看到五个“W”和一个“H”的应用。可见，它并非新闻所独有，而是人类整理客观世界映象的一种基本方法。这六个要素，在认识中可以分为三个层次：Who(何人，主体)，What(何事，运动状态)，When(何时)，Where(何地)，属于第一层次，它们确定一事物的几个基本特征，规定了一事物在时间、空间中的具体存在。换句话说，在时空中，绝不存在与之完全重复的另一个“点”。How(如何运动)是认识的第二层次，叙述事物的运动轨迹。记者之所以要对与某一事件有关的、处于不同地位的人物进行访问，正是为了复制该事物运动的轨迹，并将这些轨迹反复比较，从中找出比较一致、可信的答案，借此观察这一事物运动变化的本质和各种联系的相互作用。这样便进入了认识的第三层次 Why(何因)。

同认识上的这三个层次相适应的，在新闻写作中便出现了不同的新闻体裁：侧重于全过程概括的消息；侧重于运动状态描述的通讯；侧重于事物发生原因探索的新闻调查和解释性新闻，等等。有的消息只报道发生了什么事件，只需要提供第一层次或第二层次，因此就出现了六要素不全的现象。

那么，什么是“新闻要素”呢？新闻要素是指构成新闻的因素或条件。如果按照陆定一同志对新闻下的定义是“新近发生的事实的报道”来理解，就包含了三个意思：第一，新闻必须是真实的事实；第二，事实是新近发生的，即新鲜；第三，必须报道，及时传播出去。列个简单公式是：新闻要素=事实+新鲜+报道。它大体把构成新闻的基本要素揭示出来了，也把新闻写作与一般文章写作区别开了。

二、认清报道价值

一般来说，具有新闻价值的事实就可以报道，但有些事情、事件出于政策、策略上的考虑，不宜作报道，或暂缓报道，或要考虑怎样组织报道才好，这都是宣传上的需要。固然，新闻与宣传是两种不同的社会现象，但新闻又是“宣传所依附和借助的重要手段之一”①，这就涉及新闻报道既要考虑新闻价值，又要考虑宣传价值了。

新闻价值是衡量事实能否构成新闻的客观标准。它对新闻报道的全过程都有直接的重要的作用。衡量新闻价值的主要标准有：新鲜性、重要性、接近性、显著性、趣味性等。

宣传是个人或团体借助各种媒介有目的地传播某种事理以影响他人意识和行为的社会

① 冯健总主编：《中国新闻实用大辞典》，新华出版社 1996 年版，第 2 页。

活动。宣传价值是用以衡量和判断这种社会宣传行为是否能取得预期效果的标准。

新闻价值与宣传价值的关系是：新闻价值是宣传价值的前提与基础，宣传价值则是新闻价值的目的与归宿。把这两者结合起来，就是报道价值。符合报道价值的人或事，就可以进行报道。

在新闻报道中，容易出现一种顾此失彼的现象，这就是对新闻价值和宣传价值的关系把握不当。例如，2002 年某报有一则新闻，说“半年来，县公安局共打击处理各类犯罪嫌疑人 300 名，完成任务的 115.7%；治安拘留 295 名，完成任务的 145.6%……”记者为了正面报道公安局“严打”所取得的辉煌成果，以百分比的方式给予佐证，却不知这一佐证，使人误以为公安局抓犯罪嫌疑人还有任务指标。试想一下，如果上级下达给这个县必须完成抓获 10 名犯罪嫌疑人的“严打”任务，结果硬是只有 8 名的话，会不会为了凑足名额让好人“吃”冤枉官司？想想这样的“辉煌成果”，真叫人不寒而栗！显然，这则新闻是对宣传价值的疏忽。所以，从事正面报道要考虑到可能带来的负面影响。

三、报道内容的价值取向

(一) 新鲜性

这是新闻的本质属性。失去了新鲜性，也就失去了新闻的存在价值。所以新闻报道所传播的事实必须是新近发生(发现)的新鲜事。

新鲜性包含两个意思：一是时间上是最早的；二是与时间俱生的事实是新鲜的。有的教材将此界定为“时新性”。我们认为，用“时新性”容易被人理解为仅仅是“时间新”而已。用“新鲜性”就不会产生歧义，因为任何新鲜事都是以事实发生或发现的时间为尺度的。新鲜性体现了新闻事实的内涵。

新鲜性一般是首次出现或首创的事。如 1964 年 10 月 16 日中国爆炸第一颗原子弹；1957 年 10 月 4 日苏联成功发射第一颗人造卫星；1969 年 7 月 20 日美国宇航员成了第一个登上月球的人。这些事在当时很新鲜，现在再出现这样的事就不新鲜了。

新鲜性第二个表现是“最”字，最高纪录，最新成果(成就)，最新观念，最新动向等，无疑有明显的新鲜性。至于非同寻常的“最后”的事，亦具有很大的新闻价值。如 1989 年 11 月 13 日，邓小平同志以国家领导人身份最后会见一批外宾，《人民日报》记者孙毅写出了《难忘的时刻》，这就是一条新鲜而重要的新闻。

当然，这些都是国家、国际上的大事，不是每个记者都能遇上的。但我们周围发生或发现的事，只要是“最先”“首次”出现的，同样具有新鲜性。如某村第一个百万元户，某贫困县在全国第一个脱贫，某地区由经济落后变为经济发达地区等。

显示新闻的新鲜性有三个问题应注意：一是抓“活鱼”，事实要鲜活；二是抢“火候”，把握最佳报道时机；三是找“由头”，以最新时态引出所要报道的事实。

(二) 重要性

重要性是指事关大局、影响普遍、与当前社会生活和广大群众利益有着密切关系的那种特质。它是报道价值的主要因素。一般说来，重大题材的新闻具有重要性，如国家领导人的政事活动、重要会议、政局变动、重要经济信息、重大科技发明、严重事故、灾害、疾病流行以及国际交往、国际关系变化、战争情报等。不过，凡人小事能以小见大，具有普遍意义，亦可视为重要性。

重要性包含了通常所说的思想性、指导性和针对性的要求与内容。无产阶级与资产阶级在新闻价值观上的一个显著不同之处正在于此，即资产阶级是以趣味性为新闻价值的核心和基础，而无产阶级则以重要性为新闻价值的核心和基础。因此，我国历届评选“中国新闻奖”，都注重那些报道重大题材的新闻作品。

（三）接近性

接近性指新闻事实使受众感到与其切身利益有直接关系或较密切的关系，从而表现出的一种“新闻欲”。在国外，有把新鲜性列入接近性的，称之为时间上的接近性。我们这里讲的是除时间上的接近性以外的“接近性”，包括地理、心理、职业、性别、年龄等方面的接近或相关。

地理接近，是指事件发生地点和新闻传播地点的距离接近，它们的关系成反比例，即距离越短，报道价值越大。如1996年夏季，武汉市面临特大洪水的威胁，7月22日长江汉口水位达到28.66米。此水位比1931年出现“市镇精华，摧毁殆尽，浮尸漂流，疫病流行，无食者23万余人”情景的水位高出0.38米。这个事实的报道价值是随着离武汉的近远而增减的，武汉市内的人最为关切，武汉附近的人较为关切，离武汉远的人关心的程度就大大减少了。

这里，又出现了心理上接近的问题。在外地工作、居住的武汉人，心理上担心着武汉的安全，所以对传媒上的“汛情通报”很关注。

职业接近，指不同职业的人对与自己相近职业情况的关心。这对专业性传媒尤其重要。一件反映工业战线的新人新事，对《工人日报》来说，可能有很高的新闻价值，但对《农民日报》就没有多少新闻价值。同样，反映农村新人新事的新闻，对农民报刊、地方报刊有较高的新闻价值，而对工人报刊、企业报刊就价值不大。

性别接近，《中国妇女报》《妇女》等报刊，总是把是否和妇女的切身利益有关作为重要的选稿标准。

年龄接近，《中国少年报》《中国青年报》《中国老年报》等，为不同年龄层次的人办的报刊和专题节目，则分别报道各自所关心、所喜爱的事。

上述几种接近性，常常是交织在一起起作用的。有些事实虽然只是某一方面的事，但当它的重要性远远超过它的接近性因素时，它便超越了本行业的界限，有广泛的报道价值。认识接近性因素，对取得好的报道效果意义重大。新闻传媒，尤其是地方性、专业性新闻传媒，一定要有各自的特点，有各自的风格，面对各自受众的需要，尽力报道他们关心的、感兴趣的事情。

（四）特异性

特异性指同类事物中发现此人此事与彼人彼事相比，有独特之点、异常之处，或事物自身发生奇特变化。通俗地讲，就是不同寻常、非同一般。新闻学上讲的新闻价值的显著性、趣味性，我们认为可以被囊括其内。

所谓“显著”，就是明显不同。“特异”就含有“显著”之意。但显著的不一定是特异的。如某人显著长胖，不会引起人们惊讶；如某人奇异长胖，就要追究生理上的原因了。

所谓“趣味”，就是使人愉快、感到有意思、有吸引力的感觉。一般来讲，特异的东西就包含有趣味。如果文章写得平板呆滞，就失去了趣味。所以，趣味性终究是如何表达的问题。

我们是在内容的选择上来认识特异性是报道价值的因素之一的。如获首届“中国新闻奖”一等奖的短通讯《京郊四胞胎应征记》(《解放军报》1990 年 11 月 23 日)。一胞四胎就很新奇，而今四胞胎兄弟都已长大成人，都争着报名参军，就更特异了。

(五)政策性

政策性包含两层意思：一是宣传、介绍、解释党和政府各方面的现行政策，包括方针、措施等；二是报道要符合新闻政策。政策性是衡量报道价值的重要标准。

新闻传媒中有相当一部分是直接宣传各方面现行政策的，如责任制、承包制、租赁制、股份制、劳动合同制、公务员制等；还有诸如土地法、税务法、环境保护法、妇女儿童权益保障法、出版法等。这些政策法规务必普及到群众中去，因此是新闻报道的重要内容。我们把这类题材的报道称为政策报道。

政策报道不是照抄文件，而是将政策进行新闻处理，使受众很快掌握政策。在政策报道中，也要防止顾此失彼。如以前有一篇赞扬联产承包制的新闻，说有个农村妇女叫李培莲，去世的丈夫虽给她留下 6 个孩子，“大的只有十来岁，小的还在吃奶”，但实行包干后，一年起早贪黑地干下来，她和 6 个孩子不但没有“成天喝粥”，而且照样“富得满嘴流油”。颂扬党的现行政策，却不顾以前计划生育这一基本国策，显然不妥。

新闻政策指关于新闻报道的政策界限的规定，包括传播、宣传所应遵循的政治方向、新闻报道行为规范以及党和政府对新闻工作管理的基本要求。如中华全国新闻工作者协会于 1997 年 1 月第二次修订的《中国新闻工作者职业道德准则》(新华社 1997 年 1 月 26 日播发)，集中反映了我国新闻政策的内容，是保证新闻报道沿着正确方向前进的指针，偏离了它，新闻报道就会走向歧途。所以报道价值的诸因素，要以遵循新闻政策为前提，并贯穿于报道的过程之中。

第五节　新闻写作的思维特征与运用

一、新闻写作的思维特征

思维，相对于存在而言，是整个认识活动的总称。人类认识客观世界有两种基本思维形式：一是逻辑思维；二是形象思维。逻辑思维又称抽象思维，是通过概念、判断、推理，从普遍事物中，抽象出事物的本质。形象思维又称艺术思维，是通过形象的方式，从个别的具体的事物中，揭示出事物的本质。这两种思维形式的共同点是：都是人脑的机能、特性和产物；都是人类认识世界的理性阶段的表现形式；都遵循由感性认识到理性认识的一般规律。不同点是：认识世界的方式不同，其特点是前者具有抽象性、间接性，后者具有具象性、直接性。这两种思维形式在人的认识活动中是相互渗透、相互作用、相互融合、相互统一的。在认识不同对象时，则有所偏重。比如科学研究，主要是用逻辑思维，但也需要借助研究对象的具体事实、现象及各种材料等具象性的物件来进行抽象思维；就是科学研究成果的表述也并不排除形象的表达。再如文学创作，是用形象思维，但它需要以逻辑思维作为基础，并要有逻辑思维的辅助以贯穿于创作的始终。

上述两种基本思维形式及融合的情形，也适用于新闻写作。所以诸多新闻学研究者提出：新闻写作要用逻辑思维作指导，用形象思维来体现。这应该说是对的，但这个观点也可用于文学创作，没有显示出新闻写作的思维特征。新闻写作的思维特征是什么呢？我们知道，新闻写作是用事实说话，其思维方式就应以事实为本，运用逻辑思维和形象思维来完成思维过程，其特征就是事实表现。这样就区别了哲学上的逻辑证明、文学上的形象显示。所以，我们把新闻写作的性质界定为是选择和表现新闻事实的艺术。

明确新闻写作的思维特征是事实表现，其意义有三点：一是遵循了新闻写作用事实说话的基本规律；二是具体运用了逻辑思维和形象思维，因为事实既包含有逻辑性(事实的准确、完整)，又包含有形象性(事实的具体、实在)；三是有助于克服新闻写作中概念化和虚拟化现象，因为新闻写作自始至终抓住事实，那么写出来的作品就是事实本身，而不是概念加例子，也不会为了内容丰富生动而去搞“艺术想象”，导致新闻失真。

新闻写作的思维特征是事实表现，我们可以用民办教师问题来加以证实。民办教师大多在贫困山区，教学环境、生活条件极差，待遇低又得不到保障，而他们却兢兢业业、耗尽心血在培育下一代。同样是教书育人，却待遇不公，所以很多人不愿干这一行。这是困扰国家实施九年义务制教育的难题。为此，国家规定 2000 年以前民办教师全部转为公办教师。这是逻辑思维。

文学艺术反映这一观念就要用形象思维。根据湖北青年作家刘醒龙的同名小说改编，1993 年由天津电影制片厂和潇湘电影制片厂合拍的电影《凤凰琴》，拍摄的是被连绵不断的大山隔开的山村界岭小学，校长余长明和几位民办教师的工作和生活状况，讴歌了他们为教育事业无私奉献的精神。就是这些通过艺术概括出来的平常人的平常生活，却感动了亿万人，连邓小平同志生前看了也流泪。影片先后入围首届上海国际电影节，获得第 66 届电影奥斯卡最佳外语片参赛资格。这是从小说到电影、从文学到艺术进行形象思维和艺术表现的结晶。

而同样反映民办教师在贫困山区工作和生活的新闻作品《田沛发》(贵州电视台特别节目，1995 年 9 月 10 日播出)，写的全是真人真事，情节比《凤凰琴》更曲折，事迹更感人肺腑。报道的是贵州省松桃苗族自治县牛郎镇格老村小学校长田沛发办学的事迹。田沛发受到中央领导的亲切接见。该作品被评为第六届“中国新闻奖”一等奖。继后根据这真人真事摄制的电视片《民办老师》(4 集)，在 1997 年教师节前夕播出，同样具有震撼人心的力量。可以说，新闻报道所反映出来的现实生活中的真人真事，比艺术创作出来的典型人物、典型环境和情节，更使人信服，更能引起人的感情上的共鸣，因为它是活生生的事实，而小说和电影毕竟调动了艺术手段(环境烘托、人物刻画、演员表演及音响效果等)，来增强艺术感染力。由此看来，新闻写作的成功除了靠作者的写作功力外，主要是靠用事实来说话，而用事实来思维则是用事实来说话的“中枢神经”。

二、新闻写作思维的运用

如何运用事实来思维，一般来讲，用逻辑思维对事实作出价值判断，并对其事实进行挖掘和有机组合；用形象思维来选择形象化的典型事实并把它生动地表现出来。不过，这只是个原则，还没有深层揭示如何有效地运用事实来思维的途径和方法。我们认为，在思维领域运用创造性思维，或者说掌握一些特殊的思维方法，有助于实现这个目标。以下几种思维方法可供借用：

(一)运用求同思维，找出事物的本质

求同思维是指根据一定的事实和知识以解决某个问题的一种有方向、有范围、有中心、有条理的思维方法。新闻写作，不光反映事物的本来面貌，即现象，还要反映事物的本质，求同思维就是个好方法。它可以帮助作者提炼一个正确、深刻的主题，并有条理地统帅所要表达的事实。不过，单纯的求同易陷入雷同。因此，求同思维往往和求异思维一起得以运用。当作者寻找事物共同点时，并不将事物之间的不同点加以舍弃，常常是在已经充分看到"异"的基础上，去审察其中隐含的"同"。这个"同"也往往是事物的本质所在，或者说找到了问题的关键之处。

例如，荣获首届"中国新闻奖"(1990年)一等奖，由记者陆国元、张伟弟、周正平采写的消息《百家"三资"企业调查表明：在华投资大有可为》(新华社北京1990年9月14日电)，是他们三人在调查100家"三资"企业后，用求同思维方法分析出来的结论。记者在导语中写道："记者最近在华东沿海对百家'三资'企业进行的一次调查表明，尽管大多数外商对大陆'单调'、'枯燥'的业余生活有所抱怨(注：这是看到'异')，但90%以上的外方伙伴对在华投资的前景表示乐观(注：这是求'同')。"下面分述的事实就按求同的思路展示，使消息显得客观、公正，而又抓住了根本。

(二)运用求异思维，寻找报道的新角度

求异思维是通过对已有经验的奇妙综合，产生某种崭新思想的过程。人们开展各种活动，从事各项工作的时候，思维定势(即按一种固定的思路去考虑问题，表现出思维的方向)在发生作用。它的积极影响，表现为促成思维的方向性、前后一致性，而其消极影响，则表现为导致思维的刻板性、惰性。鉴于新闻报道追求"新"，所以记者在采写活动中，抑制思维定势的消极影响特别重要，这就要运用求异思维，以求写作上的创新。

求异思维主要有两种形式：

一是逆向思维，就是对已成定论的事物或观点反过来思考，证实它是否这样、是否正确。这似乎在持否定态度，其实在探求真理。如"金牌就是名牌"，这是顺向思维；"金牌不是名牌"，这是逆向思维。谁对，用事实来回答。获第二届"中国新闻奖"(1991年)一等奖，由记者刘欣欣、何大新采写的通讯《金牌不是名牌》(《经济参考报》1991年8月24日)，就是运用了逆向思维。它报道工业大省辽宁生产的产品，几十年来在全国评比中，获金银牌的数量在前3名，可谓金牌大省。然而，闪光的金牌没有市场，上帝(顾客)不宠爱它们。辽宁人缺乏市场意识，因此产品打不出去。这是一篇促使辽宁人"换脑筋"的出色报道。这里要说明，运用逆向思维，不是什么事情都得"逆向"一番，这要看是否合乎事物规律，否则就成了虚无主义者。

二是发散思维，就是以一个问题或一个事物为中心，把思路向四面发散，多种渠道进行思索，摆脱经验造成的心理定势，寻找新的答案。简单讲就是不要单一思维，而要多向思维。运用发散思维可以帮助作者打开思路，进入"众里寻他千百度，蓦然回首，那人却在灯火阑珊处"的境界，即找到你苦苦不得其解的问题的答案。这在新闻写作中是常见现象。如同样获得第二届"中国新闻奖"一等奖，由东北三省三个新华分社记者赵玉庆、刘广军、马义采写的述评性消息《"东北现象"引起各方关注》(新华社北京1991年3月20日电)，就是运用的发散思维。它报道的是工业生产曾居全国前列的东北三省而今步履维艰、经济效益落后的异常情况，即"东北现象"。记者将这一现象发散到老工业基地和国有大中型企业的方方面面，从中剖析产生这种现象的原因，触及了治理整顿、深化改革、搞活企业等关系全局的大问题，既唤起 9 900 万东北人的忧患意识，也引起三省领导和中央领导的密切关注，同时对全国其他地区有警示作用。试想，如果不运用发散思维，就不会触及到这诸多问题和带来广泛影响。

（三）运用统摄思维，寻求报道的高度

统摄思维又称收敛思维，它是一种驾驭、吸收并凝聚各种信息的思维。对记者来说，运用这种思维就意味着要对采访中获得的众多事实进行集中、过滤、分析、归纳，并在此基础上根据报道价值作出正确的概括和评价。

例如，获第五届"中国新闻奖"一等奖，新华社山东分社和北京分社两位记者苏会志、王进业采写的通讯《菜价追踪》（新华社 1994 年 4 月 12 日播发），是针对京城菜价上涨、细菜比肉还贵的现象，从产、供、销"一条龙"看问题，从农村到城市走千里，进行一次全程的追踪调查。其目的是搞清菜价上涨的原因，以引起政府主管部门着手解决这一生活难题。记者把一件件耳闻目睹的事实收入眼底，然后从宏观上把握整体，从微观上展示各个环节，统摄在菜价问题上，既找到了菜价上涨的原因——市场管理机制不健全，又提出如何建立一套新的价格调控机制的对策，使报道达到一个新高度。试想，如果不运用统摄思维，那记者采访得来的材料，进入写作阶段时就会"剪不断，理还乱"了。

（四）运用立体思维，寻求报道的深度

立体思维是相对平面思维、线性思维而言的，它是指在事物发展的不同层次上向纵、横方向延伸的思维。也就是说立体思维要反映报道对象在一定时间、空间内的整体结构，反映报道对象与其他事物的纵向、横向联系的网络，以及这种整体结构和联系网络运动变化的立体形态。写出来的作品不是所谓"立体报道"，因为有的研究者把立体报道叫"中性报道"（不偏不倚），此观点在新闻界有异议。立体思维具有多向性、综合性、连续性、思辨性的特点，多用于"深度报道"这一报道方式。

例如，获第三届"中国新闻奖"一等奖、记者陈锡添采写的通讯《东方风来满眼春》（《深圳特区报》1992 年 3 月 26 日），报道的内容是我国改革开放的总设计师邓小平同志在 88 岁高龄时第二次视察深圳的活动，这是一个重大新闻。作者用唐代诗人李贺的《河南府试十二月乐词》中的一句诗"东方风来满眼春"作为题目，饱含寓意而又形象地展现出一幅鹏城（深圳）春意荡漾的图景，把读者引入画面中。全文以纪实的形式，运用场面描写、行动描写，把邓小平五天活动立体式地、全方位地表现出来了。虽然是纪实，但作者没有停留在流水账式的记录上，而是在纵向上写深圳 8 年来的巨大变化，在横向上辐射中国改革开放所面临的新课题。表述时将情与景、人与物、事与理融于视察活动中；在按时间顺序描述时，把邓小平的历史性讲话穿插于逐日活动中，又运用了丰富的背景材料，把邓小平理论的精髓和在深圳的成功实践有机地结合起来，使读者从报道中获得的不仅仅是信息，而且受到一次生动的有中国特色的社会主义教育。换句话说，是邓小平理论光芒的闪现。或许作者写作构思不够充分，行文长了一些。这篇长达 11 000 字的报道，或许不能称为"深度报道"，但作者的思维方式是朝着立体思维方向进行的，可以说显露了立体思维的端倪。

以上所举的几种创造性思维的方式方法，并不代表新闻写作思维的全部，只是主要几点而已。在实际写作活动中，它们也并不是截然分开的，必然有交叉、融合或侧重的情况。运用这些思维方法，目的是求得最佳构思效果及最佳谋篇布局形态，并有效地报道新闻事实。

新闻写作思维的运用，概括起来就是要把握好“六个点”：

一，一个新视点——善于发现新闻；

二，一个基本点——用事实说话；

三，一个中心点——主题集中；

四，一个切入点——选好报道角度；

五，一个具体点——表述具体；

六，一个闪光点——新闻价值聚集。

以上只是撮取新闻写作要领，仅作为一个参考。

第二章
新闻语言

第一节　语言与新闻语言

一、语言略述

为了理解新闻语言，我们有必要先了解语言是什么？通常的说法是：语言是人类特有的最重要的思维工具、交际工具和信息工具，也是构成文章的最基本的要素之一。这是指它的功能。

语言的定义是：它是以语音为物质外壳(形式)，以词汇为建筑材料，以语法为结构规律的一种音义结合的符号系统。

语言的分类：从表现形态分，有口语与书面语；从表现风格分，有文言、白话、方言、土语；从表现艺术分，有文学语言与非文学语言等。千百年来，人们通过写作实践得以形成的卷帙浩繁的文章和作品，使人类语言呈现出丰富多彩的形态、体式、风格和功能。

二、新闻语言的含义

语言用于新闻传播，就有了新闻语言。其含义是：新闻语言是人们在新闻传播时所使用的语言，它既是新闻传播的语言媒介，又是新闻作品的形式要素之一。

高尔基说："语言是文学的第一要素。"我们也可以这样说，语言也是新闻的第一要素。因为它们都是客观事物的反映，都属于意识形态。所以，从事新闻写作，不能不了解和掌握新闻的语言。

三、新闻语言的语体归属

语体是为了适应不同的交际需要而形成的语文体式。根据交际目的不同，语体可分为公文语体(又称事务语体)、科技语体、政论语体(又称宣传鼓动语体)、文艺语体。

新闻语言属于哪种语体呢？按照黄伯荣、廖序东主编的《现代汉语》的提法，新闻语言属于政论语体。该书中说，政论语体是适应社会政治生活领域的交际需要而形成的运用全民族语言特点的体系。它广泛地与社会生活的各个方面直接联系着，通过对社会政治生活中各类问题的论述，对人民群众起着宣传鼓动的教育作用。政论语体包括社论、时评、宣言、声明、新闻报道、文艺批评、思想杂谈等。其主要特征是有宣传鼓动性和严密的逻辑性。在语言运用方面，政论语体使用的词语具有广泛性，并不断吸收新词语；使用的句式，在句类的选择上较多运用陈述句、祈使句，句型上主要运用主谓句，还较多运用复句，而多重复句用得更多，这些选用都是服从表意的需要；修辞方式，经常运用谚语、歇后语、俚语等，句式选择上长句、短句并用，辞格运用上较多运用比喻、比拟、借代、设问、排比、对偶、对比、反诘等。总之，是比较多样化的。它的风格是庄重、谨严、雄健，另有谐趣的一面。①

由此看来，新闻语言与政论语体相通。因为新闻传播的本质是宣传，宣传一种理念、见解、主张，当然它是靠事实来宣传。况且，社会主义新闻事业是政党和政府的耳目、喉舌，有明显的政治倾向性，所以，新闻语言属于政论语体。

有专家提出，新闻语言是一种新兴语体，叫新闻语体。我们认为，新闻传播，其语言的运用同于政论语体的方方面面，它不是新兴语体。在整体方面新闻语言与政论语体是一致的，只是在新闻传播活动中，新闻语言有其个性特点。

第二节　新闻语言的特点

一、全民性

新闻语言是汉民族共同语——普通话在新闻传播领域的应用和具体表现，本质上具有全民的属性。因为它要向全社会所有人传播新闻，并加以舆论引导。传播的事实信息，能使不同地域、不同职业行业、不同身份年龄、不同文化程度的人，都能听得懂、看得清，明了事理。同时，人人可以写新闻，人人可以自由选择并接受新闻，这就是它的全民性的体现。

新闻语言不同于其他行业的语言。它不像公务文书仅限于机关、企事业单位使用，公文如果向全民发布，要经过“新闻处理”。它不像科技语言专业术语名词多，外行人不懂；论证的语言具有抽象性、推理性，普通人也不会去理会它。它不像文学创作中使用的文学语言间或反叛语言规范，来个“天马行空”；或含情脉脉(含蓄语言)让人们去细细品味。新闻语言要直白，要让全民易于接受，这样才能达到新闻传播的预期目的。所以，新闻语言的全民性特点丝毫不能抹杀或忽视，否则就扼杀了新闻传播活动。

二、兼容性

从表现形态来看，新闻语言是书面语，但它较多地吸收了口头语的成分，使书面语口头化；从表现风格来看，它虽是现代白话文，但兼容了各式各样的句式和语词，使新闻语言增辉生色。其表现在：

其一，兼容了文言词语、谚语、歇后语等。如毛泽东的著名时评文章《别了，司徒雷登》中，他“茕茕孑立，形影相吊”，没有什么事做了，只好挟起皮包走路。这是文言语词的恰当运用。同时这篇文章用了些口语、成语典故，如“美国人在北平，在天津，在上海，都洒了些救济粉，看一看什么人愿意弯腰拾起来。太公钓鱼，愿者上钩。嗟来之食，

① 参见黄伯荣、廖序东主编《现代汉语》，高等教育出版社2007年版，第238~239页。

吃下去肚子要痛的”。这里歇后语“太公钓鱼，愿者上钩”与成语“嗟来之食”串在一起，同时前后用口头语“洒”“弯腰”“肚子要痛的”等①，形象地揭露了帝国主义的阴谋，也表现了作者憎恶、鄙夷的襟怀，字里行间充满着讽刺意味。

其二，兼容了方言词语。普通话是在北方方言基础上形成的，同时又不断吸收各地方言词，纳入普通话中。这种情况比比皆是。如从港台地区吸收的方言有：按揭、廉租、猎头、峰会、物业(香港)；互动、整合、双赢、资深(台湾)。从内地吸收的方言词有：大款、忽悠、砍价、神侃、宰客、砸牌子(北京)；买单、埋单、花心、入围、生猛、爆满、炒鱿鱼、山寨(广东)；搞定、跟进、派对、套牢、批租、动迁、割肉(上海)。这些方言词都表达了某种特殊的意义，而普通话里没有相当的词来表示，所以吸收进来了。

其三，兼容了外来词语。外来词有英语音译的，如：酷、克隆、黑客、巴士、的士、基因、伊妹儿、粉丝、拜拜等；有英语意译的，如：寻租、快餐、超市(超级市场)、白领、语感等；还有英文字母缩略的，如 WTO(世贸组织)、GDP(国内生产总值)、CPI(消费指标)、GNH(国民幸福总值)、$PM_{2.5}$(细颗粒物)、IQ(智商)、IT(信息技术)、WHO(世卫组织)、OECD(经合组织)、OPEC(石油输出国组织，欧佩克)等。

三、时代性

语言是社会的产物，随着时代的发展而不断变化。新闻传播最贴近时代，是时代的晴雨表。新闻语言的运用与时代脉搏一起跳动，及时反映这个时代的政治经济文化生活。时代变化了，新闻语言尤其是新闻语词也发生变化。一个时代流行的语词到下一个时代就消失了，又有新的语词产生并流行。

消失的语词，如 1958 年报纸上经常出现的“总路线、大跃进、人民公社三面红旗”“放卫星”(农业生产)“大鸣、大放、大字报、大辩论”(“四大”)“超英赶美”等，反映了这个年代“左”倾冒险主义思潮的盛行。再如“文化大革命”期间频频出现的“造反派”“红卫兵”“革委会”“最高指示”“反修防修”“封、资、修”“斗私批修”“上山下乡”等，渐渐消失了。如果人们一听到或见到这些语词，就会联想到这是“文革”时期的产物。这些当时盛行的新闻词语，如今已销声匿迹了，进入了“历史词库”。新闻写作如果要用，只能作为“背景材料”来说明某人某事。

改革开放以来，新兴词语日甚一日在媒体上显见，如：“引进外资”“互利双赢”“金融风暴”“金融危机”“华漂”(指外国人在中国生活或工作)“北漂”(外地人到北京谋职)“80后”“90 后”“房奴”“车奴”；还有这个“族”那个“族”，如：“考碗族”(指参加公务员考试的人，他们把公务员的工作看成金饭碗、银饭碗、铁饭碗)“甲客族”(指利用私家车身做广告并收取广告费的人，车身打上广告像穿上了马甲)“辣奢族”(指狂热追求名牌的人)“啃老族”(指不出去做事赚钱，靠父母养着的人)“御宅族”(指对某事物或某领域特别执著乃至狂热到封闭自己的人群)“傍傍族”(指一门心思地希望借助傍大款、傍有权力者实现个人目标的人)等。

进入 21 世纪后，媒体上出现了很多“雷词”(很有震撼力的词语)。“雷”，本是名词，指雷电，现在流行为动词、形容词，表示受到惊吓。如《武汉晚报》2009 年 9 月 15 日刊登

① 《毛泽东选集》第 4 卷，人民出版社 1991 年版，第 1495~1496 页。

过一则消息，汉口火车站警方提示牌“雷人”：“请不要搭理陌生人问话，谨防上当受骗。”使下车问路人气恼、伤自尊。媒体报道后该牌取消了。

现在热词、雷词、流行语频频出现，令人目不暇接。据新华社 2010 年 11 月 26 日电讯披露：11 月 26 日教育部和国家语委发布的《2009 年中国语言生活状况报告》，列出有 396 条年度新词面世。这是教育部和国家语委第五次向社会发布的年度语言生活状况的报告。有专家分析，这些新词很容易产生，也很容易被遗忘，不过有一点可以确定的是，它们都是时代的缩影，它们活生生地反映出时代的面目，浓缩了真实的世道。这些新词不完全是为新闻传播所用，但新闻语言的运用，比其他行业语言更为明显、更为突出。

现在媒体上出现很多流行词，“流行词着眼时代精神”应运而生。教育部、国家语言工作委员会发布的《2013 年中国语言生活状况报告》中，特别提到了“中央八项规定”“棱镜门”“H_7N_9 禽流感”“土豪”“自贸试验区”“单独二孩”“中国大妈”“光盘行动”“女汉子”“十面霾伏”十大新词语，反映了 2013 年社会生活中的重大事件以及媒体和百姓关注的焦点。

2014 年年底，《咬文嚼字》杂志社揭晓了本年度十大流行语。它们是：顶层设计、新常态、打虎拍蝇、断崖式、你懂的、断舍离、失联、神器、高大上、萌萌哒。

“顶层设计”原是系统工程学概念，现广泛应用于政治、经济、军事等领域，指的是政府“战略管理”，是政府统筹内外政策和制定发展战略的重要思维方式。“新常态”本是描述 2008 年世界金融危机恢复缓慢，如今已不再局限于经济领域，例如“立法先行成为治国理政的新常态”等。“打虎拍蝇”是书面语，与“老虎苍蝇一起打”口语相呼应，反映党中央惩治腐败的原则立场和政策措施，既形象又深刻，顺天时得民心。“断崖式”形容幅度大、势头猛的下行状态，反腐有“断崖式降级”，股市有“断崖式暴跌”，楼市有“断崖式降价”等。“你懂的”，本是网络用语。2014 年 3 月 2 日全国政协新闻发言人在回应有关周永康问题时说：“无论什么人，无论职位有多高，只要触犯党纪国法，就要严厉惩处。我只能回答成这样了，你懂的。”“你懂的”就此一夜走红，主要用于两种场合：一是由于许多人都知道，说话人不必多说或无需说明；二是由于涉及敏感话题，说话人不愿说、不能说或者不便说。“断舍离”，出自日本杂物整理咨询师山下英子《断舍离》一书。她倡导通过“做减法”，收拾好自己居住的房屋，让自己生活在宽敞舒适自由的空间，从而寻求压力的缓解和心灵的释放。现在“断舍离”成为时尚新词，意思是断绝不需要的东西，舍弃多余的废物，脱离对物品的迷恋。“失联”即失去联系，源于 2014 年 3 月 8 日马来西亚航空公司 MH370 航班飞机与管控中心失去联系，至今下落不明。“神器”，在我国古代神话传说中，有十大神器的说法，如盘古开天地的神话。“萌萌哒”，表示亲昵或亲切的问候，现多用于卖萌的语气词。

2015 年 12 月 15 日，《咬文嚼字》杂志社颁布了本年度十大流行语榜单。它们是：获得感、互联网+、颜值、宝宝、创客、脑洞大开、任性、剁手党、网红、主要看气质。

“获得感”本表示获取某种利益后所产生的满足感。2015 年 2 月 27 日，习近平总书记在中央全面深化改革领导小组第十次会议上用了该词，“获得感”一词迅速流行，且使用范围出现固化趋势，多用以指人民群众共享改革成果的幸福感。“互联网+”就是互联网与社会经济领域各生产要素“相加”，即让互联网与传统行业深度融合，重构、再造新的发展业态。符号“+”既表示加入、融入，更表示升级换代、创新发展。“互联网+”既是一种新的思维方式，也是一种新的发展模式，更是一种新的经济形态。“颜值”，“颜”为面容、容貌，“值”为数值。“颜值”本表示男女颜容英俊或靓丽的程度，是用数字评价人物的容貌。如同其他数值一样，“颜值”也有衡量标准，可以测量和比较。如今其指范围进一步扩大，由人及物、物品的外表或外观也可用“颜值”表示。“宝宝”语出网络潮语“吓死宝宝了”。“宝宝”指“我”，女生受到惊吓时常用此语来卖萌。后来“宝宝”单用，只要说话氛围协调，可用于任何语境。“创客”本指勇于创新，将自己的创意变为现实的人，现特指具有创新理念、自主创业的人。“脑洞大开”由“脑补”衍生而来。“脑补”源自日本动漫，本指观剧者在大脑里通过自己的想象来补充或添加原剧中没有的情节或内容；后来词义扩大，意为想象天马行空，联想丰富、奇特，甚至到了匪夷所思的地步。“任性”本是一个传统词语，意思是由着自己的性子、不加约束，常作贬义用。现在“任性”词义逐渐变化，可用来表示“天真率性”“敢作敢为”“勇于担任”。“剁手党”指沉溺于网络购物的人群，冷静后追悔莫及，下了再不理性购物就剁手的狠心，不久又故态重萌。“网红”即网络红人，指被网民追捧而走红的人。“主要看气质”意思是不要太看重外在形式，内在气质才是决定因素。此语在2015年末突然蹿红，成为一个强势流行语。有人说，在过分追求“颜值”的时代，“主要看气质”的流行有“正能量”意义。

从2004年至2014年这十年间，有部分新词展现了强劲的生命力。依据使用率、使用周期、发展趋势等指标，生命活力指数最高的前十个词为“微博”“中国梦”“微信”“正能量”“电商”“80后/90后”“保障房”“大数据”“小长假”“动车”，这些新词被称为“十大时代新词语”。

第三节　新闻语言的要求

一、准确

准确就是确切地反映事物的本来面目。新闻写作中的准确，包括事实准确(真实可靠)、思想准确(观点正确)、用词准确(词意相符)。这里强调用词问题。例如：2014年第二十五届中国新闻奖评选的856件作品里，查出有168件作品有差错被撤销参评资格，有很多是不该发生的低级错误，如“酷暑难挨”误为“酷暑难捱”；“待了几天”误为“呆了几天”；“唯一机会”误为“惟一机会”；“捡起来”误为“拣起来”；“干吗”误为“干嘛”；中央巡视组“入驻”误为“入住”；“单独二孩”误为“单独二胎”等。所以遣词造句要特别注意准确。如何做到准确呢？

(一)少用形容词

新闻语言的美，不是靠笔下生花或在电视、电脑、手机屏幕上翻花样，而是看传播者有没有准确地反映事物的本来面目。古人说“豪华落尽见真淳”，“看似平常最奇崛”，同样适用于新闻语言。

少用形容词，不等于不用形容词。用时“要像挑选宝石与情人一样挑选形容词”，这是外国新闻学教授给学生立下的写作规则。他们还说“形容词太多是危险的”，“形容词是会戏弄人的”，“只有懒惰而蹩脚的记者才会在报道中堆砌形容词”。好记者宁肯在选用确切、生动的动词上下工夫。因为形容词往往带着主观感情色彩，所以选用形容词要恰如其分、恰到好处。

(二)少用笼统的词语

不要用笼而统之的词语，应给人以具体的概念。新闻报道中，尽量避免用“不久以前”“最近”(应说哪年哪月哪日)、“长期以来”(干脆说何时至何时)等模糊的时间概念；也要避免用“许多”“难以数计”“极少”“少数”“广大群众”等比较笼统的数量词；还要避免用“大概”“差不多”“可能”“也许”等模棱两可的副词。

(三)语言要规范

语言规范包括读音准确，用词恰当，造句符合语法。这方面媒体时常出现诸多差错，试举例如下：

1. 读音差错

“有朋自远方来，不亦乐乎”，2008年北京奥运会开幕式用《论语》中这句话欢迎全球来宾。然而，中央电视台节目主持人却将lè误读成了yuè。“乐”字，在表达心情时念lè；只有在表义音乐或姓氏时才念yuè。

还有2008年的“三鹿奶粉事件”，让“三聚氰胺”这个词变得很“热门”。遗憾的是，“氰胺”应读qíng'àn，却常常被误读为qīng'ān。多年来，人们一直将“氰化钾”的“氰”读成qīng，这是一个习惯性误读。

2. 遣词差错

2008年，全球性金融危机来势汹汹，报纸、网络上频频出现“狙击百年一遇的金融风暴”这样的标题。这里“狙击”用错了，应为“阻击”。“狙击”是进攻性的偷袭，“阻击”才是防御性的阵地战。

体育报道中经常用错的词是“囊括”。如媒体报道中有这样的句子：“中国军团在2010年广州亚运会囊括金牌199枚，位居金牌榜首位。”“囊括”的意思是无一遗漏，只要不是将所有的金牌都收入囊中，就不能用“囊括”。这里只能用“获得”。

还有，许多媒体喜欢用“空穴来风”这个词。2004年出现的新闻标题有：《夺冠30万消息为空穴来风，国脚夺冠奖金5万》《山西试射三导弹？空穴来风》《史美伦离任传闻再起，种种迹象表明并非空穴来风》《宝钢整体上市非空穴来风，将发布重大事项》……从报纸到网络，媒体用自己所传递的新闻信息一遍又一遍地告诉受众：“空穴来风”就是毫无根据瞎猜的意思。其实用错了。《现代汉语词典》对“空穴来风”的解释是“有了洞穴才有风进来(语出宋玉《风赋》)。比喻消息和传说不是完全没有原因的。”这一释义推翻了上面的标题用词。

3. 造句差错

媒体上报道法制新闻有一句“暂缓不起诉”，此句有语病。“暂缓”作为一个状中结构的偏正词组，“暂”为修饰词，中心词为“缓”。“缓”的意思是比原定时间推迟，所以它的宾语应当是定时行为。“起诉”是案发后有了办案条件必然要做的事，有定时。“不起诉”即无作为、无定时。无定时如何暂缓？所以此句是错的。正确的表述是“暂缓起诉”或“暂时不起诉”。

有的句子语法没有问题，但为了吸引眼球，用语低俗。如《七十老汉“拈花惹草”》，其实是写老人爱侍弄花草、种花养花；再如《杭州女人“动手动脚”》，实际上是学防身术。所以，遣词造句不要引起歧义。

二、具体

新闻报道是用事实说话。事实是具体的，即“5W+H”(何人、何事、何时、何地、何因、如何)俱全，这样事实就完整了。

西方新闻学著作几乎一致认为，新闻用语一定要写得具体。“气温高达38摄氏度”，远比“天气很热”要明确得多；“掌声持续达10分钟”，比“掌声雷动”更具体化；“四万六千名球迷挤满了运动场的看台”，比“成千上万人”给人以更深刻的印象。

当然，具体不等于烦琐、拖泥带水。1978年，英国路透社记者在报道邓小平访问泰国抵达曼谷的情景时说：“他走路像是在跳跃，他的精力是那样充沛，走路几乎脚不着地……他满面笑容，握了每一只手。”寥寥数笔，把邓小平神采奕奕的身影写得活灵活现。

新闻语言要求具体，并不排斥概括；离开了概括，语言就啰唆了。毛泽东写的《我30万大军胜利南渡长江》(新华社长江前线1949年4月22日2时电)，堪称经典新闻作品。此消息写了人民解放军30万大军渡江的壮观：“长江风平浪静，我军万船齐放，直取对岸。”写敌军的失败：“国民党反动派经营了三个半月的长江防线，遇着人民解放军好似摧枯拉朽，军无斗志，纷纷溃退。”消息概述了几十万我军、几十万敌军的情况，不空洞。一个“溃退”二字概括得恰到好处。

新闻要写得具体，从理论上讲，有时要多用子概念，少用母概念。母概念和子概念是形式逻辑中的专用名词。外延较大、内涵较小的概念叫母概念。外延较小、内涵较大的概念叫子概念。如“水果”和“梨子”两个概念，“水果”是母概念，“梨子”是子概念。一般来说，越是小的子概念，就越具体；越是大的母概念，就越抽象。如：(1)“北京申办奥运会主办权成功”；(2)“北京申办2008年奥运会主办权在国际奥委会112次全会上以过半数优势赢得”；(3)“北京喜获2008年奥运会主办权，得票比第二名多34票”。这三个分句，依次一句比一句具体、精粹。

三、简明

简明就是简洁明快，不像写小说那样用较多的笔墨来细致描绘事物，新闻传播是很快供给人们最新的信息，写的文字稿或者说的话，让人一看一听就明白，而且花时不多，这就要求新闻语言简明，直截了当。

简明是新闻语言的一大特色，也是考核新闻记者的一条标准。美国美联社专门把“简短”作为编辑守则中的一条，规定：“学不会把文字写得简洁有力的人，不必想为美联社写作。”

《新闻战线》杂志曾在“新闻轶事”专栏刊登过一则不足10字的最佳体育报道《嘘嘘——0比0》，并加以评析。文章说，在法国里昂举行了一次体育报道比赛，内容是报道当地一场足球赛。此次新闻写作竞赛吸引了1100多名职业记者和新闻爱好者参加。谁也不曾料到，头等奖竟被一名叫纽隆的小职员夺得，获得奖金1.5万美元。

纽隆是个21岁的银行职员。这是他第一次写体育新闻稿。他获奖后，高兴地大跳起来，手捧奖金绕场一周。这可把参赛的职业记者气昏了。原来职业记者都绞尽脑汁花了大量篇幅报道那场比赛，却名落孙山。而纽隆却以“嘘嘘——0比0”这不足10字的新闻稿夺得了最佳报道奖。竞赛评委会主任在解释评奖结果时说，纽隆的报道用最简练和明确的语言报道了比赛盛况，同时又给读者留下了耐人寻味的思考和猜想，因为那场球踢得实在太平常了，丝毫没有值得详细报道之处。人们从“嘘”的一声联想到比赛的开始，而从“嘘——”的长声后又看到比赛的结果，这里包含比赛的一切。这是典型的写得简短的例子。

四、通俗

通俗就是浅显易懂，适合文化水平一般的人。做到通俗，有以下几点值得注意：

第一，能用常用词语说明的，就不要用受众感到生疏或生僻的词语，即或用了也要恰当，必要时作出解释。

如“囧”这个90%的中国人不知道如何读的生僻字，开始大肆进入人们的视野，成为描述某些人的现实状态的一个最为流行的关键词。“囧”(jiǒng)，原是废弃不用的古字，义为“光”“明亮”。因为它的字形像人的呆滞的脸，配上一个大嘴巴，两眉下耷拉，于是古字今用，赋予其“郁闷”“无奈”之义。在网络中，当某人处在一种无助、沮丧、悲伤甚或崩溃的境遇的时候，就会用“囧”来形容自己。现在电视剧也用这个词，剧名叫《人在囧途》。

再如“烎”字，刚刚出现几天，便在各大论坛中悄然流行开来。“烎”字用几个搜索引擎搜索，都是同样的解释：读音“yín”，原意“光明”。

《康熙字典》里没有“烎”字，只看到一个与之相似的字，但上面的“开”是分开的两个“干”，读音为“yín(银)”。很显然，“烎”并不是网友的新造字，而是古为今用。

“烎”即为“开火”，既传神，又达意。在游戏中，“烎”已经成为玩家们形容“遇强则强，你越厉害我越要挑战，希望在竞争中一比高下”的流行语。用“烎”形容一个人的斗志昂扬、热血沸腾，即可传达出“霸气”“彪悍”等诸多意思。

由“烎”所派生出的一系列流行词语风行一时，如：“烎你没商量!”“男人，重要的不是帅，是烎!”①

第二，对专业性、技术性强的词语要尽可能地作出解释、说明。如《武汉晨报》2010年10月20日刊登一篇报道：《“房奴博士”一年卖8篇SCI论文》(作者杨佳峰)，“房奴”是什么？SCI是什么？一般人不懂，该报作出解释：“房奴”为房地产开发商所赐；SCI用“链接”方式作出说明：“SCI是由美国科学信息研究所1961年创办出版的引文数据库。SCI(科学引文索引)、EI(工程索引)、ISTP(科技会议录索引)是世界著名的三大科技文献检索系统，是国际公认的进行科学统计与科学评价的主要检索工具，其中以SCI最为重要。”这样一说明，一般读者就明白SCI是怎么回事了。

第三，一般不要夹杂老百姓不懂的外来语。媒体上过多夹杂外来语，会使受众晕头转向。人们会问，到底是看中文还是看外文？还是显示作者的外语水平？从广大受众角度上考虑，媒体对此应予以规范。

我国对外开放与世界广泛交流，同时“克隆”“浴霸”“暖太郎”“WPS”“派对”“滕格拉斯”等被引入中国，汉语正面临着严峻挑战。但简单而又无限制地在汉语中引进类似英语

---

① 阿祥：《“烎文化”是怎么火起来的》，载《羊城晚报》2009年9月18日。

缩写如“VCD”“LD”“DVD”等舶来语，将会影响汉语的纯洁性。对于那些故弄玄虚招摇过市的非中非外的词汇，如“秀”“士多”“克力架”之类，从纯洁祖国语言文字的角度上认识，则应加以规范。对外来语应有区别地对待和规范，不可让那些“洋垃圾”泛滥成灾。如“WC”，英语是指茅坑、脏的地方，我们有的楼堂馆所的厕所门口也标上“WC”，让人恶心，用“卫生间”或“洗手间”标示岂不是很好吗？

五、生动

生动是语言运用的基本要求之一，对新闻传播来说，用好新闻语言尤为重要。如果你传播的语言平平淡淡，味同嚼蜡，那就影响传播效果。

为了使新闻语言生动，运用生动活泼的词语、变化多端的句类句式、行之有效的修辞手法以及从民间搜来的俚语、传闻等，是个好方法，但不能使新闻事实失真。

比如，目前手机短信中出现富有中国特色、体现中国政治文化含义、抨击时弊的“段子”，其语言就很生动。

> 第一，关涉政治的手机段子一般有揭露社会弊端、反映社会风气、表达民风民情民怨的特点，一定程度上可以说是社会问题与大众心理的晴雨表。比如下面这个段子：“《中国人的科学启蒙》：从大米里认识了石蜡，从火腿里认识了敌敌畏，从咸鸭蛋、辣椒酱里认识了苏丹红，从鳝鱼里认识了避孕药，从火锅里认识了福尔马林，从银耳、蜜枣里认识了硫黄，从木耳中认识了硫酸铜，从啤酒里认识了甲醛，从奶粉里认识了三聚氰胺。”
>
> 第二，短信段子具有平民立场，常常把矛头指向平时不能得罪、不敢得罪的权力或权威，喜欢拿有权有势的人开涮，而不会拿无权无势的老百姓开心。比如：“领导的要求是我们的追求，领导的脾气是我们的福气，领导的鼓励是我们的动力，领导的想法是我们的做法，领导的小蜜是我们的秘密，领导的批评是我们的水平，领导的满意是我们的得意，领导的胆量是我们的酒量，领导的表情是我们的心情，领导的嗜好是我们的爱好，领导的意向是我们的方向，领导的看法是我们的说法，领导的表态是我们的无奈，领导的无奈是我们的能耐。眼睛盯着领导，耳朵听着领导，心里想着领导，祝领导中秋节国庆节快乐！”
>
> 第三，喜欢夸张，有时不免以偏概全，常常有片面的深刻。比如下面一则段子：“纪委抄贪官家，一保险柜属声控锁，密码八个字。众人轮流猜喊：人不为己，天诛地灭；人为财死，鸟为食亡。锁均不开！只好请贪官，只听贪官高呼：清正廉洁，执政为民！锁应声而开。”

这些手机段子句式简短整齐、不欧化、不拗口，语言通俗、大众化、口语化，讲究对仗押韵，读起来朗朗上口，易于记诵。这些段子极富民间智慧，常常能够把老百姓来自生活的智慧发挥到极致。①

---

① 参见陶东风《手机在中国的特殊文化意义》，载《社会科学报》2010年7月22日。

第四节　新闻语言的运用

根据传播媒介(口头、纸质、电子、计算机)、语言媒介(声音、文字)、媒体(报刊、广播、电视、互联网、手机)的功能和传播手段不同，新闻传播基本上形成了三种语言形态：一是报刊新闻语言，二是广播电视新闻语言，三是网络手机新闻语言。它们在运用上各有不同，但有交互性。

一、报刊新闻语言的运用

报刊新闻语言是口语化的书面语言，或者说是大众化的书面语言，适合大众阅读。同时，报刊新闻语言又是其他新闻媒体语言的基础和源头，因为新闻传播事业始于报刊的出现，其传播媒介形成了一整套语言规范和传统，适应了新闻传播的需要，而后来出现的各种媒体的语言则是从报刊语言中变化而来。所以，掌握了报刊新闻语言，其他新闻媒体的语言运用就能触类旁通。

不过，报刊新闻语言用于常见的三大新闻体裁——消息、通讯、评论，在驾驭语言上又不同。

消息的语言特征是简洁、明快、直叙式的。消息用直接叙述的方式概括地表明新闻事实的“5W”，不来“弯弯绕”，让读者一看就明白是怎么回事。用词上，多为名词、代词、动词、数词等实词，副词、虚词很少用，一般不用关联词。句子结构多为主谓式，即什么人做什么事，结果怎样。如“(第16届)亚运会[今晚在广州]开幕”(2010年11月12日)。句型上用顺序句，不用倒装句；用短句，不用长句；用单句，少用复句；用当事人或旁人的话代替作者的观点；表述时一般用第三人称，显得新闻报道客观。此外，用缩略语使文字简练。如“非典型肺炎”简称为“非典”；“中国和非洲经济合作论坛”简称为“中非合作论坛”。一般人熟悉的外文缩写单词也可以加以运用，如EDP、CPI等。

通讯的语言特征是生动、形象、描述式的。因为通讯与消息不同，它要立体式地再现新闻事实，必须调动多种行之有效的语言措辞手段和修辞手法，用描述来实现。它描写人和事，用白描手法；叙述人和事，详略得当；议论人和事，画龙点睛；抒情是附着事实，由衷而发。句式上，复句、多重复句、长短句、变式句按表意需要自由运用，而且不断吸收新词，使表达精确而有新意。

如发表在《人民日报》2010年11月10日头版头条的工作通讯《(引题)改革攻坚迸发动力，政策创新激发活力，厚积薄发释放能力。(正题)江苏给力“文化强省”》(人民日报记者赵京安)。标题中“给力”是网络词语，吸收进来恰到好处，受到广泛好评。《重庆晚报》第二天发表评论文章《网络热词登上〈人民日报〉对网民很“给力”》。文章说：

> 10日，《人民日报》头版头条的新闻标题中，一个网络热词引人注目——给力。这篇《江苏给力“文化强省”》的文章，介绍了江苏从“文化大省”加快建成“文化强省”的各项举措及经验。
>
> 给力，我国北方的土话，给劲、带劲的意思；还有一说是，“给力”是从闽南话演变过来的，闽南话、海南话中，给力就是很精彩、很棒的意思。随着被网民用得越

来越多，它也经常被用作动词，也就是其本意“给予力量”和“加油”的意思。

…………

印象之中，《人民日报》这“第一官媒”，其示人面孔似乎都是非常严肃、“古板”的，这次虽然仅仅只是一个网络热词的应用，但已折射出其突破意义。

之后，“给力”成了媒体一个时期用得最多的热词。最近，有学者称“给力”还有另一种解释：是中国古代官府给官员支付薪酬的一种方式，即以力役的形式向官员支付薪俸，向官员供给劳役就叫做“给力”。这个我们知道就行了，用时要慎重。

除了上述吸收网络词语的例子外，其实现在报刊上频频出现的诸如“达人”“山寨”“粉丝”“驴友”等网络词语已司空见惯。

新闻评论的语言特征是鲜明、严密、述评式的。新闻评论主要是就某一新闻事件或某一新闻现象加以评说，以实现舆论监督和引导。它不像纯理论性的学术论文比较抽象，且又长篇大论、旁征博引，为某专业所用。

新闻评论同一切议论文一样，有论点(观点或看法)、论据(新闻事实)、论证(分析方法)这三个要素。其表达的观点要缘于事实而且鲜明，不能含糊其辞；运用的事实要有概括性，不去展开陈述；运用的方法是分析归纳法。无论是边述边评或先述后评，最后总要得出一个结论，即作者的观点、主张或看法。

新闻评论的语言规范、严密、有逻辑性。它用词多为书面语词，以显得庄重；它选用文言词、方言词、外来词、熟语新词等，以显得表意丰富；它运用长句、复句、多重复句以及插入语、独立语等，以使表意深刻；同时，不排除使用口头语、形象词语，用了会使评论生动有趣。

新闻评论的语言运用，归纳起来有“四宜四不宜”：

(一)宜实不宜虚

新闻评论忌用大话、空话、套话、官话。它就事论事，把这个新闻事实分析透了就能达到预期目的。如获第十四届(2003年)中国新闻奖一等奖的评论文章《筑起我们新的长城——论抗击非典的伟大精神》(《人民日报》2003年5月15日，作者任仲平)，通篇以全国上下抗击“非典”的典型而又概括的事例为主线，颂扬了伟大的民族精神。该文发表后，引起社会各界强烈反响。胡锦涛总书记批示说：“这篇文章观点鲜明，论述透彻，文字清新。体现了《人民日报》在政论方面的优势。望再接再厉，让‘任仲平’这一优势‘品牌’发挥更大作用。”

(二)宜短不宜长

一篇评论文章少则几百字，多则过千字，但不能达到上万字，那样会使读者产生视觉疲劳。如被新闻界列为经典新闻评论之一、由中国青年报评论员写的《别了，0!》(载《中国青年报》1984年7月31日)，是就我国射击运动员许海峰夺得奥运会第一块金牌、甩掉半个多世纪来我国背着奥运“0”的包袱，加以赞颂和评说。该文最大特点是短：标题短，只3个字；正文短，只300来字，但充满豪情和富有诗意，将国人的情感表现得酣畅淋漓。

(三)宜松不宜紧

评论应该用轻松自如的话语，不要板着面孔说话，使人紧张兮兮的，那样读者不会

“买你的账”。好的评论能做到既使人受到启发，又使人感到亲近。如获第十四届(2003年)中国新闻奖一等奖的专栏言论《微笑，并保持微笑》(《甘肃日报》2003年5月22日，作者尚德琪)，就是一篇语言风格轻松含蓄、充满散文气息的具有可读性和感染力的好文章。该文是2003年“非典”肆虐期间发表的一篇专栏言论。全文从医生、患者、大家三个层次，将一系列画面性的微笑串联起来，构成了乐观向上的主旋律。文章将“微笑”作为一种意志坚定、信心十足和心情平静的符号，再以大量事实作支撑，突出了在特殊时期“微笑就是力量”“微笑就是感染力”的主题，读后使人对“非典”的恐惧心理消失了。该文被多家报刊和网站转载。

(四)宜新不宜旧

新颖、别致是一切文章写作的要求，评论文章也不例外。由于新闻评论提供的新闻信息不及消息、通讯，再加上一些抽象的概念，所以在可读性上更应注重一个“新”字。评论的“新”，包括内容新、表现形式新，其中语言新尤为重要。如果用语拾人牙慧(用别人说过的话)不算新。诸如“评……”“赞……”“由……所想到的”等那太一般化。

上述例子中《别了，0!》就比“为中国首获奥运会金牌喝彩”“零的突破”要好得多。再如抗击“非典”，一般媒体用“众志成城，战胜‘非典’”，而获奖的言论用“微笑，并保持微笑”就使人感到新颖、亲切。

怎样做到“新”呢？按照古人推崇的“三番来者”论去做或许有些作用。古人讲：“凡作文发意，第一番来者，陈言也，扫去不用；第二番来者，正语也，停止不用；第三番来者，精语也，方可用之。”①

二、广播电视新闻语言的运用

广播电视同属电子媒介，都是以语音形式由播音员口头播出，它们运用的是口语语体，这是它们的共同特征。还有，两者在用词用句上基本一致，那就是口语词汇、双音节词语较多，关联词、简称词语较少；使用长句、复句、多重复句少，短句、单句、常式句、主动句、肯定句多，便于听众直接接受。另外，两者都是“一次过”，稍纵即逝。听众只有按时打开收音机、电视机才能收到新闻，错过了时段就收不到了，不像报纸随时可以翻阅。

由于两者传播渠道不同：一个是为听觉的单通道，一个是视觉、听觉兼备的双通道，这必然给这两种媒体的语言运用带来差异，广播靠声音，电视除声音外，还有画面和文字。这样具体运作起来就不同。

广播的语言，无论是广播消息、广播通讯(专题)还是广播评论，都要做到“三顺”：顺口——读起来朗朗上口；顺耳——听起来悦耳动听；顺心——听完之后心里舒服。这就要求播音员字正腔圆、声情并茂。

广播语言最大的问题是词语的同音异义，如果不加以注意，容易混淆视听。如“时日(shírì)——十日(shírì)”，怎么办？换词：“日”改为“天”。还有“无奈(wúnài)——无赖(wúlài)”，怎么办？扩词：“无奈”扩展为“无可奈何”。还有“河南(hénán)——荷兰(hélán)”，怎么办？加词：“河南”后加上“省”，“荷兰”后加上“国”。依此类推，就不会

① 参见刘根生《少些模仿，多些创新》，载《人民日报》2010年12月8日。

使人听惯了。

另外，广播语言要适当用些形象词语，使听众有实感。不能用生僻的字和没有流行的方言词，贸然一用就等于“一粒老鼠屎——毁了一锅羹”。

电视语言除了具备广播语言特色外，还有画面和文字辅助，这样电视语言比广播语言要自如得多，可选用书面词语、外来词语、简称等，少用富于色彩的词语，因为画面上有，文字可以显示。多用信息量大的词汇，如名词、动词、数词等。电视除了靠有声语言取胜外，还有播音员、主持人的身姿、表情、眼神等非语言符号相匹配。这是电视的优势所在。

这里说明一下：广播电视新闻语言与报刊新闻语言并不是“鸡犬之声相闻，老死不相往来”，它们有交互性，可以相互采用。如毛泽东在解放战争期间为新华社写的著名消息，既在新华广播电台播出，又在当天党报上刊登。还有穆青等人写的通讯《县委书记的榜样——焦裕禄》刊登在《人民日报》1966 年 2 月 7 日头版位置上，同一天早上 6 点 30 分中央人民广播电台的《新闻和报纸摘要》栏目，由播音员齐越全文播发，在全国引起巨大反响。电视方面，获第八届中国新闻奖特别奖的通讯《在大海中永生——邓小平同志骨灰撒放记》(作者何平、刘思扬)，于 1997 年 3 月 3 日在《人民日报》上刊登，同一天晚上中央电视台以电视专题形式由播音员播出(配有画面)。以上说明，好的新闻作品遵循了新闻传播规律，媒体表现形式不同，但可以互用。

三、网络手机新闻语言的运用

网络和手机新闻语言吸收了报刊文字语言、广播有声语言、电视活动画面和有声语言的长处，加上自身的独创，形成了一种独有的语言形态，即书面语言口语化。

网络和手机是两种新兴媒体，其新闻语言都是脱胎于传统媒体(报刊、广播、电视)。因为其运用的时间不长，目前尚不具备整齐划一的特点，可以说是多姿多彩。

手机除了屏幕小、容量少、文字更简短外，其他同于网络语言的运用。它们的共同点是：兼有口语、书面语的特点，使用新词语、古词语、外来语、俗语、熟语、简称词语较多，公文词语、科技词语较少；句子为主谓式、主谓宾结构；句类不限，以陈述句为主。文本中多用名词、动词、数词，以容纳多的信息；少用形容词、副词，以使语言简练。行文中多使用直接引语，运用新闻事实中当事人的原话，少用间接引语、评论性语言；多用插入语交代新闻来源；还用“链接”方式补充、说明新闻事实。

标题是新闻的眼睛。网络、手机新闻同报刊新闻一样要既吸引人又不空洞，即主实。它们比报刊新闻的标题更为简洁、传神。具体地说：简洁的单行文字，准确的事实提要，别致的悬念，明白如话的措辞，饱含情趣的话语。如《羊城晚报》电子版 2000 年 10 月 19 日的一则新闻：《遗体告别“白哭一场”，殡仪馆推错人，死者家属获赔万元》。如果把后面的两个分句删去，既简洁又留下悬念，可吸引受众。用“白哭一场”这口话词比用书面语“枉然哭泣”要生动得多。

网络、手机新闻语言在运用上的一个最大问题是如何处理层出不穷的网络新词语。我们认为，在表意上确实超过传统媒体的语言意义、又为大众所熟悉并理解的，可以用。如“被某某”成了近年来的流行语：“被就业”“被幸福”“被慈善”“被自杀”等，“被”已不仅仅是单纯的被动意义，还传递出弱势群体对权势强加给他们的种种所表示出的委屈与无奈，在一定程度上标志着公民意识的觉醒，表达了公众对公民权责名实相符的吁求。还有如“躲猫猫”，其义是司法空白处人命被轻侮践踏；“楼歪歪”“楼脆脆”，其义是官商勾结下不得安居的窘迫实际……可以说，这些新词脱离了假大空的话语体系，承载了沉重的民生状况。

有些网络词语不符合语言规范只在小范围内流行的，则不宜用。如用汉语拼音字母代替：“哥哥”写作“gg”，“姐姐”写作“jj”，“妹妹”写作“mm”等。还有用数字的语音来代替语言，如 7456——气死我了；886——拜拜了；687——对不起；837——不生气；94——就是；07414——你去试一试；52406——我爱死你了，等等，这些话语都不宜用于网络、手机上的新闻传播。

网络、手机新闻语言最反对的是“恶搞”——乱来。“恶搞”本来是互联网上流行的一个新词语，但是“搞”的对象不加限制，“搞”的手段不加约束，“搞”的内容不负责任，不断冲击整个社会道德底线、法律底线和主流意识，导致文化虚无主义的产生，严重影响广大青少年的健康成长，需要引起全体网民和网络工作者的高度警惕，坚持文明办网、文明上网。

四、媒体融合中语言运用出现的问题

新媒体与传统媒体融合可以互相取长补短、全方位动用现代传播技术手段进行有效的新闻传播，可是在融合中出现了“网语倒灌”现象，即新媒体网言网语中低俗的词语倒过来浸染传统媒体语言，冲击公序良俗。

比如，2012—2013 年“屌丝”成为网络热词，就与若干个网络事件有关。2012 年 4 月，作者韩寒在微博中自称“纯正的上海郊区农村屌丝”；2013 年 4 月，巨人集团的“屌丝”网游广告登陆美国时代广场，后来该广告因被投诉而遭禁播。而一些媒体尤其是主流媒体也滥用网络流行语，如某报纸把中国经济的发展比喻成“屌丝的逆袭”；有些主流媒体的网站大量充斥着“撕逼”“逼格”等网言网语，这表明一些媒体自身把关不严、媒介素养不够，对低俗网语的危害还没有清醒的认识。

低俗网语对社会的负面影响是巨大的。“屌丝”与“草泥马”“尼玛”“逼格”等词形成了另类聚合，它们合力冲击“詈词禁忌”。詈(lì)词就是骂人的话，“詈词禁忌”属于社会语言的公序良俗，即在公共社交场合忌讳侮辱、谩骂等用语，尤其是对生殖器官类、性行为类以及污秽类同语要规避。“屌丝”对“詈词禁忌”的破坏，是近年来最典型的代表。这类现象绝非单纯的社交文明礼貌用语的问题，其掩藏的深刻危机是危险的伦理(包括语言的和文化的)逻辑。

现在很多年轻人甚至感觉不到“屌丝”和“逼格”等低俗网语里的“语言禁忌”。如果我们的舆论对此熟视无睹，对这样的“语言违规”习以为常，甚至认同暴虐粗鄙的流氓无赖的文化糟粕，那谈何文明社会！

纸媒上的语言是规范化的语言，可以接受新词，但不能认可低俗用语。纸媒应该成为健康语言生态的推动者，在哪些网络语言应该吸纳、哪些应该放弃的问题上，应该有自己的判断和取舍标准，① 为祖国的语言纯洁和健康充当排头兵。

① 杨绍功：《警惕“网语倒灌”现象》，载《新华每日电讯》2016 年 5 月 25 日。

第三章
新闻体裁

体裁是指作品外在的基本格局和内在的规范。新闻体裁就是用于新闻传播的规范化的各种形式。新闻写作，究其实质是新闻体裁的掌握和运用。据此，本书对新闻体裁进行整体的阐述，便于我们对后面各种新闻体裁和传播形式的理解和运用。

第一节　新闻体裁的产生

一、消息体裁的产生

新闻体裁最早出现的是消息。“消息”一词，作为新闻的同义语和作为新闻体裁的主要品种，并非源于国外，我国古代就有“消息”这一词出现，后来逐渐演化。如周代成书的《易·丰》中有这样一句：“天地盈虚，与时消息。”其义是，日月的变化是由于宇宙间某些物质的消长而引起的。这可以说是“消息”一词最早的、最基本的意义。到了汉代，“消息”一词引申为“音讯”的意义，如蔡琰的《悲愤诗》中有这样的诗句：“有客从外来，闻之常欢喜。迎问其消息，辄复非相里。”意思是，客人从外地来，心里总是高兴，当问及音讯时，回答都说不是那一方人。这说明汉代的“消息”一词，已经含有“信息”与某种“传播”的意义。三国以后，“消息”一词不仅保留了“音讯”“信息”的含义，而且增加了“情报”的含义，如《三国志·魏志·齐王传》中记有这样一件事：“昔诸葛恪围合肥新城，城中遣士刘整，出国传消息，为贼所获。”可见，这时“消息”词义中的“传播”“信息”的含义，已占据主要位置。这一变化，使“消息”一词演变为新闻用语。明清以后，消息不仅逐渐成为“新闻”一词的同义语，而且成为一种新闻体裁的名称。

从功能和写作特点看，消息与古代记史有渊源关系。我国古代史官有“左史记言，右史记事”的分工(《汉书·艺文志》)。行文中具备时间、地点、事情、人物等记叙文要素。这种写法与现在所讲的“新闻的事实要素”有某种传统联系。史官所记的“言”与“事”，既是以后的历史资料，也可算做是当时的“内部参考消息”。

但是，古代消息体裁还未独立，大多附着在记史、宫廷应用文和文学作品里。不过，具有消息性质的诸如文告性新闻、军事新闻、“口头”新闻、纪实性新闻，已在各种传播渠道中运用。古代报纸——“邸报”出现以后，其内容止于朝政，无评论，无采访稿，但所发布的“皇帝诏令”“皇帝谕旨”，以及皇帝起居、朝廷法令、任免和褒贬之令，则非但是古代文告性新闻的继续发展，就是与今日报纸上的某些消息的体裁联系，也是十分明显的。而其中的皇室动态，则为后世“动态消息”之元始。不过，那时还未正名为“消息”或

“新闻”。

二、消息体裁的独立

消息体裁的形成、独立与“新闻”一词的融合有密切关系。人们常说“写一条新闻”，实则是指写一条消息。所以有必要考证一下“新闻”一词的来源与最初的含义。

在我国，“新闻”一词的出现迟于“消息”一词。据新闻界前辈戈公振在《中国报学史》中讲，宋代赵升的《朝野类要》说：“朝报，日出事宜也。每日门下后省编定请给事判报，方行下都进奏院，报行天下。其有所谓内探、省探、衙探者，皆衷私小报，率有泄漏之禁，故隐而号之曰新闻。”戈公振评论说：“读此，则小报与新闻二名词，在宋时盖已有之矣。”

其实，“新闻”一词还可以向上追溯。据姚福申的《新闻语源初探》考证，“新闻”一词最早出现于《新唐书》。唐中宗神龙年间(705—706年)，文人孙处玄对大臣拒绝采纳他的条陈不满，忿忿地说：“恨天下无书以广新闻。”其后，文学家段成式著有《锦里新闻》。唐末还有一个叫尉迟枢的写了一本书《南楚新闻》，其中第一条记载的是唐末黄巢起义的事。这些都说明，“新闻”这个词，在唐代确已出现，并初具体裁的含义。有比较明确的体裁意义的“新闻”，则出现于宋代，它记写的是新奇的事情。以后，“新闻”一词用得就更多了。明代《安得长者言》写道：“吴俗坐定，辄问新闻。”与上面说的一样，这里的“新闻”也是指的新奇事情。

在西方国家，最早出现“新闻”一词的是德国。据史料记载，德文中的“新闻”，是最初发源于德国北部的俗语“报道”，而“报道”的语源则出于“旅行”一词，15世纪以后，逐渐演变为“新闻”。这比我国唐代晚了数百年。它的意义是“在时间上绝对新颖的事物”，大致指口头或极为简单的文字所传播的消息。至于“新闻”一词最早被用做印刷物的代名词，那是在16世纪初德国出版的《三十行书翰》的誊本。

至于英文中的“新闻”，有好几个词汇，最常见的是News。据说这个词是由英文的北、东、西、南(North、East、West、South)四个词的第一个字母组成，意思是“四面八方消息的集合”。据《牛津辞典》解释，“新闻一词作为‘新闻报道’，是1423年苏格兰詹姆士一世在他的敕书中首次运用”。此人旅行回来后对友人说：“我把可喜的新闻带给你。”

从以上内容可以看出，无论是中国还是外国，消息和新闻成为同义语，并逐渐成为一种体裁，都有一个渐渐演变的过程。

在我国，消息(狭义新闻)体裁的独立，与新闻的自身演变及外来影响有关。1815年，由伦敦布道会所派之马礼逊、米怜及华人梁亚发办的《察世俗每月统记传》是中国第一种近代中文报刊，该刊开始把“新闻”明确地列为一目。这里的“新闻”明显的是特指“消息”，这是消息作为新闻体裁独立化的开始。该刊第1卷第2期(1815年9月)上，刊有一则标题为《月食》的预告性消息，全文如下：

> 照查天文，推算今年11月16日晚上，该有月食，始蚀于酉时约6刻，复原于亥时约初刻之间。若此晚天色清明，呷地诸人皆可见之。

据有的研究者说，这是近代中文报刊刊载的第一条消息。

三、通讯的渊源与确立

通讯，是我国新闻界的“土特产”。西方类似中国的通讯，一般被称为“特稿”。

我国的通讯源于古代散文、传记文学的沃壤之中。消息出现后，通讯成为消息与散文的结合体。早期的通讯，以小通讯、短通讯形式居多，与描写性消息有明显的交叉，不大重视新闻要素的交代，表现手法较简单，属于过渡状态。不过，有少数通讯表现出较明显的体裁特征，如月刊《遐尔贯珍》1854 年第 2 期刊登的《佛兰西公使赴京记》，就是以法兰西公使的足迹为线索，详细而生动地描述了公使赴太平天国首都的主要过程及旅途见闻。这是不是我国早期通讯的代表，新闻界对此看法还不统一。据复旦大学宁树藩教授考证，1870 年王韬在国外游历时写的《普法观战记》，可说是最早的通讯，这又是一种说法。

有一点是共识的，在 1900 年以前，我国已有大批记者精心于通讯笔法的探索。为了区别于一般消息，加之又是用书信传递方式从外地发回报社的外埠新闻，这类报道最初被称为“通信”，也有以“记”“录”字样来标示体裁的。

1912 年后，我国新闻写作史上，出现了一个划时代的人物——黄远生(1883～1915 年)。此人自辛亥革命后主编《少年中国》，后任《申报》驻京记者。《申报》特辟《北京通信》一栏，刊登他的“通信”，共 168 篇。“远生通信”的出现，结束了新闻写作照搬洋人或硬搬古文写作方法的局面。他的事件通讯，被认为是“最正统的写实性通讯”。他的最大贡献还表现在一开中国述评性通讯(又称解释性通讯)之先河。其作品后人辑为《远生遗著》(他于 1915 年访美，在旧金山被暗杀)。当时新闻界人士称黄远生为“崛起通讯界之大师”“新闻界之巨子”。由于以黄远生的《北京通信》为代表的政治通讯影响很大，才正式奠定了通讯体裁的独立地位。之后，《申报》的邵飘萍，《新闻报》的张季鸾、陶菊隐，《时报》的徐彬彬、舜华，都被视为新闻通讯之“大手笔”，其中又以邵飘萍最为突出。

后来，由于电信事业的发展，为了区别于一般的日常通信，到 20 世纪 20 年代，“通信”被正名为“通讯”，沿用至今。

四、新闻特写的演变

新闻特写，最初蕴含于通讯之中。现在新闻作品评奖，也仍把特写纳入通讯之中。

从写作特点和实际运用上看，新闻特写已作为一个独立体裁出现在新闻媒体上。它是从“文艺通讯”演变而来的。五四运动前后，大批作家加入了记者队伍，他们不满足于一般纪实性通讯的平铺直叙，开始借鉴文学创作形象化的手法，具体而生动地描写一些新闻事件和新闻人物的片断，其中某些军事新闻和社会新闻受到读者的欢迎，报纸上对这类报道多冠之以“文艺通讯”。大约到了 20 世纪 30 年代，苏联的“特写”被介绍到中国，产生了较大影响，于是各报陆续将“文艺通讯”改称“特写”，有不少报纸开辟了“本报特写”专栏。其实，苏联的特写是由旅途特写演变成为一种类似报告文学的体裁。高尔基认为“特写是介乎研究性论文和短篇小说之间的一种作品”。这是一种政论色彩较浓、又运用文学手法来反映现实生活的文学体裁。苏联出现的特写有两种情况：一种是反映现实生活完全真实；另一种是个别细节略有虚构(如奥维奇金的《区里的日常生活》)。著名记者、作家波列伏依是主张完全真实的，连很小的细节也不能虚构。由此看来，特写在苏联新闻界是一个比较宽泛的概念。我国新闻界的“特写”受此影响，后来实际上走上了两条路：一条路是与文学越来越靠拢，成为加入文学领域的“文艺特写”；另一条路则是坚持新闻的真实性，坚持再现新闻事件和新闻人物，成为新闻报道体裁中的“新闻特写”。两种特写，在文学刊物和新闻传媒上都出现，容易引起概念上的混淆，再加上20世纪20年代末传入我国的德国“报告文学”概念更能体现“文艺特写”的特点，1963年《人民日报》编辑部和中国作家协会召开了一次报告文学座谈会，“会议纪要”主张把“文艺特写”改称为“报告文学”，自此“报告文学”这一名称被广泛沿用至今。这样，“新闻特写”就与“文艺特写”正式区分开来了，并在新闻园地占有一席之地。

以上所述是消息、通讯、特写三种基本新闻报道体裁的历史演变。它们用于报刊媒体、广播电视媒体和网络手机媒体。至于新闻评论、新闻摄影等，亦应属于新闻体裁。由于它们已独立成为一门学科，故通行的新闻写作学不把它们列入其中。

第二节　新闻体裁的特点

新闻体裁是新闻写作的载体，是新闻作品的形式。新闻体裁的特点是新闻内容表现的形式特点。掌握新闻体裁的特点，是为了有效地表现新闻事实和进行新闻传播，同时使写出的新闻作品适体、得体，具有审美效应。我们从所有新闻体裁中概括出以下特点：

一、稳定性——形式相对稳定

消息结构一般由五个部分组成：标题、导语、背景、主体和结尾，组成一个有机的整体，并且各有其功能。这就是所谓的“新闻结构”。

从结构的方式看，一般运用倒金字塔式结构，以导语概括重要事实和事实的展示按重要程度递减。

从篇幅和字数上看，篇幅一般都不长，字数一般都不多。消息一般三五百字，长的千余字；通讯一般两三千字，长的万余字。如果消息或通讯的容量大、事实多，就分成单篇进行系列报道或连续报道。任何一种单篇新闻体裁，不可能写成一本书，除非它是新闻作品集，那是报道之后的事。

任何新闻体裁的写作都要以“事”为核心，即或是人物新闻、人物通讯、人物特写，也要以“事”显人。同时事实的要素(何时、何地、何人、何事、何因、何果)要俱全，简明新闻除外。

二、多变性——体式不断变化

梁代文论家刘勰在《文心雕龙·通变》中讲：“夫设文之体有常，变文之数无方。”这意思是说，文章体式有常规，但实际写作起来却没有定规。新闻体裁写作最能体现这个观点。虽然新闻体裁有较稳定的格式，但是由于新闻内容的丰富性，决定了它的表现形式必然是多样化。因此，在实际写作中体裁是不断变化的。如：

消息方面，单一性消息(一事一报)变成综合性消息(多事一报)，各自又保留着；短消息(电文、简讯等)变成长消息，又各自保留着；概述性消息(动态消息、经验性消息等)演变出述评性消息、解释性消息等，又各自运用着；一般性消息演变出“专稿”“专讯”(写法同于消息，标示其重要性、政治性、时效性)；消息的类型由过去的四种(动态消息、综合消息、经验消息、述评消息)变成现在的八种(动态消息、简讯、综合消息、经验消息、述评消息、人物消息、特写性消息、新闻公报)。

通讯方面，中国早期的报纸上，以纪实性通讯与旅游考察通讯居多。到了20世纪40年代，解放区报刊上出现了大量的人物通讯和故事式通讯。50年代，中国独有的工作通讯逐渐发展、繁荣起来。与此同时，昔日的旅游考察通讯演变成风貌通讯。70年代，许多记者不受旧框框的束缚，探索出"采访札记""记者述评"以及运用调查报告的形式报道新闻，突破了原先工作通讯的四平八稳的模式。之后，访问记又分离出一般访问记和人物专访等。此外，还出现了政论性通讯、述评性通讯、问题性通讯、信息性通讯等。

特写方面，它虽然是由文艺通讯演变而来，但它又与消息结合，变成特写性消息，又称新闻素描；特写与常规通讯结合，变成特写式通讯，又称特稿。特写的写作特点又用于新闻故事、新闻速写以及现场短新闻等。所以常常出现一种体裁既像特写，又像速写或别的什么形式等。电子传播手段出现后，特写中又有广播特写、录音特写，它们同报纸上的文字特写又有所区别。

以上说明，新闻体裁的变化比其他文章体裁的变化快得多，而且品种繁多。有人估计新闻体裁、样式达200多种，也有人说不少于60种。这都是新闻体裁的多变性带来的结果。

三、直接性——表达方式直接

任何一种新闻报道形式都是面向广大受众，而且要适应不同文化层次、不同职业身份的人。这样，它的表达方式就要直接、灵活，不搞"曲径通幽"，否则就失去了新闻报道的特性。

新闻体裁写作的表达方式基本上是叙述和描写，叙述多为直接叙述，描写多为直观描写，议论、抒情少用。语言运用上，消息简明，通讯详细，特写形象。这些体裁的共同点是：让受众尽快而又直接地获取新闻信息和受到事实的感染。

我们认识了新闻体裁的上述三个特点，新闻写作就不会离谱。我们掌握了这些特点，就会在新闻写作中，建立创新意识，有效地运用事实，提高报道的质量。

第三节 新闻体裁的分类

一、新闻体裁分类的标准

国内新闻体裁的分类只有一个大体上的划分，即消息类、通讯类、评论类。具体细分就五花八门了。对实际新闻报道活动来说，应对每一种大的类别进行具体分类，即划分"子目"，以利于记者写稿和编辑编稿。

新闻体裁的分类，应遵循分类学的要求，以"对象的决定性的特有属性"，即包含在概念内涵中的本质属性作为标准。这就是说，凡是不能构成新闻体裁特征上的根本变化的，一般不宜作为正式分类的标准。比如把新闻发生的地域或行业领域作为分类标准，有所谓本地新闻、外埠新闻，或政治新闻、经济新闻等，它只能表明不同地域、不同行业的报道的某些不同特征，并不能形成某种独特的报道形式。相反，某个地域、某种行业的新闻报道，都必须使用通用的或者是消息，或者是通讯等多种新闻体裁。

那么，新闻体裁的分类到底应该用一个什么具体标准呢？这要从概念本身的内涵与外延的统一、内容与形式的统一所构成的体裁特征来考虑。逻辑学的常识告诉我们：任何一个概念都反映一定范围的对象和对象的本质属性，因此任何概念都有内涵和外延两种基本性质。所谓内涵，指概念所反映的事物的特有本质属性；所谓外延，指概念所反映的客观事物的范围，也就是它的适用范围。概念的内涵与外延是有区别而又密不可分的。我们对新闻体裁分类时，必须全面考虑两者的关系，必须立足于足以决定不同体裁的那些特有方面。这就是：

首先，必须着眼于内容的差异。它叙述的事实具有直接性、真实性、新鲜性和指导性。正是由于它对事实的叙述有深度与广度的不同，有新鲜性、时效性和指导性的强弱，也就形成了新闻体裁分类的一条重要标准。

其次，必须着眼于形式的表现力，即运用这种体式和语言能否准确地表现新闻事实，从而达到写作目的和传播效果。

总的来讲，既找内容特征，又找形式特征，两个特征构成有机统一体。这就是新闻体裁分类的标准。

二、对新闻体裁分类的思考

新闻体裁的分类，历来不统一。特别是由于电子传播手段广泛用于新闻报道，新闻业务改革的深入和记者创新意识的加强等原因，新闻体裁的分类更是莫衷一是。从新闻报道的现状看，传统的新闻体裁有的已经被保留并沿用下来，有的已经被淘汰，有的是新出现的样式。这样，对新闻体裁的划分就不能囿于过去的分类法。笔者基于这种想法，并参照历届“中国新闻奖”获奖作品的体裁标目，大体作如下分类：

(一)新闻报道类

1. 消息

报刊文字消息

广播消息(口播新闻或录音新闻)

电视消息(口播新闻或声像新闻)

网络消息(文字或声像新闻)

手机短信(文字或声像新闻)

2. 通讯

报刊文字通讯

广播新闻专题

电视新闻专题

网络专题

手机专题

3. 特写

报刊文字特写

广播特写

电视特写

网络特写

手机特写

4. 调查报告

报刊新闻调查

广播新闻调查

电视新闻调查

网络新闻调查

手机新闻调查

5. 连续(系列)报道

报刊连续(系列)报道

广播连续(系列)报道

电视连续(系列)报道

网络连续(系列)报道

手机连续(系列)报道

(二)新闻评论类

1. 报刊言论

2. 广播评论

3. 电视评论

4. 网络评论

5. 手机评论

(三)新闻摄影美术类

1. 新闻电影

2. 新闻摄影(新闻照片)

3. 新闻漫画

(四)新闻报道附属类

1. 附记

2. 提要、节目介绍

3. 解说词

4. 大事记

5. 新闻文摘

6. 新闻资料(链接)

7. 新闻散文

8. 其他

以上归类既保留了各类基本文体，又便于记者(编辑)新闻业务上的操作以及新闻作品评奖。

上述归类，提炼出来的主要新闻体裁就是：消息、通讯、特写、调查报告、连续(系列)报道、评论、摄影、漫画 8 种。

至于报告文学、杂文等具有新闻性的文学体裁，归属不太统一。新闻界一般是把报告文学列入通讯中，杂文列入评论中。

第四节 新闻体裁的选用

当我们通过采访获得新闻素材后，进入写作阶段所要进行的第一道工序是选择什么样的形式来报道，这就是体裁的选用。古人说："文章以体制(体裁)为先，精工次之"①；"文章之有体裁，犹宫室之有制度，器皿之有法式也"②。可见文章体裁的确定对写作十分重要。那么，对新闻写作来说，选择一种最适合表现新闻事实的体裁，就是新闻写作成功的一个关键问题。对新闻体裁的选用，有以下几点值得考虑：

一、依据新闻内容选用

内容决定形式，形式反作用于内容，这是唯物辩证法观点。俗话说，凡事要"量体裁衣"，不能"削足适履"。有的人写作，忽视材料(内容)与体裁(形式)的关系，按自己的主观意愿来决定用何种体裁。对此，鲁迅先生曾提出："宁可将可作小说的材料缩成Sketch(英语，指速写体裁——编者注)，决不将 Sketch 材料拉成小说。"③

同样的道理，在新闻写作中不可将写作消息的材料拉成一篇通讯，因为消息的内容简括，通讯的内容详尽。如果"强拉"，那写出来的通讯就不成样子。就是适于写消息的材料，也要看材料的性质来决定消息样式。突发性事件一般适于写动态消息，非突发性事件一般适于写综合消息或述评消息。对于重大新闻，如果事件还在发展中，还可以写成连续报道。

总之，要充分认识事实本身的分量和价值，之后再决定用什么形式来报道。

二、依据报道需要选用

在新闻报道中，有一个概念叫"报道思想"，它是指新闻报道的指导思想、方针和原则，贯穿于整个新闻工作的各个环节之中。新闻写作也毫无例外地要有报道思想作指导。

在体裁选用上，首先要考虑用什么报道形式、报道方式来体现报道思想。如 1992 年 3 月邓小平同志视察南方的讲话，这是需要全民皆知并贯彻执行的。如果发一条消息，无疑是重要新闻。但深圳特区报记者为了深入而全面报道这一重要新闻，又力求具体反映邓小平理论的光辉，于是写出了长篇通讯《东方风来满眼春》，这样，报道的力度就大。

其次，要考虑党的中心工作的需要。虽然新闻有自身的独立性，但有时为了更好地发挥舆论宣传作用，不能不考虑党的中心工作的需要。如 1995 年，党中央作出关于加强社会主义精神文明建设的决议，这是需要新闻宣传部门大力宣传报道的。时值出现了江苏省张家港市坚持物质文明建设和精神文明建设"两手抓"这个先进典型。新闻媒体对此虽然作过一些报道，但是为了贯彻党中央的决议，让"张家港经验"在全国普遍推广，《人民日报》于 1995 年 9 月至 12 月推出"张家港系列报道"，发表了 14 篇作品，有"书面汇报"、通讯、评论员文章、消息、侧记、散记等多种体裁形式。对张家港市的风貌和经验作了全

---

① 宋·倪正父语，转引自吴纳《文章辨体序说·诸儒总论作文法》。

② 明·徐师曾：《文体明辨序说》。

③ 鲁迅：《答北斗杂志社问》，见《鲁迅全集》第 4 卷，人民文学出版社 1973 年版，第 364 页。

方位的报道和评论，使张家港精神深入人心，这正符合党中央宣传工作中心的要求。

三、依据受众需要选用

新闻报道是面向受众、为受众服务的，这并不是说受众需要什么就报道什么，而是有“新闻选择”的。所谓新闻选择，是指记者为进行新闻报道在新闻的内容和形式两个方面所作的一系列判断和选择，包括价值选择、事实选择、角度选择、体裁选择等。新闻选择与受众需要两者是对立统一的。受众需要是矛盾的主要方面。新闻报道除了内容上适合受众要求外，形式上也应是受众所喜闻乐见的。在体裁选用上，受众一般需要的是短小的、“含金量”很高的新闻作品，这样，消息、短通讯、小特写、现场报道、录音新闻等应是体裁选择的重点。如果记者一味追求长篇报道，搞所谓“超级通讯”“大特写”之类的“全景式”报道，势必会使受众产生逆反心理，“不买你的账”。应该说，新闻报道体裁既多样又灵活，我们应在遵循新闻报道原则的前提下，多运用一些短小的、多姿多彩的报道形式。应该明确，记者的写作本领，不在长篇报道上，而在短新闻的品位上，这正是受众所青睐的。

四、依据个人写作优势选用

记者应该“十八般兵器”都会使用，这并非意味着每位记者每用一种新闻体裁就一定会拿出上乘之作。这里有各人的写作优势和劣势问题。有的记者眼光敏锐，文思敏捷，出手快，写消息当然是得心应手。有的记者文思缜密，善于细致入微开掘题材，写通讯自然是高人一筹。有的记者善于从文学中汲取营养，写出的作品自然是斐然成章。

在新闻写作中，每个人都有他长期形成的新闻素养，有他相对稳定的思维定势、心理定势和写作风格，只有尽量发挥其优势，才会在新闻报道中取得成功。如现代著名记者范长江(1909—1970 年)，由于他新闻工作的阅历和政治敏感，使他在 20 世纪 30 年代中期成为“报道红军长征的第一人”。他的通讯集《中国的西北角》《塞上行》成为中国共产党领导全国人民抗日的历史记录。再如著名记者穆青，在 20 世纪 30 年代参加革命，初衷是从事文学事业，1940 年进延安“鲁艺”文学系学习。毕业后，组织上分配他从事新闻工作，他在新闻工作中继续汲取文学养分，所以他写的人物通讯情真意浓，文采飞扬，被专家称为“作家型记者”。这说明每个人都有他的写作个性、写作长处，只有在新闻实践中发挥自己的写作优势，才有可能在某方面取得新的突破，成为名记者。

第四章
消　　息(上)

第一节　消息概述

一、消息的含义和特点

消息是以最直接、最简练的方式迅速及时地报道新近发生的新闻事实的一种体裁，是新闻体裁中的一大类别。这个含义包含这几个因素：一是报道的方式直接、篇幅简短；二是报道的时间快；三是报道的内容新，而且是事实。一个完整的事实由五个“W”和一个“H”构成。

据此，可以看出，消息最具新闻的内涵，所以它通常被称为“新闻”，即狭义的新闻。广义的新闻体裁包括消息、通讯、特写、新闻评论、新闻摄影等。

消息的特点依据消息的含义而来。概括起来就是：新、快、短、实。

(一)新

新闻姓“新”，新鲜是消息的个性，最新鲜的事一般由消息先发布。因此，消息新不新是首要标志。新，包含三个意思：一是内容新，它把首次出现的新鲜事物报道给人们，给人以新鲜感；二是认识新，新闻事实所反映的思想、说明的问题，要有新意，给人以新的启迪；三是角度新，选择新的报道角度，变换新的表现手法，从司空见惯的事物中发掘出新的东西，给人以耳目一新之感。

比如，西方有的新闻学家认为“狗咬人不是新闻，人咬狗才是新闻”。其实，在他们那里“狗咬人”有时也成了新闻，就看这事新鲜不新鲜，给人的认识新不新。下面这条消息就具有这个特点：

恶犬咬吞男童耳朵
医生杀狗取耳缝上

[据美联社讯]　一名7岁男孩，他的耳朵被一只狗咬掉后吞了，医生立即把狗杀死，取出仍然完好的耳朵，然后重新为孩子缝上。手术成功与否还不知道。

那男孩星期日下午在邻居家的车道上，被一只德国牧羊狗及一只杂种德国种短毛猎狗咬伤。后来决定把这两只狗一同杀死，因为他们不知道哪只狗吞没了男孩的耳朵。那只耳朵是在短毛猎狗的胃里发现的，大部分完好。①

(二)快

消息比任何新闻报道体裁都要快。快，是消息的基本特征，是消息的优势，也是消息质量的重要体现。因为新闻是“一次过”，是“易碎品”，稍一延误，新闻就成了旧闻，成了“明日黄花”。新闻特有的威力也就在对现实的反应十分迅速上，这正是新闻、尤其是消息的特质。新闻界曾流传过这样的格言：今天的消息是金子，昨天的消息是银子，前天的消息是垃圾。可见，报道的时间快与慢与消息共存亡。

发达国家的记者，最忌讳“昨天”这个词，不愿意在消息中使用。它们的许多报纸，一天出三次，许多消息可以当天见报。深夜、凌晨发生的事情，早上就能见报；上午发生的事情，中午就能见报；下午发生的事情，晚上就能见报。反正是在印刷之前，只要有更新的消息，就把原来的那条消息换下来。

广播和电视消息，比报纸上的消息更快。它们不仅可以把几分钟前的消息播出去，还可以做到与新闻发生过程同步，即现场直接报道。

消息只有抓住一个“快”字，才是抓住了要害。否则，便会闹出笑话。例如，某报记者见到市里下了一场大雪，第三天写了一条消息《大雪纷纷下，蔬菜没涨价》。他把下雪当天蔬菜没有涨价的事情写出来，而过了两天蔬菜就涨价了，而且缺货。群众见到这条新闻，反映说：“大雪纷纷下，蔬菜没涨价，记者说瞎话，书记该挨骂。”

很多好新闻就是以快取胜的。例如荣获1984年全国好新闻特等奖的《我国选手获得奥运会第一块金牌》，新华社记者高殿民从美国洛杉矶发出的这条电讯(1984年7月29日第23届奥运会开幕后的第一天)，比美联社早20分钟，比路透社早15分钟，为我国新闻界在世界上赢得了荣誉。当天下午，共同社3名记者向中国记者祝贺，赞扬他们在奥运会报道上“也夺得了一块金牌”。其实，这条消息的写作水平不及同一天发的新闻述评《“零”的突破》，但它发得早、发得快。

(三)短

消息要快，就需篇幅短。随着社会生活节奏和信息传播的加快，人们更需要简短的消息。这既符合人们接受新闻的习惯，也可使新闻媒体多刊播一些新闻。

短，须语言简练，水分少，舍去一切可删掉的字、句、段，以便准确地抓住事物的精髓。然而短也要以内容充实、叙述清楚为原则，做到文约事丰。要做到这点，必须善于概括事实。马克思在《摩塞尔记者的辩护》一文中说，新闻报道都建立在事实的基础上，并且要竭力做到只是概括地表明这些事实。这意思是说，绝不能将所有事情都写上，要概括出代表事情本质的事实，抓主要的，作准确报道，才能体现短。例如，日本时事社报道中美建立外交关系的一条消息仅仅22个字：“美国政府承认中华人民共和国是中国唯一合法政权。”

一般来说，消息以300~500个字为宜。500个字的消息，可以把事情讲清楚。历届“中国新闻奖”评选，就规定了消息的字数和时间：文字消息在1 000个字以内；广播、电视消息在4分钟以内。这是为了使消息“短些，再短些”。

① 选自杜荣进主编《中外新闻采写借鉴集成》，浙江教育出版社1997年版，第284页。

（四）实

实，就是具体事实。消息的任务是报道新闻事实，它主要靠事实材料来说服受众，没有具体事实怎么说服受众？消息报道愈是具体、确切、形象、翔实，就感人愈深，说服力愈强。胡乔木同志说过：“最有力量的意见乃是一种无形的意见——从文字上看去，说话的人只是客观地朴素地叙述他所见所闻的事实（而每个叙述总是根据着一定的观点的），这样，人们就觉得只是从他那里接受事实，而不是从他那里接受意见了（而每个有自尊心的人一般都是不愿相信意见，而宁愿相信事实的）。”①这就是客观报道具体事实。

例如，作家莫言获诺贝尔文学奖是中国当代文学得到世界认可的标志性事件，这是大新闻，山东《大众日报》及时刊登了篇名为《山东作家莫言获诺贝尔文学奖》的消息，可以说做到了消息的“新、快、短、实”：“新”，过去除华裔外籍作家赛珍珠获过诺贝尔文学奖外，中国籍作家无一人获此殊荣，这次是中国籍作家首次问鼎这一奖项；“快”，获奖讯息头天晚上传来，第二天就见报了，当然电子媒体更快，几乎是同步发布；“短”，篇幅短，算是“千字文”；“实”，全是用事实说话，记者把现场气氛，莫言的态度，瑞典文学院的宣布及获奖的原因，以及莫言的生平和作品交代得一清二楚。这条消息文本被多家媒体用作消息写作培训的范例。请看全文：

山东作家莫言获诺贝尔文学奖

郭　剑

晚上7点刚过，高密的大街上便响起了鞭炮，一条消息在鞭炮声中口口相传：高密走出去的山东作家莫言荣获2012年度诺贝尔文学奖。这是中国籍作家首次问鼎这一奖项。

几天前，莫言成为诺贝尔文学奖大热门的消息不胫而走。来自国内外20余家媒体的记者奔向高密，在莫言文学馆的手稿里，在莫言出生的大栏乡平安村，在高密的剪纸、扑灰年画和山山水水中找寻密码，期待一条爆炸性新闻。

这是收获的季节，高密的棒子黄澄澄地摆满了场院和房顶，侍弄着活计的老乡们略带疑惑地观望着纷至沓来的记者。莫言的二哥管谟欣已经说不清接待了几拨客人，但他还是面带笑容。

随着时间推移，记者群里散发出焦急和期盼的气氛。他们不停地看表，翻着网页，并一遍一遍追问着莫言的下落。莫言事后对记者说，那时，他正躲在一个地方逗着小外孙玩耍，还舒舒服服吃了顿晚饭。

“成了！”晚上7点刚过，记者当中一个手疾眼快性子急的率先确认了这一消息，人群中随即爆发出热烈的掌声。

在斯德哥尔摩当地时间10月11日13时，远在北欧的瑞典文学院宣布，2012年诺贝尔文学奖授予中国作家莫言。

瑞典文学院常任秘书彼得·恩隆德在瑞典文学院会议厅先后用瑞典语和英语宣布了获奖者姓名。他说，中国作家莫言的“魔幻现实主义融合了民间故事、历史与当代

---

① 胡乔木：《人人要学会写新闻》，载延安《解放日报》1946年9月1日。

社会”。

诺贝尔文学奖评委之一、瑞典汉学家马悦然说，莫言的作品十分有想象力和幽默感，他很善于讲故事。莫言获奖会进一步把中国文学介绍给世界。

晚9点，让各路记者找得好苦的莫言终于现身。对于获奖，莫言表示“可能是我的作品的文学素质打动了评委，中国文学是世界文学的一部分，表现中国独特的文化和民族风情，站在人的角度上，立足写人，超越了地区、种族的界限。”他强调，“诺贝尔文学奖是重要的奖项，而并不是最高的奖项”，自己要“尽快从热闹喧嚣中解脱出来，该干什么干什么”。

莫言出生于1955年2月，原名管谟业，山东高密人。小学即辍学，曾务农多年，也做过临时工。1976年2月离开故土，尝试写作。1981年开始发表作品，一系列乡土作品充满“怀乡”“怨乡”的复杂情感，被称为“寻根文学”作家。他的主要作品包括《红高粱家族》《丰乳肥臀》《檀香刑》《蛙》等。长篇小说《蛙》获第八届茅盾文学奖。

按照诺贝尔奖有关规定，所有获奖者将前往瑞典首都斯德哥尔摩，参加12月10日举行的颁奖典礼。

(《大众日报》2012年10月12日)

二、消息的地位和作用

消息是新闻传媒的主角。它在报纸、广播电台、电视台、网络、手机每天安排的新闻节目中，总是放在前面，而且使用频率最高。在西方发达国家，每天播出消息的数量占整个新闻节目的70%~80%，有的甚至超过这个比例。

报纸之所以称为“新闻纸”，因为它的版面主要是用来刊登新闻(消息)的。报纸的头版，称为“要闻版”，基本上登的是与本报性质相关的重要消息，其他版面也刊登各类新闻(消息)。广播电台、电视台的黄金时间(视听率最高的时段)，首先播发的是消息；此外，每小时播一次新闻，以及“滚动式”报道，首先出现的也是消息。可见，在新闻报道体裁中，消息占有主导地位，是最常用、最多见的一种体裁。

为什么说消息是新闻传媒的主角呢？这不仅是因为新闻媒体的主要任务是刊登、播发消息，而且是由于它历来是新闻报道的正宗。其他新闻体裁如通讯、特写，是在消息的基础上发展起来的，是消息的延伸、扩大或补充。就是评论性文章，也是建立在消息的基础上有感而发，也往往是消息的理论化或引申。所以，有人说：“新闻之于新闻工作，正如钢铁之于工业。”这意思是：没有钢铁，就没有工业；没有新闻(消息)，就没有新闻事业。

消息之所以成为新闻传媒的主角，还由于它在诸种新闻宣传形式中，是目前世界上发表量最大、受众最多的一种文体。正如胡乔木同志在《人人要学会写新闻》一文中所说：“要谈作品之多同读者之多，从来没有一种文字形式能够跟今天的新闻相比。”可以说，新闻(消息)是当今人们生活中重要的精神食粮之一。

消息的作用主要有三点：

(一)传播信息

信息和物质、能源是现代科学技术的三大支柱，又称为三大财富。新闻的本质是信息，是信息的特殊品种。作为新闻信息传播载体的消息，是传播有新闻价值的、并且公之于众的信息。从整个社会来看，人们最需要公开的、有用的信息。担当此任的莫过于消息了。因此，传播信息是消息的首要任务。消息除了传播上至天文地理、下至鱼虫鸟兽，大至国际国家、小至家庭个人的各种最新信息外，重点还是传达决策机构的信息，包括政党、政府新近制定、颁布的方针政策。毛泽东同志说过："报纸的作用和力量，就在它能使党的纲领路线，方针政策，工作任务和工作方法，最迅速最广泛地同群众见面。"①这是任何一种传播渠道所不能企及的。在当今"信息时代"，消息传递新鲜信息的作用将会愈来愈大。

（二）舆论宣传

舆论，是公众的言论，具有强烈的倾向性。新闻作为一种舆论工具，具有舆论宣传、舆论监督及舆论批评的作用。集中到一点就是舆论导向问题，或赞成或反对，或表扬或批评，广泛地影响着人们的思想和行动。新闻工作的重要任务是坚持正确舆论导向，坚持正面宣传为主。新闻的舆论宣传不是靠说教，而是通过新闻报道来体现的。例如，对香港于1997年7月1日回归祖国这一重大政治事件，回归前一年天安门就开始倒计时，离回归还有100天，各新闻传媒开始每天发消息，报道海内外炎黄子孙迎回归的各种活动，以扬我国威，雪我国耻，进行活生生的爱国主义教育。这就是正确的舆论宣传。

（三）传播知识

知识与信息实质相同，但概念不同。知识是人类对自然和社会运动形态与规律的认识和掌握，信息是生成知识的原料。消息不仅及时传播最新信息，进行舆论宣传，而且还通过报道来传播知识，普及知识，增强人的智慧，丰富人的文化生活。

任何一项科技发明创造，任何一种自然现象的新变化，任何一种社会现象的新变动，消息在报道这些事物的新情况时，一般要用知识背景材料来解释和说明，使受众理解新闻，并从中获得知识。有的新闻本身知识性很强，那传播知识就更明显了。

消息的作用是多方面的，这是由新闻的多种功能所决定的。在诸种作用中，传播信息是最基本的，其他重要作用凭借这个基础才得以发挥。

三、消息的分类

消息的类型多种多样，研究者们常从不同角度来对它进行分类，出现了多种分类法：

按新闻所反映事件的不同性质分，有事件性新闻和非事件性新闻两种。事件性新闻是对新近发生的一个事件的报道，时间性很强。常见的类型有动态消息、特写性消息等。非事件性新闻是与事件性新闻相对的新闻，报道的是一个阶段持续发展的事物。常见的类型有综合消息、经验消息、述评消息等。

按报道内容分，有政治新闻、经济新闻、科技新闻、军事新闻、体育新闻、教育新闻、文艺新闻、社会新闻、气象新闻等。

按新闻媒体分，有文字消息（报刊）、广播消息、电视消息等。

按篇幅长短分，有长消息（1 000字左右）、短消息（500字以内）、简讯（200字以内）等。

---

① 毛泽东：《对晋绥日报编辑人员的谈话》，选自《毛泽东新闻工作文选》，新华出版社1983年版，第149页。

按写作特点分，有动态消息(包括会议消息)、综合消息、经验消息(典型性消息)、述评消息、人物消息、特写性消息、新闻公报等。这是国内比较通行的分类法。

西方新闻界对新闻还有这样一些分类法：硬新闻、软新闻、纯新闻。硬新闻是指重要的公众事情的报道；软新闻是指重要性不足、趣味性浓厚的事情的报道；纯新闻是指直截了当的事实的报道，不加解释分析。有的还把消息分为快新闻和慢新闻。快新闻即快讯，指时间性强的新闻，一般的消息、纯新闻、硬新闻等属此类；慢新闻是指时间性不强的新闻，如解释性新闻或有深度的报道、兼具消息和专稿特点的专稿式消息等。

目前，国内外对消息的分类很不统一，仍在探索中。在实际写作中，各种消息类型有相互交叉或相通的情况，我们不可把消息的类型看得太绝对。

四、采写消息是记者的基本功

在新闻“武库”中，消息这种体裁是记者使用最多、不可离身的“常规武器”，需要熟练地掌握它。正如一个战士不会使用枪就不是一个合格的战士一样，记者不会写消息就不是一个称职的记者。记者固然也需要掌握和运用其他各种新闻体裁，但写好消息却是一项基本功。对新闻与传播学专业的学生来说，是会写新闻的“童子功”。可以说，掌握了消息写作，就是掌握了一把能够打开整个新闻报道艺术大门的钥匙，能为驾驭各种新闻报道体裁的写作打下基础。因为消息凝集着各种新闻报道体裁的共同特点，在消息写作中集中反映了新闻报道体裁的一般写作要求。

采写消息既是记者的基本功，也是记者的看家本领。消息的采写工作最能反映出记者的素质、水平、技能和知识修养。可是有人认为写消息简单，没有什么学问，其实这是误解。世界上最简单的事往往也是最难的事。一篇好的消息凝集着作者的功底和劳动，不是一蹴而就的。例如，获首届“中国新闻奖”(1990 年)一等奖的消息《百家“三资”企业调查表明：在华投资大有可为》(新华社 1990 年 9 月 14 日播发)就是如此。这是新华社三位记者用三个月的时间，走访了华东沿海 100 家“三资”企业，汇集了十余万字的素材，经过分析提炼，才写出了一条“含金量”很高的一千多字的消息。没有这样的功夫、艰巨的劳动和高超的写作水平，是写不出消息精品的。

第二节　倒金字塔式与消息结构

一、消息的结构及结构组成

消息的结构，是作者对已过滤的新闻材料进行总体性的安排或布局。消息结构一般由标题、导语(有时还有“消息来源”)、主体、背景、结尾五个部分组成。这五个部分有机地构成一则新闻的整体，称为“新闻结构”。其中，导语和主体是最基本的，因为标题来源于导语和主体，背景不是独立的层次，结尾是主体内容的终结。作为简讯类的消息，有的可以没有标题，有的可以不必交代背景。但是，不能没有导语和主体(导语有时和主体合而为一)。按照五个部分进行布局，它决定所写的东西是否像“消息”而不是其他体裁，是否有机地显示这几部分(导语和主体不能忽略)，是消息与通讯在写作上的显著区别之一。这只能体现消息的一般共性，即消息结构的外部特征。

为了把消息写好，必须把握好消息结构的内部特征(消息中诸事实材料表达的次序和内在联系)，并把内部特征与外部特征统一起来，形成一个最佳结构，以有效地使用新闻材料和表现新闻主题。国内外的记者们，在长期新闻实践中不断地摸索出一些好的结构方式和方法。通行的有四种类型，这就是：倒金字塔式结构、金字塔式结构、倒金字塔和金字塔结合式结构、自由式结构。其中倒金字塔式是消息写作常用的基本结构。

二、倒金字塔式结构

倒金字塔式结构是一个形象比喻，其实是倒叙法。这种结构起源于19世纪60年代美国南北战争(1861—1865年)时期。当时战争频繁，人们渴求迅速获得战争信息；经济快速发展，也引起人们去关注经济信息的迅速传递。但是，当时电报初创阶段通讯线路经常中断。为了便于记者迅速将最重要的消息播出，于是人们争相在通话、发电报的开始一刻，先将最重要的事实传递出去。这样即使线路中断，先行传输出去的部分，仍可独立成为一条消息。由于消息导语的正式确立，随之确定了这种相应的形式。谁是运用倒金字塔式结构发消息的创始人？据说是美联社记者B. S. 奥斯本。不过，研究者们对这一看法尚有争议。

倒金字塔式结构的出现，也是针对19世纪中叶以前西方报纸上刊登的消息老是一种相当悠闲的散文、小说式节奏而出现的。西方教科书上经常提到的一个例子是1869年《纽约先驱报》记者斯坦利关于找到已经失踪6年的英国传教士、探险家大卫·利文斯通的报道。这位传教士为了研究东非的民族，到了位于现在的坦桑尼亚境内的坦噶尼喀湖畔，同当地土著居民生活在一起，一去6年，杳无音信。记者找到这个人时，本应以最简洁迅速的方式把这一重要消息报道出去，然而他在导语中，对找到传教士一事只字未提，却一味抒发感情，写道：“时隔不过两月，而我的感情发生了多么大的变化！不过两个月以前，我是一个多么暴躁、烦恼的人儿！你们的报道员面对的是一个多么绝望的前景！”这篇报道的名句“‘我猜您是利文斯通博士吧？’他说道，‘是的。’”竟被埋在文章的结尾处。如果按现在的从后面删起的编辑方法处理的话，这一名句就永远无法问世了。在今天，任何被派去执行这项任务的记者都会以大致如下的方式开头：

> 失踪已经6年的英国传教士和探险家利文斯通博士已经找到，他同坦噶尼喀湖畔一个非洲村落的土著居民生活在一起。

这样，用倒金字塔式写消息，从实践到理论被承认了。在以后相当长的一段时期，倒金字塔式曾是独一无二的消息结构形式。

现在，一般公认倒金字塔式源于美国。关于这个问题，我国新闻界有一种新看法，认为我国早在明代就已有“倒金字塔式结构”与新闻导语的出现。在明神宗万历元年(公元1573年)正月十九日，《京报》上刊登了一条消息，全文如下：

> 乾清宫门，伪阉章龙伏诛。是日早，乘舆出乾清宫，有男子伪著内使巾服，由西街下而前，为守者所执。索其衣，得刀剑各一，具缚两腋下。诘之，供道其姓名为王

大臣，系武清人，余无言。司礼监太监冯保奏，奉旨下东厂究问，的确名章龙。

这条消息第一句概括交代了刺客章龙伏诛的重要事实，同后来的新闻导语不差分毫，然后按重要性依次减小的原则，逐一报道了章龙行刺、被擒、受审、招供等次要事实，遂构成一个完整的倒金字塔式结构。这比 1844 年《巴尔的摩爱国者报》收到全世界第一篇新闻电讯稿要早 271 年；比奥斯本用倒金字塔式结构所写的美国南北战争开战的消息要早 286 年。令人惋惜的是，我国最早的这一做法未能及时上升为理论，加以推广。①

倒金字塔式结构的含义是什么呢？从整篇来讲，就是把最重要的事实放在最前面，即导语中；主体部分依材料的重要性递减原则来安排各项事实，材料抛完即是全文结束。后来又发展到，在导语中又要把最精彩、最重要、最吸引人的部分放在首位；标题要进一步把全篇的精华提炼出来。

其形状如下图：

下面这条消息是典型的倒金字塔式结构：

肯尼迪遇刺丧命

[**路透社达拉斯 1963 年 11 月 22 日电**]急电：肯尼迪总统今天在这里遭到刺客枪击身死。

总统与夫人同乘一辆车中，刺客发 3 弹，命中总统头部。

总统被紧急送入医院，并经输血，但不久身亡。

官方消息说，总统下午 1 时逝世。

副总统约翰逊将继任总统。

（选自暨南大学出版社 1992 年出版的《中外新闻选》）

这条消息按事件重要性的先后顺序排列：第一段(导语)写何事，交代了何人、何地；第二段写事件的发生，交代了何因；第三段对事件展开，交代了何果；第四段证实消息可靠，具体交代了何时；第五段(结尾)对事件进行补充，使消息完整。从全篇看，记者是把最重要的部分放在前头，然后依次递减，且事实的“五要素”俱全。消息写作大多运用倒金字塔式结构，表述直接。它适用于写时效性强、事件单一的新闻，而对某些非事件性

① 参见翁正良：《明朝就有“倒金字塔”写法》，载《新闻界》1991 年第 6 期。

新闻、富有故事性或人情味的新闻不太适宜。运用倒金字塔式结构要注意段落的衔接和逻辑关系，否则是“一盘散沙”。

倒金字塔式结构有三个优点：一是便于记者快速写稿；二是便于编辑编稿和排版；三是吸引受众，使受众用较少时间获得更多信息。它一般适用于单一事件性新闻，即动态消息的报道。但现实生活是错综复杂的，许多新闻尤其是重大事件性新闻，三言两语说不清楚。于是，在新闻实践中，西方记者发展了倒金字塔式结构，使它形成了若干变种，如提要式结构和多层倒金字塔式结构等。

提要式结构，是倒金字塔式结构的一个变种，通常是写一个新闻提要放在最前面，以后再详细介绍其他细节。新闻提要集中了最富有新闻价值的事实，读者一看就可以了解到这条新闻的基本事实，愿意详细了解事件的读者再去看新闻的下文。其图示如“▽□□□……”它的特点是条理清晰、简明扼要，常用于综合报道或经验报道，也用于新人新事、新成果、新工艺的报道，还常见于介绍新闻人物的观点意见、政党和政府的政策的重要稿件中，有时在新闻述评中也采用。它常标有数字程序，故有人称为“一、二、三、四结构”。采用这种结构要防止主次不分、罗列现象的毛病。

多层倒金字塔式结构，也是倒金字塔式结构的另一个重要变种。这种结构层次是按其内容的重要性顺序排列的。如发生一场火灾，记者可以根据读者的心理安排其层次：火灾的概貌(提要)、火灾发生的细节、火势现在怎么样、火灾的起因、对灾祸的救济工作五个层次。它们彼此紧密衔接，组成一个五层的倒金字塔。塔上的每一层，又都包含了若干事实，而这些事实基本上也是按其内容的重要性顺序排列的。每一层的第一段概括了这一层的主要内容(有时是过渡段)，后面的事实，是对这一段的解释或补充。就是说，这座塔上的每一层又是一个小一些的倒金字塔。

与单层倒金字塔式结构一样，多层倒金字塔式结构既可以满足没有时间读完新闻全文的读者的需要，又便于编辑删节。对于这种结构的新闻，编辑既可以从后往前删节，也可以从任何一个层次中抽掉一两个事实，所剩下来的，仍然是一条完整的新闻。

三、金字塔式结构

金字塔式结构也是形象比喻，其实是顺叙法。这种结构与倒金字塔式结构相反，它按照时间顺序来安排事实，先发生的放在前面，后发生的放在后面；事件的开头就是消息的开头，事件的结尾就是消息的结尾。

世界上早期的新闻写作大多用这种结构方式写消息，叫编年体式。我国早期的新闻结构形式也比较简单，变化不大，也不分段落。例如上海《申报》1919 年 5 月 6 日刊登的一篇关于“五四运动”的报道，就是这样写的：

> **北京电** 今日午后两点，各校师生 5 000 人入×馆界，执旗书“誓死争青岛”及“卖国贼曹陆章”字样。后又拥至曹宅，初极文明。警察弹压，激动公愤，有举火烧宅者。警察逮捕，被捕甚众。经钱派员慰谕，尚相持未下，东交民巷已戒严。

这条新闻完全按事情发生的顺序叙述，类似今天的金字塔式结构。

虽然消息写作大多用倒金字塔式，但也不能忽视用金字塔式写消息，因为它便于将事态发展的过程、曲折和细节交代清楚，流畅自然，易于为受众、特别是文化水平较低的受众所理解。就是说它符合受众阅读、收听、收视的习惯。但也有不足之处，叙事平板，往往将重要事实埋在冗长的叙事之中。不过，这一点可以通过醒目的标题和生动的语言加以弥补；如果情节组织得好，可以引人渐入佳境。西方记者中，有人极力提倡这种结构方式。美国内华达大学新闻学副教授威廉·梅茨说："有时为了抓住读者的情感或寻找独特的角度，把突出之点置于篇末，效果更好。"①

下面这条消息是典型的金字塔式结构，被美国新闻写作教材作为范文之一。全文如下：

福特总统遇刺　幸而无恙

[合众国际社加利福尼亚州萨克拉门托 1975 年 9 月 6 日电]　今天晴空万里，阳光明媚，那个娇小玲珑的红衣女郎同群众一道等待着福特总统从他们面前走过。

大多数前来欢迎总统的人都希望同他握手。

这个红衣女郎携带着一支枪。

勒奈特·阿丽丝·弗洛姆 27 岁，属于查尔斯·曼森那个恐怖主义团体。在这个团体中她的代号是"雏鸽"。据目击者说，她一声不响地站在人群的后排，站在州议会大厦前等待总统光临。

她对人群中一位名叫凯伦·斯凯尔顿的 14 岁姑娘说："啊，今天天气太好了！"

事件发生后，凯伦说："她看上去像吉卜赛人。"

"雏鸽"身穿红色长袍，头戴红色无檐帽，同她的红头发很相配。

她的前额上有一个红色的"X"记号，这是 1971 年曼松及其 3 名女追随者因谋杀罪名成立在洛杉矶受审时她自己刻上的。

"雏鸽"特地从北加利福尼亚赶到萨克拉门托，从而步正在服刑的 41 岁的曼松的后尘。现在，她正耐心地等待总统到来。

她的手提袋里藏着一支 0.45 厘米口径的自动手枪。

太阳热辣辣地直晒下来，气温是华氏 90 多度，人们热得不耐烦，不由得走来走去。

突然，欢迎人群振作起来了，原来福特出现在参议员大饭店门口，接着走上一条人行道，穿过州议会大厦前的停车场朝着人群走了过来。他的前后左右都是特工人员。

福特止步，向欢迎的人群挥手致意。

欢迎的群众被绳子拦在后面，他们纷纷向前涌去，同总统打招呼。

总统向左转过身去，他伸出双臂，去握欢迎群众伸出来的手。

每同一个人握手，他就说一句："早晨好！"

"雏鸽"仍没有采取行动。

突然，她从人群后面挤到前面来，边挤边用双臂拨开周围的人。

---

① 杜荣进主编：《中外新闻采写借鉴集成》，浙江教育出版社 1997 年版，第 406 页。

警察说，她挤到离总统只有两英尺的地方时，突然拔枪瞄准总统。

凯伦·斯凯尔顿说，总统见到这支左轮手枪，“脸刷地吓白了”。

另一位欢迎群众50岁的罗伊·米勒说，福特“大吃一惊，吓坏了，把脖子缩了起来”。

说时迟，那时快，特工人员莱瑞·布恩道夫立即采取措施保卫总统生命安全。他冒着生命危险，冲到“雏鸽”和福特中间。

接着他把“雏鸽”摔在地上，同警察一道缴了她的枪。

“雏鸽”尖声叫道：“他不是你们的公仆！”

她还对警察说：“别激动，伙计们，别打我，枪不是没响吗？”

四五名特工人员同时围了上来，把福特与群众隔开，旋即簇拥着他离开。

福特的膝部一向有毛病，这次在惊吓中几乎支持不住自己，但他很快就站稳了。

当警察给“雏鸽”戴手铐时，她喊道：“美国乱透了！那家伙不是你们的总统！”

过了一小会儿，警车把她送走，这时，她的脸上浮现出一丝微笑，神情似乎很镇定。

（选自黎信、曹文秀选编：《西方新闻作品选读》）

这条消息的金字塔式结构保持了事件的连贯性，情节步步推进，高潮在后面出现，让人读（听）来引起感情上的触动或兴味。金字塔式结构适用于报道故事性强、人情味浓的事件性新闻。

运用金字塔式结构，不可恪守一个模式，应善于变换手法，巧妙组织情节，创造一种新的格局。例如“积累兴趣”结构、“延缓兴趣”结构等，就是在金字塔式结构的基础上发展而来的。

“积累兴趣”结构是开始设置悬念，使受众逐渐增加对事件的兴趣，最后形成高潮。这种结构大体是按时间顺序安排事实，一段比一段写得具体，而事件的结果直到最后才显示出来。它“逗”着受众一口气读（听）完，不像倒金字塔式结构那样，只要读（听）了导语，就可以了解新闻的概要。例如，美联社的一条电讯：

[洛杉矶电] 巴贝·斯科特小姐昨天会见了本市某报的编辑，请求刊登她所说的她弟弟写的一首诗。

她说，这首诗写得相当精彩。她对编辑说，她弟弟的名字叫威顿·斯科特，今年25岁，是陆军航空飞行员，驻扎在加利福尼亚州的河边基地。

编辑读了这首诗……（编者注：为了节省篇幅，这首诗不照译了。其内容是飞行训练十分危险，预示早晚他要机毁人亡。）

斯科特小姐说：“我是不相信预示的，这是我的长处之一。”

编辑把视线从诗稿上转移开来，瞧着斯科特小姐。他在微笑。

“写得不错，我们打算用它。”编辑说。于是，斯科特小姐告辞了。编辑没有对她说，一个小时以前，一架军用飞机在哈密尔顿山上撞毁，25岁的威顿·斯科特在这次空祸中遇难。

“积累兴趣”结构经常用于写短小的社会新闻和趣闻、奇闻，也可用于写重要事件的花絮新闻，尤其适用于写人情味浓、戏剧性强的新闻。

“延缓兴趣”结构同“积累兴趣”结构差不多，不同的是：“延缓兴趣”结构采用归纳式导语，“积累兴趣”结构采用事实性导语。归纳式导语由于不交代具体事实，会给受众留下一个问题，于是不得不读(听)完全文。例如《纽约时报》的一条消息：

昨天晚上，冰激凌对警察局巡官哈利·欧柏林没有起到清凉作用。(按：读到这里，大家一定要想：为什么?)

欧柏林奉命去调查一件盗窃案，他在阿尔本大街刚把车停好，就见有个男人向他走过来，边走边嘟嘟囔囔地说些什么。

欧柏林问道：“你说啥?”

来人一语不发，突然把一块冰激凌甩到欧柏林的脸上。

欧柏林赶紧跳下车，一把揪住这个人。这个人却说：“你想抓我吗？那就先得同我比试比试。”

接着，他一拳打在警察嘴上。警察毫不示弱，照对方脑袋上就是一拳，把他打翻在地。

被捕者在肯呑大街派出所承认，他是住在大树西街35号的威利斯·索兰诺。他说，他认为警察“头脑发烧”，因此，他想用冰激凌使警察“凉快凉快”。①

以上例子可以看出，倒金字塔式结构多用概述手法，高潮在前；金字塔式结构多用描述手法，高潮在后。两者各有其长，各有其短。如果把这两种结构方式结合起来，则相得益彰，于是就出现了第三种结构类型。

四、倒金字塔与金字塔相结合式结构

这种结构，通常第一段用倒金字塔式结构，开门见山，新闻感强烈，发挥导语突出主要事实的作用。导语之后，一般按事情发展的顺序写，给人以具体、完整、叙述清楚的感觉，比较适合中国受众接受新闻的习惯。例如下面这条消息：

京九铁路全线贯通

[本报九江11月16日电]　记者江世杰报道：今天上午11时35分，京九铁路最后两节轨排在江西省与广东省交界的定河桥南端连接完毕。随即，国务院副总理、京九铁路建设领导小组组长邹家华宣布：京九铁路全线铺通。至此，党中央、国务院“奋战三年，铺通京九”的决策目标提前实现，也圆了中国人民一个“世纪梦”。

今天，李鹏总理参加了国务院京九铁路建设领导小组在江西九江举行的铺通庆

① 杜荣进主编：《中外新闻采写借鉴集成》，浙江教育出版社1997年版，第408~409页。

典，并发表了重要讲话(全文另发)。会上，宣读了江泽民、李鹏、乔石、李瑞环等党和国家领导人为京九铁路全线铺通的题词。

京九铁路位于京沪、京广两大南北干线之间，北起北京，南至深圳，连接香港九龙，跨越京、津、冀、鲁、豫、皖、鄂、赣、粤九省市，全长 2 381 公里，另加天津至霸州和麻城至武汉联络线，总长 2 536 公里。京九铁路于 1993 年初全面施工以来，已完成土石方 2.6 亿立方米，架设桥梁 207 公里，开凿隧道 56 公里。

京九铁路是我国铁路建设史上规模最大、工期最紧、一次建成里程最长的铁路干线。这在我国铁路发展史上是一个创举。加快建成京九铁路，对于大幅度缓解南北铁路运输紧张状况，完善路网布局，带动沿线地方经济发展和革命老区人民致富，促进对外开放和港澳地区的繁荣，都具有十分重要和深远的战略意义。

铁道部部长韩杼滨在讲话中指出，京九铁路全线提前铺通，是党中央、国务院高度重视和关怀的结果，是各方协作、路地配合谱写的一曲凯歌，是全体参建干部职工艰苦奋战、无私奉献，用汗水和心血凝铸的丰碑。他说，京九铁路全线铺通后，站后工程配套任务还很繁重。他要求各参建单位和广大职工，再接再厉，继续奋战，加快配套，争创国优，向国家交一条高标准、高质量的大能力运输通道，为促进国民经济持续、快速、健康发展，做出更大的贡献。党中央、国务院、全国人大、全国政协、军委各有关部门和京九沿线九省市的领导同志，出席了今天的庆祝大会。

受国务院京九铁路建设领导小组委托，铁道部副部长孙永福在今天的庆典上宣读了铁道部的决定：授予中国铁路工程总公司一局二处七队等 64 个单位“京九铁路建设先进集体”荣誉称号并颁发奖牌、证书；授予曹根子等 612 名同志“京九铁路建设先进个人”荣誉称号并颁发立功奖章、证书。其中，铁三局二处十队等 10 个集体，廖礼坤等 100 名同志，还获得中华全国铁路总工会颁发的火车头奖杯和火车头奖章。李鹏、邹家华等领导同志向这些获奖集体和个人的代表颁发了获奖证书。

这是《人民日报》1995 年 11 月 17 日发的头版头条消息。第一、二、五、六段新闻事实是按时间顺序安排的，第三、四段是对京九铁路的规模和重要性的解释。第一、二段是最重要和次重要的新闻事实，第六段李鹏等领导同志为京九建设有功人员颁奖，比第五段铁道部长讲话更为重要，但安排在消息的最后。按时间顺序，颁奖是发生在最后的事实。这样，从新闻材料的重要性来看，消息就呈现出双塔交叉、结合的形式。

同样的道理，倒金字塔式与金字塔式相结合不能机械地组合，要看表达的需要灵活运用。如果框定一个结构难以有效地表达内容时，那就要变换结构形态或另选其他结构形式。

五、自由式结构

除了以上三种结构类型外，第四种结构类型就是自由式结构。无论是中国还是外国，消息写作都在向自由的、活泼的方向发展。因为现实生活丰富多彩，新闻内容千变万化，这就必然要求消息结构的形式也应多姿多彩。这样，上面说的三种结构显然不能适应新闻内容的广泛性和多样性的需要，因而也就满足不了受众的要求。这就要不断地创造新的消息结构形式。

在我国的消息品种中，除了大量的事件性新闻外，还有不少非事件性新闻，其中有些是介绍工作经验的，有些是提出矛盾和问题的，有些则解释和评述事件。这些消息，一般说来不适宜采用上面讲到的三种结构形式，而需要更多地用逻辑思维的方法层层深入地剖析和阐述新闻事实。

在广播、电视、网络、手机等音像化新闻手段大力发展的情况下，报纸除了要努力增加一些"层次性的报道"之外，还要求新闻"视觉化""立体化"，即采撷一些典型的场面和细节，写深写活，使消息更加新颖、形象、活泼和富有吸引力。譬如"现场短新闻"这一报道方式，用来写消息，就很受受众欢迎。它灵活自由，变化多端，突破了常规的消息格式，被新闻界称为"视觉新闻""新闻素描""特写性新闻"。这说明消息写作正在向多样化方向发展。

现在，有不少消息精品就是在遵循新闻规律的前提下，不拘一格写出来的。例如，荣获第二届"中国新闻奖"一等奖的广播消息《荣城渔民跨国赶集　中国活鱼蹦上日本早市》(作者王悦之、邢飞)就是这样，请看全文：

荣城渔民捕捞的活鱼，三天后就会变成日本餐桌上的佳肴。这一奇迹是石岛外海渔业公司靠一条185马力普通渔船创造的。昨天归来的这条1423号船又带回好消息：他们第74个航次运去的25吨活赤贝，再次以当日最高价在日本鱼市被抢购一空。至此，这家全国创汇明星企业已累计向日本运销鲜活海产品1 620吨，为国创汇1 000多万美元。

用普通渔船远涉重洋搞鲜货出口，是这家仅有131名职工的小企业的首创。1988年他们在出口冷冻鱼虾时发现，日本市场对生猛海鲜倍加青睐，一条活鱼比一方冻鱼还值钱。他们便立即聘请专家，将"185"渔船改造成能保鲜保活的运输船，并争得国家经贸部、海关总署的特许，开始直接向日本运销活海鲜。1988年9月17日，满载活蹦乱跳河豚鱼的1423号船，闯过三天三夜的惊涛骇浪，首次开进了日本最大的鲜活鱼市下关。从此，中国渔民实现了跨国赶集的梦想，中国活鱼也通过这条海图上找不到的航线，源源不断地蹦上了500海里外的日本早市。

作为跨国鲜货生意，利大风险也大。鱼虾一旦死亡，就会连本搭进去。为此，他们派员在日本建立了三个信息点，而家里则是一船待远航，千船先扬帆，一接到要货的信息，便发动全部船只抢捕抢装抢运。今年大年初一，下关急电：鲅鱼脱销、价格飞涨！闻讯，正在欢度春节的渔民立即换掉新装，顶雪出海……76小时之后，一船鲜鲅鱼运抵下关，硬是从韩国鱼商鼻子底下抢下了市场。一时间，《朝日新闻》等日本传媒接连发出"中国渔民当刮目相看"的赞誉。

国格比价格重要。几年来，他们总是从这个高度对待产品质量。去年2月10日，装有20吨活赤贝的运输船行至日本海时，死贝骤增，倘若到岸低价处理尚能挽回不少损失，但总经理邢厚斋断然下令返航。有人对这个损失20万元的"回马枪"不理解，而邢厚斋却告诫大家："要端国际饭碗，小算盘万万打不得！"

（威海人民广播电台 1991 年 4 月 1 日）

这条 700 余字的消息，你说它是倒金字塔式，但结尾比中间重要；你说它是金字塔式，但结尾又不及开头重要，不是按时间顺序写；你说是"双塔式"，也不尽然。全文结构灵活，行文简洁流畅，穿插巧妙，有情有景，见物见人，一改某些消息平铺直叙、概念加数字、观点加例子的干巴枯燥的套路。值得一提的是，这条消息主题重大，取材小，开掘深，巧用动词并与形容词合理搭配，产生了可闻、可见、可感的效果。所以写消息不可墨守成规，应有所创新。

第三节　标题和消息头

一、标题

（一）标题的含义和特点

我们讲的标题是新闻标题。它是新闻内容高度概括和浓缩出来的题目，或者说是揭示新闻内容的简明而醒目的文字。

新闻标题从广义上讲，包括消息、通讯、特写、评论等一切新闻体裁的题目；狭义的新闻标题则是指消息的标题。

广义上的新闻标题的特点是：以文章内容为命题依据，是文章的有机组成部分；揭示和评析文章内容，对文章起能动作用；文字简短，编排醒目，引人注目。

消息的标题特点与其他新闻体裁的标题相比，不同之处是：第一，消息的标题侧重报告事实，通常是实题，具有动态；而通讯、特写、评论的标题重在说理、抒情，通常以虚题为主，偏于静态。如《人民日报》1993 年 8 月 12 日刊登北京市隆福大厦大火的新闻，消息的题目为《隆福大厦特大火灾扑灭（主题）　起火原因和经济损失正在调查（副题）》，着重报道火灾扑灭这个新闻事实，具有动态；而同日的通讯题目为《火灾发生以后》，与此相关的署名评论题目为《痛定思痛》，都没有显示新闻事实，偏于静态。第二，在写法方面，消息的标题比较具体、确定，对重要的新闻事实要素往往加以交代；而其他新闻体裁的标题则比较灵活。第三，在标题的句型方面，单一结构的消息标题通常采用主谓句，复合结构的消息标题多在主题句中采用主谓句；而其他新闻体裁的标题有时用主谓句，但更多是用短语句型或无主语句型。第四，在标题结构上，消息标题多为复合结构，其他新闻体裁的标题多为单一结构。

（二）标题的作用

标题是新闻的"眼睛"。"题好一半文"，好的标题不仅引起编辑注目，有利于提高稿件的采用率，而且能吸引受众。标题的作用主要有以下四点：

1. 提示新闻内容

标题将新闻中最重要的内容提示给受众，使受众很快把握新闻中最重要的信息，也为受众选择新闻提供方便。这样的标题一般为实题，用叙述方式。如：

中英香港政权交接仪式在港隆重举行

香港回归祖国了

(《光明日报》1997年7月1日)

2. 评介新闻内容

标题在对新闻内容的揭示中，往往渗透、熔铸着记者、编辑对新闻事实的理解和评价，以引导受众正确认识和理解新闻内容。这样的标题一般为虚题，或以实补虚。如：

香港将给中国带来好运

(美国《基督教科学箴言报》1997年7月1日)

香港回归影响深远　“一国两制”备受关注

许多国家领导人热烈祝贺中国对香港恢复行使主权

(《参考消息》1997年7月2日)

3. 组织新闻内容

用一个总标题，把一组内容相同但作者不同，或从不同侧面说明一个主题的几篇稿件组织在一起，再提示或评介其内容。它的主要作用是“化零为整”，使提炼出来的新闻内容更集中而又全面。如：

外电报道香港政权交接仪式隆重举行

米字旗帜降　百年屈辱一朝雪

五星红旗升　千秋盛典彻夜歌

(《参考消息》1997年7月1日)

这是新华社辑收录了路透社、法新社、时事社等各大通讯社报道香港交接仪式所发的电讯，然后所拟的总标题，既凝练又生动，给受众以总体印象。

4. 美化报纸版面

标题是现代报纸版面的基本元素之一。报纸版面借助标题，对新闻进行适当编排，使版面做到眉目清楚，增强艺术效果。另外，由于题与文在字号、字体以及编排上的差异，增加了版面的变化，也为版面的美化创造了条件。

对于广播、电视新闻来说，虽然不存在版面问题，但“内容提要”(相当于报纸的标题)同样要求写得精彩，使之收到良好的视听效果。

(三)标题的组成和组合方式

新闻标题结构有单一型和复合型两种。单一型只有主题而无辅题；复合型既有主题又有辅题。辅题包括引题和副题。

主题，又叫主标题、正题，是标题的主体、骨干，表现整个标题中最重要的内容。主题的位置居中，字号大于引题和副题。主题是独立的句子，表达一个完整的概念，通常为一行，也可双行。一般主题标出实际内容，如果是虚标，则要用辅题配合。

引题，又叫肩题、眉题，位于主题之前，是主题的先导，通常对主题起说明、概括、烘托等作用。如主题报告新闻事实，引题则对新闻事实进行评析，揭示其意义，或烘托其气氛；主题表述事实概貌，引题则分述其要点或交代其背景；主题报告行为，引题则阐明行为目的；主题揭示事件结果，引题则交代事件原因等。引题字号小于主题。

副题，又叫子题、下辅题，位于主题之后，是主题的后续，通常对主题起补充、印证、解释等作用。如主题陈述主要事实，副题则补充次要事实；主题说理、抒情，副题则提供说理、抒情的事实依据；副题字号小于主题。如果副题字数较多，可用两行或两行以上排列，但分行时不宜将一个词语拆开分割成两行。

主题、引题、副题是标题的主要组成部分，此外有分题、提要题、大标题。分题，也叫插题，是嵌在长新闻中的小标题。提要题，也叫提示题，报刊上对长新闻所作的内容摘要，置于题下文前，类似副题，但比副题较为详细；广播电视新闻节目开始时对重要新闻的简要提示，也用提要题。大标题，又叫横幅、刊头，它可以是新闻内容的概括或摘录，也可以是口号或语录。大标题主要用于版面。

在新闻写作中，主要是运用主题、引题和副题。其组合方式有：

1. 主标式

只有一个主标题，这是短讯采用最多的标题形式。如：

〈主〉 **彭定康离开香港**①

(法新社香港 1997 年 6 月 30 日电)

〈主〉 **别了，“不列颠尼亚”**

(新华社香港 1997 年 7 月 1 日电)

2. 主引式

由主题和引题组成。如：

〈引〉 百年期盼终实现　神州大地尽欢腾

〈主〉 **首都各界隆重庆祝香港回归祖国**

(《光明日报》1997 年 7 月 2 日)

3. 主副式

〈主〉 **喜迎香港回归　振奋民族精神**

〈副〉 ——全国各地开展多种形式的爱国主义教育活动

(新华社北京 1997 年 6 月 24 日电)

---

① 彭定康是英国驻香港第 28 任总督，也是最后一个总督。

4. 完全式

〈引〉　雪百年耻扬眉吐气　迎新纪元普天同庆

〈主〉　**首都各界隆重庆祝香港回归祖国**

〈副〉庆祝大会由中共中央全国人大常委会国务院全国政协中央军委举行　江泽民发表重要讲话　李鹏乔石李瑞环朱镕基刘华清胡锦涛荣毅仁等与各界群众八万人欢度良宵

（新华社北京 1997 年 7 月 1 日电）

(四)制作标题的技巧

制作标题是一门艺术，这里面有很多技巧方法。下面主要介绍四种方法：

1. 浓缩事实，提供新闻

新闻标题来源于新闻事实。它不是记者的主观臆造，也不是编辑的随意编造，而是经过记者、编辑对新闻事实进行精心提炼浓缩出来的醒目句子。例如新华社报道北京奥运会开幕的电讯稿的标题，把时间、地点、人物、事件、原因等要素浓缩在一起，全方位提供了新闻：

〈引〉　百年奥运梦　今夜终成真

〈主〉　**第 29 届奥林匹克运动会在北京隆重开幕**

〈副〉　胡锦涛出席开幕式并宣布本届奥运会开幕

江泽民吴邦国温家宝贾庆林李长春习近平李克强贺国强周永康、

国际奥委会主席罗格、来自世界各地的领导人和贵宾等出席

204 个国家和地区的 1 万多名运动员参加本届奥运会

（新华社北京 2008 年 8 月 8 日电）

2. 先声夺人，突出重点

新闻报道给受众的第一印象是标题。俗语讲：“看书看皮(封面)，看报看题。”标题不吸引人，受众就不想看或听下去了。

巧借姓名做文眼，把新闻人物的名字(或谐音)或分或合巧妙地融进标题里，也是媒体报道的好手法。例如在北京奥运会期间，报道中国女子举重运动员刘春红夺得 69 公斤级金牌，《北京日报》用的标题是：

〈引〉　6 举 5 破世界纪录　领先亚军 31 公斤

〈主〉　**昨日举重场　独自舞春红**

在报道廖辉夺得男子举重 69 公斤级金牌时，《北京青年报》拟的标题为：

出人意“廖”　一举成名顿生辉

“廖”与“料”谐音，“辉”之前加“生”，“生辉”寓意夺冠，又把运动员廖辉的名字镶嵌在里面。

3. 化虚为实，化静为动

新闻标题要力避抽象、平面化，使受众读(听)来有兴味，留下深刻的印象，其中化虚为实、化静为动，是一个好方法。例如，1984 年 12 月 19 日，中英在北京签署《联合声明》。声明规定：1997 年 7 月 1 日英国将香港归还中国。当时一般报纸是用上述的陈述语句拟标题，而香港《南华早报》却是用的这样的标题：

〈主〉 **令人自豪的告别**

〈副〉 大笔一挥，一个历史时代宣告结束

这个标题蕴含了新闻内容，意味深长，写得有动感、有实感，吸引受众看下文。再如，同样是报道 1997 年 7 月 1 日香港回归祖国，日本《每日新闻》拟的标题是：

〈主〉 **明珠闪耀　巨龙腾飞**

这个标题虽是虚题，但很形象；把中国香港比喻为明珠，把中国比喻为巨龙，很贴切。当然要用副题加以充实则更好。所以《参考消息》7 月 3 日转载这条消息时，加了副题：“日报认为香港回归为中国崛起提供新契机。”这样就完善了。

为了做到化虚为实、化静为动，除了恰当选用动词、形容词等实词外，还要善于运用比喻、借代、比拟、摹状、映衬、对照等修辞手段，使事物形象化、动态化、准确化。这既是制作标题的常规，也是一种技巧。

4. 抓住事实，旁敲侧击

这种方法主要用于讽刺、针砭某人某事。例如，20 世纪 30 年代，何应钦任湖南省代省长，一年清明节去岳麓山扫墓。官方要求各报必须及时配发新闻，指令标题为《何省长昨日去岳麓山扫其母之墓》。翌日，某报却把标题改为《何省长昨日去岳麓山扫他妈的墓》。

1947 年，国民党发行的金圆券大贬值，民不聊生，工薪阶层苦不堪言。武汉《大刚报》曾在头版头条刊出大字标题：“公教人员不是东西〈主〉，是东西也应当涨价！〈副〉”

在标题制作方面最有成就的当属老报人张友鸾。一次，南京连日阴雨，张友鸾听完气象预报，提笔写出新闻标题：“潇潇雨，犹未歇，说不定，落一月。”《新民报》要刊发一则讽刺国民党官员生活腐化的新闻，张友鸾拟标题为“前方吃紧，后方紧吃”。报道贫富差距，他取标题叫“难民不能求一饱，银耳参茸大畅销”。1943 年，成都各大、中院校毕业生大都找不到工作，青年学子们怨声载道。《新民报》登载了四川大学通讯员写的一则消息，说该校厕所管道堵塞，不能使用。张友鸾制作了耐人寻味的标题：“川大出路成问题”，川大校长系国民党省党部主任黄季陆，阅报大怒，但又无可奈何。

标题，实际上是一个非常精确而生动的短语或一句话，作者需要有高度的概括力、联想力和文字功底。标题的样式千姿百态。无论哪种样式，都要求做到：准确、精当、简短、鲜明、生动。

二、消息头

(一)什么是消息头

新闻媒体刊发的消息，其开头部分往往冠以“本报讯”“本台消息”或“××社××地×月×日电”的字样，这就是“消息头”。消息头是消息的标志，正规的新闻报道应该采用消息头。

(二)消息头的类型

消息头的形式主要有“讯”与“电”两大类。

“讯”，主要是通过邮寄或书面递交的形式向新闻媒体传递的新闻报道。媒体通过自身的新闻渠道所获得的本埠消息，一般都标明“本报讯”“本台消息”。无论是记者还是通讯员为一家新闻媒体写稿，在其消息的开头，一般都应冠以“本报讯”或“本台消息”的字样。若是作者的稿件是从外埠寄来的，应该标明发布新闻的时间和地点，例如“本报上海5月1日专讯”。

“电”，主要是指通过电报、电传、电话或电子计算机传输的消息，消息头称为电头。电头一般由发布新闻单位的名称(多数是简称)、发布新闻的地点和发布新闻的时间三个要素组成。例如：“新华社武汉1978年1月13日电。”“新华社”是新华通讯社的简称，此电头表示这条消息是由新华社发布的；“武汉”是新华社湖北分社的所在地，此处表示发布新闻的地点；“1978年1月13日”是发布新闻的时间；“电”表示此消息是采用电报或电传形式发稿的。

“讯”与“电”，只是传递手段上有所区别，其性质和作用都是一样的。为了表述的统一与方便，人们把它们统称为“消息头”。

(三)消息头的作用

1. 版权所有的一种标志。消息前面一旦标明“本报讯”或“本台消息”，就表示此消息是本报或本台独家采访的新闻，其版权归本报或本台所拥有。通讯社是向新闻报刊、广播电台、电视台等新闻媒体提供新闻的新闻机构，它标明的讯头、电头，表示此消息版权属该通讯社。对于通讯社的电讯稿，报社、电台、电视台无权任意增补更改，但可以删节。经过删节的消息，必须在消息头中标明：“据××社××地×月×日电”。这家报纸转载另一家报纸的新闻，也要用“据××报道”的字样。

2. 表明消息来源。消息来源是指最新发生的事实的提供者，即新闻的出处。我们经常可以看到同一张报纸上刊登好几个国家通讯社的新闻稿，其内容是相似的，然而说法各异，有时甚至是相互矛盾的。在这里，消息头就成了区别这些国家通讯社的一个重要标志了。由于消息头标明了播发新闻的单位名称，这就给受众了解世界各国政府和政党对某一事物的态度带来了方便，对于判明此消息的真实性与权威性有一定的帮助。

3. 消息头与新闻发布单位的声誉紧密联系在一起，它迫使新闻发布单位谨慎地对待每一条新闻。新闻报道一旦失实，受众一看(听)消息头，就可以知道这是哪一家新闻单位的责任。通过消息头，还可以使受众了解到该新闻单位的人员素质、报道质量。

4. 可以使受众与编辑很容易一眼把消息与其他体裁区分开来。这样就可使虚构的文学作品与纪实的新闻报道不至于鱼目混珠、扰人视听，也不至于使消息与其他新闻体裁混同起来，而导致评价标准的混乱。

第四节 导　语

一、导语的含义和作用

新闻导语，是消息结构中特有的概念，是消息区别于其他新闻体裁的又一重要特征。学习新闻写作，首先必须学会写导语。会写导语，又首先要了解导语的含义。

导语，简单说是消息的开头。但一切文章写作都有开头，所以这个说法没有揭示导语的内涵。比较通行的说法是以毛泽东同志在1951年2月审定一份中央文件时加的一段话作为依据的，即："一切较长的文电，均应开门见山，首先提出要点，即于开端处，先用极简要文句说明全文的目的或结论(现在新闻学上称为'导语'，亦即中国古人所谓'立片言以居要，乃一篇之警策')，唤起阅者注意，使阅者脑子里先得一个总概念，不得不继续看下去。"①这段话强调以所报道的事实的目的(原因)或结论(结果)作为导语的中心内容，只提出要点放在开头，它突破了欧美"五个W俱全"这一新闻导语的旧框框，对导语写作有一定的指导意义。但这个观点对直接性导语适用，对延缓性导语就不一定适用了。所以，新闻学研究者对导语的界定众说纷纭，但基本思路是相同的，只是侧重点不同而已。

我们认为，对导语的含义应作全方位理解：从直观上看，是紧接"消息头"之后的开头句子或段落(不限定为一句话或一段话，因为20世纪80年代美国新闻界已有延缓性导语"最多长达6个自然段"之说)；从表达上看，用简洁而生动的语言，把最重要、最新鲜或最吸引人的事实概括地表现出来；从目的上看，是为了唤起受众注意，引起受众的兴趣；从地位上看，是牵引全文的核心部分，或者说是全文最重要的部分。这样，概括起来表述导语的含义就是：以简洁生动的语言，引出全篇精华和主题的具有可受性的开头句子或段落。

这个定义，反映了导语的特点：位置在前；突出重点(或特点)；句式简练；富有吸引力。它也反映了导语写作的基本要求：具体点明要报道的事实；要有事件发生的时间和地点；要交代新闻的出处。

导语的作用，美国新闻学者威廉·梅茨在《怎样写新闻》一书中讲了3点：

1. 告诉读者这条消息的内容是什么。
2. 使读者愿意读下去。
3. 必要时制造适当的气氛。

实际上，第3点和第2点意思一样，即吸引之意。我们同意上述看法，不过要补充几点意见，就是：揭示新闻主题；为整篇新闻定下基调，形成文势。因为导语写得如何，直接影响到其余部分的写作方向与舒展程度。

---

① 毛泽东：《纠正文字缺点》，选自《毛泽东新闻工作文选》，新华出版社1983年版，第167页。

导语既然有如此重要的作用，那么是不是每条消息必须有导语呢？不是。消息不必都有导语，因为导语是消息的特殊开头。固然一般文章都有开头，消息也不例外，但消息设不设导语，应视新闻内容的容量大小、篇幅长短而定。容量大、篇幅较长的消息需要设导语。反之，就不需要设导语，如短新闻、简讯、一句话新闻以及自由式结构的新闻就可以不设导语。不过，这类消息的开头也要有所讲究，不可平庸。

二、导语的由来和发展

(一)导语的产生及历史演变过程

新闻导语是现代新闻事业、现代科技、现代战争孕育的产物。它的产生与发展表现出不同的形态。从其发展的纵向面看，有第一代、第二代、第三代等导语；从其内部构造演变的横向面看，有“六要素俱全”导语和“部分要素”导语。

1. 第一代导语

一般认为新闻导语最先出现于19世纪中叶美国南北战争时期。1844年，美国科学家塞缪尔·莫尔斯发明了电磁电报，并在华盛顿—巴尔的摩电报线上传递了第一个用莫尔斯电码编码的电报信号。1851年，美国港口新闻联合社(1848年成立，1892年改为美联社)第一次用电报信号传递消息，揭开了“电讯新闻”的第一页。1861年美国爆发了南北战争，许多报社争相派记者去战地采访。为了抢新闻，争取读者，各报都利用电报发稿。当时由于电报技术不过关，经常出现中断情况，这就迫使记者动脑筋，尽量把事件发生的时间、地点、人物、事物、经过和原因这些读者最关心的事实要素，统统写在开头部分，细节放到正文部分补充叙述。这样，即使电讯中断，编辑照样可以把先获得的新闻事实要素(虽然很概括)作为一条新闻发出去。这种情况，为导语的诞生提供了条件。

1865年4月14日，美国总统林肯被刺，美联社记者戈布莱特当日从华盛顿拍发了一条轰动世界的大新闻，仅一句话：

总统今晚在剧院遇刺重伤。

这条短新闻象征着导语写作的开端。

对导语的形成和定型起了关键作用的，是美联社记者约翰·唐宁和总编辑梅尔维尔·E. 斯通。E. 斯通是更为关键的人物。

1889年3月30日，约翰·唐宁从外地发回一条长消息，开头是这样写的：

[萨莫亚·阿庇亚3月30日电]　南太平洋沿岸有史以来最猛烈、破坏性最大的风暴，于3月16日、17日横扫萨莫亚群岛。结果有6条战舰和10条其他船只要么被掀到港口附近的珊瑚礁上摔得粉身碎骨，要么被掀到阿庇亚小城的海滩上搁了浅。与此同时，美国和德国的143名海军官兵有的葬身珊瑚礁上，有的则在远离家乡万里之外的无名墓地上，为自己找到了永远安息的场所。

这条消息的开头，有时间：3月16日、17日；地点：萨莫亚群岛；人物：143名海军官兵；事物：6条战舰和10条其他船只；原因：大风暴袭击；结果：战舰和船只被摔碎或搁浅，官兵葬身大海。这六个要素是新闻事实进行最大限度浓缩的起码条件，又是把新闻事实精确分解出来的基本元素。六个要素合在一起，相当于一条短消息。

E. 斯通对这种写法很赞赏，于是他将其中的主要因素归结为“五要素”，即五个“W”，并将这种开头树为导语写作的典范。此后，“五要素俱全”导语的形式逐步得到美国报界和世界各国新闻工作者的认可，被奉为新闻写作的“金科玉律”。

“五要素俱全”的导语，后来被人们称为第一代导语，又叫“全型导语”。它的长处是：具体、完整，可以独立成为一条消息，便于编辑处理稿件。短处是：内容太多，主次不分，重点不突出。有人讥笑这种导语是“晒衣绳”式导语，像一根绳子挂着一件件衣服，给人一种杂乱无章的感觉。不管怎样，导语的出现，提高了新闻作品的时效性和可读性，是新闻写作史上一次划时代的革命。

2. 第二代导语

第一代导语经历了四十多年被称为“新闻写作定法”的黄金时代后，面临着新的挑战。这就是广播、电视的崛起。社会生活节奏的加快，受众要求能以更短的时间、更快的速度知道更多的新闻信息，旧的导语模式已不能适应这种时势了。

随着科学技术、特别是电子技术的发展，20 世纪 20 年代出现了无线电广播。世界上开办的第一座正式电台，是 1920 年 11 月 2 日在美国匹兹堡市开始广播的 KDKA 广播电台。该台播出了“总统候选人哈定当选”的新闻。其后，欧洲主要工业发达国家陆续在 20 年代初期开办广播。到 20 年代末，世界上已有五十多个国家和地区建立了广播电台。1924 年发明了电视。1936 年，英国广播公司建在亚历山大宫的电视台正式播出电视节目。随后，法国、美国、前苏联等国相继在 30 年代末建起电视台。之后，各国先后步入“电视新闻时代”。

无论是广播还是电视，播发新闻都是以分秒计算的。它们把新闻的时效及表达的精要提高到最大限度。在这种情况下，报纸要与广播、电视竞争，必须改进新闻写作。消息要短、快，当然不可能有“五要素俱全”的长开头作导语，有时甚至连单独的导语也不要，争相用一两句话抢先发出最新信息，以适应读者在紧张的生活中，用较短时间获得更多新信息的需要。于是从 20 世纪 30 年代起，陆续有人主张：不必强行规定每条导语里一定要有五个要素，可以根据每则新闻的特点，选取一两个最能激起受众兴趣的要素，突出地写进导语中，其余的要素放在主体部分去交代。这样做，可以更加突出重点，达到先声夺人的效果，而且由于各人在选择事实要素时的侧重点不同，可以写出各种各样构思奇巧、新颖的导语。

这种主张，逐步在新闻业务中和新闻理论界得到认可，并广泛采用这个办法写消息。例如，1954 年《纽约时报》总编辑在采访部贴出布告：“我们认为没有必要，也许永远没有必要，把传统的五个‘W’写在一个句子或一个段落里了。”1977 年，美国出版了一本新闻学著作，书名是《写新闻》。书中介绍，今天西方新闻记者要是有人还写出像前面提到的美联社记者约翰·唐宁那样的五个“W”和一个“H”俱全的新闻导语（指遭大风暴袭击的报道），那么，这个记者就可能被认为是低能。理由很简单，现代西方纯新闻大都几百字或千把字，而唐宁的那条导语近 200 字。

采用“部分要素”方法写导语，从第二次世界大战到现在，风靡世界。这“部分要素”导语，又被称为“第二代导语”“倒金字塔结构导语”。

第二代导语要求好中挑好，把最重要、最新鲜、最吸引人的内容，突出地写在导语里，能一下子引起受众兴趣。由于采用“部分要素”方法，使得第二代导语显得简练、新颖、多姿多彩，颇为受众所欢迎。

被奉为第二代导语典范的是路透社 1963 年 11 月 22 日由达拉斯发出的电讯《肯尼迪遇刺丧命》。导语是这样写的：

肯尼迪总统今天在这里遭到刺客枪击身死。

3. 第三代导语

任何事物都不是一成不变的，导语也是一样。在新闻业务实践中，记者们不满足于第二代导语的模式，于是向着更广阔的导语境界扩展，力求把导语写得丰富多彩、精美完善，以提高消息的质量，提高报纸的竞争力。再说，新闻事实本身的丰富性，受众感应心理的丰富性，记者思维的丰富性，三者汇一，也必定会形成丰富型的导语。这便是第三代导语产生的基础。

就西方来说，在理论指导上，记者不仅十分注意自己学识的积累与全面素质的培养，而且认为记者本身的喜剧感、悲剧感、诙谐感、幽默感与导语构思、导语结构、导语风格都有直接影响，并在提高导语的设计技巧与质量上展开了竞争。某些著名报纸甚至几乎获得了某一类型导语的“专利权”或形成独特传统。如《华尔街邮报》几乎获得了写人情味导语的“专利权”。《华尔街报叙事体》善于使用扣人心弦的延缓性导语，即使有时可以使用直接性导语，他们也能把延缓性导语“安”上去并恰到好处。而《纽约时报》使用直接性导语的技巧，又为其他报纸所望尘莫及。这样一来，非但导语设计花样百出，而且最显著的变化，就是突破了以倒金字塔结构导语为唯一形式的“定法”，产生了与之相对的延缓性导语、复合型导语、描写型导语、议论型导语、悬念型导语等。人们把这一类型的导语，称之为丰富型导语，又称为第三代导语。

第三代导语保留了第一代、第二代导语的“遗传基因”，又有所变异。其特点是：讲究“精”——用最精美的语言把最重要、最新鲜的事实告诉受众；注重“活”——记者可以根据具体情况灵活地采用多种表达方式和多种表现手法。

我们了解导语的发展历史，目的是建立导语意识，重视写导语。因为它是新闻写作的“重中之重”，是“记者展示其杰作的橱窗”。

(二)导语在我国的发展情况

有人认为早在公元 3 世纪时，我国晋代文论家陆机的《文赋》中就提出了“立片言以居要，乃一篇之警策”的观点，“是谓导语之义”，这是导语理论的开端。但这是就一般文章写作而言，不是用于新闻写作。“居要”未指开头部分，未能涵盖今天所说的导语的全部含义，这只能说间接地奠定了导语写作的理论基础。

由于长期以来新闻写作受史家笔法和文学作品的影响，加上我国近代新闻事业的发展不及西方，所以新闻导语的研究比西方晚了 50 年左右。

20 世纪初，日本松本君平所著《新闻学》和美国休曼的《实用新闻学》在我国翻译出版，引起当时一批学者的兴趣。那时，徐宝璜、戈公振、邵飘萍和任白涛等一批近代中国新闻事业的开拓者，他们留学日、美回国后，一面从事新闻实践，一面介绍日本和西方的新闻学，其中就包括新闻导语的写作方法。

1919 年 11 月出版的徐宝璜的《新闻学》，是我国第一部新闻学专著。该书把新闻格式分为“撮要”和“详记”两部分，并指出：“新闻之第一段，曰撮要。……撮要，以新闻之精彩及数问题之简单答案组成之。”

1922 年出版的任白涛的《实用新闻学》中说：“欧美报界从来有一惯例，即将事件要纲，提置于起首作冒头。……冒头者，诱起读者读欲之饵也。”

我国著名报人邵飘萍在 1923 年出版的《实际应用新闻学》一书中，也主张新闻报道必须将“第一段为大概叙述，以后再叙述远因近因。如早晨无暇全读者，阅第一段已足。欧美日本进步报纸，现在皆用此法”。

与此同时，我国新闻界不少人开始了新闻导语写作的尝试。20 年代左右，上海的《商报》《新闻报》和北京的《晨报》上刊载了不少这样的新闻。

1943 年 1 月 26 日和 3 月 5 日，延安《解放日报》上连载刘文怡撰写的《新闻导语》和《新闻导语的作法》两篇长文。

之后，导语的运用和研究逐步发展起来。到 50 年代，消息写作中已普遍运用导语了。不过，在相当一段时期里用的是“六要素俱全”导语，后来才演变到多数用“部分要素”导语模式。

我国对导语的称谓，由“撮要”“冒头”“第一段”，直到“新闻导语”，说明前辈新闻学者的开拓精神值得我们效仿。当然，现代新闻学中对导语的研究和运用，比过去要深刻和丰富多了。

三、导语的分类及其类型

导语的分类，只是为了帮助记者、编辑掌握导语写作的各种形式和一般规律。导语分类研究，绝不是妨碍记者在遵循新闻写作的基本原则的条件下创造新颖独特的导语。对初学新闻的记者来说，导语分类只是一张导语写作的导游图，是一把启开新闻导语宝库的钥匙，而绝不是束缚记者的清规戒律。

对导语的分类，由于各自划分的标准的不同和各国文化传统不同，因此类型不同。下面介绍比较通行的三种分类方法及其类型。

（一）按六要素分类

这是欧美的一种分类方法。一个完整的新闻事实由五个“W”加一个“H”构成，作者从中找出最能表现新闻事实本质特点的一个要素，用这一个要素来组织一条导语。如此产生的导语，就有不同的侧重点，进而形成不同类型的导语。以此来区分导语类型，就是“六要素分类法”。据此，导语有六个类型：何人导语、何事导语、何时导语、何地导语、为何导语、如何导语。下面，我们以几则关于第二次世界大战的新闻报道的导语为例证来说明。

何事导语：

欧洲大战于昨天拂晓爆发！

（《纽约先驱论坛报》1939 年 9 月 2 日凌晨 2 时）

此导语重在大战爆发这件事；时间未用“今天”，用的“昨天”也未指出几点几分；人物未指谁与谁打仗。

何人导语：

阿道夫·希特勒今天向全世界宣布，如果捷克斯洛伐克在10月1日之前不把他企图鲸吞的苏台德区正式割让给德国，他将“采取断然行动”。

(美联社1938年9月26日电)

此导语重在希特勒这个人的侵略野心，这一句话中有两个“他”字，指的也是希特勒。

何时导语：

德国于今天法国时间上午2时41分(即美国星期日东部战争时间下午8时41分)向西方盟国和苏联无条件投降。

(美联社法国兰斯1945年5月7日电)

此导语重点强调了纳粹德国投降的具体时间。

何地导语：

柏林电台今晚说，苏联红军坦克已攻入烈火熊熊、遍地废墟的首都主要大街，离市中心只有3英里了。

(美联社伦敦1945年4月21日电)

此导语重点在苏军攻克柏林这个地方，这是战争的关键之处，消息又来源于柏林。

如何导语：

这次美国海军被打得落花流水，狼狈不堪。在这悲惨的一个多小时中——这时，还没有正式宣战——美国海军遭到的损失便超过了第一次世界大战期间遭到的全部损失。

(美国《时代》周刊1941年12月15日至22日)

此导语写的是日本偷袭珍珠港，重点在怎么样。导语中未交代时间、地点等要素。

第二次世界大战中的几则报道，少见“为何”要素。不言而喻，是侵略与反侵略的战争原因。

按“要素分类”有重合现象，不易分清到底是哪种类型的导语。这不要紧，我们不必恪守这种信条，只记住：以一个主导要素为主，组合与之相连的一两个要素就行了。这实际上就是“部分要素”导语。

(二)按时间远近点分类

这种分类法是美国新闻界20世纪70年代提出来的。新闻的传播同新闻的发生有时间差，近者即刻、当天，远者数日、一周。为增强新闻传播的时间性，最近发生的就把时间要素突出地写入导语，较远发生的就在导语中回避时间要素或放在后面，以其他形式开头。以此区分导语，使导语分类大大简化了，只有两种最基本的类型：直接性导语和延缓性导语。

直接性导语，是以直接叙述事实的梗概、关键、精华、结果、主旨为先导的导语类型。它运用普遍，一般用于事件性新闻，也称纯新闻。它又分成单一要素导语、多要素导语和归纳式导语。

单一要素导语，其含义是在导语中只表现一个最重要的新闻事实，这事实是整篇消息的核心。如：

今天中国亿万人民热烈欢庆香港回归祖国。

(法新社北京 1997 年 7 月 1 日电)

多要素导语，是指同一个新闻事件中可能有两个甚至更多的事实同等重要，或者说记者难以区分究竟哪一个事实更重要，于是加以浓缩，一块写进导语里。如：

结束长达一个半世纪的英国殖民统治、宣告香港回归中国的香港政权交接仪式 30 日晚 11 时 45 分在香港会议展览中心新翼举行。从 7 月 1 日起，香港成为中国的特别行政区，根据“一国两制”，在外交和防务以外的领域实行高度自治。香港为了保持繁荣和稳定，开始了新的起点。

(时事社香港 1997 年 7 月 1 日电)

归纳式导语，是把新闻事实加以归纳，使其精华集中于导语。所谓精华，一是对全部事实的高度概括，二是对新闻事实精髓的提炼。如：

6 月 30 日午夜时分，当查尔斯王储将香港归还中国时，英国结束了一度强大的大英帝国的殖民历史。

(路透社香港 1997 年 7 月 1 日电)

延缓性导语，又称间接性导语，通常用来处理迟发新闻特稿。它的风格同直接性导语迥然不同，它或者先设置悬念，吊起读者胃口；或者用一个故事、一段情节开头再引入正题；或者引用报道对象的话，造成一种气氛。这种导语写法迂回、生动，有创见，读(听)后给人以舒展、轻松和缓和之感。延缓性导语对新闻的主要事实不是一开始就和盘托出，而往往放在导语的后头。它同直接性导语相比，有更强的可受性和趣味性。晚报常常要用延缓性导语，因为重大新闻，电台、电视台、日报已迅速作了报道，并大都采用直接性导语。就是日报，为了不落俗套，求得生动，亦可运用延缓性导语。如：

在鸦片战争中，19 世纪的超级大国——中国(清朝)成为来自地球另一端的英国舰队的手下败将，痛失香港。此后，清政府江河日下，世界的中心日渐西移。自香港被割让以来，156 年的光阴已悄然流逝，中国终于摆脱了屈辱的昨天。面向 21 世纪，如今的中国已经朝着再度成为世界中心的目标迈出了一步。

（日本《每日新闻》1997年7月1日）

这条导语较长，它用了历史背景材料，与现实结合加以评论。虽然长，却表现了作者的见解，给受众的印象深。

以上两种类型的导语，实际上直接性导语为倒金字塔式，延缓性导语为金字塔式。

（三）按表达方式分类

这是中国的导语分类法。由于传统的基本文体是按表达方式——叙述、描写、议论等来划分的，所以对导语的分类也按表达方式来划分。这样，导语的基本类型就有三大类：叙述型导语、描写型导语和议论型导语。

1. 叙述型导语

它与新闻报道客观地叙述事实这个基本特征相适应，大多数新闻导语采用这种类型。它又分直叙式、概括式、引用式、对比式、述奇式等不同样式。

直叙式导语，是用得最普遍的导语形式。它开门见山，把最有新闻价值的事实直接而又简明地告诉受众。它是倒金字塔结构导语的最典型样式，亦相当于西方的直接性导语。它适合于快速地报道新闻，字数不宜过多。一般来说，这样的导语必须有较大的信息量，而且所涉及的人或事必须有较为显著的特点。例如，获第三届“中国新闻奖”（1992年）一等奖的消息《上海证券交易与国际市场接轨》，导语是：

上海证券交易首次与国际证券市场接轨。昨天上午9点30分，“哨!”随着一声洪亮的铜锣声，我国唯一的拥有全世界24个国家和地区230名“股东老板”的电真空B种股票，在上海证券交易所开始首场交易。

（《解放日报》1992年2月22日）

这条消息报道的事实，可载入我国金融改革开放的史册。其导语要把这一重大新闻信息首先报告给受众，用直叙式就比较合适。为了使事实具体而又突出特点，作者用了主副导语结构：前一句，简明，是主导语；后一句，具体，是副导语。

概括式导语，是把消息的主要内容或主题思想，准确、生动地进行概括，提纲挈领地加以叙述，使受众一开始就知道整篇消息的梗概或要点。它相当于西方的归纳式导语，适合用于内容较为复杂、过程较为曲折的消息。要注意，虽然是概括，但导语中要有实质性内容，不能把概括式变成概念式。例如，有一篇报道湖北省农业抓得早、抓得实的消息，其导语就符合这种要求：

一个大大的“农”字，深深地印在湖北省委书记贾志杰的心中。新年伊始，他抓了5件事，件件不离农。

（《人民日报》1995年2月7日）

引用式导语，引用的范围比较广，有引语、典故、俗语、谚语、成语、寓言及故事神话等。无论引用哪种事物，都要紧扣主题，引用得当、自然、贴切。这样的导语有趣味性，相当于西方的延缓性导语。例如，《人民日报》1980 年 1 月 10 日刊登的消息《山西制成新蝴蝶杯》，其导语引用的戏剧故事就与新闻事实浑然一体，读(听)来有兴味：

> 山西古典蒲剧《蝴蝶杯》中，描写男主角田玉川有传家之宝“蝴蝶杯”，非常神奇，只要斟酒入杯，就有五色缤纷的蝴蝶在杯里翩翩起舞。杯中酒干，蝴蝶也就隐去。这种蝴蝶杯最近已由山西省侯马市陶瓷厂试制成功。第一批近 2 000 只已销售一空。
>
> (新华社太原 1980 年 1 月 9 日电)

对比式导语，是把两个差别显著、甚至完全相反的事物放在一起，写进导语里，使新闻事实所蕴含的新闻价值充分显示出来，并给受众留下深刻印象。这实际上是在导语中运用背景材料与新闻事实作对比的一种表现形式。

这里要说明的是：对比，是一种方法，不单用于叙述型导语，也用于描写型、议论型导语。

2. 描写型导语

它是对消息中的主要事实或某个有意义的侧面作简洁而有特色的描绘，或提供形象，或酿成气氛，给人以生动具体的印象。描写型导语可分为白描式导语、特写式导语、比喻式导语等。

白描式导语，即通常所说的描写式导语。白描相对细描而言，其含义是简笔勾画形象，不事雕琢。白描式导语形象地表述导语内容。下面一则导语就是这样写的：

> 深受青年喜爱的著名作曲家施光南，正弹着钢琴创作大型歌剧《屈原》，突发大面积脑溢血，倒在了钢琴上。路漫漫其修远兮，他却再也不能走“在希望的田野上”。5 月 2 日，这位正值盛年的作曲家的心脏停止了跳动，终年仅 49 岁。
>
> (《中国青年报》1990 年 5 月 5 日)

一般报道某人去世采用叙述式，如某人、某时，因什么去世，终年多少岁，某人前面加上身份。这样写，受众印象就会比较平淡。上面这条导语用正在进行时的写法，即动态写法，就非同一般了。乐曲《在希望的田野上》是施光南的代表作之一。

特写式导语，是抓住事物的局部、片断，加以突出再现，给人留下特写镜头般的印象，使人有身临其境之感。例如下面一则导语：

> 一艘乳白色快艇，划破融融春水，飞也似的巡逻在湘中溪口水库的 5 万亩水面上。一个肤色黝黑、身挎步话机、手持望远镜的高个大汉，伫立船上瞭望远方湖汊，并与水上各方的巡逻者互相联系。他就是满肚子渔经的水库的承包经营者、水库资源联合开发公司法人代表邓开国。他以其全部家产作抵押，承包了为期 3 年的溪口水库渔业资源的开发。
>
> (《湖南日报》1988 年 5 月 12 日)

这条导语通过对景物和人物的片断描写，引发出新闻人物及其所要报道的事实，做到描写与叙述新闻事实的有机融合。这是一种常见的写法。

比喻式导语，这也是一种常用的样式，目的是为了使事物形象化，同时也有助于克服导语的模式化、雷同、语言呆板单调等毛病。下面一条写围棋比赛的导语就是采用比喻式：

威猛大汉刘小光今天在这里苦战 9 小时又 20 分钟，在面临全军覆灭之时，临危不惧，顽强拼杀，最终以一目半的优势，力挫日本九段棋手工藤纪夫，赢得了第三届中日围棋擂台赛第六场比赛的胜利。现在中方在本届擂台赛以 5∶1 领先。

（新华社广岛 1987 年 7 月 23 日电）

这条导语没有简单直接地报道比赛情况与结果，而是将这盘棋赛比喻为两军的搏杀，增强了新闻的生动性。现在很多体育新闻，都改变了平铺直叙的方法，通过形象描绘或比喻的手法来吸引受众。

3. 议论型导语

导语一般是用叙述、描写的方式表达，但这并不排斥议论与叙述、描写的结合，即叙议结合、虚实结合。这样做，可以突出新闻的意义，升华新闻的主题，起到新闻的指导作用。所以议论型导语也是常用的导语类型。它又可分为评论式、结论式、提问式等不同样式。

评论式导语，是从评论入手或把叙事与议论交织在一起，用夹叙夹议的方法对新闻事实作简要评价的导语，又称议论式导语。它的写法有两种情况：一是先评后叙；二是先叙后评。选用哪种形式，由作者根据行文需要而定。例如，获第五届“中国新闻奖”一等奖的电视消息《外滩：悄然崛起的上海金融街》，其导语就是先评后叙：

建筑是凝固的历史，历史的巨变常常记录在长存于世的建筑上。作为上海标志的外滩建筑群正以三年超过百年的巨变于无声处记录一场伟大的变革。

（上海东方电视台 1994 年 10 月 3 日）

结论式导语，通过结论，充分揭示新闻事实的意义和目的。不少结论式导语与评论式导语难以截然区分，不过比之评论式导语口气更为肯定，观点更为鲜明突出，能帮助受众抓住问题的要害。它的写法也有两种情况：一是先写出结论再叙述；二是叙述之后作出结论。例如，获首届“中国新闻奖”(1990 年)一等奖的消息《百家“三资”企业调查表明：在华投资大有可为》，其导语就是先叙述后作出结论：

记者最近在华东沿海对百家“三资”企业进行的一次调查表明，尽管大多数外商对大陆“单调”“枯燥”的业余生活有所抱怨，但 90%以上的外方伙伴对在华投资的前景表示乐观。

（新华社北京 1990 年 9 月 14 日电）

提问式导语，又称设问式、问答式导语。它是把新闻报道中已经解决的问题先用疑问句式鲜明地提出来，而后用事实加以回答。这实际上是设问修辞手法在议论型或叙述型导语中的运用。运用时也有两种情况：一种是导语一开头便鲜明地提问，紧接着直截了当地回答，揭示新闻要旨；另一种则是在导语中提出问题，而后在主体部分作答。例如，获第三届“中国新闻奖”(1992 年)二等奖的广播消息(录音报道)《三峡长梦将成真》，其导语就是先提出问题，而后在主体部分作答：

> 听众朋友，举世瞩目的长江三峡工程能不能兴建呢？4 月 3 日下午 3 点多钟，在庄严的人民大会堂里，七届全国人大五次会议《关于兴建长江三峡工程的决议(草案)》，由 2 600 多名人大代表表决。
>
> (湖北人民广播电台 1992 年 4 月 4 日)

以上仅列举 10 种导语样式。实际上不止这些，有的列出三十多种，有的列出五十多种，这是由于表现手法的多样性决定了导语写作的多样化。

这里要说明，按表达方式所分的类型及样式，不是截然分开的，其中有交叉、融合的情况。有时一条导语，你说它是叙述型，却有描写的成分；你说它是描写型，又却有议论的成分。所以不可拘泥在某一点上。此种分类是从表达方式的侧重点上所作的分类。

上述三种通行的导语分类法，孰优孰劣，尚无定论。但研究者们有个基本看法，就是：

按六要素分类，能引导记者捕捉最重要的要素突出于导语之中。不过，它难于督促记者一落笔就给人以新鲜感。有些导语包含多种似乎同等重要的要素，难于辨别判断。美国新闻学教授麦尔文·曼切尔在他所著的《新闻报道与写作》一书中，举了一个例子：

> **[诺福克消息]** 查理·格林为了证明自己的身高不低于 6 英尺，而把头碰着了天花板。
>
> ——《弗吉尼亚向导报》(弗吉尼亚州诺福克)
>
> 这是个“何人”型还是“何事”型导语？有什么区别？又有谁去注意它呢？

按时间远近点分类，有利于提高报道的时效，同时它分类简化，给了记者很大的自由。但它不及六要素分类法能突出主导要素，也不及表达方式分类法能很快运用一种有效的表达方法。

按表达方式分类，有助于记者明确地抉择开头用叙述、描写或者议论的方式，但是它不能及时提醒记者注意新闻的新鲜性，不能帮助记者有意识地突出一两个要素。

三种分类法有个共同点，就是都企图为一定的新闻事实寻找一个最佳导语，使其简明、生动，吸引受众。

四、导语的设计

(一)设计的目标

美国威廉·梅茨在他所著的《怎样写新闻》一书中讲：“一条好的导语并不一定是最好的导语。”“一个平庸的记者只能写出一条一般化的导语；而一个能写出最好的导语的优秀记者，报社将给他发表署名文章，授予奖金，或将文章评为‘甲’等。”

这就给我们提出导语设计的目标是：写出最好的导语。

什么是最好的导语呢？威廉·梅茨借用参与编写《美联社写作手册》的成员霍华德·海恩列举一条优秀导语的10个特点，即标准，并作一些补充说明，就是：

> 1. 提供消息。
> 2. 简短。通常，一条好导语是以一句一段的形式，简短有力地表达出来的。第一段极少超过20~25个字。但简短不可做得过分，以至把人弄糊涂，甚至毫无意义。
> 3. 明晰。明晰来自善于运用短词和短句。《纽约时报》的“一句一个意思”的写作原则可以牢记在心。把太多的事实塞进导语里，是造成文章不明晰的最常见的原因。应该在导语中传达新闻的精髓或本质的东西，不要把你手头所有的每一件事实都写进去。
> 4. 准确。
> 5. 简单。
> 6. 直截了当。
> 7. 生动。
> 8. 客观。
> 9. 富于色彩。它的同义词可以说是“力量”。
> 10. 格调高尚。

他接着说：“优秀记者每天都遵循这些规定。如果你真想加入他们的队伍，也得这样做。”①

这10条标准为我国新闻界所赞赏，我们可参照执行。

(二)设计的程序

导语设计需要“惨淡经营”，需要竭力抵制满足于一般化的导语。西方记者常常为一则消息设计出10~20条导语，最后从中选定最佳导语，写在定稿上送审。而且，编辑、主编又可以结合他们自己的要求，另行设计。最后见诸报端的导语，是导语写作思维过程中自觉构思与自觉比较、筛选的共同结晶。

为了使设计取得成效，他们甚至总结了一条导语产生的具体途径与步骤。参照西方记者的做法，结合我国记者的实践经验，设计导语的程序大体可分以下几个步骤：

第一步骤，从记者的自我问答开始：

1. 什么事情是已发生的事件中最重要的？

2. 什么人参与进去了？这件事是谁干的或谁讲的？

3. 用哪种类型导语最适合表达这条新闻，最能表现这条新闻的主题？

4. 由哪里入手才能一下子抓住受众？有没有吸引人的词汇或生动形象的短语需要写进导语中？

5. 用这种导语有无副作用？是否无懈可击？是否具有主动性、灵活性、策略性？与

---

① [美]威廉·梅茨：《怎样写新闻》，苏金琥等译，新华出版社1983年版，第23~26页。

别人有无雷同？

第二步骤：设计出若干可行性导语，然后进行比较，最后确定自认为满意或比较满意的最佳导语。

第三步骤：对初选导语，再斟酌、推敲，直到自我认为已竭尽全力了，到了无法再改或无处可改的程度。这样做虽然费时，但对初学者来说是必需的。

必要时，附上一条“准导语”，让编辑权衡。

实践证明，凡是按照上述程序设计导语的，都在相当大的程度上获得成功。

(三)设计的技巧

导语设计的技巧很多，归纳起来主要有“四个突出”“四个变”：

1.“四个突出”：突出重点；突出特点；突出新意；突出受众关注点。

突出重点，即反映出新闻的主要内容，把新闻的“聚焦点”或新闻主题揭示出来，让受众一看或一听这条导语，就感到一股浓郁的新闻气息扑面而来。例如，1984 年 12 月 19 日中英签署了关于香港问题的联合声明，圆满解决了香港回归中国的问题。对此，新华社有则消息《邓小平主任会见撒切尔夫人》，导语是：

> 中共中央顾问委员会主任邓小平今天在谈到中英关于香港问题的协议时指出，中英两国的领导人对各自的国家和人民做出了一件非常有意义、非常有益的事。
>
> (新华社北京 1984 年 12 月 19 日电)

这条导语突出了“会见”的重点——邓小平的话。如果按常规写法：“中共中央顾问委员会主任邓小平今天会见了英国首相撒切尔夫人。会见是在友好气氛中进行的。”把实质性的内容放在主体部分去叙述，虽然也无不可，但是，不大容易使受众得到新闻的要旨。

突出特点，就是使所报道的新闻有明显的个性特色，给人印象深刻。这样，导语就不会一般化。例如，有则消息《泰森：85 秒卫冕成功》，导语是：

> 85 秒！拳王泰森击败挑战者。85 秒！历史上最短的拳王卫冕战。85 秒！1 300 万美元尽入腰包。
>
> (新华社华盛顿 1989 年 7 月 21 日电)

这条导语包含了四个信息：一是泰森击败了挑战者；二是比赛仅用 85 秒钟；三是这是历史上拳王战中用时最短的比赛；四是这场比赛使泰森赢得 1 300 万美元巨款。导语信息量很大，而且把这次比赛的主要内容和重要特色全部概括出来了。消息的特点是 85 秒创历史纪录，作者用了三个“85 秒”来突出这个特点。

原导语是这样写的：

> 世界重量级拳王迈克·泰森今晚以 85 秒钟的时间，击垮挑战者卡尔·威廉斯，创造了历时最短的一场拳王卫冕战。

两相比较，原导语比新导语多 9 个字，共 50 字；原导语少交代了 1 300 万美金这一重要信息；原导语仅写出了特点，而没有加以突出，因此是一般化的导语。

突出新意，这是因为新闻姓“新”，如果它不给受众以新鲜感，受众就有权认为它不是新闻。所以，突出新意很重要。突出新意，除了把最新鲜的事实告诉受众外，主要标志是报道时间要切近，能写“今天”就不用“昨天”，或少用“昨天”；不要用“最近”“不久前”这些打马虎眼的模糊时间来代替。如果事实重要，报道时间晚了怎么办？就寻找“新闻由头”——引出新闻事实的根据，来个以新带旧，增强时效性。西方报纸对这一点相当重视。如有一则消息的导语初稿是这样写的：

> 州长昨天作出每月节约 25 000 美元的工资开支的决定，州公路局因此裁员 10 名。

这条导语在我们看来时效性够可以了，但人家不满足，见报时改为：

> 今天，10 名公路局的职工卷起铺盖离职了。他们是州长为了每月节约 25 000 美元的工资开支所作决定的牺牲者。
>
> （摘自《新闻与成才》1992 年第 7 期）

突出受众关注点，把与受众利益相关或受众关心的、感兴趣的事写出来，能抓住受众，也是导语设计的技巧之一。

新华社一位实习生(马朝阳)写科技成果展览会的消息，导语就是从受众关注点写起：

> 如果涤纶不起毛，如果化纤不怕烧，如果纤维也能织成高级兽皮时装……“七五”科技成果展览会上，飘逸在模特儿身上的各种新型化纤布料，使人充分领略到“化纤家族”新成员的奇特风采。
>
> （新华社北京 1991 年 9 月 7 日电）

这条导语的写作技巧是变工作角度为受众角度。如果是从工作角度来写，很可能写成如下导语：

> “七五”科技成果展览会，今天在北京举行，第一天便接待了数万名兴致勃勃的观众。
>
> （新华社北京 1991 年 9 月 7 日电）

两相比较，前者比后者好。因为受众最关心的不是在何地举行了何种展览，而在于展览是否有同他们相关的事情。三个“如果”不仅突出了受众欲知的新鲜事，而且将这次展览同普通受众的切身利益挂上了钩。也许有人正为涤纶服装起毛而犯愁，也许有人正为化纤服装被烟头烧了洞而沮丧，也许有人正喜欢高级兽皮服装却又为囊中羞涩而苦恼，那么，看了这条导语谁又会中途放下报纸呢？

2.“四个变”：变抽象为具体；变静态为动态；变繁缛为简要；变难懂为通俗。

变抽象为具体，这是由新闻要用事实说话的原则所决定的。导语运用事实，既要概括又要具体，做到两者有机统一。

就以概括式导语来说，新华社于1981年4月发的消息《日本帆船横越东海到达上海》，有两种导语：

> 一条取名“玛丽二号”的日本帆船，利用风力和潮流从日本横越中国东海，在今天到达上海港。(中文稿)

> 一艘从冲绳县那霸港出发的10米长、4.5吨重的日本帆船，冲破了每秒15米的劲风、10米高的巨浪和连绵的阴雨，历时97小时27分钟，航行470海里之后，今天徐徐驶入上海港。(英文稿)

前一条导语按一般写法，虽然简洁概括，但显得平板呆滞，没有后一条导语生动、具体。后一条导语，一开始就给受众展现了一幅帆船勇破惊涛骇浪、胜利完成艰险航程的图景，其中引用了6个数字，使受众对帆船的大小、劲风、巨浪、航程等有了清晰的了解。

以上例子说明，概括式导语是可以避免抽象的，也是可以写得生动、具体的。

变静态为动态，是新闻写作、尤其是导语写作的基本技巧之一，因为新闻是鲜活的、变动的，你就得写出动感来。

例如，1974年我国西安出土的秦始皇兵马俑珍贵文物，被誉为世界第八大奇迹，引起国内外密切关注。我国把少量兵马俑复制品先后送往西欧一些国家展出。展品巡回到比利时首都布鲁塞尔展出，美国《国际先驱论坛报》记者罗娜·多布森设计了一条奇特的悬念式导语：

> 有一支中国军队到达了布鲁塞尔。威武的士兵身穿紧身盔甲，随后行进的是军乐队和骑兵，最引人注目的是他们的身材。
>
> 在这次巡回展览中，中国送来了三个最近发掘出来的大小如真人的塑像和一匹战马。毋庸置辩，在所有中国艺术珍品中最吸引观众的正是这几件展品，它们是公元前2世纪的艺术品。

这条导语巧用比喻构成悬念，加以描写，把静态的兵马俑一下子写得动起来了，而且又抓住了特点——“他们的身材”，否则别人还会以为真的是中国军队入侵呢。这样高超的构思表述技巧，堪称为当代导语设计的典范。

变繁缛为简要，是因为消息简短的特点所决定。如果导语中的事实塞得太多，或概念文字拉扯得太长，那样会吓跑受众。从美学观点看，作为头部的导语庞大，作为身躯的主体又瘦小，那消息的结构就不匀称。所以，导语的文字要短、精、少。

新华社曾发过一则关于上海防止地面下沉的消息，导语长达200多字，试摘要如下：

[**新华社1972年3月15日电**]　1972年《红旗》杂志第三期发表了一篇题为《上海应用毛泽东哲学思想防止地面下沉》的文章，这篇文章是由上海……撰写的。它总结了上海防止地面下沉中积累的经验……

这条导语既臃肿又枯燥，一位英国朋友将它改为7个字：

据新华社消息：上海不是威尼斯。

导语只一句话，通过将上海与世界著名水城威尼斯来比较，告诉受众全文中最重要的事实——上海防止了地面下沉。这后一条导语写得干脆利落，生动鲜明。

变难懂为通俗，是因为新闻传播是面向大众的，要考虑到大众的文化知识水平和接受能力。有些导语，如果仅从技术、生产角度去写，就会枯燥无味；如果从生活角度去写，就可以辟出蹊径。

请看《西藏用人工方法孵化白鹅成功》一稿的两种不同的导语：

新华社稿：

拉萨市农牧场的科技人员克服高原缺氧和气压低等不利因素，用人工方法孵化白鹅成功。刚孵出的雏鹅除在幼小时需喂些糌粑、麸皮等饲料外，很快就可以食草。今年3月孵出的第一批雏鹅目前已长到4公斤左右。

李敦白(在中国工作的美国专家)的改稿：

华东一种肥鹅，它的羽毛与西藏白雪媲美，现在已在这个自治区饲养成功。这种白鹅世居江苏省的太湖。这种鹅已成为西藏人民肉食、蛋类和羽毛的新来源。

比较这两条导语，显然改稿要高出一筹。

改稿中没有“高原缺氧”“气压低”等科技名词(可放在主体部分去加以解释)，将原来从科技角度写的导语改为从生活角度来写，用人们熟悉的“白雪”“肉食”“蛋类”等用语，自然就通俗易懂，受众爱读爱听了。

第五节　背　　景

一、背景的含义

背景，原指绘画等艺术作品中衬托主体的背后景物。“背后景物”借用到新闻写作上来，并且符合新闻报道的要求，就是新闻背景。

新闻背景的含义较为宽泛，有广义和狭义两种说法：

广义的说法，以美国哥伦比亚大学教授麦尔文·曼切尔为代表。他说，背景材料有三个意思：

> ● 记者的情况贮存。这些知识可能是长期积累起来的，也可能是为了完成某个任务临时采集的。没有背景材料的知识，记者收集事实的时候，便不能把握方向。
>
> ● 报道中阐明事件的材料、追述事件发展的材料和补充消息来源提供不足的事实。没有背景材料，一篇报道是单薄的。
>
> ● 消息来源提供的但不愿意和他本人联系起来的材料。按照消息来源的意见，它有时可以被利用，有时就不被利用。
>
> 我们的兴趣在第一种意思：记者的情况贮存。①

麦尔文·曼切尔的释义，首先是强调了“贮存”与背景材料的密切关系，他称此为记者的“仓库”。其次是强调了消息来源对于形成“新闻背后的新闻”的作用。由此看来，他的看法涉及新闻报道的全过程。

狭义的说法，以同样具有影响的美国《纽约时报》前副总编辑莱斯特·马柯尔为代表。他说：“我看不出解释和背景有何区别。”“解释，在我看来，就是报道的深化。它把某一特定的事件放在一系列事件中去写。正是这一系列事件的色彩、气氛和人情味，使得那个特定事件的含义得以一目了然。总而言之，所谓解释，就是新闻事件的情节和发生过程，特别是其意义。”他又说：“解释，就是提供新闻的背景知识，从而使读者能够对新闻事件作出客观的判断。”②这就是说，对新闻背景的释义是：对新闻的解释。

要完整地理解新闻背景的内涵，我们不妨从三个方面来认识：一是从内容层次来看，它是新闻中的新闻，或新闻背后的新闻；二是从功能来看，它是对新闻事件产生的历史和环境、原因与时间、空间条件以及对有关方面所作出的说明、解释；三是从功能和内容新旧来看，它是用来解释新事实的旧事实，或者说是对新闻本体作出解释、说明的附属事实。它包括新闻的历史、环境情况，新闻产生的历史原因、条件和一些注释性材料。一般我们是以第三个方面的认识来看待新闻背景的。如果简化一下就是：新闻背景=解释+旧事实。

二、背景的重要性及其作用

背景的重要性，即消息写作为什么要交代背景。

一是事物的纵向发展需要有背景。因为任何一个新闻事实的出现，都不可能是偶然的现象，都有它的发展过程，有它的前因后果和来龙去脉，这就是事物的纵向发展，就是所谓历史（突发性事件也是有原因的）。只有把这样的背景告诉受众，受众对新闻事实才容易理解和接受。

二是事物的横向联系需要有背景。因为任何一个新闻事实（虽然消息中所报道的事实往往只是整个事物的一个片断、一个环节）都不可能是孤立存在的，它总会跟周围的某些

---

① 麦尔文·曼切尔：《新闻报道与写作》，艾丰等编译，中国广播电视出版社 1981 年版，第 142 页。

② 转引自张惠仁《新闻写作学》，四川人民出版社 1986 年版，第 379 页。

事实发生一定的关系，这就是事物的横向联系，就是所谓环境(自然环境和社会环境)。只有把这样的背景介绍出来，才能使受众从事物的联系中去认识事物，较为全面、辩证地对待事物。

三是新事物层出不穷需要用背景材料来解释。当今世界被称之为“信息时代”，知识更新快、科技发展快，尤其是竞争激烈，许多新闻事实的出现，都可能涉及这样或那样的新东西，这就叫新事物层出不穷。如果在消息中不提供必要的有关知识，受众对新闻事实就难以理解和接受。

四是消息写作手法的需要。消息写作基本手法是客观报道。客观报道就是用叙述事实来发表意见，即是用事实说话。新闻固然要用新鲜事实说话，同样也需要用附属事实(背景材料)来说话，这样就能全面地体现记者的报道意图或报道思想。

以上四点，说明新闻背景很重要。所以有人说它是新闻中的“维生素”，是新闻写作的“敲门槌”。总之，在多数情况下，没有背景，新闻就差个“味”，使主题不那么突出、内容不那么完善，使新闻中的人和事的历史情况和现实环境若明若暗。正因为如此，在国外的新闻写作教材中，新闻背景与导语写作所占篇幅几乎相等。

新闻背景的重要性表现在以下几个方面：

1. 突出主题，阐述意义

以背景材料突出主题、点明事物意义，有助于提高新闻价值。这是新闻背景最主要的作用。

1948 年 11 月 5 日，毛泽东同志亲自为新华社撰写的消息《中原我军占领南阳》，堪称运用背景的杰作，被外国朋友赞为“新闻学的经典之作”。这篇消息用了两个历史典故：一是“南阳为古宛县，三国时曹操与张绣曾于此城发生争夺战”；二是“后汉光武帝刘秀，曾于此地起兵，发动反对王莽王朝的战争，创立了后汉王朝”。这些背景材料的运用，揭示了南阳这个历来兵家必争之地的战略地位，显示了我军在逐鹿中原中解放南阳的重要战略意义。原文如下：

中原我军占领南阳

[新华社郑州 1948 年 11 月 5 日电]　在人民解放军伟大的胜利的攻势下，南阳守敌王凌云于 4 日下午弃城南逃，我军当即占领南阳。南阳为古宛县，三国时曹操与张绣曾于此城发生争夺战。后汉光武帝刘秀，曾于此地起兵，发动反对王莽王朝的战争，创立了后汉王朝。民间所传二十八宿，即刘秀的 28 个主要干部，多是出生于南阳一带。在过去一年中，蒋介石极重视南阳，曾于此设立所谓绥靖区，以王凌云为司令官，企图阻遏人民解放军向南发展的道路。上月，白崇禧使用黄维兵团三个军的力量，经营整月，企图打通信阳、南阳间的运输道路，始终未能达到目的。最近蒋军因全局败坏，被迫将整个南部战线近百个师的兵力集中于以徐州为中心和以汉口为中心的两个地区，两星期前已放弃开封，现又放弃南阳。从此，河南全境，除豫北之新乡、安阳，豫西之灵宝、阌乡，豫南之确山、信阳、潢川、光山、商城、固始等地尚有残敌外，已全部为我解放。去年 7 月，南线人民解放军开始向敌后实行英勇的进军

以来，一年多时间内，除歼灭了大量的国民党正规部队以外，最大的成绩，就是在大别山区(鄂豫区)、皖西区、豫西区、陕南区、桐柏区、汉江区、江淮区(即皖东一带)恢复和建立了稳固的根据地，创立了七个军区，并极大地扩大了豫皖苏军区老根据地。除江淮军区属于苏北军区管辖外，其余各军区，统属于中原军区管辖，豫皖苏区、豫西区、陕南区、桐柏区现已联成一片，没有敌人的阻隔。这四个军区并已和华北联成一片。我武装力量，除补上野战军和地方军一年多激烈战争的消耗以外，还增加了大约 20 万人左右，今后当有更大的发展。白崇禧经常说："不怕共产党凶，只怕共产党生根。"他是怕对了。我们在所有江淮河汉区域，不仅是树木，而且是森林了。不仅生了根，而且枝叶茂盛了。在去年下半年的一个极短时间内，我们在这一区域曾经过早地执行分配土地的政策，犯了一些策略上的"左"的错误。但是随即纠正了，普遍地利用了抗日时期的经验，执行了减租减息的社会政策和各阶层合理负担的财政政策。这样，就将一切可能联合或中立的社会阶层，均联合或中立起来，集中力量反对国民党反动统治势力及乡村中为最广大群众所痛恨的少数恶霸分子。这一策略，是明显地成功了，敌人已经完全孤立起来。在我强大的野战军和地方军配合打击之下，困守各个孤立据点内的敌人，如像开封、南阳等处，不得不被迫弃城逃窜。南阳守敌王凌云统率的军队是第二军、第六十四军以及一些民团，现向襄阳逃窜。襄阳也是国民党的一个所谓"绥靖区"，第一任司令官康泽被俘后，接手的是从新疆调来的宋希濂。最近宋希濂升任了徐州的副总司令兼前线指挥所主任去代替原任的杜聿明。杜聿明则刚从徐州飞到东北，一战惨败，又逃到了葫芦岛。王凌云到襄阳，大概是接替宋希濂当司令官。但是从南阳到襄阳，并没有走得多远，襄阳还是一个孤立据点，王凌云如不再逃，康泽的命运是在等着他的。

2. 补充情况，事实充分

这一类背景着眼于给新闻主体提供时间或空间的"旁证材料"，即是让新闻事实及其意义，向时间或空间方面延伸，使新闻事实更为充分，也帮助受众全面、完整地理解消息所报道的新闻事实。

例如，荣获第五届(1994 年)"中国新闻奖"二等奖的消息《昔日伐木建功　今朝栽树"还债"》，主体是 82 岁的离休工人马永顺历经 22 年在荒坡上种下了 3 万多棵树木，受到了组织上的表彰。主题是江总书记说："马永顺了不起！"马永顺为什么了不起？这就要交代他过去伐木建功的业绩和为了完成周总理的嘱托："林业工人不但要多生产木材，还要多栽树。"这样一些背景材料，使受众对马永顺的事迹了解得更全面，更感到他的精神可贵。请看原文：

昔日伐木建功　今朝栽树"还债"

江总书记说："马永顺了不起！"

刘继章

一位 82 岁高龄的离休工人，在大半辈子的伐木生涯中，为国家采伐原木 3.6 万多棵，成为闻名全国的劳动模范，14 次受到毛泽东、周恩来等老一辈革命家的接见。离休后，他带领全家历经 20 多个春秋的风风雨雨，又在荒坡上种下了 3 万多棵树木，了却了多年的夙愿，还上了一笔他心中的“欠债”。他，就是黑龙江省伊春市铁力林业局的老工人马永顺。

今年 10 月 28 日，在伊春市暨铁力林业局召开的向马永顺学习动员大会上，伊春市委副书记魏秉仁宣布：“在这里，我受省委书记岳岐峰委托，郑重转达江泽民总书记对马永顺同志的亲切问候。”话音一落，会场上爆发出经久不息的掌声，与会的上千名林业局职工为他们的老模范感到由衷的自豪，更为马永顺造福后代、献身林业的精神深深感动。

马永顺是新中国的第一代林业工人，曾靠弯把子锯在一个冬天采伐木材 1 200 立方米，1 人完成 6 人的工作量，创下全国手工伐木产量最高纪录。时至今日，马永顺还忘不了 1959 年全国群英会上周总理对他说的一番话：“林业工人不但要多生产木材，还要多栽树。”总理的教诲印在了他的心底。从那时起，栽“还债”树成了他念念不忘的心事。离休后，马永顺开始实施他的“还债”计划，带领全家人抓荒坡踏荒岗，栽下一棵棵幼树苗，年年不间断，整整 22 个年头，共栽下 3 万多棵树，还完了全部“欠债”。

今年 9 月，黑龙江省委书记岳岐峰、代省长田××在北京向江泽民总书记汇报工作时讲到全国著名劳模马永顺离休后，带领全家植树造林，向大山“还债”的感人事迹。江总书记听后赞扬说：“马永顺了不起!”并请岳岐峰转达他对马永顺的亲切问候。

听到江总书记问候自己的消息，马永顺非常激动，表示感谢总书记的关怀，只要身子骨不散，还要上山栽树，为青山常在、造福子孙再献余热。

（《工人日报》1994 年 11 月 17 日）

3. 提供知识，引发兴趣

消息中有些材料比较新鲜，用背景材料作一些较为详尽的介绍，给受众提供一些知识，使受众对新闻发生兴趣，乐于读(听)下去，这是提高消息可受性的重要一环。

例如，美联社记者报道一位以色列动物学家发现骆驼生命力顽强的秘密，递进式地道出了“秘密”的真正所在处——由驼峰说到鼻子，再由鼻子说到鼻膜，同时与人的鼻黏膜作比较，使读者(听众)获得一个清晰的概念，而且读(听)后饶有兴趣。请看原文：

骆驼生命力顽强的秘密

[美联社以色列特拉维夫电](注：原电无日期)　一位以色列动物学家说，骆驼生命力顽强，其秘密不仅仅在于驼峰，更重要的在于其鼻子。

特拉维夫大学的阿米兰·希科尔尼克教授认为，更准确地说，秘密在于骆驼的鼻膜。这位教授声称，他已发现了“沙漠之舟”能在炎热干燥气候中长期生存的秘密。

希科尔尼克教授对本社记者说，人在沙漠中，往往把宝贵的水汽呼出来。而骆驼则把水气保留在体内。

他说："我们发现，骆驼的鼻孔上有一层能吸收水汽的薄膜，这样，在它呼气的时候，就不会让水气跑掉。而其他任何动物的鼻孔上，都没有这层薄膜。"

由于有了这层薄膜，骆驼能够把呼出的水蒸气的68%回收到体内。

科学家们解剖了骆驼的鼻腔，发现一个鼻孔的黏膜就有1 000平方厘米。而人的鼻黏膜仅为12平方厘米。

驼峰的职能是储藏可供缺少食物时消耗的脂肪。

教授说："人体到处都有脂肪，其作用等于一件大衣。而骆驼把全身脂肪集中在一个地方，其作用相当于一个粮仓。"

（选自黎信、曹文秀选编：《西方新闻作品选读》）

4. 借用背景，表明观点

一般消息写作制约着作者的表述不宜发议论。怎么办？其中有个办法就是借用背景来深化主题，表明作者的观点或倾向。

例如，"亚洲第一飞人"柯受良为迎接香港回归向祖国献厚礼，于1997年6月1日飞越黄河壶口瀑布。如果单写飞越的情景，不失为一篇吸引人的新闻。但作者运用历史、环境背景材料，写了一篇"背景新闻"，令人信服地证明中国人(不仅仅是柯一人)"有足够的能力和勇气做好每一件事"。这正是作者立意所在。请看原文：

柯受良飞越黄河记

单三娅

"亚洲第一飞人"柯受良于6月1日下午1点19分7秒成功飞越黄河壶口瀑布，实现了他的誓言：要向世人证明"中国人有足够的能力和勇气做好每一件事"。

古人云："千里黄河一壶收。"壶口瀑布由此得名。咆哮的黄河之水在壶口这个地方骤然收归一束，倾入宽约60余米、落差30余米的石槽中，气象壮观，形势险峻，奇绝天下。

5月31日壶口地区还在刮六七级大风，6月1日却是艳阳当头，晴空万里。山西的威风锣鼓和陕西的安塞腰鼓等大型现场演出，为柯受良长志气、壮行色。据了解，这次活动是中央电视台有史以来最大规模的野外转播，不仅出动了最先进的地球转播车，而且动用了直升机航拍，并通过一套、四套、八套节目同时现场直播；香港凤凰卫视通过亚洲1号和帕拉帕C2卫星，向亚太地区30多个国家和地区直播此次壮举，覆盖人口达20亿人。

为了不错过好天气，柯受良决定将原定下午2点多的飞越提前进行。下午1点15分，那一刻终于来了，柯受良开动那辆白色三菱越野跑车向前冲击，但在未加速度之前，不知什么原因，他停住了车，将车倒回到起跑点上。现场观众的情绪有些激动，人们为他暗中鼓劲。稍后，柯受良再次开动汽车，这次，他按照理想的提速计划，一档、二档、三档、四档，只见汽车疾驰过265米的山西东岸跑道，然后似一道白光腾起，稳稳扎进陕西西岸50米长、10米宽的平台上的纸箱堆积体中，柯受良成功了！人们鼓掌、欢呼、雀跃，为他自豪。

1938年、1939年著名诗人光未然两次在转战于吕梁山区时，目睹壶口地区黄河船夫们与风浪搏斗的险状，孕育了《黄河大合唱》的词作，经冼星海谱曲后，成为至今鼓舞着中国人民前进的不朽名曲。“江山如此多娇，引无数英雄竞折腰。”近些年来，有安徽王来安于1987年9月3日首次漂过壶口瀑布；6天后，北京青年张晓军漂流壶口成功。此次柯受良以独特的方式从空中飞过壶口瀑布，以此作为香港回归前夕向祖国母亲献的一份礼物，再次证明了黄河不愧为孕育中华民族精神的母亲河。

（《光明日报》1997年6月2日）

归结以上四点，可以看出，背景材料对新闻事实起着“烘云托月”或“绿叶扶持红花”的作用。

三、背景的内容和类型

新闻背景的内容主要由纵断面和横剖面的背景材料所构成，以反映事物纵向或横向的联系。纵断面是所报道事物的发展历史、沿革变化以及它在整个历史进程中所处的地位等；横剖面是所报道的这一事物与其他事物的相互影响、相互作用的关系以及它在周围环境中所处的地位，这一事物与那一事物的对比情况等。纵断面和横剖面的背景材料常常在一篇新闻中被交错地运用。此外，人物的身份、经历和社会关系，新闻事件发生地点的地理环境，产品的性能特点等，也都属于新闻背景的内容。

据此，新闻背景的类型，从内容上看，大致分为：历史背景、地理背景、人物背景、事物背景(有的加上知识背景、社会背景)。从功用上着眼，又大致分为三类：对比性背景材料，说明性背景材料和注释性背景材料。

(一)内容方面的类型

1. 历史背景

它用来介绍新闻事实的历史状况，说明事物的发展、变化过程，进一步阐明事件的意义。它可以对比衬托新闻事实，说明和解释新闻事实。事实大多具有延续性，为了说明新闻事实的根由，就得用历史演变方面的材料；要看出客观事物的发展变化，也需要交代历史背景。

例如，荣获第二届全国现场短新闻大赛一等奖的政治新闻《“这段历史我作证”》，记者以阿沛·阿旺晋美参观西藏档案馆边走边看边讲的情景，把西藏和平解放的一幕幕历史事实呈现在受众面前，反映出一个重大而深刻的主题。该篇除参观时间、地点和谈话对象外，全是用的历史背景。请看原文：

“这段历史我作证”

——阿沛·阿旺晋美参观西藏档案馆

温闻、黄宝福、段继禹

6月7日上午，阳光明媚，晴空万里。作为当年签订西藏和平解放十七条协议的

9名汉藏代表的唯一健在者，阿沛·阿旺晋美副委员长来到西藏自治区档案馆，再一次回想起40年前的那一幕幕情景。

“当时，中央人民政府的代表是李维汉、张经武、张国华等人。”阿沛副委员长站在一张张历史照片前对人们说，“直到今天，仍然有人对协议上的印章争论不休。你们看嘛，当时我们每个人的亲笔签名不都在上面吗?”

走在卷帙浩瀚的西藏档案馆里，阿沛副委员长显得精神抖擞。他仔细地观看了从元朝到新中国成立时的一件件历史文物。他来到十四世达赖喇嘛丹增嘉措当年献给毛主席的颂词的文物前，面带微笑地对周围的人说：“这是真迹。‘毛’在藏文诗歌中的意思是‘母亲’，‘席’的意思是‘和平的象征’。丹增把‘毛主席’三个字都镶入了深情的藏文颂词中，他的颂词是发自内心的。”

他的讲解赢来了一片掌声。他接着说：“不仅如此，丹增在献颂词的同时，还请画师强巴为毛主席画了一幅精美的画像，并在周围饰以金边。这里的细节我全知道。”

阿沛副委员长走出档案馆，一字一顿地对记者说：“西藏从黑暗走向光明、获得和平解放的这段历史，我可以作证。”

（新华社1991年6月8日播发）

2. 地理背景

有些新闻涉及国内外有关城市、地区，而受众不一定知道，这就有必要适当介绍有关地区的自然环境状况、风土人情等。

例如，荣获第四届(1993年)“中国新闻奖”一等奖的经济新闻《中国投巨资加快长江沿岸地区开发》(记者陈铭，新华社1993年4月21日通稿)，前面叙述了国家投巨资开发长江沿岸地区的方针、方案后，即用背景材料来说明开发的重要意义。背景材料如下：

世界第三大河长江被称为中国的“黄金水道”，沿江地区是沟通中国东西南北经济联系的纽带和桥梁，具有广阔的腹地和国内市场。这一地区已经形成了以加工工业为主体、原材料工业发达、轻重工业比例协调、工业技术基础雄厚的产业体系。

长江三角洲和长江沿江地区范围，东起上海浦东、西至四川重庆，包括上海、南京、武汉等二十八个大、中城市和八个地区，人口占全国总数的百分之十四点七，而国民生产总值约占全国的百分之二十。

3. 人物背景

新闻报道的主体是人，报道时除告诉受众某某人做了什么事或什么事发生在某某人身上外，常有必要对此人的背景作适当的介绍，以增进受众对此人的了解。这种对人物的介绍通常称之为人物背景。

例如，《人民日报》1988年1月23日发了一条消息《著名女记者子冈默默离去》。这是一篇朴实简练、行文流畅、充满深情、动人心弦的优秀作品。该篇报道一位在中国新闻史上留下名迹的女记者彭子冈病逝的事。对广大群众来说，不大熟悉彭子冈，这就有必要用上人物背景材料。文中写道：

40年代，是子冈人生的盛期。她自1938年加入中国共产党后，出任《大公报》记者，抗战八年间在重庆以富有个性色彩的新闻和通讯抨击社会的昏暗，为苦难的民族呐喊，也以她的胆识拨开山城的迷雾，告示人间的希望与光明。特写《毛泽东先生到重庆》曾轰动大后方，通篇思想与文风至今仍不失为新闻写作的范例。

4. 事物背景

介绍一些事物的有关知识，使受众了解新闻的意义与价值。

例如，1997年3月9日新华社记者陈凯星、邢路续从哈尔滨发回一条电讯《日全食彗星同现漠河上空》(《新华每日电讯》1997年3月10日一版)，报道这一千载难逢的宇宙壮景时，用了一段解说性的背景材料：

> 日全食是月球运行到日、地中间，挡住阳光而出现的罕见现象。本次日全食发生于俄罗斯斯比克以北和我国新疆阿尔泰地区，扫过蒙古、我国漠河，最后结束于北冰洋。日食带上唯一城市漠河，由于基础条件好、太阳高度角适中，成为世界最佳观测点。同时，每日晨昏才匆匆一现的海尔—波普彗星也已升至天顶仰视可见。

试想，如果不用这段背景材料，人们就不知道日全食彗星同现漠河上空是怎么回事。

(二)功用方面的类型

1. 对比性背景材料

它是对事物进行前后、左右、正反的对比衬托，对事物进行纵向比较和横向比较，以突出新闻事实的意义，或阐明一定的主题、表明某种观点的背景。新闻要反映事实的特点，而记者对特点的认识常常是从比较中获得的，因此比较法既是记者认识事物的重要方法之一，也是记者表述新闻事实的一个有效方法。任何事情，一经比较，就能看出问题，比出矛盾，事实的特点、意义和价值也就清楚地显露出来了。

例如，荣获第二届(1991年)"中国新闻奖"一等奖的消息《武汉百里长堤巍然锁大江》(《湖北日报》1991年7月13日)，以醒目的文字进行纵向对比。标题是双行，用对比法：

26.94米：六十年前三镇尽成泽国
看今日——
武汉百里长堤巍然锁大江

导语部分也是用的对比法：

> 长江汉口水位站昨21时定时提供的水位记录说，江汉关水位此时达26.94米。
>
> 据历史记录，60年前的1931年，江汉关水位在26.94米时，汉口溃堤。
>
> 眼下，武汉三镇308公里的沿江大堤牢牢护卫着面临长江大汛的这座城市。

主体部分也简要用了对比性材料：

一位家住大夹街姓费的“老武汉”在黑色大理石标志牌前，向人们讲述民国20年(1931年)“逃水荒”的情景。他说只有共产党建造的长江大堤，“才能使武汉人在大汛面前安居乐业”。

通过这几处背景材料对比，突出了人定胜天的主题。由此可知，对比是证明和说服的一种有力手段。但应注意：对比要有明确的目的，一定要比在点子上，意在揭示事物本质；要比得自然、合理，抓准对比双方的矛盾及对立关系。这样，才会产生好的效果。

2. 说明性背景材料

它是用来对新闻事实的政治背景、地理环境、历史演变、思想状况或物质条件等情况作介绍和交代，以说明事物产生的各种因素，揭示事物发生或变化的意义。新闻报道要进行必要的说明和解释，这种说明和解释主要靠运用说明性背景材料来完成。

例如，2003年3月20日美英两国对伊拉克采取的大规模军事行动，人们称为“伊拉克战争”。战争发生在亚洲西部海湾地区的伊拉克，是美英两国第二次对伊拉克作战，为什么不叫“第二次海湾战争”呢？(第一次称为“海湾战争”)这就需要用背景材料加以说明，使人们了解这次战争的性质。请看这次战争爆发后第二天媒体刊登的一条背景新闻：

伊拉克战争的称谓

这次伊拉克战争为什么不叫第二次海湾战争？它与海湾战争有什么质的区别？

海湾地区自上个世纪80年代以来一共发生过3次大的战事。第一次是1980年至1988年间的伊拉克与伊朗之间的战争，被称为“两伊战争”。第二次是1991年1月爆发的海湾战争，交战一方为美国等近40个国家组成的多国联盟，另一方为入侵并宣布吞并科威特的伊拉克。第三次即目前这次战争，是美国等少数国家策动的推翻伊拉克现政权的战争，主要战场在伊拉克本土，而且海湾国家并没有直接参与对伊拉克的进攻，即使驻扎有大量美军的科威特和沙特阿拉伯也已明确表示不会直接派兵参战，因此，它应该叫做“伊拉克战争”。

伊拉克战争与海湾战争最根本的区别是，海湾战争是在获得联合国安理会授权情况下进行的，目的是为了结束伊拉克对一个主权国家的非法占领，而且得到了世界大多数国家的道义支持和积极配合，伊拉克战争则是美国等国不顾大多数国家和世界人民的反对，绕开联合国安理会，对伊拉克发动的大规模军事行动。

(《三秦都市报》2003年3月21日)

3. 注释性背景材料

它是指用来帮助受众看(听)懂消息的内容，增长知识和见闻的背景材料。它包括产品或其他物品性能特点的说明，科技成果的通俗介绍，技术性问题的解释，名词术语的注释，文史知识、风俗人情的介绍等。有些历史、地理和事物背景材料也可用来注解。

例如，《人民日报》1990年10月30日刊登了一篇写法独特、意趣横生的新闻，名为《“狗不理”新探》。它说的是记者探究天津“狗不理”包子生意兴隆的奥秘何在。记者通过所见所闻所感的事实，“探”出了“狗不理”的经营诀窍是“把包子当做艺术珍品来创造”！对“狗不理”，人们只知其名，而不知其源，这就需要注释。文中写道：

> “狗不理”的历史可谓久矣。它的创始人高贵友开办此店是在140年前。由于手艺独到，袁世凯曾将他做的包子进贡给慈禧太后并获得个“龙颜大悦”。当初店铺的字号“德聚”也逐渐被掌柜的小名“狗不理”所代替了。

用了这段背景材料，文章的味与包子的味相映成趣了。

这里要说明的是：新闻背景的类型只是大体上的分类，具体运用时，要根据表达的需要而定。有时单独用一种，有时几种结合起来用。

四、背景运用应注意的问题

第一，不是每条消息都要用背景材料，以免画蛇添足。如简讯、一句话新闻等就无需用背景材料；众所周知的人和事，也不宜用背景材料，如深入开展学习雷锋活动，对雷锋这个人物就不必作介绍。

第二，不要形成固定的背景位置和背景段落，以免行文生硬、形式呆板。背景可在主体前、主体中或主体后，也可在导语中，或在文中独立成段。总之，它的运用十分灵活。它不是独立层次，多融于主体中。

第三，不要过多用背景材料，以免喧宾夺主，湮没了新闻事实。背景材料应紧扣主题、适度运用；语言要简明扼要、恰到好处。

第四，不要随意运用背景材料，以免文不对题。应再三掂量背景材料，是否有利于衬托新闻事实，是否为表现主题服务。如果不是，则应另行寻找，直到选择出最好的背景材料。

第五，不要失真，以免新闻失实。应认真核实背景材料，使背景材料跟新闻事实一样真实、准确。

第六，不要艰涩难懂，以免失去受众。应为受众着想，把背景材料写得通俗易懂、朴实无华。

第六节 主体和结尾

一、主体的含义

消息主体，就是导语之后、全篇末尾之前的那一部分。它包括背景、结尾的内容；从消息写作需要来看，又把它与背景和结尾区分开来。

关于这一部分的称谓，我国新闻界说法不一。

有的说，“主体”叫法不妥，容易使人望文生义而发生误解。主体者，即消息的主干。这样容易把导语的地位和作用忽略掉。

有的说，叫“正文”。但正文是文章的精华所在，而消息的精华一般是浓缩在导语之中。若叫这部分为正文，那将导语置于何地？

有的说，叫“展开部分”。但此概念偏大，因而主张叫“躯干”。理由是：躯干如同人的躯体，是除脑袋、四肢的那部分。导语是脑袋，躯干是受脑支配的，这样就不会贬低导语的作用。这个解释似乎比前面几种说法更有道理。

欧美新闻界把这一部分内容称为“Body”。而“Body”这一词，在英语中有多种意思，既有身体、躯体、躯干之意，也有主体、主要部分之意，还可以指尸体、尸首。如此说来，上面的几种说法都没有错。

产生如此多种称谓的原因，我们认为关键问题是没有把有无倒金字塔式结构和导语作为前提。如果将导语作为前提的话，那么，对消息主体的含义就可作这样的解释：在运用倒金字塔式结构的消息中，主体是导语之后的展开部分；在没有运用倒金字塔式结构的消息中，主体就是消息的中心部分。

因为我国多年来习惯于用“消息主体”，故这一称谓较为通行。

二、主体的任务

主体的任务是充实新闻内容，为表现新闻主题服务。在有导语的消息中，主体承担两个具体任务：一是对导语中提到的各个事实加以阐述，使事实更加清晰，并深化主题；二是补充导语中没有提到的新的或次要的材料，随着新闻的展开，使五个“W”和一个“H”更明确，交代更清楚，新闻根据更确凿。

下面，我们举一例说明主体的任务：

日本宣布无条件投降

[美联社 1945 年 8 月 14 日电] 日本投降了！

杜鲁门总统今晚 7 时宣布，日本已无条件投降，造成历史上空前巨大破坏的战争随之结束。盟国陆、海军已停止攻势。

总统说，日本是遵照 7 月 26 日三强致日本的最后通牒所规定的条款无条件投降的。这项最后通牒，是三强柏林会议期间发出的。

8 天以前，日本遭到有史以来第一枚原子弹——一种威力最大的炸弹——的轰炸；两天以前，俄国宣布对日作战。在这种情况下，日本被迫于本星期五宣布接受最后通牒中包括的全部条款，但要求继续保留天皇制。

次日，美、英、俄、中四国对此作出答复，声称如天皇接受盟军最高司令部的命令，则可继续在位。

杜鲁门总统今天还宣布，道格拉斯·麦克阿瑟将军已被任命为占领日本的盟军武装部队总司令。

杜鲁门总统说：“现在正在作出安排，以便尽早举行接受日本投降的正式签字仪式。”

他说，英国、俄国和中华民国也将派出高级将领，代表各自的国家在受降书上签字。

这则消息的第一自然段是单元素导语——“何事”，其余七个自然段都是主体部分。其中，第二自然段是注释导语中的事实，是“何事”要素的展开。第三自然段继续注释导语中的事实，是“如何”要素的展开。第四自然段继续注释导语中的事实，是“为何”要素的展开。如果记者到此搁笔，这条消息也可以发出。但对细心的受众，还没有完全提供他们想知道的事实。比如：战胜国对保留天皇制度怎样答复？盟军将派谁去统帅占领日本的军队？日本投降正式签字仪式何日举行？届时有哪几个国家在受降书上签字？这些，消息的五、六、七、八自然段分别作出了交代，这就是主体对导语的补充。这则消息也是典型的倒金字塔式结构。

三、主体的结构安排

主体结构安排与消息的整体结构概念相同。为了把主体写好，做到内容实、脉络清、表述明、变化多，有必要明确几种常用的结构方法：

(一)按重要程度顺序安排层次

这是通常所说的倒金字塔式结构法，它是消息写作中常见的写法，尤其多用于事件性新闻即动态消息。其特点是：按照新闻事件内容的重要程度或受众关心程度先主后次地安排事实材料。一篇消息，导语是最重要最新鲜的事实概括，而在主体部分同样依照重要程度递减的顺序来安排层次。

(二)按时间顺序安排层次

根据事情发生的时间先后来组织材料、排列层次。这也是消息主体中常用的结构法之一。这种结构，可以顺叙，即由远及近，它能清楚地反映出新闻事件始末，脉络清楚，适合我国读者(听众)的习惯和口味。这一写法，比较适用于内容较为复杂但却线条单一的消息写作。像报道节日庆典活动、一些重大事件、一场灾祸、一场文艺演出或球赛，等等。

运用这种结构方法，往往会比倒金字塔式结构法取得更流畅的效果。西方新闻界有种叫做悬念式的消息，情况与此颇为相似。它通常不把高潮写在前面，而是写在后面；前面设有疑团(悬念)，最后揭开谜底。

运用这种结构法，要注意围绕主题选材，剪裁得当，详略得宜，波澜起伏，突出重点。

(三)按逻辑顺序安排层次

根据事物的内在联系或问题的逻辑关系来组织材料、安排段落和层次，不受时间顺序的约束。这种结构方法，有利于反映事物内在发展规律，揭示出事物的本质特征与意义，因而会有较强的说服力。它较适用于非事件性新闻，如经验消息、综合消息和述评消息的写作。

按逻辑顺序安排结构，其具体方法也有不同：它们各部分之间或是因果关系，或是递进关系，或是主从关系，或是并列关系，或是对比关系，或是点面关系，这要视材料性质和消息类型而定。

(四)按时间与逻辑结合顺序安排层次

在实际写作中，消息主体结构的安排常常是时间顺序与逻辑顺序紧密结合，交叉使用，几乎很难把两者区分开来。这样做便于安排材料，既让事实叙述得有条理，又能把事物各个方面的逻辑联系讲清楚，更好地为主题服务。

总之，内容决定形式，形式又为内容服务。一则消息主体用什么方法来组织结构，应当从消息内容实际出发，需要采用什么结构，就采用什么结构，不要把它固定化、教条化，只要做到匀称、合理就行。

四、结尾

(一)消息是否有结尾

结尾，古人称为“收笔”。写作学上讲：结尾是文章的结束部分，是文章结构的一个有机组成部分。写作学还讲到新闻结尾，说是指一则消息的收束部分，是消息构成的一个环节。

但是，在新闻写作学界对消息结尾的看法不尽一致。有一本有影响的新闻写作教材讲：“多数消息不必有结尾。”其理由是：文章的结尾是文章内容发展的必然结果，而不是外加的尾巴；新闻要求用事实说话，摆完事实通常也就讲完道理；从新闻要求短来看，很多情况下也不大容许特意添上个结尾；读者往往是匆忙读报，注目于新闻事实本身。这个提法尊重了新闻报道的特点而忽略了文章结构的规律。不过，著作者只是指“多数”消息不必有结尾，而“少数”消息还是有结尾的，没有全盘否定消息结尾的存在。

还有一种提法比上述进了一步，对“消息的结尾”之说提出质疑，主张消息自然结尾。

以上两种提法的依据恐怕主要源于倒金字塔式结构的写法，因为材料越到后面越不重要，编辑可以删掉。

我们认为消息是有结尾的，不存在“多数”和“少数”的问题；不能仅以为综合消息、述评消息、经验消息有结尾而动态消息就没有结尾。结尾，是消息的最后一段或最后一句，表示一则消息的完结。对于倒金字塔式结构，不能认为最后一段或最后一句不是结尾。结尾表述的内容是承上而来，而不是从天而降。至于倒金字塔式消息的后面段落、句子可以删掉，编辑总不能随意删掉或删半截话。只要不影响文章整体结构，就是可以删掉的。删到哪一段、哪一句，那段、那句的前面就是结尾。至于删得好和坏，那是编辑的水平问题。至于非倒金字塔式结构的消息，一般都有明显的结尾，即结果。

没有结尾，就破坏了文章的完整性，包括消息。因为任何事物都是有头有尾、有前有后的，不然就不是事物。首与尾，永远存在着一种不可忽视的、辩证的、逻辑的、文气上的联系。

纵观诸多新闻学专家的论著，也没有否定新闻结尾的存在。相反却很重视新闻结尾的写作。美国著名记者休·A. 马利根说过：“我长期以来一直信奉：一篇报道既要有好的导语，也要有一个有力的结尾。事实上，我常常在最后一段下的工夫比在第一段下的工夫大，因为我希望那真正动人的最后一行话将使编辑高抬贵手，不致砍杀我努力的整个成果。”美国另一位名记者威尔·格里姆斯利也说道：“一篇好的报道是具有对称美的。它必须有一个好的开头。然后，它应该平稳流畅地过渡到文章的高潮；如果可能的话，要用一个出乎意料的结局使之达到高潮。”①我国当代名记者穆青同样强调：“新闻报道不仅要注意开头，还要注意结尾。”②

---

① 转引自杜荣进主编：《中外新闻采写借鉴集成》，浙江教育出版社 1997 年版，第 431 页。

② 穆青：《关于新闻改革的一点设想》，选自《新闻散论》，新华出版社 1996 年版，第 217 页。

既然结尾如此重要，那么各种结尾中出现的若明若暗、似有似无的情形作何解释呢？我们认为消息写作中存在两种情况较为客观，符合实际。这就是：一种情况是自然收束，水到渠成。收束的那一段或那一句就是结尾。正如苏轼在《答谢民师书》中所说，文章“大略如行云流水，初无定质。但常行于所当行，常止于所不可不止，文理自然，姿态横生”。这“不可不止”的地方，就是该文结尾了。否则，就是多余的了。另一种情况是视表达需要专门设段或设句，以收束全文。也就是为了增强新闻报道的力度，还须着力写好结尾。结尾写作的难点就在这后一种情况上。

（二）结尾的作用及类型

结尾的作用是归结全文，加深印象，深化主题，阐明意义，指明前景。具体到每种结尾类型，其作用又侧重在某一方面。结尾的类型依据写作特点而分，表现出多种多样的形式。

1. 归结全文

这如同撒网一样，要收拢回来。如《人民日报》1995 年 10 月 12 日刊登记者范敬宜、朱剑红写的一则消息《九十高龄的沈鸿院士提出　要用马克思主义哲学指导发展》，这则消息突破一般会议新闻报道模式，只摘取沈鸿院士的谈话作为报道内容，主题是“九五”期间机械、汽车工业的发展要用马克思主义作指导。谈话的具体内容表述完后，消息的结尾写道：

> 最后，沈鸿归结到一点：“研究发展问题，一是要讲哲学，二是要讲法学，而哲学更是基础。”

这种归结全文的结尾写法，表现出的形式有归纳式、结论式、揭晓式等。

2. 加深印象

加深印象不是重复语句，而是用描写笔法或换一个表达方式，或从另一角度补一笔。这不是节外生枝，而是锦上添花。如《参考消息》1993 年 9 月 15 日刊登的路透社 9 月 13 日发自华盛顿的一则消息《宿敌握手言和——巴以和约签字仪式纪实》，报道巴勒斯坦领导人阿拉法特与以色列总理拉宾在华盛顿签订和约。消息描述了这一情景后，结尾写道：

> 当拉宾握住阿拉法特的手时，来宾们发出一声清晰可闻的叹息，终于松了一口气。南草坪上好长时间都隐约回响着这一叹息。

结尾的前一句是对上面事态的补叙，后一句是对前一句“叹息”的形象化补充。这样写就加深了受众的印象。

这种加深受众印象的结尾写法，表现出的形式有补叙式、借引式、描写式、提问式、议论式等。

3. 深化主题

不仅主体担负着深化主题的任务，而且结尾同样应该分担，因为文章的全部内容都是为表现主题服务的。

荣获第二届“中国新闻奖”一等奖、威海人民广播电台 1991 年 4 月 1 日播发的消息

《荣城渔民跨国赶集 中国活鱼蹦上日本早市》，表现的是改革开放给我国沿海渔乡带来经济和思想观念上巨大变化这样一个重大主题。消息从经营行为、经营谋略升华到经营思想，结尾用了一段背景材料就对经营思想深化了一步：

> 国格比价格更重要。几年来，他们总是从这个高度对待产品质量。去年 2 月 10 日，装有 20 吨活赤贝的运输船行至日本海时，死贝骤增，倘若到岸低价处理尚能挽回不少损失，但总经理邢厚斋断然下令返航。有人对这个损失 20 万元的“回马枪”不理解，而邢厚斋却告诫大家：“要端国际饭碗，小算盘万万打不得！”

深化主题的结尾，有多种表达形式，常见的有叙述式、引语式、比喻式、议论式、对比式、反问式等。

4. 阐明意义

一般人认为阐明意义是论说文的任务，消息大可不必。其实，消息要让受众深入理解新闻，进行必要而简洁的阐释，有助于取得好的传播效果。

例如，获第六届“中国新闻奖”(1995 年)二等奖的新闻作品《京九铁路全线铺通》(《人民铁道报》1995 年 11 月 17 日)，交代了“新闻五要素”，也指出“京九铁路是我国纵贯南北的一条新的大能力通道，是我国铁路建设史上规模最大、投资量多、一次性建成的线路最长的铁路干线，这在我国铁路发展史上是一个创举，也是面向 21 世纪的宏伟工程”。一般说来，记者写到此处就可以结束了，但记者为进一步揭示它的意义，在结尾补叙了一句：

> 它对大幅度缓解南北铁路运输紧张状况，完善路网布局，带动沿线地方经济的发展和革命老区人民致富，促进港澳地区的稳定繁荣，以及我国政府对香港行使主权有着十分重要的意义。

这一句很重要，如果按上面所说的地方结尾，那这条新闻的价值就未充分显示出来。

阐明意义其实是对主题的深化。它表现出的常见形式有说明式、议论式等。

5. 指明前景

结尾简要指出下一步会怎样，或将要发生什么，或提出作者愿望。这在消息写作中不乏其例。

例如，获第四届“中国新闻奖”一等奖、刊登在《长江日报》1993 年 2 月 10 日一版的消息《武钢近 7 万人不再吃“钢铁饭”》(记者梅明蕾、李军)，报道的内容是武钢体制改革，分离出 7 万人从事非钢铁生产的经营开发，取得成效的事，这是消息的主体。那么剩下的 5 万一线岗位工人怎么样呢？结尾写道：

> 与此同时，武钢一线岗位工人的工资也将随着劳动生产率的提高而增加。

“增加”多少？记者不能妄自推断，但增加工资是肯定的。这样结尾作出必要交代，防止了片面性。

指明前景表现出的结尾形式，常见的有展望式、预言式、呼吁式、启发式、激励式、号召式等。这里要注意，这种写法只在极少情况下使用。否则就是画蛇添足。

(三)结尾写作应注意的问题

第一，结尾要写得生动有趣，或用豹尾之势，刚健有力，使人美不胜收；或取撞钟之意，清音缭绕，令人不绝于耳；或者戛然而止，使人感到干净利落。总之，要讲究结尾的艺术性。

第二，结尾内容不要和主体、导语重复；不能套用公文、论文的结尾模式，使消息不伦不类。必要的收束、归结只在长消息或综合消息、经验消息、述评消息中选用，那是为了前后呼应、逻辑严密。

第三，要实在，忌空泛，切不要“字不够，尾来凑”。结尾以写实为主，摈弃诸如“学习榜样”“受到好评”“情景看好”“调动了广大职工的积极性”等之类的空话、套话，代之以实在的新闻事实或背景材料。若无新鲜内容可补充，就自然收束。

第五章
消　　息(下)

第一节　动态消息和简讯

一、动态消息概述

动态消息是对新近发生或变动中的新闻事实，作出及时报道的消息类型。它是新闻报道"排行榜"上常常居前、报道量最大的消息体裁，即是新闻传媒中最常用、最基本的报道形式，是最具新闻特征的新闻体裁。

动态消息以变动着的事物为报道对象，体现了事物发生和发展变化进程的动态。它所报道的范围相当广泛，大至震惊世界的头等新闻，小至人们日常生产、工作和生活中刚刚出现的有意义的新鲜事情。

动态消息的特点：一是内容单一，一事一报，突出事实的主要之点和新鲜之点；二是概括事实，语言简洁，表达直接；三是篇幅简短，一般三五百字，长的一千多字；四是时效性很强，多为当日新闻。

动态消息有两种形式：一是单篇，即单独发一条动态报道，事件本身是一个完整的事物发展过程，没有持续性。如美联社 1957 年 10 月 4 日的电讯《苏联成功发射第一颗人造卫星》，只报道"成功发射"这一事件，是单篇。二是多篇，即连续报道，事件处于变动中，具有一定的连续性。如美联社对美国第一架航天飞机"哥伦比亚"号的连续报道，从 1982 年 6 月 8 日发预告消息到 6 月 27 日试飞，再到 7 月 4 日"胜利归来"，共发 11 篇，逐一记录了这次试飞的全过程。

二、动态消息的写作

(一)抓"活鱼""抢火候"，出手要快

写动态消息，要争分夺秒，以最快的速度把新闻报道出去。这样，它所报道的事实就鲜活，人们称之为"活鱼"。"活鱼"与时间快慢密切相关。快，就赶上了"火候"；慢，便失去了"火候"，也就削弱了新闻的时效性。例如，1997 年 7 月 1 日香港回归中国，无论国外还是国内新闻传媒，都是用动态消息当日发出的，没有一家是隔日才报道的。

(二)多用动词，写出动态感

动词是写出事物具有动态感和进行时态最重要的词汇。美联社在语法和用词的规定中，要求记者"牢记一个句子中至少应有一个实体动词，这个词应该是句子中最重要的词”，并要求记者“尽量少用”形容词。这是因为动词具体、明确，能准确而形象地描绘出事物的动态，借以传达信息。而形容词、副词等，往往比较抽象、空泛。如体育比赛，用“赢了对方”不如用“击败对方”好。当然，该用形容词、副词的地方，也还是要用，不要“因噎废食”。

(三)多表现，少陈述

动态消息主要是表现事实，只要把事实的要素交代清楚，受众也就领会了这条新闻。(有的新闻需要解释，则写成别的消息样式)如果动态消息一解释，会使文字增多，冲淡了动态感和进行时态。所以动态消息的写作应像列夫·托尔斯泰在解释自己的名著《战争与和平》所说的那样：“我不去陈述，不去解释。我只是去表现，让我的主人公们替我说话。”

下面这条消息就体现了动态消息的特点：

历史性握手，为了两岸共同未来

公元2015年11月7日，一个将永载史册的日子。

下午3时，新加坡香格里拉大酒店会见大厅。身着深色西服，分别系着红色、蓝色领带的两岸领导人习近平、马英九，从大厅两侧同时走出，相向而行。在黄色幕布中央前方，他们将手伸向对方，紧紧握在一起。

这一握，穿越了66年的历史风雨。这一握，树起两岸关系史上重要里程碑。

数百名等候多时的媒体记者见证并记录下这一珍贵瞬间，让瞬间成为永恒。大厅里一时光芒闪烁，快门声响成一片。

习近平、马英九面带微笑，面向媒体。80秒钟，两只手始终紧紧握着。

紧握，是因为这一握来之不易、尤为珍贵，是因为两岸同胞、海内外中华儿女期待这一刻太久、太久。

这是1949年以来两岸领导人首次会面。过去的66年里，台海上空曾经阴云密布，军事对峙、咫尺天涯。直到上世纪80年代后期，两岸才打破藩篱、亲人团聚。但“台独”分裂势力的挑衅，一度让两岸关系濒临危机。2008年以来，两岸关系走上和平发展道路。经过互信与成果的累积，今天双方终于迈出历史性的一步。

曾经新加坡，又在新加坡。1993年到新加坡报道“汪辜会谈”的台湾无线卫星电视台执行副总经理杨盛昱，在再度见证两岸关系重大突破后激动地说：“此次握手具有全球意义。作为两岸新闻报道的老记者，我曾经期待很久，也曾经不再期待。所以今天既意外，更惊喜和兴奋。”

在现场采访的澳门广播电视公司记者马祈仕说，这是意义非凡的历史性开端。“一切皆已开始，历史不会倒退”。

握手毕，习近平、马英九热情地向记者们挥手致意。随后，两人并肩前行，进入举行正式会面的金塔厅。

“我们今天坐在一起，是为了让历史悲剧不再重演，让两岸关系和平发展成果不得而复失，让两岸同胞继续开创和平安宁的生活，让我们的子孙后代共享美好的未来。”

习近平的讲话，表达了两岸同胞的共同心愿。

历史，从此揭开新的一页。

新华社发布这条动态消息，时间是当天下午两岸领导人会见之后即成，出手快。写出的动态感明显，如："相向而行"，"面带微笑"，"将手伸向对方，紧紧握在一起"，"向记者挥手致意"。当然也交代了背景，提示了会见的历史意义。

新华社在发布这条动态消息时，还同时报道了会见谈话的详细内容和评论员文章，此外还刊发了岛内反响以及国际媒体评价。该动态消息是集中体现。

三、简讯

简讯又称短讯、简明新闻，本质上属于动态消息。它是以最经济的文字，简明扼要地报道新闻事实的消息类型。它不追求完整的结构，主要告诉受众发生、发现或做了什么事。

简讯同动态消息相比，其特点：一是篇幅更短，一般只有一两百字，或数十字。用一句话报道一件事，叫"标题新闻"或"一句话新闻"。二是报道时间更快，它以最快的速度将一件事的简要情况及时报道出来，正因为如此，一些报道重大突发性事件的短讯又称做"快讯"。在"快讯"中标的时间总是使用"今天"，有时还加上"几时、几分"。三是事实的要素("5W+H")不全，一条简讯中，只要有一两个或三四个要素即成一条新闻。如"京九铁路于1996年9月1日正式通车"，只有"何时""何事"两个要素。

简讯的作用：一是有利于快速发出新闻；二是有利于拓宽报道面，增加新闻信息量；三是多方面满足受众对新闻的需求，且又节省时间。这样，在传媒上经常把若干简讯按不同内容归类发布，标为"一组简讯"或"新闻集锦"。

简讯写作应注意：一是抓重点，重点放在"何事"上，无论哪条简讯，"何事"不能省略；二是抓要点，简讯是一条新闻的高度浓缩，只把主要事情突出出来，不用背景材料加以说明；三是要提供最新信息，凡是其他传媒已报道的新闻，一般不宜作为简讯发出；四是用直接叙述方式，语言干净利落。

下面一条简讯就体现了上述特点，全文如下：

身患徐动型脑瘫女孩黄扬长期卧床，无法站立，但她以超乎常人的毅力，两年内用鼻子和下巴在手机和 iPad 上完成了60余万字的文学创作《许我以微笑问候》。近日，该书由湖南文艺出版社正式出版。

(《新华每日电讯》2013年8月16日　刘峰颖)

第二节　综合消息

一、综合消息概述

综合消息是围绕一个主题，通过对一定时间或一定空间内的诸多事实、情况的综合而写出来的消息类型。它在内容上比动态消息报道的面要广，因而篇幅比动态消息长些。这类消息，既有点的具体事实，又有面的一般情况，点面结合，叙议结合，使报道既有广度又有深度，给人留下比较完整的印象，有较强的思想性和指导性。

综合消息是中国共产党党报的一种传统的消息体裁，它为 1925 年 6 月 4 日创刊的《热血日报》所创造。当时正值“五卅”运动高潮，为了揭露帝国主义的反动本质，《热血日报》创刊号集中了各处的诸多事实，在头版重要位置刊载了题为《外国军队到处横行》的消息。全文如下：

> **[热血日报上海 1925 年 6 月 4 日讯]**　昨日本埠外国军队压迫示威之形势依然严重，且由大马路蔓延及于各处，警报纷纷不绝。虹口日本人居留地一带，日本之海军陆战队列队往来，梭巡不绝。海宁路捕房前满驻美兵，衣蓝色军服，遇有学生路过即作势威吓。杨树浦方面，美兵见中国人即打，一学生二工人皆被打死。闸北则竟有美兵三人闯入中国地界，竟欲拘捕在街上讲演之学生，中国保卫团以其带枪闯入华界，有违章程，当即将该三美兵拘捕，押往闸北保卫团看押，观者拍手称快。综观各地状况，因各国海军陆战队之上岸及暴行之增加而人心愈加摇动，风潮又有扩大之趋势。

这条消息，报道了日本海军陆战队巡行不断，美国士兵打死工人、学生以及中国保卫团拘捕美兵之快举的新闻。这是我国新闻事业史上的第一篇综合消息。

从这篇综合消息中可以看出，既有事件性新闻的综合，也有非事件性新闻的综合。那种认为综合消息属于非事件新闻的综合的说法是不妥的。

综合消息的特点：一是事实的综合性，由诸多事实、情况组合起来，成为一篇“组织性新闻”；二是表达的综合性，它叙述、描写、议论三者兼备；三是在时间要求上，除了对突发性事件所作的综合报道时间性较强外，一般说来综合消息的时间性不如动态消息那样强。这是因为记者要用较长时间搜集材料、观察生活，对客观情况进行分析比较，然后才能有对经过提炼的事实的综合。

综合消息的类型，按空间、时间条件分，有横向综合和纵向综合两种。横向综合是指在一定的空间条件下，把不同地区、部门、单位发生的同类事件或问题加以综合报道，以反映全貌，即是把发生在不同地点的同类事情组织在一条消息中。纵向综合是指对在一段时间内发生、发展、变化的诸多新闻，按进程组织起来的综合报道，同样反映全貌，即是把发生在不同时间的同类事情组织在一条消息中。

综合消息的作用是十分明显的。人们通过它可以纵观空间广阔的事物发展规模，一览纷纭复杂的事物变动态势，从而对全局获得比较清楚的认识。所以，它是宣传形势、阐明政策、介绍全貌和推动中心工作不可缺少的一种报道形式，也是编辑用来综合来稿，以扩大报道面和提高来稿利用率的一种手段。

二、综合消息的写作

(一)纵览全局定主题

综合消息不是一事一报，反映的内容比较丰富，所反映的新闻事实发生的地点、时间也不同，范围较为广泛，因此要写好综合消息就必须善于分析概括出一个鲜明的主题。要做到这一点，首先要站在全局的高度来看待局部发生的变化，以分清材料的主次、轻重；其次要实事求是，不能盲目拔高主题，也不能以局部或依偶然性的现象来作出普遍性的结论；此外，对所占有的大量的庞杂的材料要概括出观点，经过比较和对应，确定主题。这样才好围绕主题选材。

（二）点面结合用材料

综合消息一般由“点”的材料和“面”的材料构成。所以在写作时，一定要把观点（主题）、“点”的材料和“面”的材料三者有机结合起来。这样，才能使得综合消息所报道的事实既有广度，又有深度；既全面完整，又具有说服力。

应当指出，“点”的材料应典型、具体、有特点，“面”的材料要概括得全面、简练，符合事物的本来面貌；这种“面”的材料，从本质上讲仍然是事实，只不过是概括事实。“点”和“面”的关系不是“两张皮”，而是大江波涛（“面”）涌现出来的浪花（“点”）。

（三）表现手法求多样

综合消息的写作难度较大，它要求记者具备较强的新闻写作能力，在行文时能调动各种表现手段。除了用点面结合的写法外，还常常用对比衬托、夹叙夹议、现场描写、引语代叙等多种表现手法。这样，综合消息就显得严整而活泛。

下面这组获第十四届“中国新闻奖”（2003 年）一等奖的综合消息，就体现了以上三点写作要领。它报道的是美国对伊拉克发动战争的重大事件。这组消息如下：

美国对伊拉克开战

贾迈勒

1. 快讯：巴格达响起空袭警报

2. 简讯：美军战机袭击伊拉克

[新华社巴格达 3 月 20 日电] 新华社获悉，美军开始空袭伊拉克，首都巴格达遭到若干枚火箭的袭击。（完）

3. 美国对伊拉克发动战争

[新华社巴格达 3 月 20 日电] 美国星期四凌晨发动了对伊拉克战争。

美国战机是在总统乔治·布什要求伊拉克总统萨达姆·侯赛因要么离开伊拉克，要么面临战争的最后期限到期 1 个半小时后，袭击伊拉克首都巴格达的。

巨大的爆炸声不绝于耳，火焰照亮了天空，空袭警报声响彻这座拥有 500 万人口的城市。

目前，这次空袭的目标尚不清楚。

4. 美国开始对伊拉克展开军事行动

[新华社华盛顿/巴格达 3 月 19 日电] 白宫星期三宣布，美国已经展开旨在解除伊拉克武装的军事行动。当地时间星期四凌晨，美军对伊首都巴格达的伊拉克领导

层所在的建筑物进行了空袭。

巴格达上空传出空袭警报数分钟后，白宫发言人阿里·弗莱舍对记者说：“解除伊拉克政权武装行动的初始阶段已经开始。”

美国战机是在总统乔治·布什要求伊拉克总统萨达姆·侯赛因要么离开伊拉克，要么面临战争的最后期限到期1个半小时后，袭击伊拉克首都巴格达的。

巨大的爆炸声不绝于耳，火焰照亮了天空，空袭警报声响彻这座拥有500万人口的城市。

第一轮爆炸发生在格林尼治时间星期四早晨2点45分，曳光弹和大团的黑烟出现在巴格达南部。居民们纷纷躲进家中加固的房间里或大型建筑下的公共防空洞里。

供电并没有停止，但爆炸之后国家广播电台已经停止了播音。

目击者说，伊拉克领导层所在的建筑在美军针对巴格达的两轮空袭中遭到了袭击，造成人员伤亡。伊拉克防空部队对美军战斗机进行了回击。

周三晚上，美军战机在伊西部和南部袭击了伊拉克地对地导弹和炮火设施，但五角大楼坚持说此举只是为了维护禁飞区，并不算战争的开始。

早些时候，联合国秘书长科菲·安南曾向美国和英国发出警告：“根据国际法，交战方有责任保护平民。”

（新华社国际部2003年3月20日）

这组消息由快讯、简讯、短讯组成，集中写美国对伊拉克发动的战争。

早在伊战爆发前半年，新华社就开始进行报道策划，加强了总社编辑部、中东总分社与巴格达分社的协调，加强了对当地报道员的指导。战争爆发前夕，中东总分社采编人员和巴格达分社贾迈勒彻夜未眠，严阵以待。20日凌晨，贾迈勒见到火光和听到爆炸声后，立即用手机向中东总分社报告，中东总分社迅即抢发了“巴格达响起空袭警报”的快讯(北京时间10时33分55秒)。随后，“巴格达响起巨大爆炸声”“美军发动攻击”等新华社消息传遍全球。此后，贾迈勒又不顾生命危险，立即前往现场采访，获得大量一手材料。新华社当天用英文滚动发稿达110余条之多，这里选的只是其中4篇。

美国对伊拉克发动的战争，是21世纪初最重大的国际事件之一。新华社最先向全世界播发了战争爆发的消息，第一条英文快讯时效超过了美联社、路透社、法新社、美国有线电视新闻网(CNN)和世界所有媒体，为新华社赢得了荣誉，引起国际新闻界轰动。这组稿件的特点是：(1)时间快，第一条快讯领先外国传媒10秒；(2)巴格达分社伊籍雇员贾迈勒冒着生命危险到现场采访，获得第一手材料，是新华社独家新闻。

伊战爆发报道系列稿受到中央领导同志的表扬，认为新华社播发得“非常及时，时效比外电快，比海外的电视台快”。美联社、法新社和路透社等西方通讯社称新华社的报道“时效快得难以想象”。俄塔社报道了新华社宣布嘉奖巴格达报道员的消息。香港《明报》则以“新华社10秒领先世界”的标题称赞我报道时效。日本《朝日新闻》也赞扬“新华社成为世界上最早报道美国对伊开战的通讯社”。美国一个重要思想库在发表的一篇文章称“新华社已经表明它有能力在战争报道中与英国广播电台(BBC)和美国有线电视新闻网

(CNN)并驾齐驱”。埃及总统穆巴拉克等也高度赞扬新华社的报道。①

第三节 经验消息

一、经验消息概述

经验消息是我国独有的消息类型。它是对新近出现的有代表性和含有普遍意义的典型经验的报道。也就是说，经验消息是用新闻的形式来反映某地、某单位贯彻执行党的路线、方针和政策在某一方面取得成功经验和明显效果的一种消息体裁。有的称它为典型性新闻。它属于新闻宣传中“典型报道”的一种形式。

经验消息的特点是具有明显的典型性、概括性和指导性。它通过叙述情况，交代做法和效果，总结出有益的经验，给人们的工作、学习、生活以启迪和指导。因此，它要在“如何”上做文章。表述时以介绍经验为主线，寓经验于事实之中。为了说明问题，要适当交代有关情况和成绩，提供必要的背景材料。篇幅上，如果写一条经验，则短；如果写几条经验，则稍长。

经验消息有的同介绍工作的“工作通讯”相似，但它比“工作通讯”篇幅短，时效性强；有的同“综合消息”相仿，但它比“综合消息”的内容更典型，单一；有的类似“新闻调查”，但它比“新闻调查”的内容更集中，更突出重点。

二、经验消息的写作

(一)把经验当新闻写

经验消息与业务、行政、党务部门介绍的先进经验在做法上不同。这些部门是要告诉本部门本系统的员工，如何仿效先进单位或个人的经验来改进和做好自己的具体工作，因而往往会不厌其详地介绍许多具体的经验和做法，甚至包括诸多情节在内。而经验消息是把先进经验当做一桩新闻来告诉受众。要做到这点，就要对所报道的经验加以认真筛选：选取新鲜的能给人以启迪作用的经验；选取具有普遍意义的、比较成熟的典型经验；选取那些针对性强、能解决当前实际问题的经验；选取经验中的主要方面加以突出，不宜面面俱到。

(二)用事实表述经验

新闻写作是用事实说话，写经验消息同样如此。这里有事实与经验，即具体与抽象的矛盾。经验往往比较概括、抽象，这就需要用事实来印证。要使经验被受众所接受，就得用具体事实来体现经过概括的抽象化了的经验。通过事实提出问题和解决问题，才能使受众真正看到经验之所在，才能从事实中获得启发，接受道理，同意消息中所得出的结论和提出的观点。无论是从一般到个别(从经验到事实)，或是从个别到一般(从事实到经验)，都需要有具体事实作依托和说明。要把经验写得具体实在，使人看得见、摸得着、学得

① 参见中国新闻奖评选委员会办公室编：《中国新闻奖作品选》，新华出版社 2004 年版，第 23 页。

到，这就是用事实来表述经验。

(三)表述经验要交代效果

经验消息仅仅介绍几条经验和措施是不够的，一般应交代这项工作的具体成绩和效果。如：是推动了工作还是促进了发展；是提高了产量、质量，还是增加了产值或产品品种；是扭亏为盈、改变了落后面貌，还是降低了成本和消耗，取得了新的成就，等等。有了具体效果，经验才具有可靠性和可信性，报道才有说服力和吸引力。

经验消息中交代效果在布局上没有定规，可以先写效果后写做法；也可以先写做法后交代效果；还可以把效果分别穿插在叙述做法之中。一般来说，在介绍具体做法时，分别交代效果的情况较多，但在导语中先要有一个概括性的“做法与效果”显示，使之符合消息写作的特点。

下面这条经验消息是被中宣部新闻局列为1994年新闻报道精品之一的作品，就体现了上述三点写作要领。请看全文：

先挖渠后放水　扶上马送一程

武钢体制改革静悄悄收实效

顺利剥离七万职工　劳动生产率大幅度提高

人民日报记者　龚达发

[**人民日报武汉1月11日电**]　一场静悄悄的革命，使武钢劳动生产率大幅度提高。去年在钢、铁产量提高6.12%、6.68%的情况下，人均产钢由40吨提高到93吨，销售收入增长30.6%，利税增长34.4%。

名为“精干主体，分离非钢铁生产部门”的管理体制改革，发轫于1992年8月。到目前已有7万多名职工告别“钢铁饭”，闯荡国内外市场。武钢原有职工12万名，年产钢铁500余万吨，人均仅40多吨，大大低于国际先进水平。以这样的劳动生产率进入国际市场无疑没有竞争力。旧的管理体制，企业办社会，大而全、小而全，导致人力、设备、技术资源大量闲置，企业内部成本高于市场成本，自己生产的矿石，每吨比进口矿贵60元。

按照现代企业制度要求，武钢决策者们大胆决策，把占职工总数60%的辅助部门与钢铁生产部门相分离，进行生产要素重组。先后组建矿业公司、设备制造公司等8个公司。这些新建企业以承包形式确立与武钢的利益关系，变行政隶属关系为经济、资产纽带关系。以后将逐步发展成武钢集团的分公司或子公司，既面向武钢，实行专业化协作，又面向社会，搞多种经营，自负盈亏，自我发展。在剥离辅助部门的同时，武钢去年又对公司直属机关和主体厂进行优化劳动组合，精简富余人员，分流出5 543人。剥离、分流以后，直接从事钢铁生产和管理的人员减为5万多人。

改革管理体制重组生产要素，既减轻了主体厂的沉重包袱和压力，又放活了辅助厂，极大地解放了生产力。建筑公司承担了国内外的工程项目，向利比亚、乌克兰等冶金企业输出劳务、技术，把竞争的触角伸向国际市场，产值比上年增长53%，劳动生产率增长38%。由公司机关和主体厂分流人员组成的兴达公司，到目前已安置了富余人员 2 500 名，获利逾千万元。

武钢剥离、分流 7 万多名职工，没有引起大的波动，主要是：在步骤上循序渐进，减缓了改革的冲击力度。在政策上予以扶持，搞软着陆，不搞急刹车，扶上马送一程；在人员安置上“先挖渠后放水”，公司先后确定了 12 条分流渠道，让分流人员都得到妥善安排。同时做强有力的思想政治工作，全体职工用自己的实际行动支持改革、参与改革。

（《人民日报》1994 年 1 月 12 日）

这条消息报道的内容，记者梅明蕾、李军在《长江日报》1993 年 2 月 10 日以题为《武钢近 7 万人不再吃“钢铁饭”》作了报道，那是动态消息。而此篇则是在武钢体制改革有了成熟经验和成效后，才加以提炼而写成的经验消息。

第四节 述评消息

一、述评消息概述

述评消息是一种边叙边评的报道，是一种介于新闻报道与新闻评论之间的消息类型。一般以报道国内外重大新闻事件或具有普遍意义的新闻事件为主，通过对事实的报道和评论来揭示其本质意义。它又称为新闻述评或解释性消息，属于深度报道的一种形式。

述评消息的任务是既报道新闻，又解释新闻。具体讲，就是在报道新闻的同时，依据新闻事实来分析事态，研究动向，揭示事件的意义，帮助受众加深对新闻的认识和理解。因此，述评消息具有明显的倾向性和导向性。

述评消息的特点是夹叙夹评、观点鲜明。它与一般新闻报道相比，其本质是相通的，都必须提供事实，传播信息，有新闻性。主要区别在于：一般新闻报道主要是客观地报告事实，用事实发表无形的意见；而述评消息却有作者的见解、看法，用事实发表有形的意见。

述评消息与新闻评论（言论）不同，表现在：

一是议论的目的不同。述评消息是“就事论事”，即依据事实并对事实本身进行分析、解剖，重在体现，不在论证；它不像新闻评论那样以议论为主要手段，运用逻辑论证的手法进行说理。而新闻评论是“就事论理”，即依托新闻事实借题目做文章，它可以离开新闻事件去评说与新闻事件相关的社会现象、社会问题，或阐明一种道理，借以表明作者立场观点，理论色彩浓。

二是时间要求不同。述评消息同一般消息一样讲求时间性，报道要迅速及时。而新闻评论除为新闻配发的短评外，一般在时间要求上稍为宽容些。

三是篇幅上有差别。述评消息的篇幅较之新闻评论（短评除外）要短些，它一般七八百字，长的也不过千把字。而新闻评论常常是两三千字。

尽管有以上三点区别，但有时述评消息与新闻评论有融合的情况，两种称谓都使用。

述评消息按其内容区分，大致有四种类型：

一是形势述评。从国内外政治、经济形势，到某一地区、某一条战线或某一单位在一定阶段的特定形势，记者都可以根据自己的观察和分析进行评述。这类述评，常常抓住形势新的变动或转折，及时地概括全貌，指出趋势，帮助受众开阔眼界，认清大局。

二是事态述评。记者对于国内外发生的一些重要事件，有时要直接表态，因而在叙述事实时加入比较多的议论，并按照自己的见解组织安排材料。

三是工作述评。从典型的事实出发，评述某项工作的经验和存在的问题，或提出新的意见和建议。

四是思想述评。抓住有一定倾向性和有普遍意义的思想情况，从实际材料中提出问题加以分析，帮助人们分清是非，提高认识。尤其是一些萌芽状态的思想动向，及时加以评述，有的放矢地发表记者的看法和意见，对受众更有启发和引导作用。

二、述评消息的写作

(一)认识什么新闻宜于写述评消息

有些事实比较单一，其意义不言自明。对这样的报道题材，只写成一般消息交代清楚事实就够了。但是，有些复杂的事实，包括带有普遍性、倾向性、与党和人民的利益密切关联的重大事件及疑难问题，其症结和意义却隐藏在表面现象的背后，对这样的事实不进行必要的评说，受众便无法了解其作用和意义，甚至会对这一事实感到困惑不解，产生这样或那样的误解。凡此类新闻，以写述评消息为宜。具体讲，下列报道题材可写述评消息：

其一，报道党和国家一项新的方针、政策或措施的贯彻执行，不仅有必要向受众解释这项新的方针、政策或措施的主要内容和实施范围，有时还应向受众解释清楚为什么要制定这样的政策或措施，尽可能讲出一点新的道理。

其二，对重大的新闻事件，除了及时发动态消息外，为了揭示这一事件的意义，帮助受众了解其前因后果，有时也需要写一条述评消息，使传媒对这一事件的报道更加充分和深入。

其三，报道重大的科学技术成果，可视情况写述评消息。如高尖技术的发明创造，受众感到陌生的科技成果问世，讲清它的性能、作用和意义，可使受众更容易理解。

其四，对经济领域和其他社会生活中出现的影响较大、又涉及广大群众切身利益的新情况、新问题等，拟写成述评消息为好。比如，与群众生活息息相关的粮食、住房等由计划经济体制变为市场经济体制，及时写成解释性报道，可避免在群众中引起不必要的误解或波动。

(二)显示一定的理论色彩

消息不仅报道事实，还要有些理论色彩，这样新闻宣传的作用就大，述评消息就能够达到这个要求。这是因为，述评消息有夹叙夹议的特点，它通过依附于事实的议论和理论上的说明，能传输一些道理，让受众理解新闻的真正含义，获得一定的理性认识。

例如，党的“十五大”会议后，部分国有企业实行股份制、股份合作制，无疑有这方面的新闻出现，这就要用邓小平理论和“十五大”精神加以说明，这既是对新闻的解释，又是一种理论宣传。由此可见，述评消息是使新闻增添理论色彩的一种较为合适的消息体裁。要做到消息有理论色彩，还要站在一定的理论高度，高屋建瓴地分析和评说新闻事实，把它写深、写透、写活。

（三）把握述与评的分量，做到两者的统一

述评消息的述与评，并不是等量齐观、平分秋色的。两者之间的关系是：述为主，评为辅，述的分量要大，评的分量相对要小，不然的话，就成了新闻评论。不过，述也要按消息的特点概括写，不宜详细展开；评也要评到点子上，不可过于延伸。把握了这个分寸，消息就会简洁而有力。

述与评结合是述评消息的基本写作方法。具体运用时，可以有多种多样的形式，视行文需要，可先叙后议，也可先议后叙，还可夹叙夹议。不管哪种形式，都要用观点统帅事实，使观点与材料之间有着内在的逻辑联系，这就是述与评的统一。

下面这条获第十四届"中国新闻奖"二等奖的述评消息就体现了以上所说的写作要领。全文如下：

"公投制宪"可能触发战争
美国绝非"台独"救星

邢志刚

中国政府一位高级官员昨天警告说，台湾领导人陈水扁激进的"公投制宪"计划将冲破大陆对其容忍的极限，有引发战争的危险。

国务院台湾事务办公室副主任王在希称，"台独"是大陆的一条底线，不管台湾以何种方式宣布正式独立，都会导致战争的爆发。

他强调，两岸人民是骨肉同胞，祖国大陆一直希望以和平方式解决台湾问题，而不愿看到两岸兵戎相见。但最终能否实现和平统一的目标，并不完全取决于大陆方面。

"如果台湾的当权者与社会上'台独'分裂势力相互勾结，公开搞'台独'，公然向大陆挑衅，挑战'一中'原则，那么武力恐怕就难以避免"，王在希说，"如果台湾当局认为真的搞'台独'也不会打，这会付出很大的代价。"

王在希是在参加海峡两岸关系研究中心于北京举办的两岸关系座谈会时做上述表示的。这次活动显示，大陆正在努力制止陈水扁为了明年竞选连任而采取的激进"台独"行动。

陈水扁采取孤注一掷的竞选策略，悍然抛出了"台独"时间表，叫嚣要在2006年12月10日完成"公投制宪"，并在2008年5月20日实施"新宪法"。为此，他指使主张"台独"的民进党加紧推动"公投立法"，为今后搞"台独公投"提供法律依据。

台湾前领导人李登辉为了给"台独"分裂势力壮胆，一再宣称美国会履行《与台湾关系法》中对保护台湾的承诺，大陆不敢打台湾。

但王在希表示，依靠美国的庇护搞"台独"是"十分天真也是极其危险的想法"。美国人会保护他们自己的国家利益，但绝不会去保卫"台独"，更不会为"台独"而流血牺牲。

中国现代国际关系研究所研究员席来旺则奉劝台湾当局不要低估祖国大陆保卫国家主权和领土完整的决心。

他说，陈水扁的"台独"时间表将促使大陆制定反"台独"的时间表。假如意识到

“台独”危险迫在眉睫，大陆可能被迫采取先发制人的措施粉碎“台独”势力的分裂企图。

海峡两岸关系协会会长汪道涵昨天也抨击陈水扁假民主之名，行分裂之实。

他说，陈水扁把少数人的“台独”诉求强加给广大台湾同胞，是极端不负责任的做法，会严重损害台胞的根本利益。这种分裂行径只会进一步破坏台湾的社会安定和经济发展。

美国前国务卿亚历山大·黑格昨天在北京表示，陈水扁目前的所作所为是十分危险的。在当天会见中国外交部长李肇星时，黑格说，“公投制宪”不仅会损害台海地区的和平稳定，也不利于美中关系。

(《中国日报》2003 年 11 月 19 日)

这条消息报道的是 2003 年，我国台湾地区领导人陈水扁公然抛出“公投制宪”计划，并加紧推进“公投立法”，把两岸关系推到危险边缘的事实。在此危急时刻，中国政府在此问题上的立场直接关系到两岸局势的发展，因此为整个国际社会所高度关注。该文充分利用了《中国日报》这一英语外宣媒体的独特优势，精心选取了具有高度针对性的对外报道角度，在第一时间向外界宣示了祖国大陆近年来最为明确的反“台独”立场，表达了中国政府为了维护祖国统一而不惜一战的坚强决心，从而产生了极大的舆论震慑作用，有效地引导了国际舆论。

该作品深入挖掘了事件的新闻价值，对政策的阐释清晰明确，取得了良好的外宣及社会效果，成为外宣成功配合政治及外交斗争的经典案例，对如何进一步提高外宣报道的有效性具有十分重要的启示意义。该消息对新闻事实的叙述客观平衡、语言简练、结构严谨、脉络分明，背景材料运用充分得当，可读性强。

作品发表后，在海内外引起强烈反响。据不完全统计，该消息被美联社、路透社、法新社、合众国际社、英国广播公司(BBC)、美国有线新闻网(CNN)、美国之音、哥伦比亚广播公司、亚洲华尔街日报等几十家媒体转载。美国国务院次日即通过美国驻华大使馆与国台办接洽，表示美方注意到了《中国日报》所传达的中国政府的坚定立场，会在“公投制宪”问题上向台湾当局施加压力。海外中国问题专家更把该消息所传达的信息看做大陆向“台独”势力发出的最强烈的警告，呼吁各方给予足够重视。

国务院台办对该作品所产生的积极效果给予高度评价。国台办副主任王在希说，该消息“有效地传达了中国政府反对‘台独’的坚强决心，沉重打击了‘台独’势力的嚣张气焰，同时对美国政府也起到了警醒作用，使这次政策宣示的效果超出了国台办原来的预想，有力地配合了国台办的工作”。

第五节　人 物 消 息

一、人物消息概述

人物消息又称人物新闻。它是以消息形式迅速报道新近出现的新闻人物突出事迹或某项活动的新闻体裁。所谓“新闻人物”，是指近期引起社会广泛注意的人物，或者是重大新闻里涉及的主要人物。

过去消息分类把人物消息归入经验消息（典型报道）或动态消息之中，现已独立出来，成为新闻传媒常用的一种报道形式。

人物消息的特点：

一是所报道的人物是新闻人物，其事迹或活动有一定的新闻价值，即鲜为人知，事迹感人。

二是篇幅短小，叙事单一。一条人物消息一般不到 1 000 字。所表述的内容往往是截取人物的事迹或活动的片断，因此所述之事有故事性而情节不复杂。

三是人与事的关系是以人率事、以事显人，所写之事为表现人物服务。这一点与事件性新闻不同，事件性新闻以事件为中心展开报道，而人物新闻则以人物为中心展开报道。

四是时效性强，所表述的内容必须是“现在进行时”或“现在完成时”。它同动态消息一样要求快写快发。

人物消息与人物通讯虽然都是写人，但其写作特点与要求却有不同之处，表现在：

其一，人物消息的写作不像人物通讯那样强调情节、结构和语言上的艺术感染力，要求有较多的生动、具体、细致的材料。它的容量不如人物通讯大。时间性上它比人物通讯更强调切近，更侧重在“新”字上做文章。人物通讯可以比较全面、生动地反映一个人的事迹及其发展成长过程；人物消息则往往是写人物事迹中最闪光的一两个片断，写新鲜而又有特点的生动事例，并且用简洁概括的语言将它表达出来。

其二，写人物消息比写人物通讯更加要求中心突出，主题单一而集中。在表达上，人物消息偏重于用叙述、描写的手法；而人物通讯则可以灵活运用叙述、描写、抒情、议论等多种表现手法，来刻画人物性格，细腻地表现人物的思想面貌和精神境界。

这里要说明的是：人物消息与人物通讯、人物特写的区分也不是绝对的、死板的。有的专家也经常将有些人物消息当做小通讯、小故事看待；也有把人物消息当做人物特写看待，如著名的人物消息《共产党员刘胡兰慷慨就义》，用的是特写手法，故有的教科书把这条消息归入特写性消息范畴。

二、人物消息的写作

（一）反映时代精神——有新意

新闻是时代进程的记录，人物消息亦应如此。它所报道的人物的业绩、事迹及其思想，要反映出一种时代精神。何谓时代精神？就是符合时代发展、表现时代特征的思想行为、道德风尚及其内在的力量。人物消息通过对新闻人物的报道，使受众感到时代脉搏的跳动和时代的气息，并促进时代的发展。人物消息反映时代精神，尤其要显示其新意，即新闻人物的业绩和精神风貌不同于以往的新闻人物。

例如，获首届“中国新闻奖”一等奖的人物消息《宫峰学成博士乐当“炉前工”》（《工人日报》1990 年 11 月 7 日，作者臧虹、光明），报道一个博士生自愿走与工农相结合的道路，乐意当炼铁厂的“炉前工”的事迹。走与工农相结合的道路，虽是老主题，但此报道却赋予新意，“新”在不像过去是为了改造思想，而现在是如宫峰所说的：“一补对工人阶级的认识课，二补社会实践课。”没有这两个补课，这位博士生是不会很快取得那么多科研成果的。

(二)寻找新闻根据——求“近”点

有的新闻人物的出现有个渐进过程，如经济、科技、社会生活等方面的人物的事迹，需要较长时间的日积月累，只有出现了“质”的飞跃，记者发现了他，才能写成人物消息。这类新闻人物的事迹一般属于非事件新闻。记者在报道时，就要寻找时间的切近点，使人感到是新闻。在写作时应以记者或人们新近发现的时间作为契机，或寻找新闻根据来以新带旧。这样，所报道的人物新闻就会使人感到有新鲜感，这也符合消息报道的要求。

例如，获首届“中国新闻奖”一等奖的人物消息《宝钢“小人物”推动了国家金融政策调整》(《冶金报》1990年12月4日，作者阮海儿、叶全发)，报道了宝钢两位职工以主人公精神当家理财，用自己的聪明才智提出了降低建设银行贷款利率、取消“双重复利”计息的好办法这件事。记者在报道两位“小人物”业绩时，寻找的时间“近”点是从最近中国人民银行总行明文规定写起，再引出新闻人物来，这样，时间就切近了。

(三)叙述基本事实——宜概括

人物消息要叙述基本事实，即这个人做了什么和怎样做的，但又不能展开，那就要用概括的方法写出事实的全貌。这里既有自然情况，如年龄、职业、身份，又有典型事迹。报道时要两者融为一体，用简练的文字表述出来。这样就符合消息写作的特点。

例如，获第五届“中国新闻奖”二等奖的人物消息《昔日伐木建功，今朝栽树“还债”》(《工人日报》1994年11月17日，作者刘继章)，报道了一位82岁的离休林业工人马永顺，在离休的22年内带领全家在荒坡上种下3万多棵树木，了却了过去伐木“欠债”(实则立功)、而今栽树“还债”的夙愿。记者在报道这个人物时，有历史背景材料——过去是全国劳模，有周总理的“林业工人不但要多生产木材，还要多栽树”的教诲；有现实环境材料——长年在荒坡上栽树；还有近期伊春市召开向马永顺学习的动员大会以及传达江泽民总书记对马永顺的问候。这些材料，写得很精粹，都是概括出来的基本事实。这篇消息就不同于同样获第五届“中国新闻奖”二等奖的人物通讯《马永顺：无愧于大森林》(《黑龙江日报》1994年7月14日，作者徐晓海等)，通讯是集中而又具体生动地报道了马永顺的事迹，全文2 200字；消息内容广，全文却只有700字。

(四)选取典型事例——抓特点

由于消息受篇幅的限制，写人物消息只能选取一两个典型事例或侧面，以显示人物的特点，才能使报道的新闻人物不同于一般人，即体现新闻的显著性。

例如，获第四届“中国新闻奖”三等奖的人物消息《儿子全当兵，姚妈妈好光荣；陆海空武警，四兄弟都过硬》(《解放军报》1993年8月31日，作者林曹飞、胡训军)，记者报道的这件事典型而独特：姚大妈一人担起全家的生活重担，并照顾瘫痪的婆婆和长期患病的老伴，同时把4个儿子全送去当了兵。更巧的是4个儿子分别在陆军、海军、空军、武警部队服役荣立军功，都入了党。记者抓住这个“巧”的特点，显示了姚妈妈教子爱国的崇高胸怀，读来使人感到由衷的敬佩。

(五)再现现场情景——用特写

人物消息的写作比较灵活，既可以概述，也可以描述，还可以用多种表现手法刻画人物。如果是事件性新闻，报道人物的事迹要再现场景时，最好用特写手法集中而突出地写，这样既缩短了篇幅，又给人以鲜明的形象感。

例如，《共产党员刘胡兰慷慨就义》，这条不到300字的人物消息，把刘胡兰坚贞不屈、慷慨就义的场面浓缩为一个特写镜头，着力写她壮烈牺牲的情景。通过人物对白，把刘胡兰对党对人民无限忠诚的高尚品格生动具体地反映出来了，揭示出她大义凛然、视死如归的大无畏英雄气概。至于刘胡兰是如何被捕的，她的成长过程和一贯表现等，记者都略而未提。这样处理很精当，很符合消息写作的要求。请看原文：

共产党员刘胡兰慷慨就义

[**新华社晋绥1947年2月7日电**] 文水县云周西村17岁的女共产党员刘胡兰，在上月12日被阎军逮捕，当众审讯。阎军问她是不是共产党员，她答“是”。又问“为什么参加共产党?”“共产党为老百姓做事。”“今后是否还给共产党办事?”“只要有一口气活着，就要为人民干到底。”至此，阎军便抬出铡刀，在她面前铡死了70多岁的老人杨柱子等人，又对她说：“只要今后不给八路军办事，就不杀你。”这位青年女英雄坚决回答：“那是办不到的事!”阎军又说：“你真的愿意死?”“死有什么可怕!”刚毅的刘胡兰，从容地躺在切草刀下大声说：“要杀由你吧，我再活17岁也是这个样子。”她慷慨就义了。全村父老怀着血海般的深恨，为痛悼这位人民女英雄，决定立碑永远纪念。

第六节　公告新闻

公告新闻又称新闻公报或公报式新闻。它是一种极其严肃的、有权威性的官方新闻体裁。一般是在这样的情况下才发布公告新闻：遇到国内外最重要的影响最大的新闻事件，党和国家召开重要会议，党和国家领导发表重要讲话，或下达重要文件、作出重大决定，以及国家与国家之间、政党与政党之间领导人互访后发的联合公报等，才用这种体裁。

公告新闻包括文件、公报、声明、答记者问、通牒等。它们一经进入新闻版面(栏目)，就成了新闻单位的“声音”。它要加新闻标题、电头、导语，说明新闻来源或标示授权发表的机构；或者有新闻机构的“引导性语言”才能引出原文。它们经“新闻处理”，并用新闻手段传播后，便带有“新闻性质”，不完全等同于“公文照发”。这种经新闻处理后的公告新闻，不仅权威性不减，而且传播范围更广，影响更大。

还有种情况是有些文件不能全部照登，或不需要照登，这就可以采用“文件摘引式新闻”来处理。它的结构形式是：“导语+提要(摘要)”。这种形式，在我国新闻传媒上经常出现。

公告新闻有两种形态：一是预告性公告新闻——对即将发生、而且一定要发生的事实的预告；二是决策性公告新闻——对已经发生、决定了的重要事情的公告。

例如，中国国民党主席连战应中国共产党总书记胡锦涛的邀请于2005年4月26日至5月3日访问大陆。4月29日下午，两党领导人在北京进行了历史性会谈。会谈后新华社受权播发了新闻公报。全文如下：

中国共产党总书记胡锦涛与中国国民党主席连战会谈新闻公报

(2005年4月29日)

应中国共产党中央委员会总书记胡锦涛邀请，中国国民党主席连战率国民党大陆访问团，于2005年4月26日至5月3日访问大陆。这是国共两党一次重要的交流与对话。在两党“正视现实，开创未来”的共同体认下，4月29日，胡总书记与连主席在北京举行会谈。双方就促进两岸关系改善和发展的重大问题及两党交往事宜，广泛而深入地交换了意见。这是60年来国共两党主要领导人首次会谈，具有重大的历史和现实意义。4月28日，中共中央政治局常委贾庆林会见了国民党访问团全体成员。两党工作机构负责人进行了工作会谈。

基于两党对促进两岸关系和平稳定发展的承诺和对人民利益的关切，胡总书记与连主席决定共同发布“两岸和平发展共同愿景”。全文如下：

56年来，两岸在不同的道路上，发展出不同的社会制度与生活方式。十多年前，双方本着善意，在求同存异的基础上，开启协商、对话与民间交流，让两岸关系充满和平的希望与合作的生机。但近年来，两岸互信基础迭遭破坏，两岸关系形势持续恶化。目前两岸关系正处在历史发展的关键点上，两岸不应陷入对抗的恶性循环，而应步入合作的良性循环，共同谋求两岸关系和平稳定发展的机会，互信互助，再造和平双赢的新局面，为中华民族实现光明灿烂的愿景。

两党共同体认到：

——坚持“九二共识”，反对“台独”，谋求台海和平稳定，促进两岸关系发展，维护两岸同胞利益，是两党的共同主张。

——促进两岸同胞的交流与往来，共同发扬中华文化，有助于消弭隔阂，增进互信，累积共识。

——和平与发展是21世纪的潮流，两岸关系和平发展符合两岸同胞的共同利益，也符合亚太地区和世界的利益。

两党基于上述体认，共同促进以下工作：

一、促进尽速恢复两岸谈判，共谋两岸人民福祉

促进两岸在“九二共识”的基础上尽速恢复平等协商，就双方共同关心和各自关心的问题进行讨论，推进两岸关系良性健康发展。

二、促进终止敌对状态，达成和平协议

促进正式结束两岸敌对状态，达成和平协议，建构两岸关系和平稳定发展的架构，包括建立军事互信机制，避免两岸军事冲突。

三、促进两岸经济全面交流，建立两岸经济合作机制

促进两岸展开全面的经济合作，建立密切的经贸合作关系，包括全面、直接、双

向“三通”，开放海空直航，加强投资与贸易的往来与保障，进行农渔业合作，解决台湾农产品在大陆的销售问题，改善交流秩序，共同打击犯罪，进而建立稳定的经济合作机制，并促进恢复两岸协商后优先讨论两岸共同市场问题。

四、促进协商台湾民众关心的参与国际活动的问题

促进恢复两岸协商后，讨论台湾民众关心的参与国际活动的问题，包括优先讨论参与世界卫生组织活动的问题。双方共同努力，创造条件，逐步寻求最终解决办法。

五、建立党对党定期沟通平台

建立两党定期沟通平台，包括开展不同层级的党务人员互访，进行有关改善两岸关系议题的研讨，举行有关两岸同胞切身利益议题的磋商，邀请各界人士参加，组织商讨密切两岸交流的措施等。

两党希望，这次访问及会谈的成果，有助于增进两岸同胞的福祉，开辟两岸关系新的前景，开创中华民族的未来。

（新华社北京 2005 年 4 月 29 日电）

如果说连战访问大陆被称为“和平之旅”的话，那么之后亲民党主席宋楚瑜于 5 月 5 日至 13 日访问大陆则被称为“搭桥之旅”。胡总书记与宋主席于 5 月 12 日在北京举行的正式会谈，同样是新华社受权播发了会谈新闻公报。两个新闻公报的共同点是反对“台独”，共谋台海和平与稳定。

第六章
通　　讯(上)

第一节　通讯概述

一、通讯的含义和特点

通讯是一种比消息详细而深入地报道新闻事实的体裁。它是报纸、广播、电视、网络、手机、通讯社、刊物等新闻传媒进行新闻报道的一种主要体裁，同消息、新闻评论一样地常用，一样地成为基本体裁。

西方传媒上没有我们概念中的“通讯”，它们的“新闻专稿”，即“比消息更详尽的新闻”，近似于我国的通讯。美国新闻学家认为：“新闻记者写的除消息以外的任何东西都是专稿。”专稿又称特稿，英文词为 Feature，也有人把它译做“特写”。专稿既包括我国新闻报道的新闻特写，也包括通讯、背景专稿、花絮新闻乃至一部分人物专访等。

专稿的种类有：新闻专稿，解释性专稿，知识性专稿，史料性专稿，风貌性、旅游专稿，信息性专稿，服务性专稿和“新闻补白”专稿 8 种。

专稿与消息的区别很明显，主要表现在：一是消息报道的是新近发生的事实，而专稿往往是配合动态消息发表的后续报道、花絮、背景简介等；二是从发稿顺序来看，总是消息在前，专稿在后，但专稿亦应注重时效；三是消息多为报道发生了什么事，而专稿则承担了深化报道的任务，成为使报道深入化，并揭示其意义、预示其发展趋向的手段。

在我国的新闻报道中，也常用“专稿”这个称谓来标示体裁，其意义与通讯一样。不过，用通讯来称谓一种新闻体裁还是绝大多数。我们认为，通讯的含义明确，易与消息区别开来。

通讯与消息的相同点是：都具有新闻性，都写真人真事，都注重时效性。通讯与消息的不同点是：从容量上看，通讯容量大，事实详细，一般篇幅长；消息容量小，事实概括，一般篇幅短。从报道时间上看，通讯一般不如消息快。从报道对象上看，通讯写人居多，消息写事居多。从结构上看，通讯灵活多变，而消息则较为稳定。从表达上看，通讯以描述为主，消息以概述为主。

通过以上比较，我们可以看出通讯的自身特点是：主题鲜明容量大，题材重要范围广，形式多样写法活。

二、通讯的地位和作用

通讯在新闻报道中虽然不充当主角，但也占有很重要的地位。有人把消息比做轻型武器，那通讯就是重型武器了。没有重型武器，战斗就不能取得决定性的胜利；没有通讯，消息报道就势单力薄。所以，通讯与消息在新闻报道中是相互匹配的。

通讯的作用同消息一样，具有传播信息、舆论宣传、传播知识等作用。此外，通讯有消息不可替代的作用，具体表现在：一是弥补消息未报道过的新闻。因为有些新闻，记者未及时发现，延误了时间，当记者不能用消息形式时，就可以用通讯来代替，因为通讯在时间要求上要宽容些；二是充实和深化消息已报道过的新闻，因为消息只简要报道事实或事实的一个侧面，而通讯可以全面展开事实，同时运用叙述、描写、议论和抒情等多种手段来深化主题，比消息报道全面、深入；三是扩大新闻传播面，使受众从多种通讯形式中进一步获得新闻和受到教育、启发，以至陶冶情操。总之，没有通讯体裁，新闻传播事业就不会得到广泛而蓬勃的发展。

三、通讯的分类

通讯分类有两种方法：一种是按报道内容分，有人物通讯、事件通讯、工作通讯、风貌通讯、问题通讯；另一种是按报道形式分，有集纳、专访、侧记、散记、纪行、采访札记、新闻故事、述评性通讯等。

（一）集纳

集纳又称主题通讯。这是一种用一个主题来集纳若干独立材料的通讯。它往往综合记叙若干性质相类似的单位或人物的事迹，巧妙地把它们组合在一篇通讯之中。集纳的事实，可以是发生在同一时间的，也可以是不同时间的；可以是发生在一个单位的，也可以是不同单位的。它要求每个片断事实都比较典型，能够表现一个主题。刊发时不用标示“集纳”二字。

（二）专访

专访又称访问记。这是对受众所关心的人、事、问题和地方风物作专题访问的一种特殊的通讯。专访选择的采访对象一般是具有代表性或权威性的人物，所以又称人物专访。专访常用第一人称的写法，也有采用对话形式的写法。写作上重视谈话纪实和现场描绘，给人以现场实感；此外，它重视运用背景材料。

（三）侧记

它是从一个侧面反映新闻事件或新闻人物的通讯报道。侧记取材比较自由，不去反映事物和事件全貌、全过程，只反映受众感兴趣的事实或回答受众普遍关心的问题。写作上也比较灵活，往往是夹叙夹议，表露感受。

（四）散记

散记是用散文笔调把所见、所闻、所感，记录下来，留下有教育意义和有知识性、趣味性的片断，然后积累成篇。它选材自由、广阔，经常多篇连载。写作上讲究意境，长于描写，富于抒情，精于议论，使人轻松愉快。含有新闻性的游记也属此类。

（五）纪行

纪行包括巡礼，是作者边走边看，巡游一番，自由自在地把所见所闻加以描绘。也常有较多的议论和抒情。这种通讯要求作者在纷繁复杂的现实生活中，敏锐地抓住典型的事物向受众介绍，不宜事无巨细，见到就写，以免庞杂。作品应富有现场感、动态感、亲切感。

(六)采访札记

采访札记又称记者来信，是记者以第一人称的写法，反映现实生活中的工作情况、新问题，并提出个人见解的报道形式，一般一事一议，议论风生，启发思考，以探讨带有倾向性的问题或针砭时弊的居多。

(七)新闻故事

新闻故事又称小通讯，通常是反映一人一事，或现实生活中的一个片断。它的特点是：内容单一，篇幅短小，而又有完整的情节，故事性、形象性比较强。它一般是小题材，却能够"以小见大"，寓有深意。

(八)述评性通讯

它是介于通讯与评论之间的一种特殊的通讯。它的特点是：在充分描述事实的基础上，又兼有较多的议论成分。它和述评性消息的区别是：它用的是通讯笔法，对事实的描绘比消息充分，对事实的评析比消息深刻，对实际工作的指导也较述评性消息广泛，是一种形象、灵活、简练的"小评论"。它一般属于深度报道。

以上只是大体分类，很难把每种形式在写作上的特点截然分开。实际写作时，作者大都根据掌握的材料和报道意图选择一种适当的表现形式。

第二节　通讯的主题

一、通讯主题概述

通讯主题不同于"问题"，它不是通讯中所提出的主要问题，而是对这些问题所持的观点及评价。通讯主题也不是通讯的内容(对象、范围、主要材料)，而是作者通过这些内容所表现出来的某种看法或主张。那么，什么是通讯的主题呢？通讯的主题其实就是新闻的主题，它是指作者通过报道新闻事实所表现出来的中心思想或基本观点。它体现作者的见解、意图和倾向。它来源于新闻事实(材料)，又寓于新闻事实之中，犹如一根红线贯穿于通讯作品全文。

通讯主题的地位和作用是什么呢？它同一般文章的主题一样，是"统帅"和"灵魂"。

主题是一篇通讯的"统帅"，这是因为：通讯的材料如何选用，结构如何安排，语言如何表达，以至标题如何制作，等等，都要依据主题的需要来定夺。如果没有主题来统帅的话，那么通讯就不能组成一个有机而又完整的整体。正如清代学者王夫之在《姜斋诗话》里所云："意犹帅也，无帅之兵，谓之乌合。"他把"意"即主题比喻为统帅，没有统帅的兵，就成了一群乌合之众。可见，主题对于一篇通讯来说，是属于全局性的东西，带有"战略"意义，须臾不能离开。从这个意义上讲，主题被看做通讯的"统帅"，是很贴切的。

同时，我们又把主题比喻为通讯的"灵魂"，这是因为：决定一篇通讯质量的高低、价值的大小，关键在于主题是否正确、深刻，是否具有现实意义，是否扣紧时代的脉搏。所以，一篇通讯主题的确立，是通讯写作的首要问题。如果没有鲜明乃至重大的主题，题材再重要、再生动，也毫无意义。因此，主题理应是通讯的“灵魂”。

通讯主题的任务，其实就是新闻报道的任务。作为新闻报道的“重型武器”——通讯，更应高扬主旋律，反映时代精神，推动社会前进与发展，为政治文明、物质文明和精神文明建设服务。集中到一点就是主题具有审美价值，体现主题美。主题美就是指主题的现实性、深刻性和针对性，这应该是我们追求的目标。

我国新闻界前辈在表现主题美方面作出了举世瞩目的贡献。比如，陆定一同志的通讯《五卅节的上海》，紧扣时代脉搏的跳动，反映了半封建、半殖民地的黑暗制度下的腐朽没落和人民起来向反动统治者进行的英勇斗争。又如，沈重的通讯《棋盘陀上五壮士》、穆青的通讯《雁翎队》、华山的通讯《英雄的十月》和刘白羽的通讯《沸腾的北京城》等，均从不同角度真实而生动地反映了在共产党的领导下，八路军、新四军、解放军和广大人民群众同日本侵略者和国民党反动派进行殊死战斗的壮美场面。再如，当代的通讯作者迎着改革开放和市场经济的大潮，及时从不同角度和侧面，或以写人物为主(如徐洪刚、张鸣岐、孔繁森、任长霞等)，或以写事件为主(如《'91中国抗洪曲》等)，或以写工作、风貌为主(如“张家港精神”、华西村经验、大寨新面貌等)，写出了许多具备主题美的通讯作品，真实而形象地反映出我国人民在建设中国特色社会主义和谐社会进程中的新面貌、新风尚和新的业绩。

这里应指出，有的研究者提出“许多好的报道都是‘主题先行’的”，这个观点是把作者在采访前对主题的考虑与作品主题的形成等同了，即把“问题”等同于“主题”。诚然，作者不能不带着一定的报道意图去采访，但是，最后形成主题还是依靠采访得来的材料，而不是用自己的观点去与客观事实“对号入座”。就是用魏巍在《我是怎样写〈谁是最可爱的人〉的?》这篇谈写作体会的文章来证明，也不能说明魏巍在写这篇报道前已经确立“觉得我们的战士是最可爱的人”这个主题，他只是在写之前反复思考着“谁是最可爱的人”这个问题。即或魏巍讲了这句话：“谁是最可爱的人”“这个主题，是我很久以来就在脑子里翻腾的一个主题”。这里用上“主题”一词，也是指主要问题。“主题先行”的观点易导致误入轻视新闻采访的歧途，导致形成以主观认识代替客观实际的错位。

二、通讯主题的选择与提炼

(一)通讯主题的选择

主题来自客观存在。现实生活丰富多彩，为新闻工作者提供了取之不尽、用之不竭的报道主题。列宁的夫人克鲁普斯卡娅曾介绍说：“列宁在做新闻编辑工作时，很重视选择那些政治上重要的、为大众所注意的、涉及最迫切问题的主题。”①这段话在我国新闻界被认为是选择主题的准则。

第一，“政治上重要的”，是指选择和确定新闻主题时，要抓方向性、决策性的问题。例如，中国共产党第十五次全国代表大会的战斗纲领是：“高举邓小平理论伟大旗帜，把建设有中国特色社会主义事业全面推向21世纪。”贯彻和落实“十五大”精神，就是世纪之交政治上最重要的主题。着眼于政治上重要的主题，并不是说只能反映政治方面的事，那

① 克鲁普斯卡娅：《列宁的编辑工作》，选自《列宁是怎样写作学习的》，人民出版社1973年版，第23页。

些实际工作和群众生活中的主要矛盾，也应当说在政治上是重要的，因为经济基础不牢会影响上层建筑——政治。

第二，“为大众所注意的”，是指选择和确定新闻主题时，要考虑人民群众所关心的问题和事物，做到急人民所急，想人民所想。有人选择报道主题时，首先想到编辑部要不要，能不能刊播，这是把选择主题的出发点搞错了。无产阶级新闻工作是对党负责，也就是对人民负责，二者是一致的。所以选择什么样的主题进行报道，一定要为广大人民着想，为广大群众所关注。如干部中的腐败现象，以权谋私，或好干部的公仆形象等，就是“大众所注意的”。

第三，“涉及最迫切问题的”，是指新闻主题不仅应当是正确的，合乎党的路线、方针、政策和人民群众的利益，而且还要对实际工作有指导意义，即回答或提出人民群众所关心的最迫切的问题。多为从事实际工作的同志着想，真正能通过新闻报道有助于解决工作中遇到的难题，尽可能不写那些“不痛不痒”的或“弃之可惜，食之无味”的报道，应当努力抓些“牵一发而动全身”的新闻。如国家实行公务员制、干部聘用制、企业职工下岗、股份合作制等，都是政治、经济体制改革，市场经济发展的产物，是当前“涉及最迫切问题的主题”。记者的报道对此应做到及时和有指导性。

(二)通讯主题的提炼过程及其方法

提炼主题的第一步是确定主题。新华社著名记者李峰，结合新闻报道实践，对提炼主题有深刻的见解。他认为，提炼主题大都从研究材料开始；但也有从研究主题思想开始的，这是在平时脑子里已经掌握了不少情况，特别是有关全局的情况，而且对报道对象总的情况已经有了直接或间接的某种程度的了解。一旦开始提炼主题，记者的思想就不停地“上天入地”，纵横驰骋，虚实并举，研究材料和研究主题思想同时进行。

例如，穆青、郭超人、陆拂为合作采写的通讯《历史的审判》(新华社北京 1981 年 1 月 26 日电)，其主题是在他们第一次研究如何报道审判林彪、江青反革命集团案的会议上确定的。那时，最高人民检察院特别检察厅的起诉书的内容，作者并不知道；最高人民法院特别法庭如何审判他们，如何判决，更不可能知道。但在第一次研究报道计划时，穆青就提出要以“历史的审判”为主题来写。当时新华社参加“两案”报道工作的同志，也都认为应当以这个主题写一篇通讯。为什么呢？因为大家对这两个反革命集团的罪行已调查研究了 10 年，对审判他们的意义有所明了。审判这两个反革命集团，从某种意义上讲，就是审判“文化大革命”。所以，大家都认为，应当以“历史的审判”为主题写一篇通讯。至于这个主题如何展开和表现，当时并没有具体设想，后来经过作者反复研究材料，提炼主题，才展开了四个侧面：利用封建亡灵，制造现代迷信；挑起“全面内战”，陷害干部群众；毁灭民族文化，迫害知识分子；扼杀社会主义民主，摧残社会主义法制。每一个侧面，又伸展到了古今中外，使主题发挥得相当深远而生动有力。

这篇通讯的采写实践告诉我们，提炼主题的思维活动并不是单行线，而是双行线，是从材料到主题，从主题到材料，反复研究，逐步深化的。也可以说这种思维活动，是从片面到全面，从具体到抽象，从现象到本质，从感性认识到理性认识；要把这样的主题表现出来，又要经历一个从本质到现象，从理性到感性，从抽象到具体的表现过程。

提炼主题的第二步是主题确定以后要深化主题。深化主题不外是两条线：一条是横线，一条是纵线。新华社著名记者李峰同志结合他与余辉音同志合作采写的著名通讯

《“一厘钱”精神》(《人民日报》1963 年 3 月 24 日)，具体地谈了这个问题。他说，这篇通讯提炼主题经历了三次飞跃：

第一次飞跃是把原定的一种节约方法提高到一种精神。他们从采访中得到有关材料，各种浪费现象严重，而北京墨水厂每件包装材料纸降低一厘钱的做法值得学习。他们想，那是工人们的国家主人翁的精神，不应该只是作为一个方法来写。如果把这“一厘钱”精神报道出去，很可能成为当时中央即将在全国开展增产节约运动的行动口号，引起较大的反响。

第二次飞跃是横向发展。这时他们用来表现“一厘钱”精神的材料是北京墨水厂节约一厘钱，造纸厂节约一克纸浆，制药厂节约一滴药水。这三个材料是物质的，单纯从物质方面报道等于给受众吃的是一道道白菜，主题思想的广度和深度没有前进一步。后来在深化主题过程中，把一克纸浆、一滴药水换成了一分钟、一根火柴。这样，“一厘钱”精神这个主题就突破了物质范围，向横的方向深化了，扩展到了时间的节约，这是同人人都有关系的。

第三次飞跃是“一厘钱”精神深刻内涵的揭示。“一厘钱”精神到底是什么精神？他们又经过研究材料，才使主题向纵深方面深化了，悟出“一厘钱精神显示了一个颠扑不破的真理：伟大的事业要从最小的事情做起”的深刻涵义。于是，这篇通讯就形成了这样相互协调的、步步都有新意的四个小标题：“一厘钱”；“一分钟”；“一根火柴”；“一个真理”。

这篇通讯的主题，从原来把节约一厘钱之类的平凡小事写成节约的方法，升华为一个真理，这说明对同样一件事或一种现象的认识的深度相差有多大！

提炼主题的第三步是要运用好的方法，既能表现主题，又要使主题深化。

一个常用的方法是以小见大，大中取小。这种方法是由事物的内在联系所决定的。因为大与小是辩证的统一，大是由小组成的，小是大的组成部分。因此，报道一个典型人物、典型事件、典型单位，可以反映全局或一个问题的侧面。

我们还是以《历史的审判》为例来说明这种方法的运用。这篇通讯写了四个侧面，每个侧面，作者都精心选择了 10 个典型的小材料。如第一个侧面“利用封建亡灵，制造现代迷信”，即通讯的第一部分，作者用了几个小材料，把这个复杂难写的主题，深刻而生动地表现出来了。其中，作者写了一个老工人由于打扫领袖塑像上的灰尘，手抓过座像上的颈部，就认为有“谋杀之嫌”，被专政多年。一个 5 岁的孩子在游戏中误把一枚像章倒挂到小猪头上，母亲就不得不抱着孩子一起接受批斗。诸如此类材料，都涂着浓厚的个人迷信色彩，深深打着那个时代的印记。这些小材料，非常典型，一个可以胜过叙述 10 个大事件，胜过 100 个形容词，因为它是从与主题有关的事实中，精心挑选出来的。德国古典哲学家黑格尔曾说：艺术作品所提供的内容，不应当只是它的普遍性出现，这普遍性必须经过明确的个性化，化成个别的感性的东西。新闻主题的深化和表现，也同样如此。

提炼主题另一个行之有效的方法是比较法。《历史的审判》在运用比较或联想来深化主题和表现主题方面，可以给我们一些有益的启示。作者在通讯的第一部分中有这样一个材料：一位名叫林昭的南国女性被“四人帮”诬陷为“反革命分子”，被枪杀以后，“有关方面”还要向她的老母亲要杀害她女儿耗费的 5 分钱的子弹费。这个材料，对揭露林彪、江青反革命集团法西斯的统治，已经是入木三分了。可是作者并没有就此罢手，接着写道：

“在中世纪被判‘火刑’烧死的犯人无须交付柴火费，在现代资产阶级国家用‘电椅’处死的犯人也从未交过电费，惟有在林、江的法西斯统治下，人们竟要为自己的死刑付费，这不能不说是又一个‘史无前例’的创造发明!”通过这种比较，更可以看出林、江一伙已失去了人性。

我们从许多出色的新闻通讯作品中可以看到，用比较的方法抓主题，深化主题，表现主题，是常用的方法。比较，不外乎左右的比较，或是前后的比较。也可以说是纵的比较和横的比较。当然，成功的比较，要求作者具有比较丰富的知识和材料，要善于联想，否则只能是枯思空想。①

第三节　通讯的题材

一、通讯题材概述

题材是文章的内容要素之一。通讯题材有广义和狭义的理解。广义的题材，有的指报道的领域，如改革题材、国际题材；有的指轻重程度，如重大题材、一般题材。狭义的题材，是指作者从采访得来的大量素材中，经过选择、过滤、加工而成为作品的内容部分，即写作的材料。写作材料再经过作者的提炼形成主题，然后又围绕主题，适当取舍材料，并对材料加以合理安排，写成通讯作品。题材同主题一样，也是决定通讯写作成败的关键。

通讯作品对题材的要求是：同消息题材一样，要有新闻性，即新鲜、真实，而且典型、具体、生动。通讯作为一种“详细的新闻”，对题材要求比消息更详尽、更完整，而且有生动的情节和典型的细节。

通讯题材包括三个要素：人物、事件和环境，它们常常有机地结合在一起。通讯题材的新闻价值和审美价值体现在以下三个要素上：

(一)人物

通讯作品中的人物既要有外形美，又要有精神美。外形美主要是指勾勒出人物的容貌、神情、姿态、行为以及服饰等外部特征，使人感到可亲、可信。精神美主要是指人的心灵美，人的思想境界高；精神美是人的本质美。一个人物的形象应该是表里如一的，这才是人物美。

例如，美国著名记者、中国人民的亲密朋友史沫特莱在20世纪30年代写过一篇通讯——《记鲁迅》。我们从这篇通讯的字里行间不仅可以观察到鲁迅的外貌美，而且可以感受到他的精神美。请看这位名记者是怎样描写鲁迅外形的：

> 他是短小而纤弱的，穿着一件乳白色的长衫，软底的中国式的鞋子。他没有戴帽，剪得短短的头发，像一把刷子似的直立着，在结构上，他的脸和普通中国人的脸并不两样，可是他在我的记忆中，却是我以前从未见过的能语语动人心弦的脸。一种富有生命的智慧和先知正从这上面流露出来。

① 参见杜荣进主编《中外新闻采写借鉴集成》，浙江教育出版社1997年版，第366~367页。

她还写了在柔石等青年作家被敌人杀害后，她再次拜访鲁迅时看见的情景：

> 我立刻赶到鲁迅家中去，发现他正在他的书室中，面色灰暗，满腮胡髭，他的头发很是散乱，两颊深陷，一双眼睛中发着高热的光。他的声音里充满了一种可怖的仇恨。

两处笔墨都不多，然而鲁迅先生的鲜明形象却跃然纸上，栩栩如生。

更可贵的是，史沫特莱在她的作品中，用有力的事实和生动的对话，着重刻画了鲁迅的高尚品格和坚强意志。用鲁迅对进步青年满怀热情，对革命战友大力支持；对国民党反动派义愤填膺，并同他们进行英勇顽强斗争的事实来表现他的人格精神。鲁迅当时重病在身，战友们劝他去苏联休养，他认为不能给敌人以任何可乘之机，坚定地说："无论如何，中国需要我。我不能走。""必须有人出来坚持战斗。"这正是鲁迅为真理、为革命而战的刚直、坚定，甚至不惜牺牲自己生命的大无畏精神。

(二)事件

写人总是离不开具体的事件，通过具体的事件才能将人物个性充分表现出来。同样，写事也离不开人物，离开了人物，事件就很难单独存在。所以，人与事是交织在一起的，只是表达时侧重点不同。

通讯题材中的事件应是新鲜的、典型的、生动的事实。通讯题材具备了这些特点，就能体现通讯内容的新闻价值，同时又表现了人物。

下面一则报道是通过一个突发性的典型事件来表现人物的精神境界的。该篇获 1975 年美国"普利策普通地方报道奖"，题目是《"我们今天都会死掉"》①，报道的内容是 1974 年 4 月 4 日龙卷风袭击俄亥俄州齐尼亚市时，人与自然灾害的斗争情形。作者里奇·海兰德是《齐尼亚新闻报》的记者，他以自己身临其境的强烈感受，在"我们今天都会死掉"的情况下，写了自己的思想、行为和对妻子、儿女及受灾群众的深情；写了同自己一道采访的记者；写了成百上千的人不顾个人安危，竭尽全力抢救那些压在下边可能还有口气的人；写了把家人生死置之度外，指挥救灾工作的市长；写了向需要的人供应热咖啡和面包的开店的人。

作者以事写人，用富有人情味的笔触表现了人性中的真善美。报道开头写道：

> 每当我思绪万千，想起这场旋风给我的城市及其居民带来的灾难的时候，我就会从现在起哭上一百年。
>
> 我比以往任何时候都更加体会到：现在，没有任何东西证明我的存在，除了世界上最宝贵的东西——我的生命，我孩子的生命，我妻子的生命！

当作者的家人幸免于难时，文中写道：

① 原载美国俄亥俄州《齐尼亚新闻报》1974 年 4 月 4 日，选自《国际新闻界》1995 年第 2~3 期。

房子被摧毁了，只有几堵墙还立着，其他的都塌了下去了。看来，没人活下来。可是，就像一线阳光突然钻出云层，出现在齐尼亚从未有过的恐怖的上空，我突然听到了妻子的声音——她和我的只一个半月的儿子，5岁的女儿，居然安然无恙。我从来就没想到，我是多么深深地爱着他们！

写抗灾斗争，作者只选取了三个典型实例：

——人们不顾个人安危，竭尽全力将倒塌下来的木头搬开，以便抢救那些压在下边可能还有口气的人。

——齐尼亚市市长鲍勃·斯图尔特在全市有一半被毁的情况下，指挥了一次大规模抢救和清理，直到第二天早晨，还不知全家的生死如何。

——吉恩敞开店门向需要的人供应热咖啡和面包。

上面所述事例表现了齐尼亚市人从市长到普通市民在抗灾斗争中舍己救人的高尚精神，无疑具有审美价值。

(三)环境

通讯中的环境，含义较为广泛，简言之，就是通常所说的自然环境和社会环境。

这里所说的环境是指孕育和展示典型人物的典型环境。典型环境包括典型的时代背景、地域环境、人物关系、社会条件等。人物的形象有赖于典型环境的衬托。环境与人和谐统一，才达到环境美。通讯写作同文学创作一样要有典型环境的描写，否则就不能表现丰富的内容。所不同的是通讯作品中的环境是真实的，文学作品中的环境是虚拟的。

无论哪种通讯写作，环境条件必不可少，正如消息写作常常需要背景材料来解释说明新闻事实一样。尤其是风貌通讯写作，更需要运用环境描写来展示其风貌。当然，记者与一般的“文人墨客”不同，不是为写景而写景，而是在写景时表达一定的政治倾向，透露现实生活的气息，表现出一种时代精神。说到底，与其说是写自然风貌，不如说是写时代风貌。

例如，我国现代著名记者范长江在1936年8月23日写的风貌通讯《从嘉峪关说到山海关》(刊于天津《大公报》1936年8月29~30日)，记述的是作者与某外籍记者在北戴河海滨之夜的一席谈话。谈的内容是中国长城的宏伟、地域状况和历史作用，实质上折射出当时的政治形势，表现中国人民抵抗日本侵略者不屈不挠的民族精神。下面摘录这篇通讯的结尾，我们不难体会到这段环境描写中所表现出来的巨大的人格力量。

随着皓月的升空，一个比一个更大的海潮，向我们所坐的石岛冲来。遐想笼罩了我整个的心灵，要不是涛声的激荡，我们也只能听到彼此的呼吸声音。

这时远远的海上，在水光月影之中浮出了一只小艇。接着随风送来艇上一群青年的歌声：“起来！不愿做奴隶的人们！把我们的血肉，筑成我们新的长城！中华民族到了最危险的时候，每个人被迫着发出最后的吼声……”

歌声与潮声合和，雄壮激昂。他兴奋地听着说：“这是你们中国青年的吼声吗？”“是的。”我如此回答。

二、通讯题材选择的着眼点和通讯材料的选择

通讯写作，首先要明确选择通讯题材的着眼点。这里的“题材”是指作品反映的社会生活领域，即一定社会历史的生活事件或生活现象。通讯写作选择题材的着眼点概括起来有两个方面：

一是抓重大题材。所谓重大题材，就是当前及今后相当长一段时期内，全国人民要以邓小平理论、“三个代表”重要思想和科学发展观为指导，在建设中国特色社会主义和谐社会中创造的伟大业绩和所面临的重大问题。重大题材最能体现时代的动向、风貌，体现生活的特色和主流。重大题材是时代的焦点，包含着生活中的主要矛盾和矛盾的主要方面，决定和影响着生活的各个方面。记者在通讯写作中选择现实生活中重大题材来报道，就为他们表现当今生活的主流和时代脉搏的跳动，提供了更多的可能性，就能迅速地充分地揭示生活的本质，记录时代前进的足迹，更直接地推动社会前进。如果不这样，生活的主要面貌、时代的主要特征就很难在通讯作品中得到充分而有力的再现。这就要求记者把社会当做大课堂，投身到改革开放的前沿和火热斗争生活的第一线，抓取重大题材，使通讯作品能够成为时代的画卷、英雄的赞歌和人民的心声。

二是抓平凡中见精神的新人、新事、新风尚。我们的时代是英雄辈出的时代，但并不是每天都有惊天动地的英雄人物和重大事件出现。现实生活中，大量的、层出不穷的还是凡人新事，这也应是通讯题材的一个重要方面。“一滴水可以映出太阳的光辉”，一个平凡的人做出不平凡的事，尤其是长年累月默默地作奉献，同样能反映出时代的光辉；他们的所作所为、思想境界和人生价值观，同样体现着时代的精神。记者把这些凡人新事用通讯形式报道出来，也同样对社会有巨大的作用。例如，1996 年新闻传媒对上海的水电维修工徐虎、对北京的公共汽车售票员李素丽的事迹所作的报道就是如此。这两篇(组)报道在第七届“中国新闻奖”评选中获特别奖。这说明：平凡人的题材同样重要；通讯形式大有用武之地。

其次，要明确对写进通讯作品的材料选择的要求。归纳起来，大体有三点要求：

(一)应围绕主题选择材料

主题来源于材料。主题形成后，又反过来决定材料的取舍。这样，选择材料就要为表现主题服务。也就是说，写进通讯里的材料，对说明主题、突出主题都应当起一定的作用。与主题无关，不能说明、烘托、突出主题的材料，即便它怎么生动、形象，应毫不可惜地舍弃。

例如，穆青、冯健、周原采写的通讯《县委书记的榜样——焦裕禄》(《人民日报》1966 年 2 月 7 日)，开头部分的后面，用焦裕禄的话揭示“革命者要在困难面前逞英雄”这个主题。下面各部分所用材料都是围绕主题选取的：(1)“关键在于县委领导核心的思想改变”；(2)“吃别人嚼过的馍没有味道”；(3)“榜样的力量是无穷的”；(4)“当群众最困难的时候，共产党员要出现在群众面前”；(5)“县委书记要善于当‘班长’”；(6)他心里装着全体人民，唯独没有他自己；(7)“活着我没有治好沙丘，死了也要看着你们把沙丘治好!”(8)他没有死，他还活着。

穆青在谈到这篇作品的材料选择时说：“在《榜样》的几次初稿中，都有一段兰考人民到焦裕禄墓前哭坟的描写，就其感染力来说，可以催人泪下。但是仔细推敲，这一段给读

者的，不过是凄切的一哭。《榜样》的主题既然是‘困难面前逞英雄’，这段哭坟的材料就无助于加强主题。于是，我们简化了哭坟的描写，改用大段铿锵的排句，歌颂焦裕禄的革命精神在兰考大地生根开花的壮丽景象，这样，就比原来的结尾有力得多。”①可见，这篇成功之作在提炼主题、围绕主题选材上，亦是通讯写作的榜样。

(二)应选择反映事物本质的典型材料

典型材料是指同类材料中那些最有代表性的、最能揭示事物本质的、具有强大说服力的材料。它既有普遍意义，又有鲜明个性特征，是个性和共性的统一。通讯写作离不开典型材料，尤其是在能说明主题的材料比较多的情况下，选用典型材料更为重要。典型材料往往能够以一当十，以少胜多，更有力地表现主题。

例如，获第二届“中国新闻奖”二等奖的通讯《总书记晤见小和尚》(《瞭望》1991年第24期)，在选材上不是正面写江泽民总书记来河南考察工作(当然这可以发一条消息)，而是撷取总书记考察工作中一段具有重要意义的插曲写成一篇短通讯，即选择一个侧面，写总书记在洛阳白马寺与一位24岁的小和尚的谈话。记者通过这个典型材料，具体生动地反映了事物的本质：党的宗教信仰自由的政策，社会上腐败问题的严重性，以及党对腐败现象的看法和铲除腐败的决心。试想，如果把这个“插曲”当成一件趣闻，那思想意义就差多了。

(三)应选择新鲜、生动、有特色的材料

新鲜、生动、有特色的材料，是指一般人没有运用过，或熟视无睹却含有深刻含义，使人感到非同一般的材料。选择这样的材料写通讯，才能表现出新鲜活泼的思想，才能吸引人。因此，采写通讯要避免用那些早已被人用滥了的、一般化的材料，要避免雷同。而要避免雷同、陈旧、一般化，就要善于抓特点。德国著名诗人歌德说过：“艺术的真正生命正在于对个别特殊事物的掌握和描述。”②特点蕴含在个别特殊事物之中，你抓住了特点，写出的作品就非同一般；没有抓住有特点的材料，就不能写好通讯。

怎样抓住特点呢？这就要求作者静观默察，以其新闻敏感选择那些人所未见、人所未用而又最能鲜明地表现主题的新鲜材料。要尽量使你所选用的每一个事实材料，都能为主题发出呼喊。这就是说，你所运用的材料不是平庸的、黯淡的，而是富有鲜明特色的材料。

上述三点要求，是通讯写作在材料选择上必须做到的。

第四节　通讯的结构

一、通讯结构概述

通讯的结构，是指通讯外部的组织方式和内部构造。结构是文章的“骨骼”，也是通讯的“骨骼”。一个人只有具备了坚实匀称的骨骼，血肉、细胞、思维才能有所依附，从而成为一个活生生的人。通讯只有找到了恰当的完美的结构形式，才能把通讯的观点和材

① 穆青：《谈谈人物通讯采写中的几个问题》，见《新闻散论》，新华出版社1996年版，第176页。
② 爱克曼辑录：《歌德谈话录》，人民文学出版社1978年版，第10页。

料、叙述与议论、情节与场景等组织成一个有机的整体。可见，结构对于表现主题、运用材料，有着不可忽视的重要意义。

通讯结构的安排不单纯是一个写作技巧问题，实质上是作者的思想认识在写作方法上的反映，是作者思路的体现。因为结构总是与作者对事物的认识、理解及其思想脉络紧密相关的。所以，结构的严谨与松散，主要取决于作者的思路是否清晰、严密。清晰、严密的思路又来源于作者对材料的熟稔和对主题的提炼与深化。

许多名记者和他们的通讯作品所提供的经验表明：作品的结构好一般表现在层次分明、段落清楚、详略适度、过渡自然、呼应得当、首尾圆合上。有意识地追求这些目标，就可以达到通讯作品的结构美。

为了达到通讯作品的结构美，在安排结构时，应做到以下几点：

(一)要正确反映客观事物的内在联系和发展规律

通讯作品同一切新闻作品一样，是客观事物的反映，是现实生活和斗争的反映。世界上一切客观事物的发展变化都是有规律的。作为客观世界在作者头脑中的反映的产物的通讯，其结构形式自然应当反映客观事物发展变化的规律。

比如一件事情，就其发展过程来说，大致有开端、发展、高潮、结局这么几个阶段，这就成为事件通讯展开情节的客观依据；又比如一项工作，总有历史与现状、做法与效果、成绩与问题、原因与结果分析等环节，这就成为工作通讯展示工作的客观依据；再比如一个人物，就其成长过程来说，大体上总离不开领导的培养与支持，同事的合作与帮助，自己的主观努力等条件，这就成为人物通讯写作的客观依据。按照客观依据安排结构，就符合事物的内在联系和发展规律。

例如，通讯《一曲时代正气歌——记“见义勇为的英雄战士”徐洪刚》(新华社 1994 年 2 月 17 日播发，作者徐如俊、蒋永武)，开篇写徐洪刚受到中央领导的表彰，他为什么成为一位时代英雄呢？接下第一节写他“洒血盘肠斗凶顽”的壮举及身负重伤的情景；第二节写人民群众对他生命的抢救及送去的温暖；第三节写他成长的历程，即为什么能成为一位时代英雄。通讯这样安排结构就富有逻辑性，层次也分明。

(二)要服从表现主题的需要

尽管文章的结构安排同文章的体裁有密切的关系，即一定的体裁适合选用一定的结构形式。但结构安排要为表现主题服务，则适合任何体裁的文章对组织结构的要求。通讯的主题能否鲜明、集中、深刻，除了同选材有关系以外，还取决于能否采用一个最佳结构来安排材料。何谓最佳结构？就是最能表现主题的结构。所以，在安排结构时，一定要服从表现主题的需要。否则，即使安排了最巧妙的结构也无用。

例如，上面提到的通讯《一曲时代正气歌——记“见义勇为的英雄战士”徐洪刚》，开头第二自然段揭示主题“徐洪刚勇斗歹徒的壮举震撼着千万人的心，谱写出一曲军民同建社会主义精神文明的时代正气歌”。那么下面第一节(第一层次)就写徐洪刚为民勇斗歹徒的壮举，这是“军”的一方；第二节(第二层次)就写“民”的一方，抢救、慰问和学习徐洪刚的行动；第三节(第三层次)除了写英雄成长的原因外，还有他平时为民扑灭火灾和抢救落水儿童的事迹。作者安排这样三个层次，就完整地表现了“军民同建社会主义精神文明”的主题。

(三)要新颖，要严谨、完整、自然、匀称

从根本上讲，通讯结构同一切文章结构一样，有一定的规矩，但无固定的模式，可以千变万化，任作者创新，创造出新颖的结构形式来。

不过，通讯结构还要求做到严谨、完整、自然、匀称。严谨，指的是层次段落的划分精当细密，相互之间的联系紧凑；句子与句子之间有逻辑性，而不是东鳞西爪。完整，指的是标题与正文、开头与结尾、段落与层次、过渡与照应等结构要素不能残缺；即或用省略号，也有内在的含义。自然，是指行止自如，顺理成章。匀称，是指划分层次段落要适度，搭配相当，详略得当，疏密有致，整体布局均匀、和谐。

二、通讯结构常用的形式

通讯结构同一般记叙类文体一样，有纵式、横式、纵横结合式三种基本结构方式。每一种基本结构方式又形成不同的具体形式。通讯结构常用的有以下几种形式：

(一)纵式

1. 时间顺序式结构

以时间先后为顺序安排层次。这种结构，条理清晰，便于受众掌握事情的来龙去脉，一目了然。但要注意材料安排详略得当、富于变化，避免形成流水账。所以必要时，前面要有个引人注目的开头，后面有个好的归结，使主题升华。

例如，获第四届"中国新闻奖"一等奖的通讯《三次"上书"总书记的普通农民》(《新安晚报》1993 年 4 月 20 日，作者朱颖、曹显钰)，就是按三个时间段的先后顺序来安排层次的：第一次"上书"是 1990 年；第二次"上书"是 1992 年；第三次"上书"是 1993 年。三次"上书"，表现了一介农夫"位卑未敢忘忧国"的主人公精神；三次都有回音，深刻反映了党和政府同人民群众之间的血肉关系。作者安排结构时，以奇句夺目，然后娓娓道来，环环相扣，组成了一个完整的篇章。

2. 逻辑递进式结构

按照事物发展的顺序或作者对所报道事物认识的递进顺序来安排层次。这种结构具有理性思维的特征。它需正确把握各种材料在表达主题思想时的地位，如主与次、深与浅、因与果等，使层次安排呈递进式，一层比一层深。

例如，获第五届"中国新闻奖"一等奖的通讯《菜价追踪》(新华社 1994 年 4 月 12 日播发，作者苏会志、王进业)，是以北京菜价上涨这个热点为契机，为了搞清菜价上涨的原因，作者从山东寿光县"菜园子"到京城"菜摊子"，再到沿途"菜贩子"，以全程追踪采访方式结构全篇，用事实层层推进，最后揭示出菜价上涨的真正原因并表明作者对解决这一难题的见解，使通讯达到一定的深度。

3. 悬念式结构

在通讯的开头设置疑团，布下悬念，然后揭示事情的真相，释消疑团。运用这种结构形式，要有完整的情节，还要注意使布下的悬念与释消疑团两部分对应相顾、融为一体，形成悬念式结构的完整统一。这种结构在纵向安排上是高潮在前，先倒叙、后顺承，对受众有吸引力。

例如，被评为 1993 年《人民日报》好稿的事件通讯《十亿元大骗局的破产》(新华社 1993 年 6 月 23 日播发，作者郑庆东、陈维伟)，开头是这样设置悬念的：

1993年3月31日下午7时许，一名西装革履的中年男子手提密码箱，从一辆小轿车中钻出来，行色匆匆地走向北京首都机场入口处。

“这是你的身份证吗？”机场工作人员一边检查他的证件，一边说，“这个身份证是假的！”

“这……这……不可能。”中年男子的神情中流露出一阵惊慌。

“你到底叫什么名字？”

在安全保卫人员的严厉盘问下，这位急于离京出走的男子终于低下了头：“我叫沈太福……”事后发现，此人随身携带了3张身份证，其中两张为化名的假身份证。

沈太福到底是什么人？他究竟干了什么事？他为什么早就准备好多张假身份证？又为什么要用假身份证匆忙逃离北京呢？

这篇通讯的开头，像电影镜头一样把大诈骗犯沈太福持假身份证在机场出逃时被识破的情景勾画出来了。读者（听众）随着作者提出的四个疑问（设置的疑团），产生了非要读（听）下去、了解个究竟不可的愿望。

（二）横式

1. 空间转换式结构

围绕一个中心，将不同地点所发生的不同事情联系起来，形成一个整体。这种结构又叫“移步换形”式结构。

例如，获奖通讯《爱心无价》的中心内容是人们向身患股骨头缺血性坏死恶疾的好军嫂韩素云献爱心，由三个不同空间方位组织全篇，这就是作者“摄下”的三个镜头：“镜头一”是广州中医学院附属一院无偿地给病人治疗；“镜头二”是病房——一个用爱筑成的“庇护所”；“镜头三”是社会——一个爱心荡漾的天地。

这里要指出的是，空间转换要注意方位之间的有机联系或承接性，否则，结构就松散了。

2. 并列式结构

按材料性质归类，并列地写几个不同的方面。这里有两种情况：一是先主后次的并列；二是同等重要的并列。无论哪种并列，都是围绕主题展开事实。

例如，获《人民日报》好新闻一等奖的通讯《变化就在你的身边——从衣食住行看中国》（《人民日报》1991年9月5日，作者孟晓云），运用典型材料，采用夹叙夹议、点面结合的手法，把与人们生活密切相关的衣、食、住、行四个方面的变化一一展示在受众面前，激励人民迎接挑战，创造更美好的未来。这四个方面拟成四个小标题是：（1）从服装看变化：色彩缤纷的世界；（2）从餐桌看市场：丰富多样的选择；（3）千万间广厦的诉说；（4）一个新的挑战——速度快者得生存。这篇通讯从整体上看，是并列式结构。

这里要指出，这种结构承上启下、一气呵成比较困难，需要作者构思时深思熟虑，抓住事物横向联系的逻辑关系，否则，便成了七拼八凑垒起来的积木。

3. 对比式结构

从形式上看是并列，但内容却是一正一反或一新一旧。这种结构使事物矛盾对立的两个方面，形成鲜明的对比、强烈的反差，给受众留下深刻的印象。过去有名的短通讯《西瓜兄弟》(新华社中原1947年10月15日电，作者王匡)、《会计伢嫌我的油壶小》(《湖北日报》1980年7月4日，王二婆讲、吴学标记)，就是典型的对比式结构。现在通讯写作也常用这种结构形式。

例如，获第五届“中国新闻奖”三等奖的事件通讯《“北国之春”酒楼——一个军人遇到的冷嘲与敬重》(《解放军报》1994年3月26日，作者赵红军)，用第一人称写法，写一位军人——团级干部——由边防山沟出差到长春市，借此到一家酒楼享受一下城市现代生活滋味，殊不知受到邻近餐桌几个酒肉之徒的嘲弄与侮辱，正在“我异常愤怒”时，却受到酒楼前堂经理和总经理真诚的敬重，“我”行了一个郑重的军礼，转身离开了酒楼。作者用对比方法结构全篇，大大增强了报道的感染力，揭示了社会转型时期“利”与“义”的价值取向这一深刻主题。

(三)纵横式

1. 纵横交叉结构

这种结构又叫复式结构，就是综合运用纵式结构和横式结构的方式来安排材料。这种结构，一般以纵式为主，横式为辅，纵横交错，将题材布局好，以便更有力地表现作品的主题。这是一种处理错综复杂事物时所采取的结构形式。著名的事件通讯《为了六十一个阶级弟兄》(《中国青年报》1960年2月28日，中国青年报记者集体采写)，是这种结构形式的典范之作。现在采用这种结构形式的通讯也不乏其例。

例如，获第六届“中国新闻奖”特别奖的人物通讯《领导干部的楷模——孔繁森》(新华社通稿1995年4月6日播发，联合采访组写)，开头用议论方式起笔，接着从1993年4月4日孔繁森告别拉萨赴阿里上任作为切入点，在纵向上，回溯他由山东聊城两次进藏历时十载的前后过程；在横向上，展示了他在西藏拉萨和阿里工作的光辉业绩和动人事迹；最后回到纵向上，写孔繁森为阿里发展出外考察途中不幸殉职、人们深情悼念的情景。这篇通讯由于采用了纵横交叉结构，故而包容了诸多典型材料。

2. “蒙太奇”式结构

这是借用电影镜头的组合关系和连接方法，即“蒙太奇”手法，运用到通讯写作中的一种特殊的结构形式。

新闻界公认的廖承志写的《遥献》(延安《解放日报》1946年4月29日)，是这种结构形式的一个范例。该篇是作者为怀念“四八”事件烈士之一的叶挺而写的。它写于惨剧发生之后不久，作者内心的沉痛，情感的真挚，都极为感人。它写的是叶挺，却先不写叶挺，而从叶挺的女儿扬眉写起。作者想扬眉，突然“想到她的爸爸”。从这里开始，作者的思绪急转直下，奋笔书写叶挺的性格特征。作者叙述了与叶挺相知和交往20年的历史。这几段总共才1 500字左右，却用电影“蒙太奇”手法，描绘了5段历史时期的特写镜头。

这种结构形式，似乎各段之间无衔接，然而，实际上它按历史发展分段，各段之间形成一种自然的衔接，内在联系有机而紧密，充分地表现了叶挺的“铁一样的骨头”——也就是叶挺的钢铁般的个性特征。《遥献》巧妙的结构方法，使其产生了十分显著的艺术效果。

第五节 通讯的表达

一、通讯表达的特点

通讯的表达，是指运用语言文字符号表述新闻事实的方法、手段及其过程。

文章的表达方式有叙述、描写、议论、抒情和说明五种，不同的文章体裁运用不同的表达方式。通讯属于记叙类文体，其表达方式主要是描写和叙述，抒情和议论次之。

通讯在运用这些表达方式时有什么特点呢？

（一）描写直观

受众之所以爱看爱听通讯报道，因为它比消息提供了更为详尽的事实和生动的画面。这些详尽的事实和生动的画面，除了叙述外，主要就是靠描写。而描写又要直观，给受众以如见其人、如闻其声、如临其境的感受，才能产生好的报道效果。

就以《东方风来满眼春》来说，作者对邓小平同志视察深圳这一重大题材的报道，其表达能力是颇见功底的。作者运用描写手法娴熟自如。开篇就是环境描写："南国春早。一月的鹏城，花木葱茏，春意荡漾。跨进新年，深圳正以勃勃英姿，在改革开放的道路上阔步前进。"之后是邓小平同志在深圳火车站月台上的出现，用的是肖像描写和行动描写："他，身体十分健康，炯炯的眼神，慈祥的笑脸，身着深灰色的夹克、黑色西裤，神采奕奕地步出车门。他的足迹，在时隔8年之后，又一次踏在处于改革开放前沿的深圳这块热土上。"再之后是负责同志劝他老人家好好休息。小平回答，用的是语言描写："到了深圳，我坐不住啊，想到处去看看。"以下对话描写、细节描写等穿插自然，富有动态感和形象性，给人印象十分清晰。这种直观性的描写，正是通讯的一种写作技巧。

（二）叙述直接

通讯写作中的叙述，是为直截了当地讲清一件事或介绍一个人服务的，所以多数运用直接叙述和顺叙的方法。叙述的过程中，"旁枝杂叶"少，承接性强。每叙述一件事或一个问题，或介绍一个人，都是明白如话，不需拐弯抹角、含糊其辞。叙述直接，使通讯具有明白晓畅、清新明快的风格，容易使广大受众立刻领会新闻事实。

我们继续列举上面的通讯。文中写邓小平同志到88岁高龄为什么再次来深圳视察，叙述就很直接：

> 众所周知，邓小平同志是创办经济特区的主要决策者。早在1979年4月，他在听取当时中共广东省委主要负责人的汇报后说：可以划出一块地方叫做特区。陕甘宁就是特区嘛。中央没有钱，要你们自己搞，杀出一条"血路"。次年8月，全国人大常委会正式通过并颁布《广东省经济特区条例》，中国经济特区就这样诞生了。深圳特区是邓小平同志亲自开辟的最早的改革开放的试验地之一。它的发展情况，小平同志当然十分关注。1984年1月，小平同志曾到深圳视察过。一晃，8年过去了。深圳的面貌又发生什么样的变化？老人家急不可待要亲眼目睹一番。

这段话，顺畅流利，完整地讲明了邓小平同志再次来深圳视察的缘由，所以读者看下文时就不会以为是邓小平来玩的，而是来指导特区工作的。作为一位高龄老人，这精神就更难能可贵了。

(三)议论与抒情实在

通讯写作，在确保新闻性的前提下，表达比较自由。虽然它以描写和叙述为主，但作者可以发表见解，抒发情感，以使作品的主题鲜明，增强作品的思想性。因此在通讯中，作者适当穿插议论和抒情的文字，是常见的现象。但在通讯写作中，议论和抒情是紧密地结合在一起的，其中一些文字，议论中饱含抒情成分，抒情时含有议论的味道，形成抒情式议论或议论式抒情。不过，议论不去作许多逻辑的推理，而是附着事实，作画龙点睛的发挥；抒情也是写到动人之处，情不自禁地流露出作者的情愫。这两个方面的结合，形成了通讯表达中议论与抒情实在性这一特点。

我们还是就上面提到的通讯来说。文中写到邓小平同志来到国贸大厦旋转餐厅，作者是这样描述当时的情景的：

当小平同志离开旋转餐厅下到一楼大厅时，大厅的音乐喷泉，随着优美的乐曲，喷出图案多变的水柱和水花，蔚为壮观。一楼到三楼，站满了群众，黑压压的一片。人山人海，秩序井然。人人心花怒放，个个喜笑颜开。这是多么令人难忘的时刻！人们为有幸能一睹小平同志的风采而激动万分，也为小平同志的身体健康、精神饱满而无比高兴。

群众在尽情地鼓掌，阵阵雷鸣般的掌声响彻国贸大厦。这掌声，表达了群众对倡导改革开放政策的小平同志的爱戴和崇敬；反映了群众对身受其惠的改革开放政策的坚信和拥护。

这两段，前一段是描写事实之后的抒情与议论，后一段是作者就此进一步带着激情发出的概括性的议论。可见，通讯中的议论与抒情也仍然是为表现主题服务的。

二、通讯语言的运用

一般文章对运用语言的基本要求是准确、鲜明、生动，通讯也不例外。但作为一种新闻体裁，通讯既要符合一般文章的语言要求，又要符合新闻传播的特点(时间性强，篇幅有限，受众面广)，还要有别于消息的语言。这样，就形成了通讯语言的独特之处：具体准确；形象生动；通俗简练。

(一)具体准确

通讯要详细报道事实，因此语言表述的内容必须具体；通讯同时要恪守新闻的真实性原则，因此语言表达必须准确。具体与准确构成通讯语言的一个重要特色。

例如，《美联社日志》上有下面两段话，说明了他们对语言具体的要求，以及它对于增强可读性的重要：

不要去说“教堂集会的气氛很热烈”，要像某一篇稿件那样描写：“大家拍手，脸上发光，人们的衬衫和外衣的胳臂下面和背上的部分由于出汗而颜色变深，脉搏跳动，脚趾和脚跟轻轻地敲着地板。”

不要去说“乔治·华莱士神经紧张”，要像某一篇稿子那样描写：“在一次40分钟的飞行中间，他嚼了21根口香糖，他洗了一副牌，数了数，又洗了一遍。他看了看头上和脚下的云彩，系紧安全带，又把它松开了，数了数牌，嚼嚼口香糖，一边数，一边洗，一边嚼。”①

(二)形象生动

通讯语言注重形象性。但形象不等于生动，有些事物作者能描绘出来(像工程技术设计图纸一样)，但语言干巴巴，不生动，那也不行。通讯语言既要形象，又要生动，才是语言美。

通讯语言的形象性不同于文学语言的形象化。文学语言形象化的方法是在细腻描绘客观事物、热情抒发主观情感时，可以用合理想象、夸张、类比等手法。通讯语言形象化的方法主要是用白描手法加上符合事物本来面目的修辞手段。

通讯语言除了形象以外，还要生动活泼，根据不同报道对象和内容，使用不同语调、语气和句式。例如，写中国的国宝熊猫送给友好国家，就要写得轻松、幽默、风趣些，因为熊猫是可爱的动物；写惩治腐败、打击邪恶行为，就要义正词严、铿锵有力，因为腐败与邪恶是人们所唾弃的现象。

通讯语言要做到形象生动，很重要的一条是多用动词及相应的修辞手段，这可以说是经验之谈，也算一点“秘诀”吧。例如，曾被人们拍手叫好、至今读来仍有兴味的优秀短通讯《“飞天”凌空》，对吕伟的跳水动作和夺魁情景，作者用富有色彩的动词和描写手法，使受众目睹了这绚丽的一瞬，获得一种美的感受。请看全文：

“飞天”凌空

——跳水姑娘吕伟夺魁记

夏浩然　樊云芳

她站在10米高台的前沿，沉静自若，风度优雅，白云似在她的头顶飘浮，飞鸟掠过她的身旁。这是达卡多拉游泳场的8 000名观众一齐翘首而望，屏声敛息的一刹那。

轻舒双臂，向上高举，只见吕伟轻轻一蹬，就向空中飞去。有一瞬间，她那修长美妙的身体犹如被空气托住了，衬着蓝天白云，酷似敦煌壁画中凌空翔舞的“飞天”。

紧接着，是向前翻腾一周半，同时伴随着旋风般地空中转体三周，动作疾如流星，又潇洒自如，1秒7的时间对她似乎特别慷慨，让她从容不迫地展示身体优美的线条，从前伸的手指，一直延续到绷直的足尖。

还没等观众从眼花缭乱中反应过来，她已经又展开身体，笔直地像轻盈的箭，“哧”地插进碧波之中，几股白色的气泡拥抱了这位自天而降的仙女，四面水花悄然不惊。

① 转引自杜荣进主编《中外新闻采写借鉴集成》，浙江教育出版社1997年版，第802页。

“妙！妙极了！”站在我们旁边的一名外国记者跳了起来，这时，整个游泳场都沸腾了，如梦初醒的观众用震耳欲聋的掌声和欢呼声，来向他们喜爱的运动员表达澎湃的激情。

吕伟精彩的表演，将游泳场的气氛推向了高潮。她的这个动作5136，从裁判手里得到了9点5分。

这位年方十六的中国姑娘，赢得了金牌。

她的娇小苗条的女伴、17岁的周继红，以接近的分数赢得了银牌。

当一个印度观众了解到这两个姑娘是中国跳水集训队中最年轻的新秀时，惊讶不已。他说：“了不起，你们中国的人才太多了！”

(《光明日报》1982年11月25日)

(三)通俗简练

通讯语言同消息语言一样必须通俗简练。通俗简练是语言美的一种表现，也是通讯写作的要求。

怎样做到语言通俗呢？下列做法有利于通讯的语言达到这个要求：

其一，能用常用词说明的，就不用受众感到生疏的词和生僻的字，也不用那些半文半白的词语。

其二，对专业性、技术性强的词语，要进行说明或解释，不要照搬照抄在作品里。

其三，尽量采用群众口语中新鲜活泼的语言，但又不乱用方言土语和外来语。

怎样使语言简练呢？记者的写作经验告诉我们：

一是要直陈其事，避免“穿靴戴帽”。不在报道中加进“在……旗帜下”“在……领导下”“推动了……”“促进了……”等套话、空话；不要搬用一些人人听熟了的大道理，而要将这些大道理融进事实之中。

二是造句要直截了当，避免“绕口句型”。例如，“对某个问题进行了讨论”，应改为“讨论了某个问题”；“某项试验结果获得了成功”，应改为“某项试验成功了”。这些改正的句子，意思没有变，却简练些。

三是斟酌字句，删除多余的字、词。例如，“平均每(一个)人”“(严重的)危险”“(真诚的)信赖”“(长期的)夙愿”“主要演员(的扮演者)”“(用手)抓”“(用脚)踢”等，上述带括号内的字、词，都是可以删去的，因为词意重复。

如何将上面所说的通讯的主题、题材、结构、表达有机地融为一体成为一篇上乘作品，那就要看记者的“四力”：脚力、眼力、脑力、笔力做得怎样。下面试以《羊小平砸缸》为例说明这个问题：

“砸缸”，读者乍一看以为是古代“司马光砸缸”故事的翻版，那是写人的智慧。而现在的“砸缸”则是写一个人的命运和脱贫攻坚这一时代洪流的关系。主题是政府政策好，要脱贫还得靠自己；题材是山民羊小平富裕了，山上的6口水缸没有用处，给砸了；结构是纵式——倒叙顺陈；表达生动、口语化，语句简洁、紧凑、句式短，有浓郁的乡土气息。下面请看这篇刊登在《新华每日电讯》2016年4月8日头版头条的事件通讯的全文：

羊小平砸缸

新华社记者　姜伟超

年复一年，几口用来装生命之水的大缸，像是世代传下的魔咒，将羊小平牢牢地拴在了大山上，也击碎了他的致富梦

搬迁扶贫，让羊小平们离开大山拔穷根。这个在移民新村办起农家乐的甘肃农民，回到山上，把“早就想砸了”的6口大缸全砸了

“山民”羊小平把家里的两辈人赖以生活的6口大缸给砸了。春暖花开的日子里，站在山下移民新村的二层小楼上，望着村外开始增多的游客，羊小平还难以相信自己真的不再需要这些大缸了。

就在1年前，羊小平一家还世代生活在甘肃省甘南藏族自治州临潭县冶力关的山上。冶力关是甘肃有名的自然景区，山下的日子一天比一天富裕，但崎岖的山路将羊小平一家和山下的繁华一分为二。山上不止住着羊小平一家，但山太大了，出门走一天也难碰见谁。孤单久了，人就消沉，羊小平说山上的人经常一两个月不洗脸。

靠天吃饭、土里刨食，山上的贫困像日出日落一样恒定，过了今天就知道明天是什么样。“一定要搬下去。”在羊小平的回忆里，父亲每当喝点酒就会点上一袋烟，对着山下嘟囔。甘肃省高原、山丘、荒漠等地形交织，能供耕种、适合居住的土地寸土寸金。父亲明白，往山下搬哪有钱？哪有地？搬下去又靠什么生活？烟抽完了，父亲便起身拉着十几岁的羊小平去挑水。

家里有6口大缸，是羊小平祖父和父亲两辈人置办的家里最重要的用具。山旱缺水，挑水要走很远的山路，女人干不了。而且那里的山泉也不是天天有，因此要尽量保持家里6口大缸满满的。羊小平记忆里，父亲最重要的活就是挑水、挑水、挑水。直到有一天，父亲在挑水时摔进山沟，挣扎着回到家，两个月后人就没了。

羊小平成家后，除了伺候家里的6口大缸，就是侍弄“挂”在山坡上的十几亩山地。山地很“薄”，种下一粒种子不见得能产出一粒粮食。眼瞅着孩子一天天长大，羊小平决定出去打工，给儿子攒娶媳妇的钱。大西北有一个定律，越穷、自然条件越恶劣的地方，娶媳妇越贵，因此要早下手。临走时，他把家里的6口大缸装得满满的，到外地找了份建筑工地的活，干了两个月，媳妇托人捎话：家里没水了。

羊小平坐上火车，又坐汽车，爬上山，挑满6口大缸；又坐汽车、坐火车，回到工地。过了一段时间，家里又没水了……临走时，老板告诉他，老请假不是个事，不用回来了。

羊小平又找了一个工作，当保安。但半年后，老板也嘱咐他：先顾家吧。默默地接过结算的工钱，羊小平考虑是不是给家里再添几口大缸。但打量着逼仄的土房，羊小平还是放弃了这个念头，不再外出打工。几口大缸，像是世代传下的魔咒，将羊小平牢牢地拴在了大山上，也击碎了他的致富梦。

贫困的时间久了，便成了淡漠，羊小平仿佛在父辈的身上看到了自己的宿命。2014年，羊小平42岁了。这一年，扶贫奔小康步伐开始加速，甘肃的干部群众都在

为早日脱贫干得热火朝天。

“这跟我又有什么关系呢?”一天，羊小平送走来家里摸情况的干部，转身拿起了扁担——家里的水缸又快没水了。

但这次真的跟羊小平有关系。为了不让一个贫困户在奔小康的路上掉队，甘肃省及甘南州针对羊小平们实施的搬迁扶贫工程也在加快推进，并定下了周密的扶贫搬迁方案，让山上的贫困户离开大山，拔穷根。甘南州委、州政府和临潭县相关部门经过谋划，在山下靠近冶力关景区的地方规划了移民新村，并制定了种植—养殖—住宿—农家乐一条龙的脱贫方案，让搬下来的人待得住、能致富。

钱不够，政府补贴；还不够，政府帮助贷款。身靠景区，只要不懒，奔小康的路就在脚下。羊小平不想和祖辈一样，活在大山、埋在大山。他拿出了准备给儿子娶媳妇的所有积蓄，领到了政府的 4 万元补贴，又在政府的帮助下从银行贷了 20 万元。一年过后，统一规划、统一施工的二层徽式小楼在山下的移民新村盖起来了。

搬家的前一晚，吃过晚饭，看着太阳离地山头还有几米高，羊小平又习惯性地拿起扁担。直到走出家门，羊小平才愣怔过来，他在原地站了半袋烟的工夫，突然嚎了一嗓子，把扁担甩向山沟。

2016 年，中国迎来了“十三五”全面建成小康社会决胜阶段的开局之年。在这个春天，羊小平的农家乐也安排停当，玻璃暖房映照着和煦的阳光。羊小平和妻子一遍遍收拾着家里的房间；在人社部门的培训下，儿子也学成厨艺回到家中。

虽然冶力关的冰雪还没融化，但就在前几天，羊小平迎来第一批客人。就连羊小平最挂心的儿子娶媳妇的事，春节时也有了眉目。“拉着外债也有女娃跟，你说这事。”羊小平一边摸着后脑勺一边笑。

“对了，前几天回山上，想把那 6 口大缸搬下来，但年头太久了都长到地上了，我就全砸了。”羊小平盯着记者说，“我早就想砸了。”

甘肃省作为自然条件薄弱的贫困大省，搬迁扶贫是主要的扶贫方式之一。甘肃省采取全省干部联村联户、配套资金补助等方式，仅 2013 年到 2015 年三年间，就让 47.6 万名群众走出大山、荒滩、沙漠、戈壁。根据甘肃省的扶贫规划，2015 年到 2017 年甘肃将力争完成 62.4 万群众异地搬迁任务，2018 年到 2020 年对符合条件和有搬迁意愿的群众实现应搬尽搬。

编后:

好的新闻报道，要靠好的脚力、眼力、脑力、笔力得来。这篇《羊小平砸缸》，新华社记者通过对甘南“山民”羊小平家脱贫前为水所困和脱贫后砸掉水缸这一故事的生动叙述，以小见大，见微知著，形象地反映出扶贫攻坚行动给贫困地区群众生活带来的翻天覆地的变化。本报编辑部讨论认为，这是一篇体现新时期新闻记者“脚力、眼力、脑力、笔力”的佳作，人们从一个农民的“砸缸”中，生动地感受到精准扶贫给贫困地区带来的生机与希望。

(《新华每日电讯》2016 年 4 月 8 日)

附录

为了让新闻从业人员和新闻爱好者从这篇通讯中获得详尽感受，汲取写作营养，不妨把作者的采写经验予以转载：

砸缸砸出来的新闻

姜伟超

《羊小平砸缸》这篇稿子，从发现素材到成稿经历了近半年的时间。

2015年11月，我去采访甘南藏区生态文明村建设，走进了羊小平家。羊小平人很木讷，说话都不抬头，聊起来很费劲。往往我问半天，他才回答一句，翻来覆去只是强调山上生活很苦，能搬下来很感激政府。

就在我打算另换一家时，又随口问了一个问题："山上缺水吗？"他说缺，出去打工一段时间就要回来给家里挑水，所以老是干不长，后来就不打工了，只能靠种地。然后又辞不达意地说山上吃水多么困难、家里置办了很多水缸等等。我就问他："是不是你打工什么时间出去、什么时间回来其实都是你家的水缸说了算？"他说是。我顿时眼前一亮，开始刨根问底。

挖出来的素材故事性很强，又很完整，可以做盘"好菜"。考虑到当时天寒地冻，于是我决定留到春暖花开再发稿。

今年4月份，我又补充采访了一次，开始写稿子，问题来了。采访羊小平获取的素材很多，包括山上的一眼山泉甚至都可以写。如果单纯地讲个故事，告诉受众山上的人生活有多苦、搬迁政策多么好，这样的稿子已经很多，意思不大。于是我就想，能不能像写剧本一样，把羊小平一家的命运转折和国家实施脱贫攻坚的战略决策结合起来，以小见大。

想法很宏大，但用什么素材来表现？我想过写羊小平打工记，想过写羊小平下山。反复琢磨后，一个概念越来越清晰——符号，要有符号！时代有时代的符号、地区有地区的符号，而水缸正是"山民"羊小平们的符号。抓住水缸这个"纲"一拎，整条线就清楚了，干扰的素材也被抖到了一边。

思路有了，可接下来又不会写了。写个消息显然不行；"走基层听民声"也不行，人家都搬下来了，万事俱备，哪有民声？用通讯的三段论写法，太枯燥，感情难渗透。

选来选去，我最终确定"记者手记"这种便于发挥的题材，用散文手法铺陈、新闻方式叙述，突出稿子的镜头感和画面感。在具体写作时，我尽量忘记自己是在写一篇新闻稿，不设限，把自己带入做记者这些年对贫困地区和贫困群众的深厚情感中，就当是小学生在写一篇作文。第一稿写完，放得有点开，又往回收了一下，成稿。

《羊小平砸缸》能得到新华每日电讯青睐，4月8日在头版头条加编后语刊发，并且紧接着第二天又在头版刊登评论《期待更多"四力"佳作抢头条》，对稿件予以肯定，让我受宠若惊。

采访的真实和表达的真实是我在《羊小平砸缸》这篇稿子上的最大感受。采访的真实是用扎实的采访还原真相。但不知什么时候起，包括我在内，开始喜欢用极端事例或极端故事来表达。谈论素材时，经常挂在嘴边的一句话是"不够典型"，背后的意思其实是“不够刺激”“不够极端”。这样的事例往往在具体真实的遮盖下，让整篇稿子失去了宏观的真实。

其实，受众对极端事例可能吃惊、可能质疑，但很少感动。因为极端事例很少见，大家不会有带入感，也就无从感动。《羊小平砸缸》里，羊小平挑水、打工、扔扁担、砸缸都是平凡小事，虽不惊天动地，但给受众以带入感，甚至唤起了一些人的记忆。有读者说，看到羊小平扔扁担，想起了自己高考后扔书；有同事说，很理解羊小平砸缸，我接到大学录取通知书那天正在田里干活，一边喊叫一边把捆好的稻草全踢翻，父母在旁边流着泪笑。

平凡的事例才感人，关键是把它还原得自然、本真、质朴。

这就要说到表达的真实。写稿就是表达，是把人物或事件拍了照给人看。但是有的人物和事件“上相”，有的不“上相”，费尽辞藻也难以把人物或事件的原貌写出来。对“上相”的，我们可详尽描述；对不“上相”的，则需“留白”，把未尽之意留给受众去自行“脑补”。受众会根据自己的经历和所见所感，在脑海中去勾勒。这也是古人写文章讲究“七分露，三分藏”的道理。文不可写尽。

我现在还是经常写一些唯恐表达不详尽的稿子。想写一个人的面貌，恨不得把脸上的每一个褶子都写出来；用了一句直接引语，后面还要紧跟上一段解释的话。最真实的表达，是对要表述的意思理解后简练到极致的陈述。

《羊小平砸缸》写的是一个人的命运和脱贫攻坚这一时代洪流的关系，无法详尽表述。于是在写稿时我采取大量“留白”的方式。写山大，就写“山太大了”；写致富难，就写“贫困像日出日落一样恒定”；写自然环境恶劣，就写“种下一粒种子不见得产出一粒粮食”。甚至全文没有一处人物描写。一位新闻界前辈说，“全文无一处描写羊小平，但千万个羊小平扑面而来，令人振奋。”

表达真实还要警惕表达过头。我自己写稿和看一些新闻稿时发现，为了激起受众的反应，往往表达太过，写喜必须是“喜大普奔”，写悲必然是哭天抢地，写穷恨不得是连裤子都穿不起。这种过头的表达是记者用自己的情感强行代替了受众的情感，给人一种如果你不哭我就打你、你不笑我就咯吱你、你不感动就太没人性的感觉。过犹不及，表达也是这样。

在写《羊小平砸缸》时，我刻意注意了这一点，不悲不喜，到底是什么情感让读者自己体会；扶贫好不好、扶贫攻坚战的重大意义在哪里，也让读者自己去在感受，表达上到位但不越位，这是我认为此稿最成功的地方。

简洁的表达才是最好的表达。《羊小平砸缸》入库时有 2 300 多字，有些语句有重复表述的地方。甘肃分社值班副总编梁强和总社编辑老师用火眼金睛挑出来做了删改，编辑后的稿子更为紧凑、连贯。我在这篇稿子的删改中学到了一招，就是写稿要尽量追求文章短、段落短、句子短。但简洁不等于少说，如何在简洁的表达中把庞大的信息量融入进去，在质朴的表述里不着痕迹的铺陈背景、铺垫下文，我感觉不仅仅是技巧，也是一种习惯。

（载《新华每日电讯》2016 年 4 月 22 日 9 版“草地”周刊）

第七章 通　讯(下)

第一节　人物通讯

一、人物通讯概述

人物通讯是以报道新闻人物事迹或活动，展示人物精神面貌为内容的通讯类型。它在通讯体裁中占有相当重要的位置。

人物通讯与人物消息虽然都是以写人为主，但在写作上有区别：人物通讯文笔细腻，描述事实详尽，常常和议论、抒情结合起来，人物形象较为丰满，精神境界得到充分揭示，因而篇幅较长，当然时效性不如人物消息。例如，新华社 1952 年 11 月 20 日从朝鲜前线发回的电讯，报道国际主义战士黄继光英雄事迹的消息《马特洛索夫式的英雄黄继光》，内容较为简括。而后来，黄继光生前所在连连长万福来在“志愿军一日”征文中写的通讯《黄继光献身一刻》，内容却详细、具体，字数是消息的 4 倍。

人物通讯的写作对象，是以具有动人事迹和崇高思想境界的英雄人物、先进人物为主；但不能忽视“凡人新事”“凡人新貌”所表现出来的不平凡之处；此外对有争议的人物也可以写成人物通讯。写作对象既可以是一个人，也可以是几个人，如《棋盘陀上五壮士》(《晋察冀日报》1941 年 11 月 5 日，作者沈重)；还可以是集体，如《无产阶级战士的高尚风格——“南京路上好八连”纪事》(《人民日报》1963 年 5 月 8 日，作者郭小川、马玉才、胡瑞松)。

人物通讯大体有两种类型、两种风格：一种是故事型的人物通讯，即由一则或数则小故事构成的人物通讯，讲究情节的完整与生动感人，如《爱的礼赞——一位好军嫂和无数好心人的故事》(《人民日报》1995 年 1 月 5 日，作者贾永、刘建新、李成华)；另一种是散文型的人物通讯，选取人物事迹或活动的几个片断或侧面，不求故事情节的完整，结构上段落的组接是跳跃明快的，讲究写意抒情，展示人物的思想境界，追求通讯的意境美。如《领导干部的楷模——孔繁森》(新华社 1995 年 4 月 6 日通稿)。

人物通讯的任务和作用：它是典型报道中的一种主要体裁。它通过报道新闻人物的事迹或活动，表现时代精神，展现新人辈出的时代画卷；通过再现人物形象，展示人物的动人事迹，感染和激励受众应该做一个什么样的人。我们无产阶级新闻事业，历来十分重视宣传先进人物。在我国新民主主义革命时期，党报就曾报道过不少英雄模范人物。新中国成立以来，又先后报道过邱少云、罗盛教、黄继光、孟泰、王崇伦、雷锋、赵梦桃、焦裕禄、王进喜、时传祥、蒋筑英、张海迪、徐洪刚、孔繁森、李四光、钱学森、邓稼先等各条战线为数众多的英雄模范人物。他们的事迹，曾感动过千千万万的人。他们的光辉形象，深深地印记在人们的脑海中，成为我们做人的楷模，学习的榜样。

二、人物通讯的写作

(一)写作要求

一是要有时代感。从事实出发，站在时代高度，有针对性地提炼出一个深刻主题，用人物具体、典型的事迹或活动去揭示人物的精神境界，表现一种时代精神和生活的本质、主流。

二是要处理好人物与组织、与群众的关系，防止片面性。因为任何一个人在社会上都不是孤立存在的，总是要与周围的人发生关系。一位先进人物的成长，虽然与自己努力分不开，但从根本上来讲，他的成长总是与一定的社会生活环境有关。具体来说就是与党的领导、关怀，与革命理论的指引和群众的帮助分不开。所以写人，不能抬高一人，贬低一群。

三是要有现代观念。不能用旧的封建伦理道德观念来看待人。如一位年轻妻子8年来含辛茹苦侍候高位截瘫、失去生理功能的丈夫，表示终生不渝。这只考虑到人性的一面，忽视了人性的另一面，显然，报道这类人和事不大适合。

四是要有政策观念。有的人作了许多惊人之举，但违反党的方针、政策、法规，显然，这样的人和事也不能写进通讯。

(二)写作技巧

有人以为，写人物通讯就像写小说一样，只要会写小说就会写人物通讯。这是一种错觉。人物通讯的写作与小说创作是有严格区别的：

首先，素材来源不同。通讯素材来源于现实生活中真人真事，而小说中的人物是作者虚构出来或依照原型进行艺术化处理塑造出来的。

其次，表现手法不同。通讯表现手法虽然多样，但绝对不能用“合理想象”、夸张、大肆铺陈、过分渲染等艺术手法，就是人物心理描写也要慎重。小说则可采用各种艺术手法写人叙事。

再次，表达方式有别。通讯以描述为主，可以兼用议论、抒情，表明作者的观点、态度。而小说基本上是运用描写手段，人物充分形象化；叙述只是作为人物冲突、情节展开过程的中介；作者的倾向是通过情节发展自然而然地流露出来，不由作者直说。

我们分清了通讯写作与小说创作的界限后，对通讯写作中表现人物的艺术手段和方法，就可以有选择性的运用。另外，还可以借用别的文体写作的一些方法。如同穆青同志所说：“我们认为，在严格遵守新闻必须真实这一原则的前提下，一切可用的表现形式和表现手法——文学的、政论的乃至电影艺术的某些表现手法，都可以适当地吸收到人物通讯的写作中来，为表现主题，刻画人物服务。”①纵观优秀通讯作品，通讯写作的技巧大体说来有以下几点：

---

① 穆青：《谈谈人物通讯采写中的几个问题》，载《新闻散论》，新华出版社1996年版，第182~183页。

一是把人物置于特定环境中，通过矛盾斗争(人与人的矛盾、人与自然的矛盾、人物自身的矛盾)来展示人物的事迹和神采。

二是通过情节展开、细节描写来写活人物。

三是通过个性化语言和独特行动及矛盾冲突来表现人物的性格特征。

四是通过多种表现手法刻画人物的形象，并与他的事迹、精神和性格特征协调一致。这样，写出的人物就可信、可亲、可见。

五是通过抒情式议论，或形象化议论，或哲理式抒情，揭示人物的精神境界和作品的主题思想。

为了具体了解人物通讯写作技巧，这里以获第六届“中国新闻奖”特别奖的人物通讯《领导干部的楷模——孔繁森》(新华社通稿1995年4月6日)作为实例说明。

这篇通讯开头以哲理性的议论起笔，站在历史的高度颂扬人类一种伟大精神，这种伟大精神的代表者就是孔繁森。这种写法开头起点高，又能统领全文。开头是这样写的：

> 也许，岁月能改变山河，但历史将不断证明，有一种精神永远不会失落。崇高、忠诚和无私，将超越时空，成为人类永恒的追求。
>
> 也许，时间会冲淡记忆，但人们绝不会忘记，20世纪90年代，有这样一位共产党员，他的理想，他的信念，他的人格，他的情操，使千万人的心灵为之震撼。
>
> 他，就是原中共阿里地委书记孔繁森。他把自己的一腔热血洒在西藏高原。

这篇通讯用纵横结构法，由三部分组成：一是孔繁森两次进藏的历程；二是他在阿里地区的工作业绩；三是他与人民血肉相连的关系。

作者选材典型、集中。展开情节的切入点从1993年4月孔繁森赴阿里任地委书记的路途思绪着笔，用倒叙的方法，联系孔繁森两次进藏的情景和心情，巧妙地穿插交代了人物的身份、经历、进藏工作的来龙去脉。作者对主人公漫长的人生经历加以浓缩和提炼，不在过程上赘述，而用典型事例显示孔繁森一切听从党召唤的坚强党性、一切为了人民的公仆精神和一切服从大局的博大胸襟。

从全文看，主人公生活的环境是特定的——“世界屋脊”西藏，继而到西藏最苦的地方阿里。

在细节描写上，作者选取了“风雪中，他把自己的毛衣脱给了一位藏族老阿妈”；收养了三个在地震中失去父母的藏族孤儿；他把自己献血900毫升的营养费供给生活贫困的群众；隆冬早晨冒着寒风看望敬老院老人，把一位老人冻得红肿的脚抱在怀里……这些感人的细节在他的工作中一一闪现。对每一个事实表述之后，作者情不自禁地发出议论和感慨，扣人心弦。

通讯也写了矛盾，譬如与家人的矛盾、他内心的矛盾、他与自然环境条件的矛盾，作者用一个坚强的共产党人的博大胸怀和特有品格，一一合情合理地处理妥帖，充分显示出共产党人的崇高的人性——爱别人、爱人民。

人物通讯不仅仅是写像焦裕禄、孔繁森等这样的领导干部，更多的是写普通人的高尚情操、创造奇迹等。如《新华每日电讯》“成风化人·人物周刊”中刊登的《用双脚书写“美丽人生”的无臂小伙》，是报道无臂小伙陈兹方用神奇的一双脚创造了正常人都能做而做不到的奇迹，显示了年青人身残志紧的毅力、智慧、品格和自强不息的精神，具有震撼人心的力量。

这篇通讯(也叫专稿)在写作技巧上有三点比较突出：

一是通过人物语言和行动来表现无臂小伙创造的奇迹——不仅能自如地完成吃饭、洗脸、洗澡、刷牙、穿衣服、上厕所，还能切菜、炒菜、劈柴，以及在手机、电脑上打字。最让人惊讶的是双脚能剥鸡蛋、穿针线、锯柴禾等。作者没有抒情议论铺陈赘述，客观地表述了主人公创造奇迹的方方面面和思想境界。

二是用人物的语言制作小标题，显示人物的个性特征。第一个小标题“就是血疙瘩，我也要把他养活”，是母亲的话，显示母爱的伟大以及主人公创造的奇迹，这是全文的重点。第二个小标题“妈，我站得起来了”，是无臂小伙的话，写过程，显示他用一双脚坚强地磨砺自己，百折不挠直至百炼成钢。第三个小标题“虽然先天无情，但我脚下有路”，也是无臂小伙的话。写他自食其力走创业之路，养猪养羊，开办网店，带领村民一起奔小康社会。

三是报道内容贴近现实。中央提出 2020 年农村全部脱贫的目标，2016 年是开局之年，要打扶贫攻坚战。现在有这样的典型人物，无疑对身体健全的人“不作为”，对那些泡在网吧、酒吧、“啃老”族有触动作用。全文最后用巴东县委书记的话揭示了主题：“陈兹方是自立自强的典型，为巴东县的脱贫攻坚战注入了一股强劲的正能量。”

以上写作技巧贯穿于报道内容中，是一篇“讲好中国故事”的佳作。下面请看原文：

用双脚书写“美丽人生”的无臂小伙

一双脚的奇迹——

陈兹方天生没有双臂，他用一双脚创造了奇迹。这双磨出了厚厚茧子的脚，不仅能游刃有余地完成吃饭、洗脸、洗澡、刷牙、穿衣服、上厕所等个人生活自理，还能切菜、炒菜、劈柴，以及在手机上、电脑上打字。最让人惊讶的是，这双脚竟能剥鸡蛋、穿针线、用油锯锯柴、用打火机打火。

凭借这双神奇的脚，陈兹方开了一家网店。3 月 3 日开业以来，不足十天，就有了 1 万多元的销售额。

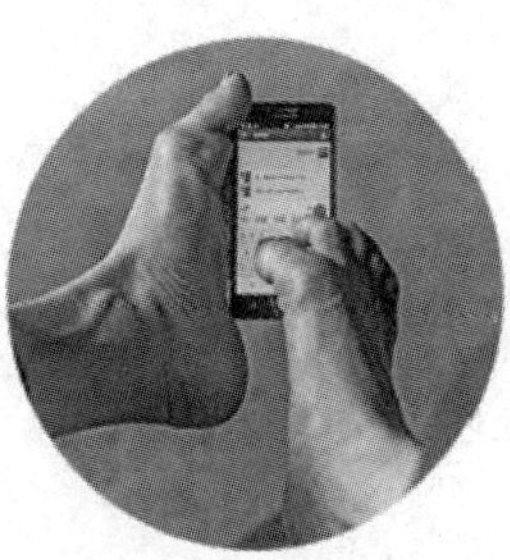

陈兹方在家中劈柴干活(3 月 2 日摄)。新华社记者肖艺九摄

新华社武汉新媒体专电(记者谭元斌)当你读完无臂小伙陈兹方的故事，如果你有机会到他的家乡湖北省恩施土家族苗族自治州巴东县水布垭镇，一定会为这片既美丽又贫穷的土地上，长出这么一棵坚韧的“小草”而震惊、钦佩。

“就是个血疙瘩，我也要把他养活”

巴东县水布垭镇是世界最高面板堆石坝水布垭大坝所在地。从水布垭大坝驱车往南，沿着惊险的盘山公路上行，经过约四个小时的车程到达水布垭镇鞍场村陈兹方的家中。

呈现在眼前的是一栋二层砖瓦房，它位于合围成撮箕状的三座山中居侧的一座山上。

就在这栋砖瓦房里，天生没有双臂的陈兹方克服了一个接一个的障碍，凤凰涅槃，插上了腾飞的翅膀。

1989 年 3 月 2 日，陈兹方出生于水布垭镇许家湾村一个名为三岔溪的地方。因为天生没有双臂，陈兹方的出生不仅引来左邻右舍议论纷纷，也让父母为他的未来感到忧心忡忡。

弹指一挥间，二十多年过去，如今的陈兹方不但无需母亲再为他操心，还让母亲为他骄傲，更足以告慰在他九个月大时因病去世的父亲。

“我现在什么事都会做!”沐浴着明媚的阳光，迎着和煦的春风，陈兹方微笑着向大家展示他那双神奇的脚。这双磨出了厚厚的一层茧子的脚，不仅能游刃有余地完成吃饭、洗脸、洗澡、刷牙、穿衣服、上厕所等个人生活自理，还能切菜、炒菜、劈柴，以及在手机上、电脑上打字。

最让人惊讶的是，陈兹方的这双脚，竟然能剥鸡蛋、穿针线、用油锯锯柴、用打火机打火。

凭借这双神奇的脚，陈兹方在杨柳池集镇上开了一家网店。3 月 3 日开业以来，不足十天，就有了 1 万多元的销售额。近几日，他每天都忙到深夜，用双脚打字与客户交流。

对于陈兹方的母亲鲁冬月来说，没有双臂的儿子能走到今天这一步，是她做梦也没想到的。

二十多年前，有人劝陈兹方的父亲把陈兹方送出去，鲁冬月抱着儿子决绝地说：“就是个血疙瘩，我也要把他养活!”

陈兹方的父亲去世后，有人又劝鲁冬月把陈兹方和他的哥哥交给亲戚抚养，鲁冬月断然拒绝了。她说：“我们三母子一起过日子。我吃饭他们吃饭，我吃糠他们吃糠。我有饭吃，他们就有活路；我没有饭吃，饿死了，就管不了他们了。”

“母亲和哥哥的爱，是我走到现在的依靠!”陈兹方说。父亲去世时，哥哥陈兹阶才 12 岁。他在父亲去世的第二年辍学，和母亲一起撑起了这个家，为陈兹方提供了前进的动力。

“妈，我站得起来了”

在院子里，陈兹方演示了用油锯锯柴。他用左脚大拇指和食指打开开关，用右脚大拇指和食指拉动拉绳，启动油锯。随后，用左脚大拇指和食指夹住手柄，把油锯提起来，用右脚大拇指和食指扣住扳机，调整锯条的方向和着力点。

陈兹方说：“别人看着觉得办不成的事，我要把它办成！”

学会自理是一个痛苦而漫长的过程。刚满4岁的时候，陈兹方常常趁母亲和哥哥不在，练习站立。突然有一天，他朝鲁冬月大喊：“妈，我站得起来了！”鲁冬月闻声望去，儿子真的站起来了！由于平衡不好控制，陈兹方站了一小会儿就摔倒在地上。鲁冬月要扶他，他执意不肯，坚持咬咬牙自己再站起来……

面对泰山压顶般的困难，这个顽强的小伙勇敢地向命运发起了挑战。

他练习用脚夹筷子吃饭，一次次打破碗，一顿饭吃完汗水湿透衣裳，饭菜撒得到处都是。

他练习用脚夹木棒写字，一次次将裤子尿湿，脚趾丫磨破皮发炎溃烂。

他练习用脚夹镰刀割草，草没割多少，脚却被划得全是口子，伤疤至今依稀可见。

经过长年累月的练习，陈兹方的双脚做事已近乎“随心所欲”，他甚至第一次“上脚”就能轻松使用油锯。

在亲友的帮助下，1997年鲁冬月带着兄弟俩从原住地搬到了现住地。此后的数年，母子三人一直住在茅草屋里，时至2002年，才盖了现在的两层砖瓦房中的一层。

1998年，陈兹方9岁。眼看着同龄人都上学去了，陈兹方很羡慕。他和母亲来到三岔溪石门小学要求入学。由于日常的学习、生活都有困难，上厕所也没人照顾，学校不敢接收他。

陈兹方没有放弃，先后八次随母亲一同去学校恳求老师，当着老师的面用双脚穿衣、脱衣、喝水、写字，最终打动了老师，同意他报名。

从家里到学校有近四公里的山路，翻山越岭，崎岖难行，陈兹方经常摔得鼻青脸肿。

上小学一年级的那个冬天，陈兹方上学时一不小心掉进水沟，鼻子撞到石头上，血流不止，挣扎了半晌才爬出来。回家后，鲁冬月抱着他哭了一晚上。

陈兹方说，那个时候，他心里承受着巨大的压力，从未笑过。

“虽然先天无情，但我脚下有路”

2005年下半年，进入初中二年级的陈兹方辍学了。从上小学开始，上厕所始终是他无法逾越的障碍，“连上个厕所都要麻烦同学”。他内心的憋屈越来越强烈，提前结束了自己的求学生涯。

辍学一年多后，陈兹方成功解决了上厕所的问题，这成为他人生的一个重要转折点。“最大的障碍我自己能够解决，从那个时候开始我就觉得自己不是废人，还有价值。”陈兹方说。

从那以后，微笑是陈兹方脸上最常见的表情。他坚信：“办法总比困难多，天下没有比脚更远的路”。

母亲和哥哥没日没夜地干活儿，经过多年省吃俭用，攒了些钱。2006年，陈兹方家的砖瓦房加盖了第二层。家里没客人的时候，陈兹方给母亲和哥哥做饭。除此之外，他还做很多其他力所能及的事情。但是，这些并不能让陈兹方感到满足。他想活得更有意义。

2008 年，陈兹方开始养猪，总共养了 13 头，由于市场不景气，亏了 3000 多元钱。

养猪不行，陈兹方又开始养羊。2009 年，一位好心的村民给了他一只母羊，他加倍呵护，悉心饲养，母羊繁殖后，羊群逐年扩大，到去年 9 月，已发展到 35 只。去年 10 月，他卖掉 30 只羊，赚了一万多元钱。虽然收入可观，但这依然不是他想要的。他觉得自己应该做那种既能帮助自己、又能帮助别人的事情。

鞍场村位于水布垭镇最南端，总人口 800 多人，打工是村民们的主要经济来源。怎么和父老乡亲们一同致富，成为陈兹方苦苦思考的问题。

2012 年初，陈兹阶用打工挣来的钱给弟弟买了一部智能手机。陈兹方慢慢摸索，玩起了 QQ、微信、微博。“为什么不利用互联网做点事呢？”陈兹方决定开一家网店，带领父老乡亲们一起养羊，通过互联网把羊和其他土特产卖出去。

陈兹方的网店终于在杨柳池集镇上开起来了。3 月 3 日，巴东县第九届农村信息赶集活动在杨柳池集镇举行，陈兹方的网店现场亮相，成为父老乡亲们关注的焦点。

“虽然先天无情，但我脚下有路。”陈兹方说。

陈兹方自强不息的故事在鄂西山区广为传扬，也赢得大量网民点赞。网民陈玉蓉说：“陈兹方是大家学习的榜样，我们要自强不息，抓住机遇，努力稳扎稳打地发展产业，实现全民奔小康！”

巴东县委书记陈行甲说：“陈兹方是自立自强的典型，为巴东县的脱贫攻坚战注入了一股强劲的正能量。”

（《新华每日电讯》2016 年 3 月 21 日）

这篇通讯是新华社用新媒体专电发布的。过了近两个月，即 5 月 16 日《新华每日电讯》在“成风化人——全国助残日”专栏中又刊发了这篇电讯稿，标题是《用脚开网店，走向外面的世界——无臂小伙“出山”》，仍是记者谭元斌撰写，可见报道陈兹方这个典型的意义重大。

下面是陈兹方开网店的照片：

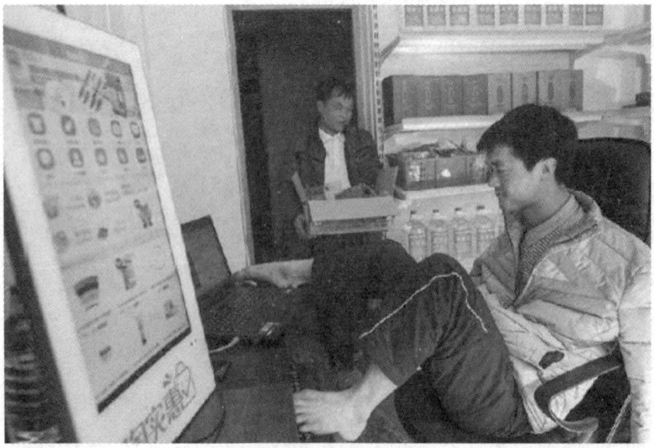

陈兹方（右）在打理他的网店，哥哥陈兹阶（左）帮他搬运货物（3 月 2 日摄）。新华社记者肖艺九摄

第二节　事件通讯

一、事件通讯概述

事件通讯是以新闻事件为报道内容的通讯类型。事件通讯是消息的补充、扩展，深入化和形象化。与以描述人物为主的人物通讯不同，事件通讯完整地记叙事件发生的情况和过程、原因和结果、意义和影响。它报道的事应该是典型的、有普遍教育意义的新闻。这种通讯，可以具体地写一件事的全过程，像记叙文一样；也可以概括地将一件或几件事加以浓缩，然后予以精确的分析，像述评性报道一样；还可以把事件中某个片断加以突出描绘，像特写一样。总之，形式多样，不拘一格。

事件通讯的特点：一是事件具有典型性，它所报道的事件在现实生活中比较重要或显著，具有典型意义，不是一般的故事；二是事实具有完整性，它虽然以何事为中心，但何人、何时、何地、何因、何果不可或缺，且比较具体；三是事理具有启迪性，它寓理于事，所报道之事给人一种认识或启迪。这样，事件通讯就有别于人物通讯的事迹的感染性特点。

事件通讯的类别有：一是重要事件纪实，大至国际、国家，小至地区、单位、部门出现的重大事件，除了消息作了及时、简要报道外，通讯也随之作详细、深入的报道；二是重大活动纪实，主要是工程建设、重要会议、纪念日庆典、文化体育盛会等大型活动场面的纪实；三是显著事件纪实，这类通讯所记述的事件不一定重大，但具有新闻显著性特点，能产生较大影响，引起人们广泛关注；四是重大事故纪实，这类通讯带有一定的批评性，通过报道某一重大事故，引出教训，提出值得深思的新问题。以上是属于内容性质方面的分类。如果按作用来分，则有文献性大事记、表扬性事件纪实和批评性事件纪实三种。

二、事件通讯的写作

(一)叙事为主，见事见人

既然是事件通讯，毫无疑问是以叙事为中心，交代事件的来龙去脉、前因后果。但事是人做的，所以要见事又见人，这样所写的事件就不会单调。

例如，获第二届“中国新闻奖”二等奖的通讯《红场易旗纪实》(《人民日报》莫斯科1991年12月25日电，作者周象光)，这篇仅为700来字的短通讯，用特写手法及时报道了作为一个国家象征的国旗——苏联国旗下落，俄罗斯联邦国旗取而代之的重大新闻事件。事件中有戈尔巴乔夫总统的辞职演说，有观看的人群以及人们的心态与评说。个中原因由人们的议论说出，作者不站出来说话；时间、地点只作简要交代。

(二)小中见大，显示意义

事件通讯的写作一般用大中取小、小中见大的方法来选择和表述事件，这样才好下笔。同时又要考虑到不能单纯写事，要把事件放在时代的背景上来观察与评判，发掘出事件蕴含的意义，让受众既获得新闻，又受到启迪。

例如上面提到的通讯，写的是莫斯科红场上一种国旗降、一种国旗升，其实它标志着一个国家的历史变迁，引发着人们思考很多问题。

（三）形象再现，形神兼备

通讯除了应有新闻的特点外，还要求有形象性，这既是事实本身使然，也是提高作品可读性的重要一环。在事件通讯写作中，除了叙事明确、过程完整、表述清晰外，还要求着力描绘场面与情景；抓住关键情节写好高潮，使之情景交融，形神兼备。

获第八届“中国新闻奖”特别奖的事件通讯《在大海中永生》就符合上面提及的三条写作要点，亦具有现代通讯写作的特色。请看全文：

在大海中永生

——邓小平同志骨灰撒放记

新华社记者　何平　刘思扬

一位以自己的一生书写中华民族崭新历史的伟人，今天完成了他人生的最后一个篇章。

1997年3月2日上午。

银色的专机，离开西郊机场，在首都上空低低地、缓缓地绕飞一周，然后穿过云层，飞向祖国的辽阔大海……

机舱内安放着全党全军和全国各族人民衷心爱戴的邓小平同志的骨灰。

一面鲜红的中国共产党党旗覆盖在骨灰盒上。

这是党和人民给予一位93岁的老共产党员的最高荣誉。

捐献角膜、解剖遗体，不留骨灰、撒入大海——这是把毕生毫无保留地献给祖国和人民的邓小平同志的遗愿，也是他留给党和人民的一份珍贵遗产，表现了一个彻底的唯物主义者的高尚情怀。

今天，胡锦涛等中央领导同志和邓小平同志的夫人卓琳等亲属一起，以最朴素、最庄严的方式完成邓小平同志生前的这一嘱托。

穿云破雾，专机向大海上空飞去，飞向这位一生波澜壮阔的伟人最迷恋的地方。

也许是苍天为之动容，当专机飞临大海时，天空出现一道绚丽的彩虹。

11时25分，专机飞至1 800米高空。强忍着悲痛，81岁的卓琳眼含热泪，用颤巍巍的双手捧起邓小平同志的骨灰久久不忍松开。她一遍又一遍地呼唤着小平同志的名字，许久才将骨灰和五彩缤纷的花瓣缓缓撒向大海。

骨灰撒大海，鲜花送伟人。

1939年8月，在延安陕北公学学习的卓琳与邓小平相识相爱并结为革命伴侣。那年，邓小平35岁，卓琳23岁。两人共同走过了58年的人生历程。如今，面对自己深爱的丈夫的骨灰，她怎能不肝肠寸断，悲痛欲绝。

这是一个令人心碎的时刻。

怀着无比悲痛的心情，胡锦涛同志缓缓地将骨灰和花瓣撒入大海。

随后，邓小平同志的子女邓林、邓朴方、邓楠、邓榕、邓质方和孙辈眠子、萌子、羊羊、小弟，悲痛地跪在机舱里，撒放骨灰与花瓣，完成他们敬爱的父亲、爷爷的遗愿。邓榕哽咽道："爸爸，您回归大海，回归大自然，您的遗愿得到了实现，您安息吧！"

跟随邓小平同志多年的卫士孙勇、张宝忠一身戎装，忠实地守卫在他的骨灰盒前。

泪水涟涟，哀思绵绵。

第一次见到海洋，邓小平还是一个16岁的少年。那是1920年，他远渡重洋，到欧洲大陆勤工俭学，寻求救国救民的真理。在那些日子里，美丽而苦难的祖国，时常越过海洋，沉入他的梦中……

大海，是他革命生涯的起点。1922年，18岁的邓小平在法国参加旅欧中国少年共产党，从此，他走上无产阶级职业革命家的道路。

大海，磨炼了他坚强的意志。从百色起义到浴血太行，从挺进中原到决战淮海，从横渡长江到挥师西南，他出生入死，南征北战，为共和国的创建立下了不朽功勋。

大海，坚定了他革命的信念。早在莫斯科学习时，他就"打定主意"："更坚决地把我的身子交给我们的党，交给本阶级。"60多年后，他在退休之前，依然深情地说：我的生命是属于党、属于国家的。退下来以后，我将继续忠于党和国家的事业。

飞机盘旋，鲜花伴着骨灰，撒向无垠的大海；

大海呜咽，寒风卷着浪花，痛悼伟人的离去……

邓小平一生迷恋大海，与波峰浪谷有着不解之缘。一下海，他就舒展双臂，游向深处。无论海多深，风多急，浪多大，他都劈波斩浪，勇往直前。

大海的无垠，开阔了他博大的胸襟；

浪涛的汹涌，塑造了他顽强的性格。

潮涨潮落，大海沉浮，就像他人生的三落三起。半个多世纪的革命生涯中，虽历经风险，但他始终百折不挠，总是能一次次在历史的紧要关头挽狂澜于既倒，在沧海横流中显出伟大的无产阶级革命家大无畏的英雄本色。

历史不会忘记，1978年12月，第三次复出的邓小平，以党的十一届三中全会为起点，揭开一场新的伟大革命的序幕，开创了一条有中国特色的社会主义康庄大道——

"如果现在再不实行改革，我们的现代化事业和社会主义事业就会被葬送……"

在他倡导的解放思想、实事求是思想路线指引下，改革大潮汹涌澎湃。从农村到城市，从沿海到内地，从经济基础到上层建筑……改革，以神奇般的魔力，使古老的中华大地焕发出勃勃生机。正如一首歌颂小平同志的诗所写："于是才有了凤阳花鼓，敲响农民走向市场的节拍；才有了深圳神话，十年完成一个世纪的跨越……"

1992年春天，邓小平再次来到海边，像一位舵手，又一次为中国的改革开放和现代化建设指明了航程。

——改革开放胆子要更大一点，思想更解放一点，步子更快一点。

——判断改革和各方面工作的是非得失，归根到底，要以是否有利于发展社会主义社会的生产力，是否有利于增强社会主义国家的综合国力，是否有利于提高人民的生活水平为标准。

——基本路线要管一百年，动摇不得。

被称为社会主义改革开放和现代化建设总设计师的邓小平，以他大海般的气魄，又一次在中国大地掀起改革开放的巨澜。

飞机盘旋，鲜花伴着骨灰，撒向无垠的大海；

大海呜咽，寒风卷着浪花，痛悼伟人的离去……

历史不会忘记，1979年大年初一，邓小平最后一次越洋过海访问美国。这次出国距他少年时漂洋过海勤工俭学，整整59年。

风风雨雨，沧海桑田。饱经忧患的中华民族经历了太多的磨砺，太多的坎坷，太多的苦难。闭关自守，必然带来停滞、贫穷、愚昧和落后。

——任何国家要发达起来，闭关自守都不可能。

——太平洋再也不应该是隔开我们的障碍，而应该是联系我们的纽带。

邓小平以巨人之手，将封闭的国门打开。

位于南海边上的深圳、珠海，是中国对外开放的第一道风景线。1979年4月，他提出了兴办经济特区的大胆设想，鼓励创业者“杀出一条血路来”。国门打开了！沿海、沿江、沿边，全方位开放的大格局已经形成，古老的中国终于向世界敞开了博大的胸怀。

飞机盘旋，鲜花伴着骨灰，撒向无垠的大海；

大海呜咽，寒风卷着浪花，痛悼伟人的离去……

海天相接，碧波相连。

小平同志心系各族人民，心系港澳台同胞，心系海外侨胞……

也许，奔腾不息的浪花会把他的骨灰送向祖国的万里海疆。小平回眸应笑慰。他开创的有中国特色社会主义伟大事业，处处气象万千，后继有人，大有希望。

也许，奔腾不息的浪花会把他的骨灰送向香港、澳门。小平回眸应笑慰。他提出的“一国两制”的伟大构想，即将成为现实。香港回归即在眼前，澳门回归指日可待。

也许，奔腾不息的浪花会把他的骨灰送向台湾。小平回眸应笑慰。实现祖国完全统一，是他也是海峡两岸中国人的共同心愿，骨肉同胞终有一天会团圆。

也许，奔腾不息的浪花会把他的骨灰送向太平洋、印度洋、大西洋……小平回眸应笑慰。海外侨胞为祖国在改革开放中腾飞而骄傲；各国政要和人民盛赞小平：“二十世纪罕见的杰出人物”“本世纪公认的世界级领袖”“邓小平的影响超时代超国界”……邓小平不仅属于中国，也属于全世界。

骨灰撒大海，鲜花送伟人。

11时50分，专机盘旋着向大海告别。

透过舷窗望去，水天一色，波翻浪涌。从那永不停息的涛声中，人们仿佛又听到了震撼过无数人心灵的声音：

“我荣幸地以中华民族一员的资格，而成为世界公民。我是中国人民的儿子。我深情地爱着我的祖国和人民。”

一个人的生命是有限的，而人民的事业是永恒的。

如同一朵浪花，他从故乡的山溪流入嘉陵江、长江，然后穿云雾，过三峡，奔腾而下，经过九曲十八折，最终汇入浩瀚的大海……漫长的征程，昭示着一个朴素的真理：敢向时代潮头立，沧海一粟也永恒。

邓——小——平

——一个铭刻在亿万人民心中不朽的名字，他在大海中得到永生！

(《人民日报》1997年3月3日)

第三节　工作通讯

一、工作通讯概述

工作通讯是报道当前实际工作进展情况和经验教训，以及探讨实际工作中新问题的通讯类型。它是有中国特色的新闻体裁，西方很少见到这种体裁。

工作通讯的特点：从性质上看，它直接介入生活，指导工作，有很强的政策性、针对性，因此又被称为政策性通讯。但是，它不同于政策性文件，不具有指令性。它是通过总结经验、探讨问题，从思想认识和工作方法上给人以启发诱导。从内容上看，有的工作通讯近似于工作总结，有的类似于经验消息。不过，工作总结多是面向一个系统、一个部门的领导与群众，内容较为繁多，专业性、技术性也较强；而工作通讯面向社会，内容比较集中，表述通俗，形式灵活。与经验性消息相比，工作通讯的容量大，内容较为翔实；而经验性消息的容量较小，内容较为概括，时效性强。从表达上看，工作通讯比其他通讯类型带有较浓的研究性质和评论色彩。

工作通讯反映的内容一般有：最先出现的典型的工作经验或某些具有普遍意义的业务经验的介绍；当前实际工作中存在的某一重要问题的探讨；工作作风和与工作相关的突出思想问题的评述等。它大部分用于介绍和推广先进经验，有时也用于批评一些工作中存在的严重问题，或研究、探讨工作中出现的一些新课题。总之，工作通讯要围绕党和政府的工作中心和现实需要，选择好报道题材。

工作通讯从文体演变上来看，源于工作报告，只是新闻性、典型性强和内容单一，但仍有工作报告的某些特点。随着新闻体裁的发展，工作通讯的写作形式也在不断变化，出现了许多新品种，如工作研究、工作调查、采访札记、记者来信等。这些新品种的共同点是：表现形式灵活多样，不拘一格。它们吸收了消息、一般通讯、调查报告和评论写作的长处，可以写记者的所见所闻，可以夹叙夹议，可以描绘现场，也可以抒发己见。它们中的多数作品，兼有消息的简明扼要、直接入题，一般通讯的生动活泼、具体形象，调查报告的材料扎实和揭示规律，评论的分析精辟和论证有力等特点。这样，大大拓宽了记者采写工作通讯的思维空间。

二、工作通讯的写作

(一)写作要求

一是要突出思想性、政策性和解决实际问题的引导性；二是要通俗，不要过于专业化，力求避免业务性和技术性；三是要考虑到报道对象及其经验所具备的条件与局限性，不可把话说绝，以防误导；四是讲清与工作成就、经验、教训相关的环境条件，以发挥其指导作用或参考作用。

（二）写作技巧

1. 抓住典型，着重求“新”

工作通讯所选择的对象，一般来说是有普遍指导意义而自身有特色的典型单位及情况，写出来有新的内容与新的角度，新的做法与新的成就，新的体会与新的认识，新的问题与新的启示。如果不新，就失去了工作通讯的新闻价值。所以，工作通讯的写作要着重在“新”上做文章。

例如，获第二届“中国新闻奖”二等奖的通讯《“斗鸡”上海滩——这是一场意义在胜负之外的竞争》(《工人日报》1991 年 9 月 22 日)，写得就很新。这篇通讯把美国肯德基家乡鸡和上海荣华鸡的激烈竞争，形象地比喻为“斗鸡”，标题很新颖。文中将两只“鸡”争斗的情景，活灵活现地展示在受众面前。两只“鸡”各有特色，各显神通。“洋鸡”“携在全球连创 800 余家连锁店之威，挟北京战役大捷大勇，欣然振翅南下”，以风味独特的肯德基家乡鸡和国际快餐的先进经营方式独占鳌头。“土鸡”身披中国传统饮食特色的“羽毛”和“洋鸡”对峙：“酸辣菜针对色拉蔬菜、浓汤汁对雪碧、咸菜毛豆针对土豆泥、米饭针对面包。”同时，又创造性地借鉴了“洋鸡”的先进技术和经营方式，更增添了争斗的活力。两只“鸡”激战犹酣，难解难分。作者用这种形象、生动的表现方式来写经济新闻，令人耳目一新。受众继续读下去，逐步品味到这篇通讯的可取之处不仅在于表现形式新，更在于其丰富的内涵。它发人深省，引人联想，给人启示。这就是要善于学习别人长处，还要敢于与别人竞争，尤其是在经济市场上。

2. 抓好经验，着实求“用”

工作通讯其所以有宣传价值，主要在于它及时提供了新鲜、有用的经验，而不是纸上谈兵，更不是进行一番理论研究后束之高阁。人们看这样的通讯，是要获得一些什么，或者从中学得一些与自己能对上号的东西。这样，工作通讯的写作就要注意针对性。针对性强，实用价值就大。

例如，由人民日报社、新华社、经济日报社三家联合采写的通讯《邯钢经验有多少内涵——市场成本：企业改革与发展的交叉点》(《人民日报》1996 年 6 月 26 日，作者王清宪、于绍良、程远)，报道邯钢“模拟市场核算，实行成本否决”的经验。它不仅对全国各大型钢铁公司有实用性，而且对国有大中型企业都有借鉴意义。它对企业转变观念、转换机制、转变增长方式等改革与发展的一系列问题，提供了一个逻辑与实践有效统一的范例。所以，在 1996 年掀起了全国学习邯钢的热潮。

3. 抓准问题，着力求“深”

鉴于工作通讯的使命，它常常报道群众普遍关心的或有关方面关注的各种问题，有人把这类通讯叫问题性通讯。这种通讯的价值在于提出问题、探讨问题和促进问题的解决。换句话说，当现实生活中已经存在而并未引起有关方面或广大受众注意时，通过报道提出这种问题，就具有新闻价值和舆论监督作用。这里的关键是把问题找准，才好“对症下药”。

获第五届“中国新闻奖”二等奖的通讯《开封缘何不“开封”？》(《经济日报》1994 年 3 月

4 日，作者詹国枢、庹震、刘海法)，是《经济日报》有关开封问题的一组报道中的一篇。作者就开封过去辉煌现在落后的状况，在采访中广泛寻找开封落后的原因，经过分析找到了领导班子观念落后、封闭是其根本的原因，即是问题的症结所在，使报道达到了一定的深度。所以，它能在河南乃至全国激起强烈反响，促使开封人奋起直追。

4. 抓住特点，着意写“活”

工作通讯的题材，相对来说比较枯燥，如果照机关公文式的写法来写，写出来的作品势必干巴巴，索然无味。现代工作通讯的写作，已大大不同于过去的归类法和板块式结构。它把文章写作的诸多技法运用到自身写作中，形式多样，诸如政论式、访谈式、随谈式、见闻式等。作者可依据题材特点灵活地选用一定的表现形式，把通讯写活，写出形式新颖的作品。

例如，获第七届“中国新闻奖”一等奖的工作通讯《由邯钢经验引出的话题》，写作上打破了常规的工作通讯格局，写得就很活。作者选择独特的视角，从本省一位大学教授早就提出的科学管理方法——“劳动消耗转化管理”方法不被本省重用，而邯钢的做法却与此确有“惊人的相似”入手，用叙、议结合的方法来揭示湖北经济管理工作中的问题，吁请湖北人反思。作者开始以记者的新闻敏感从访谈这位教授起笔，然后用连锁式结构法布局全篇，行文由近及远，由小及大，步步推进；同时用对照法、对比法，使问题的严重性突出。这样，报道就有力度。该文发表后，立即引起湖北省委的重视，《湖北日报》就此展开群众性大讨论，进行系列报道，使湖北学邯钢独具特色，而且很实际。下面，我们不妨鉴赏一下该文，也许从中可以得到一些启发。

由邯钢经验引出的话题

——有关劳动消耗转化管理方法试验搁浅的反思

熊家余

6 月 26 日，记者看过发表在当天《人民日报》头版头条位置的通讯《邯钢经验有多少内涵》之后，马上拨通了武汉大学教授余杭的家庭电话。

记者：余教授，你看了关于邯钢经验的报道吗？

余杭：看了。邯钢经验和我们的《劳动消耗转化论》确有——

惊人的相似

记者翻出余杭教授发表在本报 1993 年 6 月 17 日“理论周刊”版的《劳动消耗转化论》一文，和《人民日报》报道的邯钢经验进行比较，发现两者之间确有惊人的相似。

其一，报告说邯钢经验的一个杰出贡献是提出了市场经济的成本核算公式：目标成本=该产品的市场价格-目标利润。《劳动消耗转化论》表述其基本原理是，“企业可把现行计算利润公式等号两边的成本与利润互换位置，在销售收入中把目标利润事先予以扣除，其公式为：销售收入-税金-利润=成本”。

其二，报道说，邯钢“倒推”出市场成本后，再层层分解到分厂、车间、班组，直至每个岗位。《劳动消耗转化论》提出，目标成本确定后，“分解到车间、班组，直至个人”。

其三，报道说邯钢把按劳分配与市场成本指标结合在一起，完不成成本指标者，否决全部奖金；节约了，按节约额的5%～10%提成奖励。《劳动消耗转化论》提出，目标成本确定后，交给劳动者自己控制，“出现超支，由劳动者负担。如节约则由劳动者、企业和国家三方分成”。

不必再列举了。至少可以说，《劳动消耗转化论》和“邯钢经验”是“英雄所见略同”。不同的是，我们湖北有这种科学见解，但未能在实践中生根开花结果，而邯钢在实践中取得了成功。1984年7月，余杭教授带着这一理论到武汉童车厂搞试验，仅半年多，就取得显著成效。1985年1月至5月，该厂在主要原材料价格平均上涨40%的情况下，完成产量比上年同期增长13%，产值增长15.43%，利润增长87.99%。童车厂也曾因此而红火一时，还引得全国2 000多家企业来厂取经。可惜，那只是——

短暂的辉煌

《劳动消耗转化论》(当时称“成本控制法”)在童车厂试验不到一年，就因故而停了下来。这个“故”是什么呢？记者找到了当时任童车厂厂长的周国章同志。

周国章说，童车厂当年试行“成本控制法”，效果的确不错。厂里把根据产品出厂价“倒推”出来的成本分解到车间、班组和劳动者身上之后，职工精神面貌发生了深刻变化，精打细算，勤俭节约蔚然成风。但就在试验逐步深入的关键时刻，有人对使成本和职工收入相互转化的做法在理论上提出了“质疑”，认为这一做法违背了马克思的劳动价值论，他们还把这种观点写成文章，发表在理论刊物上。这，对当时正一门心思抓试验的厂领导来说，不啻当头一瓢冷水。“反马克思主义”这顶帽子，叫人不寒而栗。在这种情况下，厂领导虽然也想坚持试验中一些行之有效的做法，但毕竟不那么“理直气壮”了。

据周国章介绍，当时厂里有些干部、工人曾自发地写文章，反驳对这一试验的“批判”。余杭教授也曾多次撰文予以反击。但令人痛心的是，宝贵的时光在“争论”中无可挽回地流逝了。

面对这样的结果，我们当然很想知道——

邯钢经验是怎样成“气候”的

7月26日，邯钢第二会议室。忙得不可开交的邯钢总经理刘汉章接受了本报记者的采访。

邯钢建立“模拟市场核算，实行成本否决”的机制，也不是一帆风顺的。刘汉章介绍说，1990年，邯钢连续5个月亏损。厂领导经过分析，认为主要亏在成本高、效益低上。怎么做降低成本的文章？厂里先后搞了几套方案，算下来，还是亏。最后统一意见，按市场价格倒推成本。这个成本大大低于原来的计划成本，有的厂一年要降低几千万元。方案出台后，全厂像开了锅，一些分厂领导死活不干。有人还搬出一条“理论依据”，认为国有企业的生产只需要考虑是否符合社会主义生产的目的，即生产的产品是为了满足人民群众的物质文化生活需要，不需要考虑亏不亏的问题。但厂领导的决心没有被这些思想干扰所左右。通过反复做思想工作，层层算账，终于把领导的意志变成了全厂职工的意志，并在实践中逐步丰富和完善了新的经营机制。

看准了的路，不管阻力多大，困难多大，也要坚持走下去。刘汉章把这称为邯钢成功的“秘诀”。

也许，我们可以说，湖北的“经验”比“邯钢经验”更早；也许，我们可以和邯钢人争一争成本核算公式的“发明权”。但一个不容争辩的事实是，《劳动消耗转化论》在湖北经济界一直坐着“冷板凳”，而成本否决机制不仅造就了邯钢今日的辉煌，名满天下，而且其经验反哺湖北，给了我们几多的启示、几多的反思！今天，或者说，面向未来——

我们该有怎样的思索

作为《劳动消耗转化论》这一理论的提出者，余杭教授谈了自己的看法。

一个本来具有很强指导意义和经济价值的理论，为什么在湖北这块土地上没能结出丰硕的果实。一个原因是思想解放不够。有些人对改革实践中出现的新事物，总要往姓“资”姓“社”上扯。武汉童车厂在试行成本控制方法时受到的责难就是典型例证。另一个原因是落实不够，“中梗阻”严重。1986 年 1 月，武汉市经委曾正式行文，要求扩大成本控制法试点，但会开了，文件发了，试点不仅没有扩大，而且连原来的“点”也逐渐消失了。1992 年，这一理论也曾先后引起省政府主要领导和武汉市主要领导的重视。他们先后批示有关部门抓好经验，总结经验。但批文在有关部门“揉”过来“揉”过去，终于不了了之。具有指导意义的科学理论，具有经济价值的科研成果只能“落实”在文件上、口头上，这就是我们落后的一个重要原因。

从《劳动消耗转化论》的遭遇，我们不禁又想起了“丽珠得乐”的出走，想起了“三花接骨散”的远离，想起了……这些凝结着我省科技人才的心血，凝结着我省有识之士的才华的优秀成果，为什么就不能用之于湖北的发展实践呢？而且，我们不知道，在我们的“有关部门”里至今还有没有好的理论、好的方案、好的科研成果，在被“揉”着、被“踢”着、被“搁”着？

湖北最大的实际是发展不够，造成发展不够的根本原因是思想解放不够，落实力度不够。去年，我们这样说；今年，我们这样说；明年、后年，我们还要这样说吗？

（《湖北日报》1996 年 8 月 23 日）

第四节　风貌通讯

一、风貌通讯概述

风貌通讯又称概貌通讯、旅途通讯、旅游通讯。它是以一方一地的社会面貌、社会风尚、生活变化、建设情况、风土人情、名胜古迹等人文景观为报道内容的通讯类型。当然，内容必须有新闻性。

风貌通讯是通讯体裁中最早出现而又运用较多的一种类型。它继承我国古代山水游记文学的优良传统，是游记文学与新闻报道的结合体。虽然现代风貌通讯对古代精湛的游记文学的写作技巧有所继承，但它与古代游记文学有着本质上的差别。差别在于：它不是文人墨客记述闲情逸致之作，也不是失意之士情怀的抒发，而同其他通讯体裁一样，是时代的写照，是历史的缩影，是新闻传播的工具。

在我国新闻传播史上，曾出现过众多的优秀风貌通讯。例如瞿秋白的《饿乡纪程》《赤都心史》，周恩来的《旅欧通信》，邹韬奋的《萍踪寄语》《萍踪忆语》，范长江的《中国的西北角》《塞上行》和潘非的《海外掠影》等，其中不少作品就属于风貌通讯。

风貌通讯的取材范围很广，政治、经济、文化诸方面的新成就，道德、精神、观念诸方面的新变化，以及自然风光、民俗民情、名优特产，等等，都可以入篇。但是要经过筛选、过滤，成为具体形象的材料。

风貌通讯一般是通过一个地区、一条战线、一个部门、一个单位、一个点、一个方面的风貌变化，展现时代前进的步履，展示人的精神面貌的变化与观念的更新。它通过具体材料，以舒展的笔触、纵横交叉的结构，把人、事、景、物融于“风貌”之中，展现一幅幅壮丽的“风貌画”“风俗画”“风情画”。它可以使人开阔视野、增长见识，并在精神上受到激励。蕴含在风貌通讯中的风光美、人情美、艺术美，可给人以美的享受和情的陶冶。因此，它对于提高人的文化素质和培养人的道德情操，对于进行爱国主义教育和传统文化教育，有直接的现实意义。

风貌通讯表现的形式多种多样，有游记体、对话体、通信体、日记体、笔记小品体、札记体等。它在新闻传媒上常以见闻、纪行、巡礼、侧记、散记、漫记、印象记、参观记、访问记等标示题目(主要用做副标题)。

风貌通讯的类型有：

综合性概貌通讯。这是一种政治性、政策性较强的通讯，但其笔法比工作通讯更为自由舒展。

单一性概貌通讯。它反映某一新的建设成就，某一新的气象或新的风貌。

印象性概貌通讯。这类通讯主要用于某种参观、巡礼或访问、掠影式见闻等写作。

旅游考察性通讯。它是带着目的到外地进行考察研究后所写出来的通讯报道。

国际概貌通讯。它主要反映世界各地的风貌及其变化。

杂记性概貌通讯。它取材广泛，写法灵活，所见所闻杂而不乱，最终都是通过见闻反映变化，透视性较强。

二、风貌通讯的写作

(一)抓住特点，写出变化

无论哪种题材的风貌通讯，都要抓住特点。一方水土一方人，一方风俗一方情，都有自己的个性特色，作者把它展示出来，才称得上是风貌通讯。同时又要写出变化，否则事物是静止的，作品缺乏感人的力量。写出变化，能更好地显示特点，反映出新的面貌。这一点，应该是风貌通讯写作成败的关键之一。

获首届“中国新闻奖”二等奖的风貌通讯《行的变迁》(《经济日报》1990 年 2 月 21 日，作者王若竹)，是一篇关于我国交通情况变迁的报道。20 世纪 80 年代我国交通事业大大发展了，为什么公路、铁路、水路、航空交通还那么紧张？这是由于人口多、国家底子薄、建设起步慢，交通不能满足社会需求，这是事物的特点。但它在发展变化。举例来说，1984 年晋东南山区修通了公路，汽车第一次开进一个深山处的村庄时，全村都沸腾了。许多一辈子没有出过山的老人围着汽车转来转去，问司机：“这家伙拉那么多东西，一顿要吃多少草料哩?”这是交通部门一位同志当成“绝不是笑话”的故事讲出来的。几年以后，不但再没有闹这样的笑话，而且出现了农民买汽车、坐飞机出国旅游、在城市多处“打的”的可喜现象。作者没有就此满足，进而提出与发达国家相比，还远远没有达到“人便于行”的舒适程度。作者用发展眼光看“行的变迁”，使报道客观而又显现一定的意义。

(二)描绘风貌，写出情怀

风貌通讯既要写事物的外在风貌——人、事、景、物的外在形状，更重要的是要写出内在风貌——人的精神境界，这样作品就有生气和意义。这其中，核心是个“情”字。作者通过寓情于事、寓情于景、寓情于物来表现一种情怀，达到以情感人的目的，这也是现代风貌通讯写作的特点之一。

获第四届“中国新闻奖”一等奖的广播通讯《南街情》(河南省获嘉县广播站 1993 年 12 月 2 日播出，作者阎会荣、聂秋江)，写的是富裕起来的豫南的临颍县南街村，帮助贫穷的豫北的获嘉县固县村致富的事。两村相距两百多公里，一不沾亲，二不带故，为什么这么亲密呢？因为有一种高尚的情怀在支配着他们。作者在描述以富帮穷的过程中，着力在“情”字上做文章，使这一老题目写出了新意。通过这普通乡村的人情风貌，显现出中国的传统美德依然在发扬，使受众感到有一种扑面而来的地方乡土气息和现代生活气息。

(三)传播知识，写出情趣

传播知识是新闻报道的任务之一，而增添情趣则是风貌通讯的特色之一。这是受众对风貌通讯感兴趣的一个重要原因。所以，我们在写这一类通讯时，适当地穿插一些历史地理知识、人文景观知识以及科学技术知识，不仅可以使风貌通讯写得丰满、增色生辉，还可以帮助受众开阔眼界，增长知识，陶冶情操。

老新闻工作者穆青以写人物通讯著名，写风貌通讯也毫不逊色。1992 年由新华出版社出版的《彩色的世界》，汇集了他 20 世纪 70 年代末至 90 年代初访问五十多个国家写下的 41 篇通讯作品和拍摄的 195 幅照片，为我们展示了“一个既色彩缤纷又光怪陆离的世界”(该书“前言”)，读来美不胜收。下面，不妨摘取该书中《最后的晚餐》一个片断，让我们领略一下异国的某些风情：

> 在米兰，我们参观了举世闻名的达·芬奇的名画《最后的晚餐》的原作。这幅画是达·芬奇在 1495 年画在一个修道院餐厅墙壁上的。原作面积约合 44 平方米，高 4.97 米，宽 8.85 米，共画了两年时间。
>
> 第二次世界大战期间，这个修道院隔壁的圣马利亚教堂被炸，画着这幅名画的餐厅虽未直接中弹，但也被震垮了，所幸名画所在的那堵墙壁没有坍塌，也没有损伤。这是因为当时意大利人民为了保护这幅无价之宝的名画，事先曾用麻袋装上沙土，把整个墙壁四周都堆得严严整整。战后，他们又照原样修复了这间屋子，使《最后的晚餐》仍完整地保存在那里。现在，就在这幅名画的前面，还展览着两张当年的照片，反映炸后房倒屋塌，以及人民用沙袋保护名画的情景，这也是很有历史意义的资料了。
>
> …………
>
> 我站在画前仔细欣赏着这幅名画，总觉得同我过去所看到的一些复制印刷品有所

不同，至少在感情上的享受就大不一样。画中主人翁耶稣和他的12个弟子，每个人的面部表情似乎都耐看得多。各人的神态反映着各人当时不同的心理状态。从每个人的动作和表情上看，他们正在纷纷议论。作者用惊人的艺术力量渲染了这最后一次晚餐上那种森严而又紧张的气氛。画面是无言的，但看着这栩栩如生的人物，耳边就仿佛听到了他们窃窃议论的声音。

耶稣的表情是忧郁的。因为就在这次晚餐上，他向弟子们说出在他们中间有人背叛了他。12个弟子听到这话之后，纷纷议论。画面可以看出，有人在表白自己对耶稣的耿耿忠心，有人在猜测这背叛者究竟是谁呢？有人手里握起餐刀，准备一旦耶稣说出这个背叛者的名字，就立刻杀死他。12个弟子中只有犹大一个人背过脸去，面部整个是黑暗的。显然作者的画意是，他的脸是不敢面对光明的。

整个画面远远望去，纵深很远。透过耶稣背后的窗口，可以看到耶路撒冷地区美丽的黄昏景色。据说这是达·芬奇用他家乡米兰的景色加以想象画成的。餐桌上面包、酒杯、刀叉的摆法，都是作者长期在餐馆中仔细观察得来的。它是那么自然、逼真，看起来“最后的晚餐”确实已经进行到最后了。

该文以下是探究油彩的秘密，保存油画的情况，以及参观团在米兰的活动和作者对此所发的议论。这篇不长的文章，作者既向我们传播了世界名画的历史知识，又勾勒出这幅名画的形态，确实给人以情趣。

下面一篇风貌通讯就体现了以上写作要点，篇名为《夜宿车马店》。这是党的十八届政治局常委刘云山在20世纪80年代任新华社内蒙古分社记者时采写的一篇通讯。它通过记者的所见所闻，报道了内蒙古自治区土默特右旗实行生产责任制后，农民生活发生巨大变化的情景，很有生活趣味。

该篇在写作上有以下几个特点：

一是用对比手法展现变化。行文一开始就是轮廓式的概括对比：土默特右旗今年获得好收成，粮食总产比去年增长二成，油料总产比去年增长七成多。然后通过老炊事员的话，再次强化这种概括对比：“过去眉头上挽着疙瘩，如今，个个膘得脸上放光。那些年住店的，多数人拿的是红(高粱)黄(玉米)面窝头，舀两碗开水就着吃；现在可不一般了，拿着白面馒头还嫌不顺口，还要到街上买块豆腐割斤肉，打二两白干，人家就图那个美气哩!”接着记者把目光转向具体人物，从吃、穿、用三个方面展开具体对比、找出变化的印证材料。

二是叙述用电影“蒙太奇”手法。先是一个远景镜头，夜色下的车马店灯火通明，远处传来庄户人爽朗的笑声和牲口的叫唤声。紧接着就是一组近景特写镜头，通过几位农民的对话，勾勒出他们的动作、神情，仿佛就在受众眼前。然后镜头又拉远，车马店里的人们还在憧憬美好的未来，透出热闹、温暖的场景。

三是语言富有情趣和个性特征。这主要是通过几位农民的对话来显现，如富起来“肚圆了”，“兜鼓了”，“个个膘得脸上放光”等；再就是记者用语也生动，如车马店“满屋子的人拉呱得挺热火”，“越谈越起劲，越拉越高兴”等。

这篇通讯与范敬宜任辽宁日报记者时在1982年写的著名消息《夜无电话声，早无堵门人》，都是写农村新变化，可谓有异曲同工之妙。

下面请看通讯全文：

夜宿车马店

刘云山

内蒙古自治区土默特右旗今年获得历史上最好的收成，粮食总产22亿多斤，比去年增长两成；油料总产4000多万斤，比去年增长70%多。全旗350多个穷队，今年面貌都有很大变化。农村的繁荣，给集镇也带来了兴旺。不久前的一个晚上，记者来到这个旗萨拉齐古镇的车马店投宿，生动地感受到了社员们丰收的喜悦。

记者在暮色苍茫中来到车马店的时候，老远就听到里面传出庄户人爽朗的笑声和牲口的叫唤声。进店一看，宽敞的院子被进城来卖粮卖油的车辆挤得水泄不通。店堂里灯火通明，满屋子的人拉呱得挺热火。

车马店的老炊事员周二旦一边飞动着菜刀，一边乐呵呵地说："俺在店里干了十多年，天天跟庄户人打交道，过去庄户人眉头上挽着疙瘩，如今，个个膘得脸上放光。那些年住店的，多数人拿的是红(高粱)黄(玉米)面窝头，舀两碗开水就着吃；现在可不一般了，拿着白面馒头还嫌不顺口，还要到街上买块豆腐割斤肉，打二两白干，人家就图那个美气哩！"

"那算啥美气！"坐在菜案旁的一位叫贾满贵的瘦高个老汉有点不服气地说："上一次进城来卖公粮，俺把儿媳妇、小孙孙、老姑娘一齐拉了来，饭馆里的烧麦、馅饼、锅盔，娃娃们想吃的都尝遍了。服务员一算账，俺一次掏给他十几块。俺今年一家打了10000斤粮食，8000斤油料，光卖给国家的粮食油料就是10000斤，进钱3500块，那场面才叫美气哩！"

"贾大个子，如今你肚圆了，兜鼓了，可前几年记得你进城拉返销粮时，在店里光吃点窝头。"车马店服务员丁大叔"揭底"了。

这时，来自黄河边上十六股村的青年后生高兴宽接上话茬："过去队里年年不分红，有次俺爹进城，说要领俺去开开眼。到了街里，一不敢进商店，二不敢进饭馆，兜里空空，怕看了眼馋。这回俺进城，一次就卖了3000多斤油料。"说到这里，高兴宽拍拍自己鼓囊囊的上衣口袋。

"小伙子买啥好东西了，叫众人看看。"不知谁这么说。

高兴宽倒实在。他打开一个大大的包袱，里边全是衣服，有媳妇的，有妹妹的，有老父亲老母亲的，什么涤纶、涤卡、弹力呢，都是时兴货。青年后生说他还打算买台切面机，给村里人加工切面，让庄户人也能吃上城里人吃的饭。

满屋子的人好像都是老熟人，越谈越起劲，越拉越高兴。车马店的火炕似乎也烧得分外热，更显得店堂里温暖如春。

(新华社1981年11月30日)

第五节 问题通讯

一、问题通讯概述

问题通讯是以报道问题为对象的通讯类型。问题涉及人，由人引发事，人和事的失误就构成问题。相对于人物通讯、事件通讯、工作通讯、风貌通讯侧重在传播正能量外，问题通讯则是通过报道某种社会现象、剖析社会问题向正能量转化。它的价值在于发现问题、提出问题、剖析问题和促进问题的解决。当社会生活中已经存在某种问题而未引起有关方面或受众注意时，通过报道揭示问题的本质，加以正确引导，就具有新闻价值和舆论监督作用，因此问题通讯的作用同其他通讯类型相比一样重要。

过去在问题通讯中，出现过像报道国有企业改革第一人、浙江海盐衬衫厂厂长步鑫生，由于官僚主义、工作作风粗暴被革职，《人民日报》推出了《步鑫生沉浮录》的报道，对改革先行者敲响了警钟。还有，如 1987 年大兴安岭森林特大火灾，中国青年报记者采写的“三色”报道(红色的警告，黑色的咏叹，绿色的悲哀)，对官僚主义领导作风进行了有力抨击，致使国家林业部长被撤职。这事过去 30 年了，大兴安岭森林再也没有发生火灾。

我们常说新闻报道以正面报道为主，负面报道为辅，这不等于负面(问题)报道无足轻重。如果不用锐利的眼光搜索翔实的事实，不用犀利的语言来剖析，那存在的问题会越来越严重。毛泽东《在延安文艺座谈会上的讲话》中指出，一切危害人民群众的黑暗势力必须暴露之，一切人民群众的革命斗争必须歌颂之，这就是革命文艺家的基本任务。同样，对新闻工作者来说，其基本任务亦应如此：好的(真善美)必须报道之，坏的(假丑恶)必须披露之。

现在，国家发展了，社会进步了，人民觉悟提高了，但并不等于没有沉渣泛起、没有死角、没有阴暗面。如行贿受贿，买官卖官，禽兽教师，家族暴力，网络陷阱，电信诈骗，学术腐败，等等，记者要有社会责任意识，去发现、去调查、去分析、去报道，大大有助于司法部门去遏制、打击犯罪行为。

二、问题通讯的写作

(一)目的要明确

记者要有政策观念和正义感，彰显社会责任意识。目的是惩恶扬善，为营造和谐社会做好舆论监督，而不能写出阴暗面来哗众取宠，更不能招徕低级趣味反而起副作用。

(二)采访要巧妙

一般来说，采访负面的对象比采访正面的对象难度要大些，甚至人身安全得不到保障。这就要靠记者的采访技巧。在取得有关部门领导支持后，对被访者采访要讲究策略，有的要佯装陌路人，有的要隐姓埋名不暴露身份，有的要“卧底”明察暗访，总之什么办法采访最有效就用什么办法，即随机应变。

(三)事实要准确

如果记者所报道的事实有一点差错可能会引起一场官司，如名誉侵犯、精神伤害等被起诉。所以记者获取素材后一定要反复核实，“5W+H”准确无误，经得起检验，即合理合法。

(四)行文要对路

它不是司法文书，也不用文学笔调，完全是客观陈述事实。注意保护隐私；不便用真名实姓就用化名。行文不要慷慨陈词，不要义愤填膺，让受众通过事实中明辨是非和好坏。

(五)纪实要清楚

问题通讯一般采用纪实手法。纪实要有条理，不可杂乱无章，使受众看(听)得清清楚楚、明明白白，知道是怎么回事。这就要求结构完整，语言通俗，即便于受众知晓。

获第十一届中国新闻将二等奖的问题通讯《电子游戏是瞄准孩子的“电子海洛因”》就符合上面提到的采写要点。该篇通讯不仅获奖，还被选入中国人民大学高校统编教材“世纪新闻传播学系列教材”《新闻写作教程》，可见这篇通讯的分量重。

这篇通讯反映一个重大问题：关心下一代成长不能被精神鸦片毒害。尽管家长费尽心血培养孩子，而电脑游戏机如同毒品海洛因一呼啦就把小孩俘虏了，致使他们学业荒疏，心灵腐蚀，误入歧途。

这篇通讯是记者倾注其社会责任意识深入采访而成。它有几个特点：一是记者根据新闻线索，三次暗访跑遍武汉三镇，获得第一手材料。二是冒充孩子家长与玩电脑游戏机的孩子套近乎，佯装电脑专家与商户打交道，了解商户是怎么把孩子们引上钩的，即明察暗访获得详细材料。三是三次采访有条不紊步步深入，其脉络就是按照采访顺序行文，归结戕害孩子心灵的严重后果，比照《未成年人保护法》，向社会发出警示：“我希望那些黑心的游戏机室的老板们，那些应该管而没有管或者暗中支持这些地下游戏室的人想一想：也许明天沦落迷失的是你的孩子!”四是对知情者——被采访对象不道出姓名，只用某“老板”“黄头发”代替，避免引起副作用或引起被访者的抗议。五是运用生活化的语言，使读者看了感到亲近而引起震惊。

下面请看全文：

电脑游戏是瞄准孩子的“电子海洛因”

夏 斐

近日，武汉的一位母亲奔走于新闻单位，悲痛欲绝地向记者控诉害人不浅的电脑游戏机室。根据报社编辑部的指示，记者决定暗访武汉的电子游戏厅和电脑游戏室，看看“电子海洛因”是怎样毒害孩子的，是如何泛滥成灾的。

第一次暗访这位深明大义的母亲一定要陪我暗访，她说：“你自己很难找到电脑游戏室。”我说：“我知道有些地方有很大的电子游戏厅。”她说：“那种老式的电子游戏机，对孩子有危害，但只是鸦片；电脑游戏才是真正可怕的‘电子海洛因’。”这位母亲说，电脑游戏厅在周围一平方公里内有20家。

在武珞路附近一幢普通居民楼前，这位母亲用手一指：二楼就是。我以找孩子为由独自进去，只见二楼中间一间大房里放满了电脑，大约有30台，坐满了孩子，最大的不过十几岁，正聚精会神地在机子上拚杀。

街头发廊旁，没立任何牌子，也未写“电脑游戏”字样，但是，只要推开其中任何一扇铁皮门，里面玩电脑游戏的80%都是孩子。

令人不解的是，这时正是上午11时左右，都是学校上课时间。知情人士说：游戏机室最火爆的时候是12：00—14：00、18：00—23：00。有的游戏机室提供一条龙服务，包吃包住，甚至包代替家长签字。

在武昌民主路旁安家湾的一幢居民楼里，记者推门而入，只见一楼摆满了电脑，而二楼则摆满了高低床。我问老板：“摆这么多床，给孩子们睡呀？”老板说：“对，有时实在太晚了，怕他们回去不安全。”“那么你这里就安全了？”“当然安全，我这里除了电脑就什么也没有了。”

这些开在偏街上的，没有牌子的电脑游戏厅几乎都是非法经营的，而那些公开开设的电子游戏机室又怎么样呢？记者一行来到了××大学门口的学院路。在相距不到100米远的地方，有两个大型的电子游戏室。一个里面至少有50台游戏机，几乎都是孩子在机上拚杀，而且有10个女孩子，有的孩子还熟练地拿着烟，里间的小房子里有5台苹果机，是可以赌博的那种。另一家规模更大，称为××娱乐中心，有电子机、电视游戏机、电脑游戏机，约有120多台，简直是一个大工作平台。只是坐在上面的都是花季少年。我走到柜台前买了10元钱的硬币，然后问：“你们这两家相隔这么近，不抢生意？”卖硬币的老头说：“不用抢，这周围一平方公里内有4所中小学，有的是孩子来玩。”记者3天之内还遍访了汉口宗关、汉阳钟家村、武昌胭脂路、武昌珞珈山路、广八路等地，无论是在电子游戏厅还是电脑游戏室，几乎都是孩子们的天下。

据武汉方面知情人透露：在武汉公开挂牌的电子游戏厅有500多家，没有合法手续的电子、电脑游戏机室有3000多家。游戏室设有包房，包玩、包吃、包睡，有的学生玩游戏竟然5天5夜不回家。武汉市至少有30%的学生迷恋游戏机。

第二次暗访这些秘密的电脑游戏室都在一些居民区内，孩子们是怎么知道的呢？为了与孩子交朋友，记者花了一个晚上学会了目前正流行的《星际争霸》和《英雄无敌》，然后来到一个正在聚精会神地“打着”的孩子身后说：“你不行，我做给你看。”我的“高招”果然吸引了他。很快我就成了他的师傅。我们有了共同的话题，这个只有11岁的孩子就对我无话不谈了。

晚上11点，我说：“我带你出去吃点东西吧？”他说：“那好吧。”走出了电脑游戏室，我对他说：“这么晚了，你跟我走，你不怕我把你卖了。”他说：“你卖我？把我卖了才好呢，只要能打游戏，到哪儿都无所谓。”

在一个排档前我们停下了，因为孩子不肯走远，想速战速决地赶快吃完好回去接着打。我只好稳住他：“吃饱了才好战斗到天亮啊？过会儿我们俩联机打，决一胜负。”这时他才安下心来。

我慢慢地与他交谈起来。“这些电脑游戏室都藏得这么紧，有的干脆就在居民家里，你是怎么知道的。”他说：“别的同学带来的。”“他们怎么知道的呢？”“可能是老板去校门口发了纸条吧，也有的是跟着高年级的同学来的。”“你是怎么被带来的？”“班上有很多同学经常聚在一起谈怎么打怎么打，大家交流谁打得好，那时我从未玩过，那年我8岁，我觉得好像很丢人，就跟他们一起来了。”“那你又用什么办法带别的孩子来?”“很简单，我们打赌，谁赢就由谁做作业。我曾带我隔壁的小弟弟来过，他可聪明了，只有6岁，就能过很多关了。”“家长不给钱，你拿什么打?”“老板可以欠账，只要你天天去就行。也可以带别的同学去打，带三个以上，可以免打一次。”“你欠老板多少钱了，我替你还?”“快两个星期了，我已带了不少同学来打，但老板说，仍然欠了100元。”“怎么欠这么多?”“我差不多每天晚上都打到半夜或者天亮。”“你晚上不回家，父母就不知道吗?”“开始我骗他们，我晚上先睡觉，然后等他们都睡了，就溜出来，打个通宵。早上6点多，装作跑步跑得满头大汗，证明我是起早床。后来父母发现了，我也就不再骗来骗去了。”“爸爸妈妈不打你?”“打，经常打，我不怕打，我的皮很厚，有时他们打得急了，我就在脑里过关，反而不怎么痛了。”“那你还来?”“他们现在打少了，怕我出走，反正游戏室里包吃包住，我到哪儿都能过。”……

我实在不忍心再问下去了，我甚至害怕问出他怎样弄钱或骗其他孩子的事。他的眼睛由于长期面对电脑，已有些近视了，但仍然有孩子般的纯真，我给了他100元钱还债，然后默默地离开了。他向电脑游戏室的方向跑去。

不久前，武汉一家媒体报道：家住武汉满春街的一个只有16岁的少男，与两名同伙今年3月初在游戏机室里以交朋友为名，把两名14岁的少女骗入圈套，卖给了自己的表哥，获利4000元和一支枪。少男为什么拐卖少女？少男又何以能拐卖少女？这件触目惊心的案子与风靡江城的“电子海洛因”有什么样的联系呢?

第三次暗访为了了解那些开游戏厅的老板们，记者决定再访电脑游戏室。

老板们大多是中年人，看样子没有多少文化，有的长得也挺凶的。我到了几家私家电脑游戏室，都没有套出什么，他们挺老练的，口风紧，都异口同声地说“没赚到什么钱。”但看到他们手上拿着那么一大叠找零钱的票子，你相信吗?

4月26日夜晚，机会来了，我在胭脂路一带的小巷子里瞎转，我知道就这么一条小巷子，也不下5家。可我推开了好几家的门，都没有人打，有的说机子坏了，有的说有人暗访不开机。由于我一身大学生的装扮，加上对电脑游戏又张口就是行话，总算没有引起老板的怀疑。我对一个年轻老板说：“今天虽然是4月26日，但是我本身是电脑专家，如果开机之后引起故障，我可以排除，不能修复的话，我甘愿一赔十，怎么样，让我玩一会，我实在手痒心痒。”然后我主动交了100元押金，老板相信了。我熟练地打了一会儿，老板就不再起疑心，就与一个黄头发的青年人聊。

黄头发说：“××地方游戏室比较少，可有市场，周围有好几所学校，我想在那里开一个。”

老板说：“那个地方的文化站长搞不定，再说房租可能贵。”黄头发说：“街道、工商、派出所还熟，重点是文化站长和房租。”

我见机会来了，就说：“房子我可以想办法，我住那里，我家有多余房，是又偏又不偏的那种，一楼有三室一厅。我们合伙怎么样？我负责房子，你们负责关系。”

就这样，我们聊开了。我说：“那里的孩子家长都是干部，家庭环境好，家长又看得严，你们怎么开拓市场?”

老板说：“这方面的办法我多得很，我本人就是初中迷上了游戏机，没考上高中，只好想办法开一家了。我的经验是，只要迷上几个坚定分子，不愁拉不到一个班，拉到了一个班就可以拉来半个学校的孩子。”

“怎么样拉?”

黄头发说：“那是孩子们自己的事，他们有的把别人骑的自行车汽门芯扒掉，中午没办法回家，又没办法睡觉，只好到我们这里转悠，看多了，就想上去，一上去就下不来了。”

怪不得在你们这条巷子里有几个修自行车的。

我故意装傻地问：“孩子们玩上瘾了，下不来了，怎么办?”

老板说：“就睡在我这里。我包吃包住还代替家长签字。”

“那孩子没有钱了，怎么办?”“我这里很便宜，一个小时2元钱，打一通宵只收10元，一般的孩子这点钱不在话下。”“要是一个孩子喜欢打，又实在搞不到钱呢?”“两个办法，一个是哄别的孩子来，一个是去参加‘擂肥’。”“什么叫擂肥?”

老板不耐烦说：“就是在路上抢别的更小的孩子的钱。”

我更傻地问：“你这不是引诱孩子变坏吗?”我为迷惑他，仍没有停止游戏。

黄头发说：“你的电脑游戏玩得这么好，怎么就不知道呢？这电脑游戏就是毒品，就是海洛因4号，不是我引诱他，孩子一迷上了，自己就会变坏。”

老板补充说：“整天在游戏室里的孩子，只有一个结果，男孩子最后变成抢劫犯、小偷，女孩子最后变成三陪小姐。”我害怕他们起疑心，就赶紧接上说：“要是这样，我们没办法合作了，因为我家有小孩子啊。”

遍布偏街小巷的电脑游戏室，难道真的不为有关部门所知吗？我们不是有《未成年人保护法》吗？我希望那些黑心的游戏机室的老板们，那些应该管而没有管或者暗中支持这些地下游戏机室的人想一想：也许明天沦落迷失的是你的孩子！

（《光明日报》2000年5月9日）

第八章
新闻特写和专访

第一节　新 闻 特 写

一、新闻特写概述

新闻特写是对被报道对象富有特征的片断，或细节，或瞬间动态，予以鲜明而突出、形象而生动再现的新闻报道体裁。

“特写”一词，源于电影摄影，指的是对人或物的局部进行放大拍摄，叫“特写镜头”，以获得特殊视觉效果。如电影银幕或电视荧屏上一个人的画面，不是全身加背景——远景镜头，也不是半身加背景——中景镜头，而是面部、尤其是眼睛——近景镜头被放大，突出地显现人的神态，这就是特写镜头。

在文学创作中，运用电影特写镜头的表现手法形象反映生活，形成了文艺特写这种体裁。

在新闻写作中，为了增强作品的表现力，使之具有形象化的特点，截取新闻人物一个侧面、新闻事件一个片断或一个场面，采用电影特写镜头的表现手法，把最富有意义、富有特征的部分突现在受众面前，取得清晰、强烈的视觉印象，这样，就形成了一种新闻体裁，即新闻特写。

这样看来，对“特写”的理解有两种含义：一是作为表现手法，运用于文学创作、新闻写作等文体写作中；二是作为一种体裁形式，有摄影特写、文艺特写、新闻特写等。

在新闻写作中，就体裁而言又有两种情况：一种是用于写消息，称为特写性消息，如前面提到的著名消息《刘胡兰慷慨就义》；另一种是用于写通讯，称为特写性通讯，又称通讯特写，如前面列示的获奖通讯《“飞天”凌空》。

至于新闻特写的归类，目前新闻界还不尽一致，有两种看法：一种被视为与通讯并列的独立体裁，报纸上和广播电视节目中直接以“特写”标示；另一种是不具备消息特征的新闻特写，被视为特殊的通讯，“中国新闻奖”评选这类作品时把它归入通讯类。

问题不在于归属，主要是看它的特点。与常用新闻体裁相比，它比一般消息更形象、生动、传神，视觉效果好；它比一般通讯更集中、洗练、形象，文字也少得多；它与速写虽然都以描写为主，但比速写勾画事物更为细致，形象更为突出。

通过以上比较，我们可以看出新闻特写的特点：

一是新闻性。它必须提供新闻事实，事实要素俱全，报道迅速及时。

二是形象性。它是一种描绘性新闻，形象地再现新闻事实，给人以立体感和画面感。

三是片断性。它不写事物全貌，只摄取事物典型的和精彩的片断，即对事物主干部分加以特别凸现。

新闻特写的分类，按写作对象分，有人物特写、事件特写、场面特写、景物特写、工作特写、旅途特写、杂记性特写以及个人经历特写 8 种类型。

二、怎样写好新闻特写

新闻特写的写作，同样要遵循新闻写作的基本规律、原则和要求。但是，它的个性特征又决定了它不同于一般的消息写作和通讯写作，它既要用事实说话，又要用形象说话。具体讲，写好新闻特写应注意以下三点。

(一)选择重大题材中富有特征性和透视力的片断或细节，提炼一个深刻的主题

新闻特写一般选择的是重大或有典型意义的题材。这些题材的全部内容不可能都用上，只能选取局部。这个“局部”就是最能反映新闻精髓的片断或细节，即富有特征的部分。这样便于作者集中而精细地反映新闻事实的重点部分。这里的关键问题是提炼好主题，用一个深刻的主题来透视这些片段，以局部反映整体，“窥一斑而见全豹”。这样篇幅也会短些。

例如，一位外国记者报道1937 年日本侵略者在南京的大屠杀，写了一篇新闻特写《南京的劫难》(美国《芝加哥每日新闻报》1937 年 12 月 15 日)，开头便说在南京是“‘地狱般的 4 天’——只有这句话，才能确切地形容南京遭到围攻和占领时的惨状”。这句概括性的导语，深刻地揭示了南京浩劫的实质。

以下是作者的现场目击。现举几例：

我与从日军发动进攻以来第一批撤离中国首都的外国人一道登上了瓦湖岛号炮舰。我们离开南京前目睹的最后一幕是 300 名中国人在河边的城墙下被集体处决。那里早就堆满了尸体，一层又一层，比人的膝部还高。

全城大街小巷里，到处是平民的尸体和军人丢弃的军服和武器。许多军人找不到渡船，仓皇跳水逃命，结果几乎全部丧生。

在南门外，我亲眼见到那里成了屠场。那里横七竖八地躺着至少 1 000 名士兵的尸体，各种姿势都有。那里到处是打断的电话线和输电线，到处是烧得焦黑的废墟。显然，这种劫后的惨象是南门关闭后造成的。

在每条大街小巷，我都看到累累的尸体，其中有不少是不可能伤害任何人的老人。我还看见被处决者的尸体堆积成山。

在北门，我看到从城墙上坠下来的绳梯和用衣物、床单扯碎搓成的绳子。在北门堵塞后，许多人想借此越墙逃命，但没料到陷入了更可怕的死地。

上面描写的几个片断，透视力强。在这铁证般的“镜头”里，充分揭露了日本侵略者令人发指的兽行和军国主义的凶残。至今读来还令人心颤。

（二）描绘片断或细节，或渲染情节的高潮，写出动态感和立体感

新闻特写的文学因素和摄影因素，决定了它对所选取的片断或细节以至情节高潮，必须形象化和镜头化。要做到这一点，就要用形象化的词语和放大镜头（放大不是夸大，而是集中显现，去掉旁枝杂叶）。这种形象化和镜头化又不是静止的、平面的，而是镜头摇动式。这样特写所表述的事实就能活灵活现，给人以动态感和立体感。

例如，1993 年海峡两岸授权民间团体领导人在新加坡成功举行了“汪辜会谈”，标志着两岸关系迈出了历史性的重要一步。5 年后，海协会会长汪道涵和台湾海基会董事长辜振甫在上海和平饭店再度重逢，记者写出了一篇富有文采的特写性消息。全文如下：

在和平厅见证历史

薛建华　陈斌华　周解蓉　赵新兵

［**新华社上海 1998 年 10 月 14 日电**］　“欢迎您到上海来!”“很高兴在上海见到您!”

海协会会长汪道涵精神矍铄，红光满面，声音洪亮。他微笑着向台湾海基会董事长辜振甫伸出右手。

清癯健朗、鹤发童颜的辜振甫先生趋前一步，迅即握住伸过来的手，许久，两只手交叉重叠地紧握在一起。

此时，镁光灯闪成一片。今天下午这历史性的一刻，立即被记录在数百名中外记者的照相机和摄像机中。

这是两岸授权民间团体领导人自新加坡“汪辜会谈”5 年后的再次握手，也是他们在祖国大陆的首次握手。“握手”这一和平的礼节源自中世纪，骑士们以此表明手中未持武器。但海峡两岸这次握手，则跨越了 1000 多个日日夜夜和波澜起伏的海峡风云。

因此有舆论认为：“汪辜两位老先生的再度握手，将对改善两岸关系气氛产生重要的推动作用。”

今天会晤的场地选择在上海外滩江畔的和平饭店。下午 5 时 35 分，饭店和平厅里灯火通明。“和平饭店、和平厅”，这一精心的安排引起记者浮想联翩。

古人有言：“和为贵。”由邓小平提出的解决台湾问题的科学构想，就是“和平统一、一国两制”。

和平饭店、和平厅，“和平统一、一国两制”。“和平”是当今世界的潮流，和平统一是两岸人民的共同心愿。

宾主落座后，汪道涵与辜振甫互致问候、亲切交谈。

5 年前的 1993 年 4 月 27 日，汪道涵和辜振甫在新加坡首都握手，成功地举行了第一次“汪辜会谈”。这次会谈成果显著，标志着两岸关系迈出了历史性的重要一步。

当时，汪道涵 78 岁，辜振甫 76 岁。随后 5 年，两岸关系迭经波折。再度重逢，两人已从古稀之龄步入耄耋之年。

虽然光阴荏苒，但两位领导人依然神清气爽，尤其是年长两岁的汪道涵会长更显神采奕奕。在场的年轻记者纷纷感慨：这么健康，一点也不像那么高龄的人。

会见厅里的沙发座位呈倒U字形。汪道涵和辜振甫的两侧分别是海协常务副会长唐树备、海基会副董事长兼秘书长许惠祐等两会负责人士。

照相、摄影的10分钟很快就过去了。记者被请出场外，汪、辜两位老先生随即就双方共同关心的问题包括政治问题，坦率地进行对话。

退出和平厅的记者们，此时才得闲凭窗眺望，但见十里外滩已是华灯初上，车水马龙，一片繁华景象。

这篇特写性消息运用历史背景材料和描述现场情景的方法，从侧面生动地报道了党和国家在两岸关系问题上的一贯政策。消息还通过两位老人对话、动作的精心描绘，真实地再现了现场的和睦气氛和两位老人的动人风采。

在新闻用语上，全篇文字都经过记者的精心锤炼。语言清新、简练，蕴含着丰富的情感，具有一种较浓厚的亲和力。

(三)以情纬文，增强作品的感染力

梁代文论家刘勰在《文心雕龙·情采》中说："繁采寡情，味之必厌。"这意思是，文章写得繁丽，但缺乏思想感情，味道必然差。大凡好的文章，都是"情动于中而形于言"的。

情感是文学的生命。新闻特写兼有文学的因素，同样要注重其情感性，将作者的情感融入所报道的人、事、景、物之中，这样它既报道了事实，又增强了作品的感染力。

获第18届(2007年度)中国新闻奖二等奖的新闻特写《夫人奈娜最后吻别叶利钦》是一篇以情纬文的报道。2007年4月25日，叶利钦在莫斯科去世。作为特殊时代有着特殊性格、特殊经历的俄罗斯首任总统，叶利钦的名字注定与20世纪最后20年的苏联/俄罗斯历史联系在一起。这位重要人物的去世，我国各大媒体发了消息、述评、通讯等报道，但中国新闻社记者另辟蹊径，从妻子、从家人的角度对葬礼作现场特写。葬礼中记者将叶利钦夫人奈娜的悲情和夫妻相濡以沫数十载的感情，通过细节动作予以再现："在墓地，一袭黑衣，头戴黑色围巾的俄罗斯前第一夫人奈娜忍着悲伤走上前去，把一方白手帕塞在相伴50余年的丈夫枕下，轻柔地整理了逝者发型，她双手颤抖着再次轻抚丈夫的脸颊，轻轻亲吻丈夫的额头，仿佛怕惊扰了这位当年叱咤风云的人物。"这段描写让人们看到了感人的场面，久久不能忘怀。该特写用白描手法，语言平实，表述客观。下面请看这篇663字的特写全文：

特写：夫人奈娜最后吻别叶利钦

田　冰

莫斯科时间4月25日下午，俄罗斯首位总统叶利钦的葬礼在莫斯科新圣女公墓举行。俄罗斯总统普京及夫人和俄国内外政要参加了葬礼。

当地时间下午4时30分左右，覆盖着俄罗斯三色旗的叶利钦灵柩在一辆装甲车的牵引下，在叶利钦遗孀奈娜和两个女儿的陪同下，在普京总统夫妇和俄国内外政要的护送下，在总统卫队仪仗队的护卫下，缓缓驶过铺满红色鲜花的街道，向新圣女修道院墓地驶去。

从救世主大教堂到新圣女墓地沿途，处处摆放着人们敬献的红色康乃馨。街道两旁，挤满了自发前来送行的俄罗斯民众，有妇女忍不住悲痛，流下了眼泪。

在墓地，一袭黑衣，头戴黑色围巾的俄罗斯前第一夫人奈娜忍着悲伤走上前去，把一方白手帕塞在相伴50余年的丈夫枕下，轻柔地整理了逝者发型，她双手颤抖着再次轻抚丈夫的脸颊，轻轻亲吻丈夫的额头，仿佛怕惊扰了这位当年叱咤风云的人物。

熟悉叶利钦一家的人都说，身为建筑工程师的奈娜低调、谦和，把自己的一生都献给了丈夫、孩子和家庭，退休后更是默默而又贴心地支持和陪伴在丈夫身边。

叶利钦的两个女儿伏在即将远去的父亲身上，轻轻抽泣，久久不愿起来。

伴随着送行的礼炮声，俄罗斯首位总统的遗体缓缓沉入墓穴。

按照俄罗斯民族传统，当去世者入土时，先由神职人员诵念特殊的祈祷文，然后才向棺木撒上泥土。这象征着人的身体来自泥土最后又重归大地，而灵魂永生。

（中国新闻社2007年4月25日）

第二节　专　　访

一、专访概述

专访，即新闻专访，它是就特定的采访对象进行专门访问的纪实性报道。

专访，是一种特殊的通讯。这是因为它与一般通讯有共同之点，也有不同之点。共同之点是：都比消息报道新闻要详细和生动，都可以用叙述、描写、议论、抒情等多种表达方式写人、记事。不同之点是：其一，它比一般通讯更强调一个“专”字，内容更集中，构思上更富有特色，内容更富有吸引力。其二，它比一般通讯的新闻性、时间性、针对性更强。它要根据现实社会生活的发展变化，以及本地区受众在不同时期，特别是近期内的需要和兴趣，选择人们关心的人和事，进行采访后予以及时报道。其三，在写作上，它比一般意义上的通讯更自由。它可以像写消息那样简洁、明快地表述，也可以借用散文、随笔的手法进行抒写，还可以采用谈话的形式进行专题记述。

以上比较，我们可以看出专访是一种特殊的通讯，或者说是通讯的特殊表现形式。

专访的特点在于一个“专”字，即专门的内容、专门的采访对象和专一的表现形式。

专门的内容，是指一篇专访是专题报道。写人，不必写全部生平；记事，不必从头说起；谈问题，不必一一言到；述风貌，不必处处写出。

专门的采访对象，是指作者事先根据新闻线索选准了的被访者，是新闻的来源。

专一的表现形式，是指标题或行文要显示是“访”或“谈”的字样；多为第一人称写法；一般少不了“人物”“现场”和“记者”三个要素。

“人物”，即被访者，是个特定的概念，不是指作品中的人物，而是专指被采访的人。“人物”是构成专访内容的主角，不仅是活生生的个人，还包括人格化的集体。

“现场”，即采访现场，也是特指的概念，不是指专访再现新闻事实的现场。专访“现场”是构成专访内容的重要陪衬，有了它使作品增辉添色，显得生动、真实。不过，专访“现场”不必过于花费笔墨，以简洁为好。

“记者”，指专访者，包括记者、特约记者、通讯员。“记者”在专访的内容构成上起配角作用，但对于“人物”和“现场”又起着支配的作用。这一切靠“记者”的安排和调遣。不过，“记者”不一定在每篇专访中出现，有时隐形在专访之中。

专访的类别从访谈的内容上分，有人物专访、事件专访、问题专访和风貌专访四种。人物专访是对特定人物的专门访问，重在写人，表现人物的先进事迹和精神境界。事件专访是以记述事件为主的专题访问。问题专访是记者带着社会生活和实际工作中人们共同关心和迫切需要解决的某一问题，进行专门采访后所作的专题报道。风貌专访是为了介绍具有特殊性的单位概况、地方风貌所作的专题访问。

二、怎样写好专访

写好专访有两个方面的问题：一个是采访问题；一个是写作问题。在采访问题上，记者的采访目的要明确，采访对象要找准，采访准备要充分，采访方法要多样，这属于新闻采访学研究的范畴。在此，我们只讲写作上应注意的几个问题：

(一)体现新闻性

专访中所报道的事，大多是早已发生的事情，只有当事人明白、知情人了解，对公众来说还是未知数，所以把这些过去了的有意义的事情报道出来是必要的。但是，记者不能从头道来、直接陈述旧事。如果是这样，就成了回忆录。专访是一种新闻报道，必须体现新闻性。怎样体现？找出一个富有吸引力的“新闻由头”，以新带旧，是个好办法。

例如，获第三届“中国新闻奖”一等奖的专访《家规——夜访邓颖超同志唯一的远房侄子邓光弼一家》(《吉林日报》1992年7月15日，作者王锐)，报道的内容是：在邓颖超同志的影响和培育下，她的远房侄子邓光弼一家立下家规：“到外边一律不许说是邓颖超家的亲戚。”几十年来这个家庭及其亲属都严守这条家规。报道这件事，无疑对端正党风、对干部廉政建设有典范作用。作者抓的“新闻由头”是邓颖超同志1992年7月11日逝世的讣告和邓颖超生前给中共中央写的信。信中最后提到“我无任何亲戚，唯一的一个远房侄子，他很本分，从未以我的关系提任何要求和照顾”。作者以此为“新闻由头”，于13日晚走访了邓光弼，写出了这篇专访，反映了共产党人高风亮节的高尚品德。当这篇专访作为独家新闻在《吉林日报》上发表后，第二天即在《人民日报》要闻版上全文转载，并先后为中央人民广播电台、中央电视台等二十多家传媒转播或转载，在全国产生了强烈反响。

(二)突出专题性

虽然其他新闻体裁可以作为专题报道，但专访在专题性上更为突出；虽然专访取材广泛，但写进专访中的内容只能是某一件事或某一方面的几件事。就是说，专访的内容是专一的，不是“遍地开花”。它的形式也应是专题性的，如访某人，谈某件事或某个问题；访某单位，谈某种情况等，从标题到行文方式都得显示出“访”的形式来，让受众知道这是专访。

例如，专访《刘思齐：岸英是我一生的痛，也是我一生的骄傲》，是就电视剧《毛岸英》的热播，专题访问了毛岸英生前的爱人刘思齐。

2010年10月25日是纪念抗美援朝60周年。10月20日央视播出电视剧《毛岸英》后，引起各界广泛关注。毛岸英是毛泽东的长子，1950年6月朝鲜战争爆发，毛岸英第一个报名参加志愿军。11月25日志愿军总部遭到敌机轰炸，毛岸英不幸牺牲，年仅28岁。刚结婚一年的刘思齐永远失去了自己的丈夫。毛岸英生前的真实情况，与毛泽东的父子之情，刘思齐的现状，是人们关注的。为此，作者作了详细的访谈。该专访真挚、感人，使人们更翔实地了解到毛岸英的伟岸形象。下面，请看原文：

刘思齐：岸英是我一生的痛，也是我一生的骄傲

——访刘思齐

冯抗胜

和思齐相识已近30年了。1983年她到我工作的解放军文艺出版社担任外国军事文学编辑，改名刘松林。她那时很文静，很低调，虽已年近半百，仍然端庄秀丽，气质高贵，沉静中透着一丝淡淡的忧伤。我看着她，总觉得她心里有事。

毛岸英与妻子刘思齐合影

渐渐地熟了，我们的话题自然地开始涉及毛泽东主席家里的人和事。也许是职业原因，我建议她写一写自己的经历。她说，她很想把毛岸英短暂的一生搬上银幕，让大家知道，世界上曾经有过这样一个人，为了保卫祖国，为了世界和平，献出了年仅28岁的生命，永远地留在了异国他乡。

今天，这个愿望终于实现了。根据刘思齐的回忆录改编的电视连续剧《毛岸英》播出后，亿万观众泪雨滂沱。一个秋日的下午，我去看望了正生病住院的刘思齐。在301医院宽敞明亮的病房里，我和刘思齐聊起了电视剧《毛岸英》。

毛岸英又“回来”了

冯：《毛岸英》很轰动。毛岸英的形象清新脱俗，阳光灿烂，是那个时代的青春偶像。他是你心中的毛岸英吗？

刘：看完这部电视剧，我明显地感觉到，毛岸英又回来了。真实，鲜活，热情，坦诚，以天下为己任，像一团熊熊燃烧的火。

冯：当年在延安，他从苏联回来，穿着苏式军装，骑着高头大马，一口流利的俄语，很招人瞩目是不是？

刘：我倒没看到他回来的样子，因为我比他晚半年来延安。延安当时有一些国统区来的青年，一看就是“洋包子”，而岸英已经被改造成“土包子”了。

我们第一次见面时，他穿着父亲的灰布军装，因为瘦，晃里晃荡的。他属于那种在人群里找不着的人，接触过几次感觉就与众不同了。他非常纯净热情，他对革命事业的忠贞是与生俱来的。

他告诉我，他从小就看着父亲如何为革命奔波，小时候的印象里，总是搬家，总

是分离。他亲眼看到母亲如何被叛徒出卖，被严刑拷打，被枪杀。那一年，他才8岁，抱着妈妈的腿不放，他知道，妈妈这一走就永远不会再回来了！我小时候也有相同的经历，我父亲刘谦初(大革命时期的中共山东省委书记)也是被叛徒出卖，牺牲在敌人的刑场上。我小时候也跟着母亲(张文秋)和妹妹(少华、少林)一起在新疆坐牢。每次敌人把妈妈拉去过堂，我的心都揪得紧紧的，生怕妈妈回不来。那种对敌人的仇恨，对革命的忠诚，是铭刻在骨子里的。我常想，正是儿时的相同经历和感受，使我和岸英走到了一起。

冯：这是一种最珍贵的感情，海枯石烂也难变的。

刘：是的。我刚听到岸英牺牲的消息时，怎么也不相信。直到1959年我到朝鲜桧仓的中国人民志愿军烈士陵园为岸英扫墓，摸着那冰冷的大理石墓碑时，我才猛然意识到，岸英是真的走了。即便这样，岸英也没有从我的生活中消失，不管遇到什么事，我都会想，岸英会怎么想，怎么做。

冯：是啊，毛岸英一生坎坷，遭遇了那么多磨难，刚刚建国，又壮烈牺牲。

刘：对岸英的牺牲，我一直不敢深想。1946年底，我在延安当文化教员时，曾帮一位宣传干事晒照片，有一沓照片是"四·八"遇难烈士的，也就是飞机失事后王若飞、叶挺、邓发的遗体，烧得无法辨认。得知岸英是被凝固汽油弹烧死，我脑子里一下子就出现了那些照片，心痛得几乎窒息。在大榆洞岸英牺牲的地方，面对那片曾经燃烧过的土地，我觉得我不应站着，我应该跪下去；在沈阳邱少云的墓前，我也觉得我应该跪下去。这也是我无法写出这段回忆的原因，提起笔我就流泪。岸英是我一生的痛，也是我一生的骄傲！

"谁叫我是毛泽东的儿子"

冯：电视剧中，毛岸英的精神成长，生动感人。这里有他个人的因素，还有他成长的环境，特别是他的父亲毛泽东对于他的影响和塑造。

刘：你说得很对。主席是按照他理想中的中国青年培养岸英的。送他到世界上第一个社会主义国家去学习深造；在国家危难时要他回到祖国；回延安后让他到农村务农，参加土改，了解社会……主席一直要求岸英到社会实践中锻炼。他的人生选择从来都是报效祖国，承受苦难。参加志愿军他第一个报名；在苏联参加卫国战争，当时所有的人都不同意他去，但他义无反顾。

冯：听从祖国的召唤，以天下为己任，报效祖国和人民。

刘：他自己要求下基层，在部队不愿坐机关、当参谋，选择的都是最艰苦、最危险的道路。他们父子俩说过一句意思相同的话："谁叫你是毛泽东的儿子！""谁叫我是毛泽东的儿子！"

"主席是一个很重感情的人"

冯：这部电视剧还有一个很大的亮点，就是生动展示了毛泽东和毛岸英之间美好的父子关系。

刘：那种氛围，我永远不会忘记。主席是国家领袖，又是一位慈祥的父亲，他和岸英之间的关系，跟常人不太一样。我觉得，因为开慧妈妈的牺牲，岸英、岸青童年和少年的苦难，主席对两兄弟有一种负疚的感情，这种感情与对国家对人民的感情交织在一起，显得非常凝重。

冯：电视剧中有一个细节很动人，毛岸英牺牲后，志愿军政治部派人把他用过的一只小皮箱送还给毛主席。毛主席紧紧地抱着这只箱子，半天说不出话来。

刘：主席一直把这只小皮箱放在自己的床头，直到生命的最后。每年夏天，老人家都会把箱子拿到院子里翻晒，这件事，都是老人家亲手做，不要别人帮忙。这只箱子现在放到了韶山的毛泽东遗物馆。

冯：你们经常和毛主席在一起交谈吗？

刘：这是一件很快乐的事。我们和父亲交谈没有代沟，是很平等的。当然，父亲很忙，有时很晚了，岸英会拉着我说"去看看爸爸睡了没有"。父亲卧室外面是一个餐厅，餐厅门口有一个脚垫，如果脚垫收起来，就表示父亲睡了；如果没收起来，我们就进去和父亲说说话。父亲见到岸英，总是很高兴，交谈甚欢。

父亲是一个很重感情的人。有时星期六的晚上，孩子们都回家看父亲。岸英、岸青和李敏都是留苏的，他们之间谈话用俄语，我们都听不懂。父亲学过一点英语，就用英语插话，更乱了，大家都笑翻了！那是家里最欢乐的时刻。

父亲非常慈祥，我觉得他的心很软，有时我和岸英陪他散步，看见有蚂蚁窝，他会绕开。有一次，看见雪地上有一只冻僵的麻雀，他蹲下去用手拨弄了一下，发现还活着，就让人把它拿到屋里去暖过来。开慧妈妈牺牲那么久，他经常和我们一起怀念她，说开慧妈妈很了不起，坚强、温柔、善良。

"我和岸英一样，非常崇拜父亲"

冯：你的父母与毛主席和杨开慧是战友，你小时候是毛主席的干女儿，后来又是毛主席的儿媳妇，你和毛主席的关系非比寻常，你能谈谈你心目中的毛主席吗？

刘：我第一次见到毛主席是在 1937 年，随着做地下工作的妈妈到延安。因为演《弃儿》，主席认识了我，知道我是刘谦初和张文秋的女儿，就认我做他的"干女儿"。

我最早知道毛主席是党的领袖是在新疆的监狱里。当时我们都渴望自由，渴望早日出狱到延安，到延安就是到毛主席身边。因此，我在新疆时是把毛主席和自由连在一起的。

1946 年，我回到延安。晚饭后在延河边，经常可以看到毛主席、朱老总和周恩来等党的领导人在散步。他们和大家穿一样的衣服，戴一样的帽子，分不出谁是领导，谁是伙夫。

冯：生活在伟人之家，主席对你提出过什么要求，有过什么影响？

刘：我和岸英一样，非常崇拜父亲。我是遗腹子，从来没见过我的生身父亲，是主席给了我最慈祥、最深厚的父爱。我这一生的重大选择，都是听从了主席的意见。

父亲很关心我们的学习，要求我们独立思考，不要人云亦云。岸英牺牲后，为了不影响我学习，他把消息隐瞒了近 3 年。后来我每次去看他，他都停下手里的工作，陪我说话，给我讲家里那些牺牲了的亲人，讲岸英小时候的事。

他说："岸英是个好孩子，有思想，能独立思考问题。"他很后悔这些话没有在岸英活着的时候告诉岸英，因为他知道，岸英非常在乎父亲对他的看法。

我曾经抱怨过父亲："为什么不把岸英的遗体运回国内，我现在连哭他的地方都没有。"父亲说："岸英留在朝鲜意义更大，你想哭时就回家来哭吧！"后来，我觉得岸英留在朝鲜是对的，这次拍电视剧，因为片头要拍我给岸英扫墓的镜头，我也去了朝鲜。

在平壤商店里买东西时，朝方陪同人员介绍我是毛岸英的妻子，群众对我都非常热情。他们对我说，他们都知道毛岸英，中国开国领袖毛泽东为了朝鲜人民的解放事业，献出了自己的长子。岸英牺牲了，还在为中朝友谊作贡献。

冯：观众对这部电视剧评价很高，认为在当前的电视剧环境中，清新，脱俗，讲正气，对青年人的价值取向会有启迪和借鉴作用。你坚持数年，终于把岸英搬上屏幕。

刘：我只是为岸英做了点儿事。感谢大家帮我实现了多年的宿愿。

临走前，思齐叫住了我，给我看她最近在绣的一幅十字绣。我不禁怔住了，这是一只色彩斑斓、挣脱黑暗、浴火重生的凤凰！

我蓦然想起"凤凰涅槃"，在烈火中重生，在重生中升华，这不就是对毛岸英最好的写照、最好的祭奠吗？她居然能在年近八十的高龄，一针一线地绣制出这样一件精美的作品，是功在思齐，还是魂在岸英？

（选自《中国青年报》2010 年 10 月 28 日）

(三)注意专用性

专访的目的性、针对性很强，都是针对受众需要而有的放矢。解决这个问题的办法是专访专用。报纸、电台、电视台设立"本报(台)专访"，是为了发独家新闻。除了党报党刊发专访带有普遍意义外，一般地方报刊、企业报和专业报，都是针对自己的受众范围所发的带有地方特色的专访，以回答本地区、本行业、本系统受众需要了解和认识的问题。

在明确了受众需要的基础上，进而要考虑不同类型专访的宣传意义。人物专访，是为了让受众及时了解新闻人物和知名人物的情况，从中学习一些什么；事件专访，是为了让受众从某一事件中得到启发，受到教育；问题专访，是为了研究、探讨问题，给人以警示或引发思考；风貌专访是为了让受众从中感受到生活气息，获悉未知生活领域的情况。这样写出的专访，既有专题性，又有专用性。

(四)写出现场感

现场是专访的要素之一，是记者与被访对象活动的空间。有了这个空间，被访对象的外貌神态、言谈举止，以及环境气氛就容易表现出来。记者在这个空间出入自如，表露自己的思想感情，并凭借记者这个"中介"，把受众带到现场，使受众与记者一同结识被访对象，了解事件，这就是有现场感。有了现场感，受众读(听)来就感到亲切和可信。这是专访写作的技巧之一。

例如，人民日报社高级记者柏生写的专访《写在绢帕上的诗——访邓拓夫人丁一岚》，开头就写出采访现场：

深秋的一天，我踏着街头萧萧黄叶，来到了丁一岚大姐家里。

在她客厅的东墙上，挂着邓拓同志的遗像，旁边是一副隶书对联："又闻子规啼夜月，独骑骢马入深山。”一岚大姐对我说，这副对联恰好描绘了战争年代的生活情景。

作者以这种扣人心弦的采访环境和动人的情景抓住读者，让读者不得不读下去。文章接下来是丁一岚表述她与邓拓相识相爱的经过和邓拓用诗书写在绢帕上表达他们忠贞不渝的爱情的过程，以及“文革”中丁一岚保存这绢帕的曲折情景，读来感人肺腑。

以上是写好专访的主要之点。此外，注意细节描写，背景穿插，访谈错落有致，语言生动活泼等，都是写好专访的因素，我们亦应熟练掌握。

第九章 现场短新闻和深度报道

第一节 现场短新闻

一、现场短新闻概述

(一)现场短新闻提出的背景

“现场短新闻”这一提法出现于1989年10月，当时中宣部一位副部长在首都主要新闻单位负责人座谈会上提出：“要继续推进新闻改革，必须有实际行动。我提议，各家报纸是否可以多采写一些现场新闻，因为现在很少看到现场新闻，会议新闻太多。是不是由中国记协主持，组织首都一些主要新闻单位，搞一次现场短新闻评比，评出优良稿件进行奖励。”①

这一建议得到中国“记协”和首都新闻界的赞成，并相应成立了“现场短新闻评委会”，于1989年11月28日制定并发出了《“现场短新闻”评奖办法》。

经过几届评奖，这一报道形式逐渐盛行于各种新闻媒体上，成为热门形式之一。之后，虽然没有单独进行全国性的评奖，但它已作为一种类型纳入“中国新闻奖”和各省、市地方新闻奖的评选之中，列为消息类的一个特殊品种。

不过，它不是新闻报道的一个新品种，它历来是新闻报道中的常见形式，实质是行进中的动态报道，是“地点”要素的具体展示和表述的形象化，简单讲就是现场感强。

那么，为什么提倡多采写现场短新闻呢？其原因有三点：一是新闻业务改革的需要。因为当时记者写新闻有“轻短重长”的现象，新闻界“长风”盛行。为了改变这种现状，必须在继承传统的基础上，发扬新闻报道“短、快、活”的优良传统；二是受众获取新闻的需求。在生活节奏加快的时代，人们希望用较少的时间获得更多的新闻信息，同时也得到一种审美享受；三是新闻报道自身发展规律使然。在此之前新闻界积极探讨新闻改革，穆青同志提倡写视觉新闻——形象化新闻，得到新闻界认同。这只是从写作上着眼，再从题材选择、报道时间和作品篇幅上加以重视，就发展成为现在所说的现场短新闻了。

(二)现场短新闻的含义

对现场短新闻的界定，新闻界不尽一致。有的认为是一种体裁，有的认为是一种报道方式。我们同意后一种说法，因为它可以用于多种新闻体裁和报道形式。用这一方式可以

---

① 转引自彭朝丞著：《现场短新闻写作概要》，人民日报出版社1992年版，第1页。

写成消息，人们称之为新闻素描；可以写成通讯，人们称之为散文式通讯；可以写成特写，人们称之为特写性消息；还用于写作和制作广播、电视新闻中的口头报道、录音报道、现场报道等。

确认了现场短新闻是一种报道方式，对它的含义就可作如下表述：记者深入新闻事件发生的现场，以耳闻目睹的事实和短小篇幅，及时而形象地再现单一新闻事件的纪实性报道。

(三)现场短新闻构成的要素

有人认为，构成现场短新闻有三个要素：新闻性、现场性、简短性。这实际上是对现场短新闻的表面化理解。现场短新闻构成的要素，具体说来，有以下几点：

1. 报道价值较高

报道价值由新闻价值和宣传价值组成。新闻价值是指所报道的事实的真实性、新鲜性(必备性要素)和重要性、接近性、显著性以及人情味(选择性要素)。宣传价值是指报道有指导性、政策性和重要意义。《"现场短新闻"评奖办法》中提出的评奖标准第一条就是："作品要坚持一个中心、两个基本点，反映社会生活要真实、鲜明、准确、及时。对物质文明建设和精神文明建设所产生的社会效益要好，影响较大；提倡采写反映重大主题思想的新闻作品。"很显然，这条标准强调了现场短新闻的宣传价值。

在全国"现场短新闻评选"中，凡是获奖作品都具备这个要素。例如，获首届"现场短新闻评选"一等奖的现场特写《难忘的时刻——小平同志会见最后一批外宾侧记》(《人民日报》1989 年 11 月 14 日，作者孙毅)，该报道所传递的信息是有重大新闻价值的。作者以其特有的新闻敏感，为我们记下 1989 年 11 月 13 日上午 10 时这个难忘的时刻——一个举世瞩目的世纪伟人利用接见日中经济协会访华团的机会，向中国、也向世界宣布，他即将告别正式的国务活动了。无疑，这是一个极为重要的信息，也是一个必须载入史册的重要事件。这一重大信息，无论采用什么报道方式，应该说都是有价值的。可贵的是作者选择现场短新闻的报道方式，将这一信息集中而突出地展现在受众眼前。邓小平同志为我国的革命和建设事业的胜利，作出了卓越的贡献。他年事已高，为了让党的第三代领导人能够放手工作，他要正式告别国务活动了。此时此刻，人们依依不舍的心情难以言表，作者便通过在场工作人员的感受——"近 70 分钟的会见，竟像一瞬间那么快地过去了"，以及会见结束后，他们又要求与小平同志合影等细节，这些都含蓄而又诚挚地表现出来了。正因为这些来自现场的画面是感情的折光，是感情的汇合与凝聚，就有力地丰富了新闻的内涵。

2. 有目击材料和新闻现场感

新闻现场感是构成现场短新闻的必备要素之一。何谓新闻现场感？就是新闻报道中真切、形象地再现新闻事件现场，给受众以生动的视觉形象，使受众有身临其境、耳闻目睹之感。做到这点并不难，凭作者绘声绘色的描述就可以办到。但这还不行，必须是作者亲临现场所目击的材料，而不是作者想象出来或间接获得的现场材料。换句话说，写得有现场感不等于是现场短新闻。对这个问题，新闻界有两种意见：一种意见认为只要篇幅短小而有现场感就算，如《刘胡兰慷慨就义》便是；另一种意见认为还要加上是作者亲临现场获得的材料。他们对《刘胡兰慷慨就义》的看法是：这篇优秀的短新闻，不是现场短新闻，因为报道的这件事是作者事后获悉的。我们同意后一种看法，它促使记者深入采访第一线，即或事件已发生过了，记者也要去现场看看。

3. 篇幅短而精，事实要素俱全

现场短新闻应似压缩饼干，体积小(篇幅短)、分量大(内涵丰富)、五味俱全(事实要素完备)，缺其一不能算现场短新闻。现场短新闻无论报道的题材多么重大，始终不离“短”的要求。短小精粹，是它的显著特征之一。它的“短”，指报纸文字新闻不超过1 000字，广播时间限制在5分钟以内，电视播出时间限制在3分钟以内。它的“精”，指内容集中，减少枝蔓，挤干水分，撷取新闻中的新闻。短而精，就是古人所说的“文约事丰”。

做到短而精不等于舍弃事实的五要素。任何一篇现场短新闻，都要准确无误地交代什么时间、什么地点、什么人、什么事、什么原因，缺其一或打马虎眼用“近日”“某人”“在某地”都是不允许的。至于五要素的交代顺序，可灵活安排，不可挤在一起搞“晒衣绳”式的导语模式。

4. 时效性更强

对以上三点要素，新闻界取得共识，但对时效性问题存有分歧意见。有的认为这是对所有新闻报道的要求，不必加入现场短新闻的构成要素之中。有的认为应加上时效性更强，以此区别一般的新闻报道。我们同意后一种意见，这更能体现现场短新闻的特色，以充分发挥其作用。时效性更强的含义是：新闻事实的发生与采访、写作(制作)同步并进，新闻的形成与传播的时差要小而又小。对广播、电视来说，基本上是采、写、编、播同步进行的。对报纸来说，也不能超过24小时，即是“今日之新闻”。

二、现场短新闻的写作

(一)立意——以小见大

这是指作者确立主题、表现主题要从大处着眼，小处着手，以小见大，从细小平凡的事实中反映出一个重大的主题。就是对重大题材的新闻，也极少采用宏观俯视、气势恢弘、旁征博引的方法。以小见大既好选择行文的切入口，又可使篇幅缩短。

中国人民大学博士生导师、著名新闻学专家甘惜分先生对现场短新闻写作十分重视，他曾在《中国记者》1991年第9期上发表短文《观察细致，下笔轻松》，介绍外国记者写现场短新闻的技巧，并推荐《参考消息》1991年8月4日刊载的两篇一组的短新闻《这边喧闹 那边静 同是纪念两样情》。他说：

> 这个标题显示编辑同志的匠心，非常有吸引力。标题两边各有一条二百字的短消息，描述海湾战争一周年科威特和巴格达这两个城市的街头即景。消息分别来自路透社和法新社，你看人家的记者是多么会抓取镜头啊！
>
> 科威特：街头人群高呼口号。
>
> 汽车喇叭声。
>
> 对空开枪，子弹呼啸而过。
>
> 政府和商店关门，政府有意让人民狂欢。
>
> 戴面纱的姑娘鼓励小伙子们欢呼拥抱。
>
> 警察微笑着看着这一切。
>
> 但在巴格达，却是另一种情景：

街上静悄悄，掩盖着这个搅得全世界天翻地覆的事件。

一个店主说："最好把已发生的事忘掉。"

报纸上指责美国和科威特。人民走进清真寺。

街头到处都是萨达姆的画像，有人戏称400万人口的巴格达出现800万张面孔。

你看，没有任何议论，没有任何废话，全是几个现场即景，却把毗邻的两个国家人民的内心情感都写了出来。……是谁给科威特，同样也给巴格达造成了空前的灾难！巴格达还在挨饿，科威特的油田大火燃烧至今而仍没有扑灭。这是谁之罪！如果记者说400万张画像不是一句戏言，全世界更将为之痛哭。

我们从甘惜分先生的分析中，可以领悟到外国记者写新闻，善于从大处着眼，小处着手，小中见大，轻松自如地写出含义深刻的新闻报道。这种写作技巧值得我们借鉴。下面，我们不妨将这两篇一组的短新闻列示出来，看看外国记者是怎样在立意上做到以小见大的：

这边喧闹那边静　同是纪念两样情

[**法新社科威特城1991年8月2日电**]　今天科威特人齐聚街头，纪念伊拉克入侵1周年。他们呼喊口号，按响汽车喇叭，子弹呼啸着横空而过。时至午夜，千家万户发出同一个声音：真主伟大。

官方没有出面组织任何纪念活动和游行，商店和政府机关都关了门，政府似乎是为了让人民以自己的方式纪念这个日子。

一批青年在头戴面纱的姑娘的鼓励下欢呼雀跃，相互拥抱，警察在旁边微笑着看着他们。

[**路透社巴格达1991年8月2日电**]　在入侵科威特1周年之际，伊拉克平民都在悄悄地遮掩这场曾搅得天翻地覆的事件，巴格达平静地度过了这个日子。

除报纸上发表一些指责美国和科威特的纪念文章外，大多数人都和往常一样去了清真寺。一位名叫穆罕默德的店主说："该发生的已经发生了，最好把已发生的事忘掉。"

巴格达街头到处都是萨达姆·侯赛因各种着装的画像，有人戏称：这个400万人口的城市有800万张面孔。

(二)选材——以一当十

为了做到短而精，在选择材料上必须捕捉那些有特征性的典型材料，以一当十，既用来表现主题，又给受众提供信息。下面举一篇获首届全国"现场短新闻评选"一等奖的短通讯《美军入侵一周后的巴拿马城街景》，这篇仅800字的现场短新闻，其信息量相当大，在选材上做到精确而富有表现力，选用的都是典型场景，用铁一般的事实向世界舆论控诉了美军入侵巴拿马的罪行。

下面，我们看看作者是怎样报道的：

美军入侵一周后的巴拿马城街景

胡泰然

美军重兵入侵巴拿马，时满一周。记者驱车首都街头，只见战痕遍地，满目疮痍。

首都重要地段美军岗哨林立，坦克成群。新成立的文人政府，暂在市中心外交部大楼办公。办公楼四周广场、街道全用铁丝网包围起来，里外几层都是身穿迷彩服、打着花脸、手拿自动冲锋枪的美国兵，街口街角布满坦克，有的还有沙袋堆起的工事。直升机低空盘旋，震耳欲聋。

从居民区到商业区，仍看不到警察值勤维持治安和交通秩序。街上行人和车辆大多打着白布，绕道穿行，以防美军开枪和少数反美冷枪手射击。

在 12 月 20 日首当其冲、遭到美军猛烈轰击的原国防军司令部，大部分楼房被摧毁，临街一面的断垣残壁上弹痕累累。原国防军司令诺列加将军办公室旁的阳台被炸垮一大半，那里还残留着沙袋工事，可见忠于“山地好汉”营曾与美军激烈战斗过。这里现在依然如同战场。院墙内外满是美军和坦克，戒备森严。周围地区是与运河区贴得最近、住着许多黑人和混血人的乔里略区，至少有 6 处居民楼和平房被美军炸成废墟，近 3 000 名难民流离失所。

运河区安孔山下的原国防军全国调查局总部也是美军重点进攻对象，现在只残存几根钢筋柱和一片瓦砾。阿马多尔要塞原有诺列加一处办公室，20 日凌晨曾有激战。现今美军重点封锁，不让记者进入，是否炸毁，不得而知。

美军入侵后，打散了巴拿马警察部队，全城陷入无政府混乱状态。社会渣滓、监狱逃犯、各种歹徒乘机大肆抢劫。他们撬开铁门，打破玻璃，先抢食品、服装，接着抢家具和日常用品，最后持枪抢劫电视机、录像机、冰箱等高级家用电器，以致百分之七八十的超级市场和大小商店遭殃。科隆自由区也被抢盗，连码头集装箱也未幸免。据非官方估计，近一周来，仅私人商店被抢，损失就达二三亿美元。

美军夜袭人口密集的首都市区，使大批在酣睡中的居民来不及逃难，惨遭杀害。据美方透露出来的数字，巴拿马总共死亡 300 多人，伤者难计其数。而据巴拿马居民传闻，伤亡数字要高出几倍。正当巴拿马和平居民购买年货、准备按传统习惯过圣诞节的时候，却横遭美军残酷袭击和杀戮，成百家庭的节日团聚变成家破人亡的悲剧，没来得及布置圣诞树，就不得不嚎啕痛哭为亲人带上了黑纱。这就是高唱“人权”和“民主”的美国政府带给巴拿马人的圣诞礼物！

（新华社 1989 年 12 月 27 日播发）

（三）布局——*灵活巧妙*

现场短新闻的结构安排没有固定的模式，比常规消息的结构安排要灵活自由得多。只要布局巧妙、结构完整，就是好的结构。有的一起笔就抓住矛盾，设置悬念，扣紧受众心弦；有的入笔点题，唤起受众的思索联想；有的绘景寄意，一下子把受众带到新闻发生的现场。这些都因文而异。一般来说，现场短新闻的写作一入笔就触及新闻事实的关键情节，尽快把新闻事件的高潮部分推出来，这是为了篇幅短和吸引人。这点颇似新闻导语的设计，把最重要的部分放在前面。但是，现场短新闻可用导语，也可不用导语，只要开头与正文部分衔接好，浑然一体，就可以了。

这里举一篇布局巧妙的现场短新闻作品《鲜花不知送给谁》。该篇报道的事情并不重大，是讲武钢三中学生周彤参加第31届国际数学奥林匹克竞赛获金牌载誉归来，手捧的鲜花送给学校的事。作者依据事实，运用悬念和一波三折的结构法，将这一平常的事写得情趣盎然，表现了主人公美好的思想境界。该新闻的引题"周彤遇难题"是设置的悬念，新闻结尾处是解释疑团。中间过程部分是一波三折：周彤把花转送给妈妈，妈妈叫给老师，是第一折；老师不要，还是推让给周彤，是第二折；周彤悄悄把花放在学校会议室，是第三折。由于这篇作品布局巧妙，立意深邃，善于选材，便获得第二届全国"现场短新闻评选"一等奖。

下面，请看原文的结构形式：

三十一届国际数学奥赛

金牌得主周彤遇难题：

鲜花不知送给谁？

李 军

7月20日下午，第31届国际数学奥林匹克金牌得主、17岁的周彤由京城载誉返回武钢三中时，手里捧着一束鲜花。

这束鲜花，是周彤中午刚下火车，踏上武昌车站月台时，湖北省人大副主任梁淑芬、副省长张怀念等领导及少先队员们欢迎他时送给他的。

现在，周彤出现在母校会议室门口，在这里等候儿子凯旋的爸爸周进元和妈妈魏连英立刻兴奋地站起来。教学副校长陈泰坤见周彤手执鲜花向校领导奔来，赶紧说："快把鲜花给你妈妈呀！从你牙牙学语起，你妈连乘车走路的空都不放过，编儿歌见缝插针地教你知识，鲜花应该属于母亲。"妈妈一使眼色，指着武钢三中特级教师钱展望，对儿子说："彤彤，快把鲜花给钱老师！钱老师一周几个晚上为你辅导，连寒暑假的学习都替你安排，还'满世界'跑书店为你买参考书。鲜花应该属于苦心培养你的老师。"钱老师连连摆手："周彤几年来就盯着这块金牌。为迎接这场竞赛，解数学题3 000多道，草稿纸堆起来只怕比他人高。鲜花应该属于得金牌的人。"

正在推让之际，武钢副经理赵文源和李运茂赶来学校了。他们齐向周彤道贺，勉励他取得荣誉后要饮水思源，加倍努力，报效祖国。此语使周彤蓦然想起中午在火车站时，省科委一位领导同志说的一句话："在这个时刻，你们会想到自己的母亲，更要想到祖国母亲！"望着眼前的领导、老师和父母，周彤迷茫了，鲜花送给谁呢？这位没被国际数学竞赛难题难倒的数学"王子"，竟被眼前这道难题难住了。

多亏校长王锦龙巧指迷津："来，周彤拿着鲜花站当中，我们一起照张相！"

咔嚓一声，银光一闪，这一历史瞬间永远凝固了。然而，出现在照片上的周彤并未拿鲜花。鲜花被他悄悄留在学校会议室里了。

（《武钢工人报》1990年7月23日

《冶金报》1990年8月7日）

(四)表达——形神兼备

表达要形象生动，使人有看得见、听得清、触得到的感觉，就要对事实进行描绘，而不仅仅是陈述。

获第十四届“中国新闻奖”一等奖的文字通讯《目击杨利伟飞天归来》，是作者深入现场，运用目击材料写成的独家新闻。作者在载人飞船发射前就对杨利伟进行过多次独家采访，与杨利伟建立了深厚感情，相约在着陆场见面。当日经反复申请，作者成为飞船着陆场系统搜救分队中的一员，在冰天雪地中驱车数十公里，于返回舱落地后第一时间到达着陆现场并向杨利伟问话，以目击记形式写成了这篇现场短新闻。请看全文：

目击杨利伟飞天归来

范炬炜　孙　阳　唐振宁

今天清晨6时23分，中国首飞航天员杨利伟乘坐“神舟”五号载人飞船从太空归来，平稳着陆于内蒙古中部草原。

此刻，五星红旗正从北京天安门广场徐徐升起。身着乳白色航天服的杨利伟向在场的人们挥动手臂，轻快地跨出外表被大气层摩擦烧灼成古铜色的返回舱。

记者喊道：“杨利伟，我们接你来啦，对全国人民说几句话吧。”

杨利伟笑了，笑容在朝阳映照下无比灿烂。他说：“飞船运行正常，我自我感觉良好，我为祖国感到骄傲。”

42年前，前苏联航天员加加林乘坐“东方号”飞船升空，人类第一次亲眼看到地球表面的形态——淡蓝色的晕圈环抱着地球，与黑色的天空交融在一起；今天，第一个中国航天员乘坐我国自行研制的“神舟”五号飞船，亲眼目睹了地球在星空中的奇观。中国由此成为世界第三个能够独立开展载人航天的国家。

着陆场系统总指挥夏长法是奔向返回舱的第一人。工作人员刚一打开横卧在地的返回舱舱门，他就急切地问：“杨利伟，你怎么样?”

仰坐在座椅上的杨利伟转过头来，平静地回答：“我很好。”

真是天公作美，昨天这里还刮着大风，而今夜却是明月星空，几乎感觉不到风吹，一望无垠的大草原敞开胸怀，与我们一起静静等待着从太空归来的中国首位航天员。

6时左右，有人喊起来：“看，天上有颗星在飞！”

搜救人员纷纷下车，在-4℃的旷野上抬头仰望。只见一颗明亮的“流星”正从月亮边划过。一位技术人员告诉记者：“这是与返回舱分离后的轨道舱在运行，减速制动后的返回舱马上就要进入大气层了！”

6时07分，一团火球在西南方的天空向我们飞近，那是进入稠密大气层的返回舱，正在与大气层摩擦燃烧中飞来。

6时12分，空中传来“嘭”的一声震响，表明面积达1 200平方米的主降落伞已打开。人们更加急切地向空中眺望。

“来了，来了！在那儿!”6时17分，一个黑点在已泛出曙光的东方天空出现，并且越来越大。

“杨利伟回来啦!”大家旋即跳上车，向返回舱飘落的方向追去。

降落伞悬挂着返回舱，在我们的车头前缓缓飘落。记者抬腕看表，正是 6 时 23 分。

我们脚下的这片土地，当地牧民称之为“阿木古朗”草原，在蒙古语中是“平安”的意思。这真是个好地名!

8 时 15 分，杨利伟乘坐的直升机从沸腾的内蒙古大草原起飞，向附近的机场飞去。他将在那里换乘专机飞回北京。

内蒙古草原，这片在历史上曾孕育了一代天骄成吉思汗的神奇土地，今天又因天之骄子杨利伟的完美着陆而续写出中华民族新的传奇。

（本报内蒙古中部飞船着陆场 10 月 16 日电）

（《解放军报》2003 年 10 月 17 日）

该文真实记录了首次载人航天飞船成功着陆的历史瞬间，生动、细致、准确地描述了许多鲜为人知的现场细节，给人以身临其境之感。同时，恰到好处地运用背景材料，画龙点睛地凸显出整个事件的重大意义。行文明快简练，字数少而信息量大。作品发表后，被中央人民广播电台、香港《文汇报》等国内和境外多家媒体转载、特播。解放军报收到大量读者来信、来电，对这篇报道予以称赞。

以上所举的例文，应该说在立意、选材、布局、表达四个方面都是成功的，而其中一两个方面更为突出，所以分别列举。

第二节　深度报道

一、深度报道概述

（一）深度报道的起源与发展

深度报道起源于西方，英语是 In-depth Reports。在英、美，又称为“大标题后的报道”，在法国则称为“大报道”。对于这一新闻术语，译介到中国来，有人认为应将 In-depth Reports 翻译成“深入报道”更为合适。由于深度报道与深入报道在译文含义上无多大区别，“深度报道”作为一个约定俗成的术语名词，已被中国新闻界大多数人士所认可，故沿用至今。

深度报道的雏形发端于第一次世界大战期间的解释性新闻。20 世纪 40 年代，广播、电视传媒发展起来，报纸作为传播新闻的主要工具，遇到了挑战。广播发布新闻快，电视新闻具有综合的立体报道的优势。在这些方面，报纸比不过广播和电视。在这种情况下，西方新闻界认为，报纸只有充实版面内容，开拓报道的深度和广度，在为读者服务方面多下工夫，才有可能胜过广播、电视。美国报人德拉蒙德说，今天的报纸，“更详尽确实的解释报道，较之以往任何时期尤为必要”。这样，深度报道就成了报纸与广播、电视竞争的一种武器。

“深度报道”这个术语虽然源于国外，但不等于我国的新闻传播没有这样的作品出现。只是我国没有使用这一名称，并自觉地去认识、总结、研究和加以提倡。例如我国早期著名记者黄远生(1885—1915 年)所写的题材重大、记述翔实、针砭时弊的述评性通讯，在今天看来，也可视为深度报道。

深度报道在我国崛起，一般公认为是 1987 年以后。其实，在 1985 年已露出深度报道的端倪。对这一年的全国好新闻评奖，有两篇被评为特等奖，其中有一篇就是深度报道《有胆略的决定——武汉三镇大门是怎样敞开的》(《人民日报》1985 年 5 月 11 日，作者王楚)。1986 年，全国好新闻评奖，属于报纸系列的仅设一篇特等奖，夺得这桂冠的也是深度报道《今日“两地书”》(《人民日报》1986 年 11 月 5 日，作者马文科、罗同松)。1987 年，深度报道更是走红。对该年度全国好新闻评奖，报纸系列有《关广梅现象》(《经济日报》1987 年 6 月 13 日，作者庞廷福等)获特等奖，有中央新闻单位关于大兴安岭特大森林火灾的报道和《中国改革的历史方位》(《人民日报》1987 年 10 月 6 日，作者罗荣兴等)获特别奖。上述都是深度报道，人们称之为“深度报道年”。之后，深度报道继续成为热门报道形式。为了防止挤掉消息主角地位，新闻界评奖对深度报道作品才有所控制。1990 年改为综合性评奖，设立“中国新闻奖”为全国最高奖项，深度报道就被纳入其中了。但首届“中国新闻奖”仅设一个荣誉奖，获此殊荣的是《人民呼唤焦裕禄》(新华社北京 1990 年 7 月 8 日电，作者穆青、冯健、周原)。这篇述评性通讯就是深度报道。之后，深度报道往往以系列报道、连续报道等形式出现，获奖作品是从中选出的骨干作品，即代表篇目。如获第八届“中国新闻奖”一等奖的通讯《资本运营：找到了一把金钥匙》是 1997 年经济日报总编艾丰率队来湖北采访国有企业改革情况，写出的资本运营系列报道之一，也是代表篇目。

现在，深度报道在我国发展已形成稳健态势，它广泛渗入到广播、电视传媒中，再不为报纸一家所独有。

为什么深度报道会成为一种热门报道形式呢？主要原因是它有生命力和独特功能。它是加强重大题材报道，拓宽新闻报道领域，揭示深层次的新闻信息，进行全方位理性透视，增强报道的导向性、典型性、深刻性、知识性的重要途径。它既有广度，又有深度；既描写现在，又追溯以往，还可以预测未来；既可以探索新事物，研究新问题，又可以报道各种人物所做的不平常的事情。就以《关广梅现象》这篇报道来说，记者报道本溪市一位叫关广梅的人搞商店租赁经营模式，当时(1987 年)许多人怀疑这是姓“资”还是姓“社”，记者站在关广梅一方，客观报道事实与情况。90 年代各地普遍搞租赁制，这证明记者有远见之明，舆论宣传做得好。

不过，不宜过分强调深度报道的作用。它有长而论理的一面，写不好会成为长而空的文章。再则，新闻报道毕竟是以新、短、快为主。

(二)深度报道的含义与特点

首先，要明确深度报道不是一种新闻体裁。它是一种报道方式，是事实要素五个“W”和一个“H”的进一步深入。它强调在“何因”(Why)和“如何”(How)上做文章。

其次，要明确中国的深度报道的概念与西方新闻界的说法还有些差别。据中国新闻研究所何光先先生著文说，西方整个报道分为三种形式：一是动态报道，即西方的所谓纯客观报道；二是评述性报道；三是深度报道。深度报道又包括六种形式，即：解释性新闻、事件性新闻、新闻分析、新闻综述、新闻故事(西方的所谓新闻小说)、特稿等。它是一种通过系统地提供新闻事件的背景，用客观的形式解释和分析来延伸和拓展新闻领域的一种报道方式。① 按照西方新闻学家的说法，深度报道的要求是："以今日的事态核对昨日之背景，从而说出明日的意义来。"这意思是把报道对象作为一个整体、一个过程来加以系统全面地反映。具体说，在时间上不仅要说明现在，还要追溯以往，推测未来；在地点上，不仅要报道现场，还要注意到地点的延伸和波及；在人物上，不但要采访当事人，而且其他有关人员，直接的与间接的都应采访；在事件上，凡是与新闻事件有关的情况和细节都要尽量收集；在原因和经过上，不仅要说明新闻发生的来龙去脉，前因后果，而且还要能分析出新闻的意义，预测事件的发展趋势。

我国的新闻报道，不仅以解释性新闻、事件性新闻、新闻分析、新闻综述等形式表现出来，而且更多的是通过连续报道、系列报道以及组合报道等形式表现出来。这些报道形式虽不等于深度报道，但其中的解释性新闻、新闻分析、新闻综述、述评性通讯、政论性通讯等就属于深度报道。动态式的连续报道就排除在深度报道之外了。

我国的深度报道，不仅表现形式比西方多，而且报道内容也比西方深厚。它报道的内容一般题材重大，多为社会热点、焦点和难点，即人们所关注的社会问题和现代化进程中所出现的新问题。此外，它还具有一定的思辨色彩。

由此看来，我国深度报道的含义可作如下表述：它是一种系统而深入地反映重大新闻事件和社会问题，阐明事件因果关系，揭示其实质，追踪与探索其发展趋势的报道方式。

依据上面的界定，深度报道的特点亦应与含义相一致。这就是重要性、深刻性、完整性、科学性和知识性。

重要性：题材重大，是重要的新闻事件与社会问题；意义重大，富有时代感，满足实际工作与广大群众的需求。

深刻性：挖掘新闻背后的新闻，揭示出事物或事件深层的发人深省的内在涵义与本质。

完整性：全方位、多角度、多侧面地反映事物，有始有终地追踪事件；回顾过去，剖析现在，预测未来。

科学性：讲究唯物辩证法，处理好局部与全局、点与面、现象与本质、原因与结果、偶然与必然等关系，防止孤立、静止、片面、表面地看问题。

知识性：提供大量的背景材料，包括古今中外各类学科的知识和生活的知识，给受众以必要的知识。

(三)深度报道的分类

一般分为集合类与单项类(即多篇类与单篇类)两大类型。根据新闻界研究者多数的意见，集合类、单项类深度报道又可分为多种形式。

集合类深度报道有：

1. 连续报道

这是对新闻事件或新闻人物在一段时间内持续不断地进行报道的形式，使受众对这个新闻事件或新闻人物从头至尾有全面的、完整的了解。如《羊城晚报》1994 年对好军嫂韩素云身患绝症支持丈夫成边以及众多广州人热心救助她的连续报道。其代表作通讯《爱心无价》获第五届"中国新闻奖"一等奖。

---

① 参见杜荣进主编：《中外新闻采写借鉴集成》，浙江教育出版社 1997 年版，第 318 页。

2. 系列报道

这是从多侧面、用多种形式反映同一重大主题和事件，由若干独立篇章所组成的报道形式。它不是单纯地去追踪和描述事件的发展过程，而是深入分析解剖报道对象，有较强的透视力，有一定的深度。如《人民日报》1995年对江苏省张家港市两个文明一起抓的典型经验，用系列报道形式，花了两个月的时间，先后发了14篇稿件，其中有“书面汇报”、通讯、消息、评论员文章、侧记、散记等不同体裁。

3. 组合报道

这是围绕某个主题或某一主线，将不同内容、不同形式、不同来源的新闻稿件编排组合在一个版面上，让受众从稿件的整体联系和对比反差中领略到新闻的本质。这种报道形式集连续报道、对比报道和新闻集纳之长于一身，具有单篇以短小精粹取胜，整体以深、广、博、厚见长的优点。它通常以专版形式出现。

4. 问题讨论

这是新闻传媒对现实生活中正在出现并具有普遍意义的、人们在认识上有争议的，或者需要加以解决的新问题，组织受众开展连续、系统、广泛的群众性讨论，最后以编辑部名义撰文或请权威人士写专文告终。这种形式有传播的双向性、报道的透明性、群众的参与性等特点。

5. 立体综合式报道

这是运用立体思维方式和多种表现手法，全方位地开拓和反映现实生活的报道方式。它一般以单篇形式出现，但内容是综合的。从文体角度看，集合了评论和通讯的特征与表现手法，人们称之为述评性通讯或政论性通讯。

单项类深度报道有：

分析性新闻、解释性新闻、问题性新闻、述评性新闻、调查性新闻、预测性新闻、复活性新闻、开拓性新闻与精确性新闻9种。由于大家对前6种新闻形式比较熟悉，下面仅介绍后3种：

复活性新闻：这是一个从域外引进的新闻术语，其含义是：将一些有价值、有广泛社会影响，并在受众心中潜伏着悬念的旧闻、旧事，在具有新的动向、新的变化或发展的情况下，乘机“旧事重提”复活为崭新的新闻，以进一步满足受众的需要。如好新闻作品《天安门事件完全是革命行动》(新华社1978年11月15日讯)，报道的内容是公布北京市委为天安门事件平反。“旧事”是1976年清明节首都群众在天安门集会，悼念周总理逝世、声讨“四人帮”罪行，当时被定性为反革命事件。现在平反，确认为革命行动。这条新闻，从内容性质讲是复活性新闻；从写作特点看，像动态新闻。

开拓性与精确性新闻：这是世界上新兴起的两种有共同之点的新的深度报道方式。它的特点是用社会科学与人文科学的研究方法，围绕重大的新闻事件，侧重采用抽样检测、数据分析等手段，对社会现象进行精密的分析、加工，使公众从一般事件中看出其潜在的意义。美国著名新闻学家迈耶在《精确新闻学》一书中指出，过去传统的采写手法“只一味报道那些瞬息即逝的、耸人听闻的事件，不会从历史的、政治和经济社会的广角镜上去分析材料，看出潜在的重大意义的社会现象”。因此，他极力主张开拓与创建这两种新的报道形式。其“具体方法”有：“公众的舆论测验；内容分析，从记者的职业角度去研究和分析现成的材料和消息来源；用数量分析法分析事实的精确性。”

这种新闻形式，在我国出现的还不多，只有少数新闻写作功底深、文字驾驭能力强的记者才采用开拓性新闻与精确性新闻的写法。如本书第六章第四节“通讯的结构”中提到的通讯《变化就在你的身边——从衣食住行看中国》，就具备上述特点。记者用政治眼光，从经济社会的广角镜上来看中国人衣、食、住、行四个方面的变化；用数据分析和典型实例来透视其潜在的意义：“‘落后就要挨打’。在未来的挑战面前，我们别无选择，只有加快前进的步伐，社会主义中国才能巍然屹立于世界民族之林。”

二、深度报道的写作

（一）选择重大题材，撷取典型材料

深度报道对题材有严格要求，这就是要选择重大题材。何谓重大题材？它是指所报道的新闻事件与社会问题，或是与国计民生有重大关系，或是社会生活中、实际工作中迫切需要解决的大问题，或是广大人民群众普遍关注而又困惑不解的问题，等等。这只是一个概念，具体表现这类题材就要靠典型材料了。这里讲的典型材料，是指能揭示事物的特殊属性与特殊矛盾，又有普遍的指导意义与教育意义的材料。

凡是能作为深度报道题材的都是如此。例如《中国青年报》关于大兴安岭森林大火的“三色”报道：1987 年 6 月 24 日发表《红色的警告》，6 月 27 日又发表《黑色的咏叹》，7 月 4 日再发表《绿色的悲哀》。这三篇连续报道透过失火的表面原因——“厄尔尼诺”现象与“职工违反操作规程”引起火灾等，进而追踪到领导严重官僚主义造成的灾害，对此进行了深层次的揭露与剖析。这既与国计民生有重大关系，又回答了广大群众普遍关注的重大问题。“三色”报道运用的典型材料无一不是震撼人心的。

（二）运用立体思维，进行全方位考察

由于深度报道是一种多侧面、大跨度的报道，线多面广，这就要求记者必须运用立体思维方式，坚持把报道对象作为一个整体，进行立体的、动态的、全方位的反映；在深入挖掘中找出事物的本质特征，进而立体地再现事物的本来面貌。这样就可以避免反映事物表面化。同时还要予以全方位考察，以避免反映事物出现片面性。这就是说，深度报道所报道的对象是立体的、完整的，所反映的内容是全面的。

例如，曾以报道焦裕禄事迹著称于世的新华社三位老记者穆青、冯健、周原都已年过六旬，在焦裕禄逝世 26 周年前夕重访兰考，看望了当年写《县委书记的榜样——焦裕禄》时采访过的老人，考察了当年去过的地方，在农舍、田间听取了方方面面的意见，深深感到人民在呼唤焦裕禄。虽然兰考的变化已实现了焦裕禄的遗愿，但仍有阴暗的一面，这就是有的干部腐败，从而使作者形成立体思维方式，去进行全方位考察，其主题思想是全方位考察后形成的。

（三）设立纵横坐标，进行全息组合

这实际上是结构问题。深度报道的结构特点是纵贯横连、纵横交叉。所谓“纵贯”，就是运用各种背景材料，从历史发展的角度分析问题、认识问题；所谓“横连”，就是运用各种现实材料，从事情的发展变化及其相互联系中研究问题、认识问题。然后把“纵贯”的和“横连”的有机地组合在“纵横坐标”上，按照一定的轨迹来表述事实，表达主题思想。

怎样组合？一般以蒙太奇结构法为多，就是把报道的内容分成一个一个的“镜头”，

而不是一二三地枯燥单调地罗列。然后按照一定的思路把这些“镜头”按逻辑关系组接在一起，产生连贯、呼应、对比、暗示、联想等作用，形成一系列有机的片段与场面。这种结构，有较大的灵活性，运用得好能使报道收到形象生动、寓意深刻之功效。

我们还是以上面提到的《人民呼唤焦裕禄》为例说明这个问题。这篇通讯的“纵坐标”是兰考26年来的变化，“横坐标”是干群关系及其现状，连接这两个坐标的交叉点是焦裕禄精神。对焦裕禄精神，有的继承发扬，有的漠然置之，这就形成强烈的反差。作者在组合“镜头”即具体材料时，用记者“采访”的方式边叙边议边抒发情感，把人民呼唤焦裕禄的心愿充分地表现出来了。

(四)强化思辨色彩，揭示事物本质

深度报道与一般的新闻报道不同之处还在于，它不只是提供事实，而且要提供意见。表现在写作上，不只是客观的叙述，而且有主观的议论。它通常通过思辨性的语言揭示事物本质，有的还通过抒情式的议论发表作者的意见。

这里仍以《人民呼唤焦裕禄》为例，看作者是怎样运用抒情式的议论的。通讯的前言写他们重访兰考的缘由。第一部分写兰考的新变化、新气象。第二部分写群众过上了好日子，还在缅怀焦裕禄，作者由此进行激越的议论：

> 群众过上了好日子，思念焦裕禄；群众有了困难，想起焦裕禄；群众心里感到有了委屈，也要到焦裕禄墓前来哭诉。
>
> 兰考人心目中，焦裕禄没有死。在村头、田间，在农舍、牛屋，在农村饭场，在夜半梦乡，他们似乎还在跟焦书记倾诉自己的心里话。
>
> 广大群众呼唤焦裕禄，这不是一个偶然现象。他们是在呼唤党一贯同群众血肉相连的好传统，呼唤党的一切为了人民、一切依靠人民的好作风。

第三部分在交代兰考变化时，重点写干部中的腐败现象，用焦裕禄作对比，向背离群众的干部发出警示。第四部分，即最后部分，作者继续以焦裕禄映照那些有清醒头脑的干部，进行意味深长的议论：

> “千金易求，人心难得。”这是自古以来中国人民的箴言，也是关系我们党盛衰兴亡的一个大问题。
>
> 从兰考到开封，我们瞻仰了曾任开封府府尹，近千年来一直活在人民心中，为人们敬仰传颂的包拯的塑像。这座新建的包公祠里，有一块古石碑，上面铭刻着开封府历届府尹的名字。人们纪念包拯，崇敬包拯，前来参观的人都要站在石碑前抚摸一下他的名字。年深日久，石碑上“包拯”二字被摸出了一片很深的亮光光的凹痕。
>
> 我们从包拯又想起了焦裕禄。焦裕禄不是封建社会的“包大人”，他自称是“人民的儿子”。包拯在开封府为官只有一年零三个月，但这位妇孺皆知的“包青天”，留给后人的是几天也讲不完的清正廉明的传奇故事。焦裕禄在兰考实际上也只是工作了一年零几个月，而他却给人民留下了一个共产党人的高大形象和许多无价的精神财富。
>
> “我是你的儿子。”焦裕禄的这句话，表达了一个伟大的真理。这是一个震撼历史的声音。他喊出了中国共产党人对人民的全部忠诚。

历史将永远铭记这位人民的儿子的英名。

这些充满思辨色彩的语言，闪烁着理性的光芒，既深化了主题，又深深打动了受众的心弦。

下面仅以习近平同志抒写的词为例说明其反响。他 1990 年在任福州市委书记时，一天读了《人民呼唤焦裕禄》深受感动，写了这样一首词：

念奴娇

追思焦裕禄

习近平

中夜，读《人民呼唤焦裕禄》一文，是时霁月如银，文思萦系……

魂飞万里，盼归来，此水此山此地。百姓谁不爱好官？把泪焦桐成雨。①生也沙丘，死也沙丘，父老生死系。②暮雪朝霜，毋改英雄意气！

依然月明如昔，思君夜夜，肝胆长如洗。路漫漫其修远矣，两袖清风来去。为官一任，造福一方，遂了平生意。绿我涓滴，会它千倾澄碧。

一九九〇·七·十五

注：①焦裕禄当年为了防风固沙，帮助农民摆脱贫困，提倡种植泡桐。如今，兰考泡桐如海，焦裕禄当年亲手栽下的幼桐已长成合抱大树，人们亲切地叫它“焦桐”。

②焦裕禄临终前说：“我死后只有一个要求，要求党组织把我运回兰考，埋在沙丘上。活着我没有治好沙丘，死了也要看着你们把沙丘治好！”

（载 1990 年 7 月 16 日《福州晚报》）

上面所举的深度报道的例子篇幅较长，那么篇幅较短能不能也写成深度报道呢？答案是“完全可以”，这就要看以上的四点要求做到没有。下面试举一篇篇幅较短，且四点要求都做到了的深度报道，题目为《解读“SARS 病毒”》。

第一点，选材方面。该篇选择的题材无疑是重大的。2003 年春天，突如其来的“SARS 病毒”肆虐神州大部分地区，举国上下抗击和防治“非典”疫情犹如在进行一场无硝烟的战争。人们对这种从未出现过的急性传染病产生恐惧心理，这时需要解读“SARS 病毒”是怎么回事，以消除人们的担心和疑虑，用科学的手段防治它。虽然媒体每天有动态报道和访谈节目来报道疫情，但需要用深度报道的方式来加以系统而深入地阐释这种新病毒，使人们对它有清醒的认识。尤其是北京地区疫情严重，更需要媒体运用深度报道这种“重型武器”。对此，《北京日报》推出了一系列深度报道，这仅是其中的一篇。

第二点，立体思维方面。这种疫情不是在一时一地出现，而是在世界各地流行，只是中国最为严重。中国人民在党和政府的领导下，众志成城，抗击非典。对此，这就需要从人类历史与现实、中国与外国攻克这一世界性难题来加以全方位考察，看看能否在短期内战胜这种新的传染病，所以，运用立体思维才能全面认识这个问题，才能阐明疫情严重的因果关系。

第三点，结构方面。深度报道的结构一般是纵横交叉，进行全息组合，才能使报道有深度。《解读“SARS 病毒”》在“纵”的方面运用背景材料，追踪它与流感病毒存在的亲缘关系。那么为什么这种新病毒当今在人群中迅速传染而且危及人的生命呢？这就需要找出这种新病毒的特性及人感染上这种传染病乃至死亡的原因，于是在“横”的方面组合了科学家的分析、研究和攻克这种新病毒的一系列新情况，为人们树立战胜“非典”的必胜信心提供科学依据。

第四点，思辨性方面。既然人类过去战胜了各种各样的严重的传染病，为什么在科学技术发达的今天就不能将“SARS 病毒”制服呢？现在科学家们正全力以赴研制对付这种新病毒的疫苗，“相信‘SARS’肆虐时间将大大缩短”，这就是这篇深度报道作出的结论。

从该篇整体上来看，它具有深度报道的特点，即重要性、深刻性、完整性、科学性和知识性。下面，请看这篇报道的全文：

解读“SARS 病毒”

项晓宏　吴　冰

2003 年 4 月 16 日，世界卫生组织宣布，在中国、德国、加拿大等 10 个国家和地区的 13 个实验室的共同努力下，正式确认冠状病毒的一个变种是引起非典型肺炎的病原体，并将其命名为“SARS 病毒”。从世界卫生组织 3 月 12 日向全球发出警报至此，科学家们只用了 4 周的时间，就完成了过去几年、几十年才能完成的工作，让我们如此真切地感受了科学发展的实际意义。

与流感病毒存在亲缘关系

在对病毒的研究中科学家发现，引起此次非典型肺炎的病毒与流感病毒存在着某种亲缘关系。而翻开人类传染病流行史，早在公元前 4 世纪人类就有了关于流感的记载。在 1658 年意大利威尼斯城的一次流感大流行中，有 6 万人死亡，惊慌的人们认为这是上帝的惩罚，是行星带来的厄运所致，所以将这种病命名为“Influenza”，原意为“魔鬼”。虽然科学已经证明流感是由流感病毒感染所致，但“Influenza”的名称却一直沿用下来。

20 世纪世界范围的流感多次暴发，最近的一次是在 1999 年至 2000 年间的中度以上流感暴发，其中最为严重的是法国，流行高峰时发病率高达 861/10 万。

目前人类发现的流感病毒大约有 1 万种。令人吃惊的是，最常见的病毒携带者是禽类。鸭子身上就携带有多种流感病毒，但自己却从不得流感，当鸭子被送到市场上时就会把流感病毒传染给鸡，鸡群会引发禽流感进而殃及人类。

为何能在人群中迅速传播

科学家说非典型肺炎病毒非常独特，以前从未在人类身上发现过。这也是病毒得以在人群中迅速传播的重要原因。科学研究表明，事实上抗生素对于大部分病毒并不产生作用，因而病人只有依靠自身的抗体才能解决问题，但是对于陌生的病毒，任何人体内原本并不存在抗体。在15世纪欧洲人对美洲的征服过程中，西班牙人带来的病菌导致95%的土著印第安人死亡，代表死神的病毒和细菌为什么不去袭击西班牙人呢？现代医学提供了答案：美洲印第安人对来自另一个大陆的病毒没有免疫力。

新病毒的产生往往不是无中生有，而大多源于变异，非典型肺炎病毒就是冠状病毒的变种。变种其实是病毒所犯的错误。遗传物质的复制是一个极其复杂的过程，病毒自己也很难把握，而基因的甄别和修补能力又不足以纠正错误，所以就产生出了变种的病毒。1918年的流感是迄今为止世界上最凶猛的一次传染病大暴发，一年之内共造成2 000多万人死亡，超过了第一次世界大战死亡人数的总和。80年后科学家才发现，1918年的流感病毒是个"杂种"病毒，是由猪的流感病毒基因与人类流感病毒基因组合而成的变种。

四星期就找出"SARS病毒"

令人振奋的是，在生命科学奠定的坚实基础上，今天的科学家仅用了四个星期的时间就找出了"SARS病毒"，而在20年前，从发现艾滋病到分离出艾滋病毒的时间间隔还需要近200个星期。

在与传染病的对抗中，用科技武装起来的人类，正变得越来越有自信。

非典型肺炎病原体的确定可以让科学家们集中更多的精力去研究病毒、开发疫苗和寻找有效药物，从而加快在预防、诊断和治疗非典型肺炎方面的步伐。目前非典型肺炎虽然已在27个(截至4月22日)国家和地区现身，但总的扩散趋势已得到有效控制。人类与传染病抗争的经验、最新科研成果的应用和世界性的科学合作，有效阻击了病魔的脚步。

2002年11月16日，"非典"最早出现在广东的佛山市。那时，它的凶狠本质还没有完全暴露。

2003年1月，"非典"的传播，引起了国家卫生部和世界卫生组织的关注，并很快确定"非典"唾液飞沫的传播途径，宣布预防呼吸道传染病的各种传统手段都适合预防"非典"，并号召人们保持良好的卫生习惯。同时，以对流感、鼠疫、钩状螺旋体甚至是炭疽热等多种病原的怀疑和担心为起点，科学家们也开始了寻找病源的工作。

2月18日，我国科学家宣布发现衣原体颗粒。目前，科学家认为它可能是"非典"致病的帮凶。

3月19日，香港地区的研究者提出病原体可能是某种副黏病毒。与此同时，德国和加拿大的科学家也得出同样结果。

3月23日，香港地区和美国几乎同时报告，一种冠状病毒有可能是真正的元凶。

4月8日，我国政府把"非典"列为法定传染病。

4月12日，加拿大科学家绘制出了被怀疑是"非典"病原体的冠状病毒的基因图谱，并进行了基因破译研究。世界卫生组织认为这是一个重大的研究突破。

4月19日，我国科学家研制出一小时检测非典型肺炎试剂。

“SARS”肆虐时间将大大缩短

接种疫苗是人类对付传染病的有力武器。自从200年前牛痘疫苗消灭了天花之后，疫苗就成了人类对付众多传染病的终极法宝，以至于20世纪的后十年成为了“疫苗十年”。50年前推行的流感疫苗，让70%的接种者从中得到了好处；最安全的、最先进的基因疫苗也已让艾滋病的防治见到了曙光；变种的冠状病毒基因图谱的迅速问世，让相关的疫苗研究有了一个好的开端。更多的专家认为，非典型肺炎制造麻烦的时间将被大大缩短。这是科学送给我们的最平易近人的礼物。

（《北京日报》2003年4月24日）

深度报道的报道在不断发展中。美国学者大卫·伯恩斯坦提出“解困新闻学”理念。这源出于“马航事件”的出现：2014年3月8日一架从马来西亚吉隆坡飞往北京的航班MH370失联，239人生死不明。多国全力搜寻327天，仍未找到飞机残骸和黑匣子。事件发生后的十多天，由于真相不明以及信息发布的滞后，全球的媒体陷入一个报道困境。新闻报道如何回应公众的期待，在后续报道中走出困局？于是大卫·伯恩斯坦提出了“解困新闻学”这一理念，其义是媒体不能满足于对社会现象进行浮浅的报道，而应深入新闻事件的背后挖掘真相，通过报道为社会问题和新闻事件寻求解决之道。

在“马航事件”报道中，一些媒体为了保持信息更新的速度，回应受众关切，在跟进报道中发布了信息含量低的情绪化报道，甚至发布了一些未经证实的信息。有网友批评：在“马航事件”的新闻战中，几乎所有的干货都是欧美媒体挖出来的，它们的报道真正对马来西亚形成了压力，体现了媒体的力量所在；而一些国内媒体，除了搬运外媒，就只会一遍遍喊着“马航我们等你回家”“我们为你祈祷”。这一批评虽然有些刻薄，但也说明了网友对类似危机事件中媒体的更高要求。

“解困新闻学”是要替饱受各项问题困扰的芸芸众生带来希望和帮助，但采访内容不是权贵的美言祝福和空泛期待，而是根据事实和经历，报道确曾有助于解决某些社会问题的真人真事。也只有实事的报道多于空泛的宏论，更能说明问题症结、改革措施及阻力所在，从而鼓动人心，引导社会。

通过“马航事件”的报道引入“解困新闻学”报道理念，有助于媒体在繁杂的信息中剔除噪音，同时也有助于新闻工作者改变作风，用深入的调查和专业分析揭示事实真相，使新闻传播作用更大，更广更深。

第十章
散文式新闻

散文式新闻是新闻写作的一种有效形式，与常规的新闻写作形式相映生辉。如果新闻媒体只用常规的新闻写作形式，难免单调、乏味，影响作品的可读性。新闻媒体在以常规的新闻写作形式为主的前提下，辅之以散文式新闻，无论从记者写作风格的独特性、编辑安排稿件的多样性，还是从读者接受信息和审美的多元化来说，都是大有裨益的。

第一节　散文式新闻的缘起

早在1963年1月，当代著名新闻记者穆青在《新闻业务》杂志第1期发表了题为《尝试用散文笔法写新闻》的文章。他在文章中正式提出了散文式新闻这个问题。他说：

> 现在，有的同志在尝试着用散文的笔法来写新闻，我个人是赞成这种尝试的。我觉得，从广义上说，新闻即是散文的一种。因为新闻无非是告诉读者发生了什么事，这件事有什么意义，散文中的叙事不也是如此吗？既然叙事文可以这样写，也可以那样写，为什么新闻就非受一定的格式束缚不可呢？为什么散文可以有个人的风格，而新闻就只能按照死板的公式去套呢？我看只要事实能够交代得清楚明白，在写作上可以突破老一套的公式，不一定非得第一段写导语、第二段写背景、第三段写……可以百花齐放，大胆创新。当然，我并不是说新闻写作的一些基本要求都不适用了，如开门见山，短小精练和一定的客观形式，等等，这些都还是适用的。我的意思只是说，对其中某些要求我们不必过分拘泥。
>
> 散文的写法是否一条出路？现在还在试验，能不能成功还很难说，但不妨试试看。我国有很好的散文传统，我们应该继承这种好的传统，充分吸取散文写作中那种自由、活泼、生动、优美、精练的表现手法。①

时间向前推进了19年，到1982年1月17日，穆青在对新华社四川分社负责人的讲话中进一步提出和阐发了这一业务思想和学术观点。他说：

> 我们的时代，应当是新闻、速写、特写比较发达的时代。但实际上不够发达。大

① 穆青：《新闻散论》，新华出版社1996年版，第93~94页。

家或许已经注意到，在资产阶级世界，新闻报道的形式正在发生很大的变化，在向散文式的方向，向不那么规格化的方向发展。现在，他们的新闻记者中有些人主张，新闻中最重要的东西不一定放在前面。他们说：我要把自己最精彩的东西献给能忠实读完我的报道的读者。这个意见对不对还可以研究，但至少说明长期以来当做新闻规范的“倒金字塔”的形式正在被突破；新闻报道不仅要注意开头，还要注意结尾。在外国记者的一些成功的新闻报道中，有两个东西突出了。一个是评论，就是说不完全是用事实本身讲话，而是利用各种事实来发表议论，发表看法。另一个是注意抓细节。抽象的东西用生动活泼的细节表现出来。

我认为，我们的新闻报道的形式和结构也可以增加自由活泼的散文形式，改变那种沉重的死板的形式，而代之以清新明快的写法。只有在这方面有所创造有所突破，也许才能真正对八股式的新闻作点改革。①

从前后两次穆青对同一问题的阐述来看，他的观点可归纳为：从提倡“尝试用散文笔法写新闻”到主张新闻报道的形式“可以增加自由活泼的散文形式”，既不排除已有的常规的报道形式，又要“增加自由活泼的散文形式”，使两者并驾齐驱。

穆青的观点，是在全国新闻界探讨新闻改革的时候提出的，加上他作为名记者和新华社主要领导人这个身份提出来，自然就引起新闻界人士的广泛注意，由此引起了一场热烈的讨论和争论。人们把这一场学术论争称为“新闻散文化”之争。赞成者认为可以提高新闻报道质量，增强新闻的生命力和感染力。反对者则担心“散文化”把新闻的真实性“化”掉了，“化”到文学领域，失去了自身的存在。这场论争正、反两方各执一词，未有定论。本书认为，以提“散文式”为好，“式”为形式，用“化”不仅包含有形式因素，还包含有内容因素。穆青早已明确讲过：“吸取散文写作中那种自由、活泼、生动、优美、精练的表现手法。”即是形式上继承好的传统。

散文式新闻虽然未形成大气候，但毕竟对推动新闻写作改革起了很大作用，出现了不少为人们所称道的新闻佳作。

例如，当时在辽宁日报社当记者的范敬宜写出的综合新闻《夜无电话声　早无堵门人》，就为人们津津乐道。他没有用新闻的常规格式来写，而用散文的随笔形式，既传达了新的信息，又富有诗情画意。请看原文：

夜无电话声　早无堵门人

[本报讯]（记者范敬宜）　3月3日、4日，记者夜宿康平县两家子公社秘书办公室，发现从就寝到次日早晨，没有来过一次电话，也没有一个社员来报案、告状或要钱要粮，公社干部睡得安安稳稳。

据当过6年秘书的公社干部赵富权说，前几年情况大不一样，经常刚刚睡下，电话铃又响了，不是下广播指示，就是追生产进度。冬天只好把电话机搬到枕头旁边。随着领导作风的转变，上面这种靠电话指挥工作和搞形式主义的现象大大减

① 穆青：《关于新闻改革的一点设想》，载《新闻散论》，新华出版社1996年版，第217~218页。

少了。

一年前，两家子还是全县最穷的公社之一，一年到头，生产队干部和社员来公社要农贷和救济粮、救济款的踏破门坎，往往天不亮就有人来堵公社党委书记的被窝。现在已经看不到这种情景了。去年他们实行了包干到户责任制，全社人均收入由历年六七十元增加到165元，有的老“三靠”队达到四五百元。社员生活好转了，不但不再向国家伸手，由于“穷泡、穷靠、穷打、穷闹”造成的民事纠纷和家庭纠纷也越来越少。

4日深夜，记者步出敞开的公社大门，遥望沐浴在银白色月光下的远近村庄，显得分外安谧，不禁遐想联翩，成诗一首：

劫后灾痕何处寻？
月光如水照新村，
只因仓廪渐丰实，
夜半不闻犬吠声。

（《辽宁日报》1982年3月15日）

按消息写作常规，是不能穿插作者写诗的，但这里却恰到好处地“成诗一首”。这既是对上述事实的归结，又表达了作者的感受，还具有形象性，所以是一种创新。

稍后，新华社记者郭玲春写的动态新闻《金山同志追悼会在京举行》也突破了以往写追悼会的古板格式，用比较形象的手法自由抒写，被人们交口称赞。这条新闻的开头是这样写的：

[新华社北京1982年7月16日电]（记者郭玲春）　鲜花、翠柏丛中，安放着中国共产党党员金山同志的遗像，千余名群众今天默默走进首都剧场，悼念这位人民的艺术家。

“雷电、钢铁、风暴、夜歌，传出九窍丹心，晚春蚕老丝难尽；党业、民功、讲坛、艺苑，染成三千白发，孺子牛亡汗未消”，悬挂在追悼大会会场的这副挽联，概括了金山寻求光明与真理，为人民鞠躬尽瘁的一生。人们看着剧场大厅里陈列的几十帧照片，仿佛又重睹他的音容笑貌，他成功地塑造的爱国诗人屈原的形象，他在电影《松花江上》的拍摄现场，他为演《风暴》与“二七”老工人谈心，他在世界名剧中饰演的角色，他在聆听周总理的教导，他与大庆《初升的太阳》剧组在一道……他1911年生于湖南，1932年加入中国共产党，自此献身革命，始终不渝……

后面的内容是致悼词和交代参加追悼会的有关领导、文艺界人士等。显然，这种写法比那种写某人追悼会在某时某地举行，再加上生平介绍和参加追悼会的人员要生动得多。

此后，很多记者自觉或不自觉地在确保新闻的真实性、时效性的前提下，大胆用散文笔法写新闻，于是出现了“散文式新闻”这一称谓。它的含义是：用优美的语言、散文的笔法，形象生动地表达新闻事实的一种报道方式。

第二节　用散文笔法写新闻

一、什么是散文笔法

先要明确，什么是散文？在古代，凡是不押韵的文章称之为散文，就是说，它与韵文、骈文相对，叫“散体”“散语”，包括论辩、序记、诏令、奏疏、题跋、书牍、碑碣等文言文。“五四”新文化运动以后，散文成为同小说、诗歌、剧本并列的一种文学体裁。这时散文中的“应用文”部分分离出来，但还包括杂文、随笔、小品文、游记、新闻通讯、特写、报告文学、传记文学等，这是我们通常所说的广义的散文。狭义的散文不包括杂文、新闻通讯、特写、报告文学、传记文学等，单指那种形式灵活、篇幅短小、语言优美、文情并茂的文章，人们称之为“美文”。从表达方式上看，它分为记叙散文、抒情散文、议论散文三种。这三种都含有描写成分，或叙述、描写、议论、抒情兼而有之，只是侧重点不同。散文的写作特点是：形散神聚，舒卷自如；长于抒情，表现个性；创造意境，富于文采。

由此看来，“散文笔法”是指狭义的散文的写作方法。对散文笔法的含义可以作如下表述：凡是自由运笔，具有形散神聚、语言优美、文情并茂的表现方法，就称为散文笔法。这里的“情”包括情感、情趣、情景。

二、用散文笔法写消息

消息是新闻体裁的主角，即狭义的新闻。从总的态势看，消息写作是用常规的“新闻结构”(由标题、导语、主体、背景、结尾组成，加上倒金字塔式)，语言表达多为叙述方式。这种写法便于记者快速写出稿件，“5W+H”齐全，读者也容易理解。但长此以往地这样写下去，写出的新闻不免显得单一、呆板，读者除了获得信息外，别无其他。所以用散文笔法写消息是一个好办法。前面列举的范敬宜、郭玲春写的消息就是突破了常规的写法，取得了成功。

现在，我们看看外国记者是怎样写散文式新闻的。他们的写作技巧很多，突出的有两种：一是注意写人，二是注意写细节。

写人，力求把人写好，写活，写得别具一格。英国路透社播发的著名钢琴演奏家罗宾斯坦逝世的消息，在这方面很能给我们以启发。罗宾斯坦死了，按照惯例，记者只需转发死者所在组织的讣告便万事大吉了。而讣告的写法很难引起读者的兴趣。路透社记者则不同，在报道罗宾斯坦逝世的消息中，其标题用《罗宾斯坦的“爱情”》。“爱情”在这里为修辞中的“借代”，意为主人公对钢琴的挚爱。接着，文章回顾了死者的一生，突出报道死者的艺术成就和他对生活的热爱。在有限的篇幅中，记者恰如其分地使用有关这位名人的轶闻和材料，在读者心目中树立了这位艺术家丰满、生动的形象。这里还要指出，记者写的这篇报道，使读者兴趣普遍化了：一位双目失明的90多岁的老人对生活表现出了如此巨大的热情，别人请他拍3集电视片，他却主动提出拍13集——读者不能不由衷钦佩这样的老人。一般讣告式的新闻，很可能只有音乐界人士和钢琴音乐爱好者才去注意它，而这条新闻却引起广大读者的关注。这个例子告诉我们，用散文笔法写消息，不仅可以把消息写活，而且可以把新闻价值充分体现出来，达到记者期望达到的社会效果。下面是这条人物消息的全文：

罗宾斯坦的“爱情”

[路透社日内瓦 1982 年 12 月 20 日电] 阿尔图·罗宾斯坦于今日逝世，享年 95 岁。

两岁那年，他第一次坐在钢琴旁时，便堕入“情网”而不能自拔——这种“爱情”，以后持续了 90 多年。

他曾经说过：“我演奏时，实际上是在谈恋爱。钢琴家绝对应演奏他衷心热爱的乐曲。”

罗宾斯坦出生在波兰罗兹。父亲伊格纳西·罗宾斯坦是个纺织厂主，有 7 个孩子，阿尔图是最小的。

然而，他的出生日期却是个有争议的问题。据一册国际名人录记载，他生于 1887 年 1 月 27 日，但阿尔图·罗宾斯坦却说自己生于 1889 年。

他的双亲都是犹太人，对音乐几乎一无所知。但是，这位神童长大后成了音乐史上最伟大的钢琴家之一。

一位美国音乐评论家说：“当他的手指触及钢琴键盘时，就像蝴蝶翅膀那样轻柔。”这位评论家说：“他的演奏诗意盎然，古雅高深，但却清新、明朗。他凭着自己的才智把激情控制起来，控制得恰到好处。”

他对自己的同胞肖邦的作品，处理得尤为精彩，这使他誉满全球。

直到 1976 年因视力衰退、手指僵化被迫停止演奏前，他一直是公认的键盘音乐——从巴赫到 20 世纪俄国作曲家作品——演奏大师。

在临终前几年，他的双目几乎完全失明了。但是，这并没有影响他对生活的激情。

1978 年，一家墨西哥电视公司董事长向他征求意见：可否拍摄二至三集关于他生平事迹的电视系列片？

罗宾斯坦说：“干吗不拍 13 集？”他不顾 90 高龄，奔波于纽约、以色列、欧洲之间，终于拍摄了 13 集电视系列片。

写细节，就是捕捉生动有趣、活灵活现的细小情节并将其写进报道中，它能起到“窥一斑而见全豹”的作用。人们在阅读新闻作品时往往有这种感受：生动的细节叫人久久不能忘怀，品味起来很有情趣，并给人以教益。

1998 年 7 月，武汉面临特大洪水的威胁，军民齐心抢险抗洪，日夜奋战，确保了武汉的安全，各种媒体纷纷作了正面报道，而美联社记者却撷取细节，用散文笔法从侧面报道了这一重大新闻，写得有情、有景、有趣。下面是这条动态消息的全文：

大雨使武汉成为水城

[**美联社武汉7月27日电**] 门前一片汪洋，上班得划小船，但梅建英(音)对搬出这个每年都要闹水灾的地区的想法却一笑置之。

梅女士说：“我在这里住了30来年，在不发水的时候，这是个很适合住人的地方。”在她说话的时候，一群鸭子正从她的门前游过。

居民已搬出进水的一楼，他们将椅子、床和电视机等物品放在较高的楼层或是屋顶上。人们在屋顶上做饭，打牌，并在雨停的时候晾衣服。

在街上，儿童在齐腰深的水里玩耍。大人们肩上扛着小孩或货物艰难地前行。还有一些人在捞鱼。

上星期，一场创纪录的倾盆大雨使这座有700万人的大城市的大街小巷变成了河流。狭窄的街道两旁排列着两三层的楼房，人们划着小船、橡皮艇和轮胎的内胎在街上来来去去，颇有水城威尼斯的味道。

(《参考消息》1998年7月28日)

这条消息，从新闻价值上来讲，除了具有重要性、时新性、显著性外，还有浓厚的趣味性，如梅女士对记者说话时，“一群鸭子正从她的门前游过”，充满意趣；“人们在屋顶上做饭，打牌”，充满情趣；“在街上，儿童在齐腰深的水里玩耍”，“还有一些人在捞鱼”，充满乐趣。这些情景同1949年以前武汉被水淹，尸体漂浮，人们逃水荒全然不同。所以，这条消息蕴含着深层意义。

三、用散文笔法写通讯

用散文笔法写通讯比较常见，除了工作通讯一般不运用散文笔法外，其他各种通讯形式都可运用，尤其是风貌通讯的写作，几乎都在运用散文笔法，否则就是一篇见闻录或一份说明书。

用散文笔法写通讯，穆青为我们作出了榜样。早在革命战争年代，他采写的《雁翎队》《月夜寒箫》等作品，人们既把它们当做新闻佳作，又视为优秀散文。但那时他还不是有意识地用散文笔法写新闻，散文的情趣和写法只是在通讯和特写的写作中自然流露，没有形成一种明确的新闻形式。后来这个问题逐步明确了。20世纪70年代末至90年代初，穆青先后出访亚、非、欧、美的五十多个国家，将自己所见、所闻、所感写成散文式新闻作品，陆续发表在报纸杂志上。

《金字塔夕照》是他的代表作之一。这是一篇脍炙人口的风貌通讯，又是一篇出色的散文作品。作者到埃及访问，自然非常想游览举世闻名的金字塔。文章开头就写了作者对金字塔的向往和金字塔在他头脑中诱人的形象。金字塔是如此的充满神奇，当然必须去参观游览。可是当作者“在金色的夕阳下”来到金字塔旁伫立时，深感“展现在我面前的毕竟是另一个更加令人迷惘的世界”。作者抒写道：“我看见，一些肥胖的外国人骑着干瘦的埃及骆驼，在兴高采烈地漫游；我看见，穿着破旧长袍的埃及人，见到外国游人到来，便蜂拥而上，争抢着要为他们充当向导；我看见，在金字塔下，在沙尘迷漫的道路两旁，一群肮脏的孩子拿着粗糙的石雕、木刻，到处在向游人兜售，甚至追逐在人们的身后纠缠不休……”文章描写了这些奇特景象，使人感到“金字塔其实是荒凉的”。作者带着这种沉重心情去观看司芬克斯——人面狮身大石像——似乎看到了司芬克斯的眼睛在流泪。于是，“那剥落的石块，憔悴的沙漠，那贫穷的老人，肮脏的孩子，那一匹匹羸弱呆痴的骆驼，一双双在外国游人面前伸出的大手、小手……”在作者头脑里构成了一幅荒凉的金字塔图画。这实际上是一幅严峻的社会人生图画。最后，埃及同行约作者去观赏金字塔的夜景，参观一下现代化的夜总会，他没有去。作者写道：“我笑了笑，摇头谢绝了。我说：‘如果有机会再来埃及，我倒想看看金字塔的黎明。’在漫天朝霞的红光里，我想，金字塔必定是另一番景象！”文章以对埃及现实的深思和对埃及美好未来的期望结束。这篇报道成功地运用了散文“形散神聚、文情并茂”的写法，值得一读。请看原文：

金字塔夕照

穆　青

9月的开罗是金色的。

在金色的夕阳下，金色的田野，金色的沙漠，连尼罗河的河水也泛着金光；而那古老的金字塔呵，简直像是用纯金铸成的。远远望去，它像飘浮在沙海中的三座金山，似乎一切的金色的光源，都是从它们那里放射出来的。你看天上地下，到处黄澄澄，金灿灿，一片耀眼的色调，一幅多么开阔而雄伟的画卷啊！

从少小时候起，我就听到过许多有关金字塔的传说，向往着它神秘的风采。如今，当我来到金字塔下，望着这人间的奇迹，更禁不住万千思绪在心头激荡。我不知道金字塔这个汉文译名，最早是怎么得来的。究竟是出于象形还是会意？但无论哪一种考虑，我认为都是绝妙的。说它象形，你看它多像一个汉文的“金”字；说它会意，几千年来在世界历史上，在人们的心目中，金字塔不愧是熠熠发光的珍宝，人类劳动和智慧的结晶，它的价值无疑比金子还要贵重。有人说金字塔的白昼和月夜，各有各的情趣，各有各的美；但我觉得最令人难忘的，恐怕还是这大漠夕照中金字塔的色彩。那一片迷人的金色，简直把你融化进一个神奇的境界，使你充满豪迈的感受，引起无边的遐想，不由自主地产生一种怀古的幽思……

也许是迎合人们这种心理，据说，每当夜晚，金字塔前都要举行几场所谓“声光表演”。埃及人用奇异的灯光，制造种种幻景，用一些古老的乐曲、模拟的音响和对话，来再现几千年前法老王宫中烜赫的威仪，在一片声光交错的扑朔迷离之中，使你仿佛置身于古埃及往昔的盛世，产生种种奇妙的幻觉和联想。而当这些声光沉寂下来的时候，一切都消失在夜色里，只有金字塔依然在黑暗中矗立。

我没有机会欣赏这虚幻的情景，重温金字塔那早已逝去的繁荣。踏着沙漠中的夕阳漫步，展现在我面前的毕竟是另一个更加令人迷惘的世界。

我看见，一些肥胖的外国人骑着干瘦的埃及骆驼，在兴高采烈地漫游；

我看见，穿着破旧长袍的埃及人，见到外国游人到来，便蜂拥而上，争抢着要为他们充当向导；

我看见，在金字塔下，在沙尘迷漫的道路两旁，一群肮脏的孩子拿着粗糙的石雕、木刻，到处在向游人兜售，甚至追逐在人们的身后纠缠不休；

有人告诉我，如果时间稍早一点，你还可以看到许多外国阔佬愿意掏出钱来，让一些矫健的埃及人表演攀登金字塔的绝技，欣赏他们像猿猴一样，能在10分钟之内爬上450英尺高的金字塔顶端，然后再爬下来……

谈话间，几个埃及老人牵着骆驼和毛驴迎面走来，他们雪白的胡须，奇异的服饰，再加上打扮得花花绿绿的骆驼和毛驴，在金字塔前组成了一幅独具特色的风景画。可是，当我正要举起相机的时候，同伴们悄悄制止了我：

“不要照，他们会向你要钱的！”

我收起相机，默默地走开了。

一阵轻风吹过，飘起地上游人丢弃的片片纸屑，也带来沙漠地带那种特有的干燥郁闷的气息。夕阳已逐渐下沉，暮色正从沙漠的边缘悄悄向这里逼近。四野的游人渐渐稀疏、远去……这时，我忽然觉得，金字塔其实是荒凉的。

在司芬克斯面前，我停下了脚步。这个人面狮身的大石像，在暮色苍茫中，似乎也失去了它的光彩。关于它，过去我曾读过不少动人描写，有人说它的表情是神秘的，也有人说它充满了忧郁。我想，这大概是由于各人的心情和感受不同，所产生的不同印象。当年，拿破仑侵入开罗，耀武扬威，不可一世，许多人拜倒在他的脚下，唯独这个司芬克斯依然昂首高踞，面向东方，仿佛故意在向他挑战，惹得这位法军统帅大为恼火，竟下令开枪打坏了它的鼻子。后来，一些外国的游人，又把它当做能够带来好运的神物，千方百计要从它身上砸点石块带走，这样就更使它遭到遍体鳞伤的摧残。只有那些真正同情埃及人民，并和他们有着同样命运的人们，才会从心灵深处感受到它的忧郁，甚至觉得它的眼睛里满含着泪水。

五千年了，这座人面狮身的石像，经历了多少风风雨雨啊！它目睹了埃及历史上的兴盛和衰微，也看到了近几个世纪以来，在殖民主义、帝国主义的掠夺下，埃及人民的苦难；说司芬克斯是埃及历史的见证，是丝毫也不算夸张的。听说这里的声光表演，也让它用苍老的声音叙述自己的历史和见闻。当然，它可以讲许多令人神往的往事，也可以盛赞古埃及悠久而又灿烂的文化，但我不知道，对于眼前发生在它周围的情景：那剥落的石块，憔悴的沙漠，那贫穷的老人，肮脏的孩子，那一匹匹羸弱呆痴的骆驼，一双双在外国游人面前伸出的大手、小手……它又能说些什么呢？难道它能埋怨埃及子孙的不肖，责备他们是靠着祖宗的遗产在向人乞讨吗？

…………

想到这些，我的心情是沉重的。

我曾到过西方一些著名的城市，在它们的广场上，像一把朝天的宝剑一样，耸立着古埃及的尖碑，博物馆里陈列着中国的青铜和瓷器，也陈列着巨大的埃及石棺和雕刻。似乎没有这些古老文物的点缀，就很难炫耀这个国家的财富和文明。其实，在我看来，这些并不能给它们增加什么光彩，相反，恰恰是他们曾经进行殖民主义罪恶掠夺的见证。

多少年来，正是由于这些无止境的掠夺、奴役和压榨，使得整个非洲陷入深深的苦难。全世界的吸血鬼们几乎都把他们的尖嘴，插进过非洲的血管。有时，我甚至想过，如果金字塔和司芬克斯，不是如此巨大和不可动摇，恐怕它们也早已泣别了自己的故乡，离开了尼罗河畔……

记得刚到开罗的头几天，这座城市曾以自己对照鲜明的外观，给我留下了极其深刻的印象。这里既有埃及古老文明的庄严与圣洁，又有西方现代世界中的堕落和糜烂；既有数不尽的高楼大厦，川流不息的滚滚车流，又有随处可见的栖息在街头路边的乞儿和流浪者；在一些国际性豪华的旅馆和饭店，你可以品尝到世界各地的佳肴，但在埃及普通人民的生活中，当时不得不忍受着“无肉月”的折磨。开罗市内有一个奇特的“死人城”，那里原是一个巨大的公墓，而现在却成为千千万万无家可归的穷苦埃及人的住所。我曾经去参观过这个活人和死人杂居的地方，垃圾堆旁支着简陋的锅灶，墓前晾晒着破衣烂衫，污水在到处流淌，一些赤条条的孩子的头上、脸上，叮满了可怕的苍蝇……这一切使我深深感到，巍峨的金字塔以及围绕着它的整个埃及国土，仿佛是一个五光十色的多棱镜，不同的镜面反映出截然不同的景象。

夕阳的余晖逐渐消退下去，不知什么时候，月亮已苍白地悬挂在金字塔的上空。这时，一辆辆开着车灯的小卧车，接连不断地从灯火闪烁的开罗市区，经过我们的身边，向金字塔背后的夜色中驰去。朋友们告诉我，那里有一些专供外国阔佬们寻欢作乐的夜花园、夜总会，它们就在离金字塔不远的地方，在一片沙漠中追求着别开生面的梦境。

同伴们问我要不要也去那里看看夜景，我笑了笑，摇头谢绝了。我说：“如果有机会再来埃及，我倒想看看金字塔的黎明。”

在漫天朝霞的红光里，我想，金字塔必定是另一番景象！

(1982 年 9 月)

(选自穆青：《彩色的世界》，新华出版社 1982 年版)

四、用散文笔法写特写

特写，我们这里讲的是作为新闻体裁中的一种类别，即新闻特写而不是文艺特写。

如果说用散文笔法写通讯是常见现象的话，那么用散文笔法写特写则是普遍现象。有时，特写的写法几乎与散文的写法等同，分不清两者的区别，因为两者都注重描写和抒情，都具有语言美的特征，篇幅都不长，无固定结构模式。但是，两者有不同之处：其一，特写是选取一个片断(一个情节、细节或场面，或瞬间变化)加以着力描绘，内容比散文显得更集中更突出；而散文的内容则比较零散，但主题集中。其二，特写选择的事实一般是现实生活中比较重大的题材；而散文的题材是“海阔天空”，什么都可以写。其三，特写严格按新闻写作规律行文，新闻性是第一位的，事实要素五个“W”一个也不能少；而散文在这方面的要求宽松些，它注重作品的艺术性、情感性乃至哲理性，虚实并用，自由运笔。我们在分清两者的区别后，就可以在确保内容真实、新鲜、生动和完整的前提下，大胆运用散文笔法写特写，这样写出的特写必然增辉生色。

下面，我们试举美国《纽约时报》记者罗森塔尔写的《奥斯威辛没有新闻可写》来说明这个问题：

1958 年 6 月，36 岁的罗森塔尔担任《纽约时报》驻波兰记者时，对华沙以外地区最早的一次旅行便是去奥斯威辛集中营。在第二次世界大战期间，这座纳粹集中营里，有 400 万人惨遭杀害，其中大部分是犹太人。他目睹这处遗址，留下了深刻的印象，不得不提笔来抒发自己的感受。这篇报道虽然很短，但一经发表，立即引起轰动，成为撼人心魄的新闻名篇，1960年获得美国最高新闻奖——普利策新闻奖。

这篇报道用特写形式写，其中用了许多散文笔法，例如：开头写此处“那明媚和温煦的阳光，一行行令人赏心悦目的白杨和在大门口附近的茵茵碧草上玩耍的孩子们”。结尾也以这种景象收束：“那里还是阳光明媚一片碧绿，孩子们在大门口玩耍。”这是散文“首尾圆合”的写法。再就是回溯历史，融情于景：“钢玻璃窗后边像小山堆似的人头发，一堆堆死去的婴儿留下的鞋”；“女牢房竟是三排大木头箱子，这些木头箱子约有6英尺宽、3英尺高，每晚有5到10个人在木头箱子里过夜”；“在一条长长的走廊里，一排排面孔从墙壁上向人们凝视着。那是几千张囚犯的照片。现在，这些人都已经死去了。男女囚犯们站在照相机前面心里都明白他们将走向死亡……”“够了。”是的，够了！对现在活着的人来说，看到这些已经忍受不了了，可是纳粹们在这个只有1.2万人的小镇上，杀死了400万人。

这篇特写之所以震颤了读者的心，不仅在于写出了事实，烘托了气氛，还在于作者用散文笔调写出了一种情感。作者写情感是多层次的：先是写旅游者“默默地、匆匆地走过去”，“脚步变得沉重了”。再写他们对惨不忍睹的往事，“产生一点独特的恐怖感”。然后写旅游者的神态。当他们看到毒气室和焚尸炉时，是“呆呆地盯着”，“浑身发抖，毛骨悚然”。当他们经过一座对女囚犯进行使之失去生育能力试验的砖瓦结构建筑物面前，导游想打开门，但门却是锁着的，这时“游客们暗自庆幸他们没有去看，然后就羞得脸红了”。终于有人经不起这个历史悲剧的强烈刺激，“惊叫了一声”。在进入地牢时，“一位旅游者被带出来休息了一会，因为他感到憋得喘不上气来”，“另外一位旅游者进去了，又跌跌撞撞地出来了，她画起十字来……”游客的情感作用于作者，使作者产生“不可抗拒的冲动”，催促他燃起写作激情，不然“那将是对在那里死去的人们极为痛心的不敬”。这种情感又悄悄传导给读者，感染着读者，使人禁不住要疾呼：决不让历史的悲剧重演！下面请看这篇特写的全文：

奥斯威辛没有新闻可写

A. M. 罗森塔尔

波兰布热津卡——不知为什么，最可怕的事情竟是布热津卡那明媚和温煦的阳光，一行行令人赏心悦目的白杨和在大门口附近的茵茵碧草上玩耍的孩子们。

这好像不正常得令人吃惊，如同一场噩梦一样。在布热津卡，应该永远有阳光照耀，或者说，那里应该是光明的，那里应该是一片碧绿，应该有年轻人的笑声。但是，如果说布热津卡从来不见阳光，草地枯萎衰败了，这才是恰如其分的，因为这是一个无法用语言来形容的恐怖地方。

然而，现在每天都有来自世界各地的旅游者到布热津卡来，这地方很可能是世界最令人心惊胆战的旅游点。他们来这里游览的原因很多——想来看一看这一切是否是真实的，提醒自己不要忘记这个地方，或者只是看一看人们受害的地方来向死去的人表示悼念。

布热津卡距著名的南部城镇奥斯威辛只有几英里之遥。奥斯威辛有居民1.2万名，位于距华沙171英里的地方，地处狭隘通道东端被称为摩拉维亚门的潮湿和沼泽地区。

布热津卡和奥斯威辛共同组成了精心建立起来的酷刑和死亡工厂的一部分。纳粹称这个地方为奥斯威辛集中营。

现在，距离最后一批囚犯裸着身子，被成群地赶到由哨兵和警犬守卫的毒气室处死，已有14年了。人们频繁地谈论着有关奥斯威辛集中营的传说。某些幸存者已经写了一些即便是头脑健全的人也难以想象的回忆录。集中营的主要负责人鲁道夫·弗朗兹·费迪南德·霍斯在被处决以前，在他写的回忆录里详尽描写了大规模屠杀和对囚犯进行的活体试验。波尔斯说，在这里有400万人死亡了。

现在，关于奥斯威辛没有什么新闻可报道。仅仅是由于有着不可抗拒的冲动，才想写一些有关集中营的事。这种冲动是因为出自一种不平静的感情，到集中营参观后，如果对那里的情况不置一言，不写一字，就这么离开了，那将是对在那里死去的人们极为痛心的不敬。

现在，布热津卡和奥斯威辛很平静。再也听不到恐怖的尖叫声了。旅游者在最初只是默默地、匆匆地走过去，后来想起了牢房、毒气室、地牢和鞭笞犯人的地方，于是，他们的脚步变得沉重了。导游也没有多说什么，因为他向游客指点了地方以后不必再多说什么了。

对每一个旅游者来说，都会产生一点独特的恐怖感，而这点恐怖感，他永远也不会忘记。某些人看见在奥斯威辛重建的一个毒气室，人们告诉他们这还是小的毒气室。其他人竟看到这样的事实，在布热津卡，在几个毒气室的废墟上，在德国人撤退时炸毁的焚尸炉上，竟盛开着雏菊。

有些旅游者呆呆地盯着毒气室和焚尸炉，他们简直不能接受这些。目睹钢玻璃窗后边像小山堆似的人头发，一堆堆死去的婴儿留下的鞋，或者在进毒气室之前用来关押犯人的砖瓦结构的监狱，他们站在那里浑身发抖，毛骨悚然。

一位参观者惊叫了一声，因为他看见女牢房竟是三排大木头箱子，这些木头箱子约有6英尺宽，3英尺高，每晚有5到10个人在木头箱子里过夜。导游带着游客很快穿过了牢房。在这里没有更多的东西要看了。

有一座砖瓦结构的建筑用来对女囚犯进行使之失去生育能力的试验。导游想把门打开，但门却是锁着的。游客们暗自庆幸他们没有去看，然后就羞得脸红了。

在一条长长的走廊里，一排排面孔从墙壁上向人们凝视着。那是几千张囚犯的照片。现在，这些人都已经死去了。男女囚犯们站在照相机前面心里都明白他们将走向死亡。

从这些死者的照片上看他(她)们脸上木无表情，但是在众多的照片中间，有一张照片吸引了游客的注意，令人不忍卒睹。这是一张22岁女孩的照片，她体态丰满、金发碧眼、容貌漂亮，她温柔地微笑着，好像头脑里掠过什么甜蜜的、值得珍爱的事情。当时在她年轻的头脑里想些什么呢？现在在奥斯威辛的死亡纪念墙上她又想些什么呢？

在进入令人窒息的地牢时，一位旅游者被带出来休息了一会，因为他感到憋得喘不上气来。另外一位旅游者进去了，又跌跌撞撞地出来了，她画起十字来。在奥斯威辛没有什么可祈祷的地方。

旅游者们相互恳求地对望着，他们对导游说：“够了。”

奥斯威辛没有什么新鲜事可以报道。那里还是阳光明媚一片碧绿，孩子们在大门口玩耍。

（原载《纽约时报》1958 年 8 月 31 日）

五、用散文笔法写专访

专访是一种时兴的新闻体裁，又是通讯的一种特殊形式。从写作角度来看，专访比一般意义上的通讯更自由，它除了可以像写消息那样简洁、明快地表述读者所关心的问题或需要了解的事态以及新闻人物活动外，还可以借用散文的语言和特点，进行叙述、议论、描写、抒情，将访谈内容融于其间，使专访也能成为文情并茂、形散神聚的散文篇章。不过，借用散文笔法写专访，新闻性、专题性、专用性、纪实性仍是主要的，不可顾此失彼。运用散文笔法写专访只是一种辅助手段，是提高专访可读性的一种好方法。专访的写作要求与散文笔法的有机结合，相辅相成，使读者既获得新的信息，又引发审美情趣。

人民日报社高级记者柏生，以擅长写专访著称，《写在绢帕上的诗——访邓拓夫人丁一岚》是她的代表作之一，被新闻界称为专访的典范之作。这篇专访运用散文笔法，写得亲切而自然，隽永而流畅，充满情感又给人以激励。

这篇专访的主题是通过采访著名新闻工作者邓拓的夫人丁一岚，记述她与邓拓忠贞不渝的爱情历程，表达这对革命伴侣崇高的人生观和爱情观。

专访开头用一句形象而精练的文字交待了此次专访的时间和地点。接着作者写道：“在她客厅的东墙上，挂着邓拓同志的遗像，旁边是一副隶书对联：‘又闻子规啼夜月，独骑骢马入深山’。”这样就把读者带入了邓拓戎马倥偬的战争岁月。继而作者抓住现场采访时丁一岚给作者看一张他们合影照片的情景，写道：“我仔细看着照片。邓拓一双神采奕奕、温和如春的眼睛仿佛活着一样，一岚大姐圆圆的脸上透着一片喜悦，两眼闪出温文的光彩。他们的背后是苍翠的古松。”这是肖像描写，把读者引入对邓拓的思念中。

然后，在现场采访中作者和采访对象的谈诗看字，作者着意描写了邓拓和丁一岚通过文字之缘相识、相爱的情景，写道：“谈到邓拓的诗，一岚大姐从内室里拿出两方已经裱在卷轴上的诗帕来。诗帕大约有一尺见方，颜色已经有些发黄。她说：‘这是邓拓同志写给我的《战地歌四拍》，你看看吧！’”作者接过了卷轴，感叹地说：“这是多么珍贵的纪念啊！”这是抒情笔调。

作者继续描写道：“她微微叹了一口气，稍稍沉思后告诉我：‘这两方诗帕，珍藏好多年了。战争年代我们常常分居两地。1944 年秋季反‘扫荡’前夕，老邓在阜平县晋察冀日报社驻地，我在报社驻地南边平山县中央局党校学习。如果反‘扫荡’开始，音讯就要中断几个月。趁着战斗还没开始，他给我寄来了这封信。但是当时我并没有收到。那时关山阻隔，通信确实比较困难，有一段时间我没有给他写信。所以他在信中说‘北雁祇南飞，望南来雁影无踪’……”

作者仔细地读了《战地歌》，深感邓拓诗字双绝，字里行间，情长意深。作者在文中写了这对革命情侣和夫妻，从一个是第一次投稿，一个是总编辑亲自改稿刊稿，到一年间的书信往来，到平山县瓦口川畔的《初晤》，到滹沱河畔的《心盟》。从此，两人开始了几十年的互敬互爱的生活。直到“文革”中，一个惨遭迫害至死不屈地倒下，一个把写在绢帕上的诗，藏在丝棉袄中，度过那艰难的岁月。

最后，作者用丁一岚含泪奉献给邓拓的挽联：“山海风波心盟永忆，万家恨雪云际长明”，表达了丁一岚对邓拓的忠贞不渝的爱情。

作者在描述邓拓与丁一岚的爱情历程中，缘物生情、寄情于景、情景交融、文情并茂，以“绢帕”为聚光点，创造了富有诗情画意的意境，让读者觉得美不胜收。下面请看这篇专访的原文。

写在绢帕上的诗

——访邓拓夫人丁一岚

柏　生

深秋的一天，我踏着街头萧萧黄叶，来到了丁一岚大姐家里。

在她客厅的东墙上，挂着邓拓同志的遗像，旁边是一副隶书对联：“又闻子规啼夜月，独骑骢马入深山。”一岚大姐对我说，这副对联恰好描绘了战争年代的生活情景。那时，《晋察冀日报》的驻地大多在偏僻的山村，邓拓和编辑部、印刷厂的同志们总是工作到深夜，幽静的夜空中时常传来杜鹃宛转的啼声。老邓赶写或审查完稿件，往往到了凌晨，又一个人骑着青花色的战马，走上崎岖的山路，赶到党委办的干部学校去讲课。所以，一岚十分喜爱这副对联。

邓拓同志及一岚大姐和我都很熟识，应我的要求，她送我一张他们夫妇两人的合影。她告诉我：

“这是1949年刚进北京时照的。时间过去三十年了，那时我们都还年轻呢！”

我仔细看着照片。邓拓一双神采奕奕、温和如春的眼睛仿佛活着一样，一岚大姐圆圆的脸上透着一片喜悦，两眼闪出温文的光彩。他们的背后是苍翠的古松。

四十多年前，丁一岚还是一个十几岁的少女，“一二·九”运动的浪潮推动她参加了挽救民族危亡的斗争。1937年，她从天津一个小资产阶级家庭中出走，到了革命圣地延安，接受了革命熔炉的锻炼。第二年，她随着大批参加敌后斗争的青年战友，来到太行山麓工作，在晋察冀根据地平山县妇救会任宣传部长。1941年，她在工作中了解到一个参加抗日工作的童养媳被封建公婆杀害的惨案，怀着满腔激愤写了一篇稿子《血的控诉》，投给《晋察冀日报》。总编辑邓拓看到了，觉得稿子写得很好，亲自修改发表了，还给作者写了一封信，对这位女作者表示谢意，并鼓励她继续写稿。一岚接信后，十分高兴。两个人的通信就这样开始了。经过一年的书信往来逐渐建立了友情，这可以说是文字缘吧！

当年冬天，他们才在平山县瓦口川内一位朋友家里见了面。那时邓拓还不满三十岁，他的个人生活是比较严肃的，但这次会面，激起了他感情上的波澜，他写的《初晤》诗，深情地表达了内心的激动：

山村曲水夜声沉，皓月霜花落木天。
盼彻清眸溪畔影，寄将深虑阿谁边？

矜持语短长悬忆，怅惜芜堤不远延。
待得他时行箧里，新诗绮札读千篇。

第二年春天，他们在滹沱河畔订下了终身的誓盟。邓拓是个诗人，诗句更能表达他炽热的爱情，他们分手后，他很快就给一岚寄去一首诗——《心盟》。

滹沱河畔订心盟，卷地风沙四野鸣。
如此年时如此地，人间长此记深情。

从此，他俩开始了几十年互敬互爱的共同生活。

谈到邓拓的诗，一岚大姐从内室里拿出两方已经裱在卷轴上的诗帕来。诗帕大约有一尺见方，颜色已经有些发黄。她说：

"这是邓拓同志写给我的《战地歌四拍》，你看看吧！"

我接过了卷轴。两方诗帕上面抄录了邓拓给一岚大姐的一封长诗形式的信和一首诗，有些字迹已经不那么清楚了。我感叹地说：

"这是多么珍贵的纪念啊！"

她微微叹了一口气，稍稍沉思后告诉我：

"这两方诗帕，珍藏好多年了。战争年代我们常常分居两地。1944年秋季反'扫荡'前夕，老邓在阜平县晋察冀日报社驻地，我在报社驻地南边平山县中央局党校学习。如果反'扫荡'开始，音讯就要中断几个月。趁着战斗还没开始，他给我寄来了这封信。但是当时我并没有收到。那时关山阻隔，通信确实比较困难，有一段时间我没有给他写信。所以他在信中说'北雁祇南飞，望南来雁影无踪'，问我是否一心钻研马列经典，'不着人间尘土'。"说到这里，一岚也笑了。

我仔细地读了《战地歌》，真是诗字双绝，字里行间，情长意深。得到一岚大姐的同意，我把它抄了下来：

一年又值秋风起。北雁祇南飞，望南来雁影无踪，算不合关山阻？远水绕荒村，莫是枕经眠未晓？明镜菩提勤拂拭，不着人间尘土。

青丝依样似旧时，心血如潮，七度春秋销北地。数三十又三年，问后来岁月，还能几许？只如今抖擞旧精神，酬尽心头文字债，待取新衣上征途，好将身手试，长为孺子牛。

鼙鼓又声喧，打叠琴书无着处，缩地失长鞭，脚跟无线，咫尺吴头楚尾。想旦夕四野动烽烟，顾不得惊起伯劳飞燕各西东。浸负笈携囊早登程，且休回首，向莽莽平沙去处舞干戈，莫念那恒岳巍巍云里人！

别离滋味浓还淡，欲诉又笺残，想将心绪谱奇弦，弹与知音人不见；结伴同行重话旧，不识何时也！果不相逢时，强饭加衣好护持，独立西风里，珍重复珍重！

下款写着：

右录1944年秋季反扫荡前夕，遥寄一岚战地歌四拍，以为永久纪念。

云特手书

一岚大姐说，那次反"扫荡"没有大规模爆发，敌人在几个地方进行了一些骚扰，被我军打退了。事后她听说老邓寄过这样一封信没有接到，感到很遗憾。她十分喜爱这首长诗，1948年春天，胜利的局势即将到来，边区人民生活安定并充满喜悦，在一个风和日丽的下午，她请老邓把这封没有接到的信抄在一方绢丝手帕上，所以落款的日期已经是1948年4月28日了。

“另一方丝绢上的一首诗，是老邓即兴写的。”一岚说，“那时我们已经结婚6年了，这首诗算是对我们6年同甘苦、共患难的战斗生活的自咏吧！”

诗句写在绢帕的中央，字体比《战地歌》稍大些，诗文是：

忆自滹沱河畔游，鹣鹣形影共春秋。①
平生足慰齐眉意，苦志学为孺子牛。
久历艰危多刚介，自空尘俗倍温柔。
六年血火情深处，山海风波定白头。

邓拓同志的《战地歌》，寓豪情于缠绵悱恻之中，书壮怀于低回宛转之内。书体刚劲潇洒，纤波浓点，错落其间。“这么珍贵的东西保存下来了可真不容易啊！”我不禁感叹道。

“在十年浩劫中保存这两方诗帕，的确很不容易。”

一岚大姐说：“邓拓离开我以后，我想，别的东西我不能保存，这两方诗帕可不能丢。可是收藏到哪里去呢？收藏到哪里，都有被抄走的危险。后来，我就想了个办法，把冬天贴身穿的那件丝棉袄拆开，把这两方诗帕缝在里面。十年浩劫中，我先后到房山农场和河南淮阳干校劳动，寒冬凛冽，我穿着棉袄劳动，汗水常常把棉袄浸湿了。直到‘四人帮’被打倒后，我才把它取出来。”

这两方对折的绢帕因为被浸湿，绢上的墨迹洇到另一面去了。看到这洇湿模糊的字迹，不难想象一岚大姐在十年浩劫中度过的艰难岁月。我不禁想到，去年在为党的忠诚战士邓拓同志举行的追悼大会上，悬挂的那副一岚大姐含泪奉上的挽联：“山海风波心盟永忆，万家恨雪云际长明。”表达了她对邓拓忠贞不渝的爱情。

一岚大姐今年59岁了，身体和精神都很好。她说的一口标准的普通话，音色那么纯正清朗。1945年张家口解放时，她曾在张家口新华广播电台，以铿锵有力的声音播过许多胜利的战报。1949年10月1日中华人民共和国开国大典上，她和齐越一同在天安门城楼上作了实况广播。我告诉她，我听说你曾经是位出色的播音员呢！她谦虚地笑了笑。

丁一岚现在是北京国际广播电台副台长。虽然工作很忙，但她工作之余，正在整理邓拓同志的遗著，交给有关部门陆续出版，把邓拓同志翰墨生涯的宝贵经验和高贵的革命情操留给后人。

夕阳西下，我告别了一岚大姐。在归途中，我又想起了那两方诗帕。深情的诗句，俊逸的字迹，又再现于我的眼前。

（原载《新观察》1980年3月）

这里顺此说明，在新华出版社1984年出版的《柏生新闻作品选》中，这篇专访是列入该书的“散文·报告文学·传记文学”栏目中的，而该书前面的“专访”栏目安排的是常规的专访作品，没有将此篇列入。但是她在《谈专访》的论文中，又将此篇视为专访加以阐述，可见她这是用散文笔法来写专访。这样写出的专访，兼有新闻与散文的双重特色。

---

① 鹣(jiān)，比翼鸟。

柏生的新闻作品具有散文特色，是与她受著名散文作家朱自清的影响有关的。大数学家华罗庚在《柏生新闻作品选》的序言中写道：“柏生在清华大学读书时，是朱自清教授的及门弟子，朱先生优美清新、感情真挚的散文风格，在她的作品中留下深深的痕迹。她的作品，也于朴素清新中见文采。”这说明一个人新闻写作风格的形成是有其渊源的。

第十一章 广播新闻

第一节 广播新闻概述

一、广播新闻的含义和类型

广播是通过无线电波或电缆导线向空间播送声音。声音是广播传播的唯一媒介，它由音量、音色、音调三个要素组成。

广播新闻是以广播为传播手段传送声音的新闻报道。它有广义和狭义之分。广义的广播新闻指广播消息、广播通讯、广播特写、广播专访、广播新闻评论等所有新闻性稿件。狭义的广播新闻专指广播消息。

广播新闻的分类从报道手法看，可分为口播新闻和录音新闻(包括现场录音报道)两大类。

二、广播的优势与弱点

了解广播的优势与不足，是为了发挥广播的优势，弥补广播的不足。列宁曾经说过：广播是“不要纸张、‘没有距离’的报纸”。这既指出了广播和报纸相同的一面——都是传播媒介，又指出了不同的一面——广播靠声音，没有距离限制；报纸靠文字，有距离限制。广播较之报纸，具有自己的优势和弱点。

广播的优势是：

第一，传播速度快。广播传输信息，几乎不受空间和地域的限制。无线电波的速度每秒 30 万公里，1 秒钟之内可绕地球 7 圈半，受众几乎在广播播出的同时就能听到声音。同时，广播可随时播发新闻，更换新的内容；现场直播还可和新闻事实的发生、发展同步。这是报纸所不及的。报纸虽然强调快速出版，但到读者手上往往是“昨天的新闻”。

第二，传真性强。广播用有声语言传播信息和各种节目。传播者的声音可以表达喜怒哀乐各种情感，具有直接的感染力。同时，广播还可通过再现客观事物的自然声音，使听众闻其声而感其境，比单纯用文字符号反映信息的报纸更显得真实、生动和亲切。

第三，受众面广。听众听广播不受年龄和文化程度的限制；广播频道多、时间长，方便各种工作岗位、不同工作时间的听众随时收听。

第四，功能多样。广播兼有传播信息、普及知识、开展教育、提供文化娱乐和社会服务等多种功能。其中，传播新闻是广播的主要功能，故此，广播电台隶属于新闻传播媒体。

广播的弱点是：

第一，易逝性。广播声音稍纵即逝，一听而过，不便于保存。听广播必须连贯，不能中断，一中断就不知所云；对未听清或未听懂的话，也不便揣摩。弥补这一不足的办法：一是重要稿件适当重播；二是关键的词语适当重复；三是语言口语化。

第二，排他性。“报纸是个面，广播是条线。”读者摊开报纸可以自由选择阅读对象，广播是按时间先后顺序收听的，不能提前和推迟。同时，在同一时间里，只能收听一个频率的一种节目，因此广播具有排他性。弥补这一不足的办法是：一是举办多套节目，在同一时间里用不同频率播出多套不同内容的节目，供听众选择；二是加强节目的预告和介绍工作；三是写好节目的内容提要，以便听众先了解内容梗概和加深印象。

第三，随意性。听众听广播多数是边听边做别的事，处于半收听状态，不像看书读报那么专注，也比不上看电视那么专一，所以容易出现漏听、误听的情况；播音员语音差、稿件质量差，听众就会选择报纸和电视，这些会削弱广播的效果。弥补这一不足的办法是：提高播音水平，提高稿件质量，充分发挥广播的优势，吸引广大听众。

三、广播新闻的特点

由于广播的性质是用无线电波或电缆导线传输声音，声音是广播传播的唯一媒介，这就决定了广播新闻“快”“新”“短”的特点。

快：在报纸、广播、电视三大传媒中，受众首先获得重大新闻，一般是听广播，这是因为广播来得快。即或电视可以和广播媲美，但对广大听众来说，听广播比看电视方便得多，随时随地都可以拿着收音机听广播，而看电视则要有选定的场所(除非袖珍电视机，但目前还未普及)；再则，广播电台播发新闻比电视台的工序少。积一天重要新闻之大成的中央人民广播电台《中国之声》，在晚上 6 点半至 7 点播出，而中央电视台的《新闻联播》则在晚上 7 点至 7 点半播出，这是指正常的播发新闻黄金时间，重大活动的实况转播除外。报纸则在第二天凌晨 5 点才印刷出来。

新：广播传播新闻的速度快，决定了它所报道的内容要不断更新。听众从广播中获得的新闻一般是当日新闻或几小时前发生的事情，不像报纸到读者手上已是昨日新闻。一般来说，人们获得最新消息莫过于听广播。广播以速度最快、内容最新的新闻同电视新闻的生动、形象展开竞争，同报纸的深度、广度展开竞争，与电视、报纸形成三足鼎立的态势。

短：除实况转播外，广播一条消息一般不超过 1 分钟(1 分钟播中文 200 字左右)，长消息也控制在 4 分钟以内，一篇通讯一般不超过 5 分钟，专题节目也控制在 15 分钟以内。中央人民广播电台早晨 6 点半(7 点重播一次)的《新闻和报纸摘要节目》，30 分钟播出新闻稿大约 30 条。《美国之音》15 分钟的新闻节目平均播出 30 条，每条平均半分钟。英国广播公司电台每条新闻平均播出时间比《美国之音》还要短。广播新闻短，这是由声音的特点决定的。声音过耳不留，一条新闻太长，听众必然前听后忘，没有兴趣再听下去。这就迫使记者必须高度浓缩新闻内容，去掉一切可有可无、枝枝节节的部分，而把新闻中的主要信息——构成新闻必不可少的、听众最需要的内容写出来，这样新闻稿就短了。正因为短，信息浓缩，使得广播新闻能够包含很大的信息量。对于中国听众来说，每天早晨听

30 分钟的新闻广播，可以大概了解国内外的重大新闻；而听早晨本地电台 30 分钟或 20 分钟的新闻广播，则可以基本了解本地和国内外的重大新闻。

四、广播语言的要求

广播电台使用的语言是广播语言。它是介于口头语和书面语之间的一种“话”。但是，这“话”不同于日常生活中的谈话。日常谈话以达意为主，虽讲究层次而不大注重语法结构。而广播语言则既要达意，又要有层次，更需要有严密的语法结构。这“话”也不同于书面语。书面语讲究文字精练、涵义丰富。而广播语言注重通俗、活泼、句子短，语法结构比较简单。

为了体现广播语言的特征，有效地利用广播传播新闻，要求广播语言做到：

(一)适于播——顺口

稿子念起来朗朗上口，十分流畅，这就是顺口。

做到顺口，应注意多用短句，少用长句；多用主动句，少用被动句；多用单句，少用复句。最佳句式是主、谓、宾构成的句子。比如“为世人瞩目的、我国‘九五规划’重点建设项目三峡水利枢纽工程已进入二期工程阶段”，可改为：“举世瞩目的三峡水利枢纽工程已进入二期工程阶段，它是我国‘九五规划’重点建设项目之一。”这样念起来就顺当多了。

此外，多用现成话，避免文绉绉的“字儿话”。例如下面一些词，前者文绉绉，比较拗口；后者通俗、顺口：蓄意——存心；宜于——适合；旖旎——秀丽；丰腴——丰满；均——都；系——是；故——所以，等等。但是，也不能太俗了，尽用些方言、土语和俏皮话，一则不庄重，二则听众未必听得懂。

(二)便于听——顺耳

播出的声音听众听起来悦耳易懂，这就是顺耳。

做到顺耳，除了要顺应听众收听思路安排单线结构外，在用语上应注意：一是避免同音误听，如“致癌”(得癌症)与“治癌”(医治癌症)，“致”与“治”都是一个音“zhì”，但意思相反。二是避免谐音误听，如“缉毒”(缉查毒品)与“吸毒”(吸食毒品)，“缉”的发音是“jī”，“吸”的发音是“xī”，两个字韵母相同，是谐音，但词义不同。三是将书面语(含标点符号)和文言改成口头语，如“闻讯”改成“听说”；文言中的“道”“云”“曰”改成“说”和“讲”。四是不用倒装句和欧化句，如：“‘李先生是一位造诣很深的学者。’他说。”这是倒装句，应把它顺过来，改为：“他说：‘李先生是一位造诣很深的学者。’”五是不要随意简化词语和名称，如有人用“优长”(优点和长处)，易使人理解为“优先生长”。六是不要用洋文代替中文，如有人为了赶时髦，写到某人的歌唱得好用“OK”；某人用音乐电视表演，用“MTV”表演，叫人听了感到别扭。

(三)乐于收——顺心

作者和播音者都要为听众着想，使人们乐于收听广播，听了感到顺心，并从中受到感染和教育。

做到顺心应注意：

一是要平易近人，不可盛气凌人。应给人以亲切感、亲近感。据说，1933 年 3 月 5 日，罗斯福在国难重重之际就任美国第 32 届总统。几天后，美国三大广播公司在他客厅的壁炉前安装了话筒，罗斯福通过广播向全国听众发表讲话，面带笑容，亲切自然，就像对老朋友谈心一样。他用商量的口气和通俗的语言，把他的"新政"目标和复杂的经济问题，讲得清清楚楚。他谈话时，夫人安娜·埃莉诺有时还坐在他身边打毛衣。这样，听众觉得和总统亲近，像听朋友在讲话。现在，我们有些广播稿动辄"必须""应该""要怎么的"，听众听了心里不舒坦。

二是要多用发音响亮的字词，使播出去的声音洪亮清晰，掷地作金石声，听起来神清气爽。哪些字词的声音响亮呢？其一，发音时口型大的字响亮。口型大，声波振幅大，声音就响亮；口型小，声波振幅小，声音也就不响亮。像"数""雾""居""母"等字，你怎么使劲念，都没有"啊""啦""花""望"等字响亮。遇到声音不响亮的字，宜换成意义相同而声音响亮的字词。如"跟""与"—"和"；"于"—"在"；"至"—"到"；"此"—"这"；"之"—"的"；"如"—"像"等，这些对应的词，后者比前者响亮。其二，双音词比单音词响亮。单音词，音波短促，音感弱；双音词，音波拉得长，音感也就强。如"现"—"现在"；"较"—"比较"；"但"—"但是"；"因"—"因为"等，后面的双音词比前面的单音词响亮。这只是一般的情况，固定的单音单词，则不可硬性变成双音单词，如"马""牛""羊"等。

三是讲究节奏感。汉语语音的重要特征，就是有声调的变化。所谓声调变化，就是指语音高低、升降、长短的变化。利用声调变化这个规律，把不同的声调配合着使用，平仄交错，有起有伏，就会造成抑扬顿挫、委婉动听的音韵美和节奏感。广播语言中适当地借鉴押韵、对仗、排比、反复等手法，配合运用双声叠韵的词语，造成参差错综的节拍，能够增强语言的节奏美。人们听了动听的广播，感到的是一种美的享受。

以上只是广播用语中应注意的主要问题。实际上，还有许多具体问题，只有在写作和播音实践中才会觉察到。只要把握住广播的特点，运用语言学来辨识，是会写好、用好广播语言的。

第二节　广播新闻的写作

写好广播新闻稿，作者要建立"为听而写"的观念，不但要让听众听得懂，而且要牢牢地吸引住听众。正如美国广播新闻研究者马克·霍尔所说："当你写新闻报道时，要记住你是在为一个处于半收听状态中的、具有9岁孩子那样程度的听众而写的。你的报道必须简明得能对这样的听众起作用。但同时你的报道又必须写得很有才气，能使45岁的公司总经理或者大学教授受到感动。"①要达到这样的要求，广播新闻稿的写作除了遵循新闻写作的基本规律与要求外，还要依据广播自身特点掌握好一定的报道形式，这就是会写不带音响的"口播新闻"和带音响的"录音新闻"。

一、口播新闻的写作

口播新闻有的称做"语言新闻"，它是指作者写好稿子由播音员播出。这是消息、通讯、特写等新闻体裁在广播新闻中普遍运用的形式。其写作特点主要有三点：

---

① 转引自施天权：《广播电视概论》，复旦大学出版社1987年版，第99页。

（一）内容单纯

广播新闻的内容大多一事一报，只报道具体事，不加评论（需要评论的另写评论稿）。这具体事是经过提纯的最重要的新鲜事。每句话都饱含一定的信息，那些空话、套话和无关紧要的转折词、修饰语一概省去，犹如没有任何杂物的纯净水。

例如，获第四届“中国新闻奖”一等奖的广播消息《莫斯科流血事件连续报道》（中国国际广播电台新闻节目，1993 年 10 月 3 至 5 日播出，作者金铁侠等），作者就 1993 年 10 月 3~4 日发生的莫斯科流血事件一连写了四篇报道，每篇报道只写一件具体事，总共 14 分钟播完。

（二）导语单一

广播新闻一般设有导语，同报纸上的新闻一样，把最重要、最新鲜、最吸引人的事写进导语中。导语有叙述式、描写式、对比式、设问式等。但是，广播新闻的导语不像报纸上的新闻导语那么复杂，一般用单一性导语，突出“何事”与“何时”，其他要素放到主体中去交代。

例如，上面讲到的《莫斯科流血事件连续报道》，第一篇《新闻：莫斯科防暴警察与示威者发生流血冲突》，其导语是“莫斯科防暴警察与支持议会方面的示威者 3 日发生流血冲突”，只突出了“何事”与“何时”，事实单一，句子也不复杂。导语之后再具体交代事情的过程和其他要素。

（三）结构单线

由于广播的易逝性、排他性和收听的随意性的影响，决定了广播新闻的结构应较为简单。它要从事物的复杂联系中，找出一条主线安排材料，不能出现几条线索，否则听起来容易混乱。无论是运用时间顺序结构、逻辑递进结构或平行并列结构，其主线应是十分清晰的。如上面提到的《莫斯科流血事件连续报道》中的第一篇：《新闻：莫斯科防暴警察与示威者发生流血冲突》，主线是支持政府的警察与支持议会的示威者的冲突，表明政府与议会正处于对立状态。第二篇是写事态的发展；第三篇是写事态的激化（双方激战）；第四篇是写军事对抗基本平息，以议会领导人被捕而告终。这组连续报道采用单线结构安排材料，听来清楚明白。

广播消息宜用单线结构，广播通讯（专题）等新闻体裁的结构也应如此。下面，我们试以获第五届“中国新闻奖”一等奖的广播通讯《孤岛守塔人》，来了解广播通讯（专题）的结构和语言特点。全文如下：

各位听众，今天介绍全国劳模、“五一”劳动奖章获得者、灯塔工叶中央。请听本台记者陈淦采写的通讯：

孤岛守塔人

在烟波浩渺、风急浪高的东海海面，坐落着一个渺无人烟的小小孤岛——白节岛。岛上永不熄灭的灯塔，给穿梭往来的航船指明航向，安全通过暗礁林立、风大流急的白节海峡。

1959 年，19 岁的叶中央继承父业，上岛当上了灯塔工。早在清朝光绪年间，叶中央的祖父就上白节岛看守灯塔了。父亲是家里的第二代灯塔工，在一次强台风袭击小岛时，被海浪卷走，葬身大海。从此，叶中央把生命交给了孤岛，交给了灯塔，至今已有整整36个年头。

白节岛四面环海，无人居住，也无法跟陆地通讯联络。灯塔工的食物和生活用品，全靠每月一次的补给船送上岛来。海上无风三尺浪，遇到恶劣天气，补给船一两个月出不了航，叶中央和岛上的灯塔工只得缩衣节食，顽强地忍受着饥饿和孤寂的煎熬。一年深秋，岛上的全部食物只剩下两个冬瓜了，偏偏在这时赶上了风暴。两个冬瓜，整整维持了两个星期。

狂风在呼啸，浪涛在翻腾，补给船仍然不见踪影。孤立无援的叶中央，只得在岛上点燃篝火求救。附近的渔轮看到火光后，迅速向有居民居住的长涂岛报告。第二天，装载着补给食品的登陆艇急驶而来。

有一年9月的一天，12级强台风席卷东海海面，白节岛又处于台风中心附近。咆哮的台风卷起巨浪从岛上呼啸而过，雷鸣夹着暴雨抽打着灯塔的发电机房和值班机房，花岗岩房子被震撼得阵阵颤动。已经连续值了两个班的叶中央坚守在岗位上，他对一同值班的青年职工方志平说："你看好发电机组，灯塔上弦由我负责。"

当时的灯塔转动全靠人工上弦。灯塔工必须每隔1小时爬上灯塔按时上弦，以保证聚光镜水平旋转，形成闪烁的效果。上弦的时间到了，叶中央为减少狂风阻力没穿雨衣，顶着黑暗和狂风暴雨，冲出值班室，摸索着向50米外的灯塔一步步艰难前进。怒吼的狂风向他袭来，砂石般的雨点劈头盖脸向他打来，叶中央直不起腰，迈几步，蹲下来，蹲下来，再迈几步，踉踉跄跄向灯塔逼近。强大的飓风在灯塔墙边形成旋涡，把刚刚直起身子的叶中央狠狠撞向灯塔，一下，一下，又一下……浑身湿透、多处受伤的叶中央，终于爬上了摇摇晃晃、发出恐怖嗡嗡声的10多米高的灯塔。

1971年1月，春节即将来临。已经整整一年没有回家的叶中央，托补给船给妻子捎去一封信，让妻子带上孩子来岛上过年。一天、两天……船终于来了。心情急切的叶中央匆匆跑下礁石，可船里却没有妻子和孩子的踪影。船老大躲避着叶中央的目光，哽咽着说："你妻子和女儿在来岛途中得了重病，快去医院看看吧！"

叶中央乘坐小船急急赶到医院，却被扶进太平间，只见白色的床单，覆盖着妻子和女儿的遗体。原来，妻子和女儿在来海岛途中翻船遇难。面对突如其来的噩耗，叶中央再也掩不住滚滚而下的泪水：他欠妻子和女儿太多太多，却再也没有机会补偿……

叶中央埋葬了妻子和女儿，把幸免于难的另两个孩子托付给岳母，又回到了孤岛。

冬去春来，1984年，儿子叶静虎长大成人，叶中央又送儿子上孤岛，当了灯塔工。如今，叶中央和儿子一道，共同点燃着那座永不熄灭的灯塔。

（中央人民广播电台"新闻和报纸摘要节目"，1994年5月16日播发）

这篇广播通讯(专题)用的是时间顺序结构，可谓是单线结构，主人公的事迹按时间先后表述。

由此可以看出，口播新闻的写作主要是结构和语言问题，其他则同于报纸文字新闻的写作要求。

二、录音新闻的制作

广义的录音新闻称为录音报道，包括录音消息、录音通讯、录音特写、录音专访、现场报道、录音剪辑等，是音响与语言相结合的报道形式的总称。狭义的录音新闻专指录音消息。

何谓录音新闻？就是运用新闻事实中的实况音响、人物的讲话录音和文字稿，简明扼要地报道新闻的体裁。录音新闻具备口播新闻的一般特征。由于它兼用实况音响和人物谈话录音代替播音员口播，因而能使听众产生身临其境的现场感和如见其人的亲切感。这种报道形式在广播新闻报道中比较流行。

录音新闻由于采制方式的不同，它可分为两种类型：现场录音新闻和非现场录音新闻。现场录音新闻又称现场报道，它是记者在采访事件发生的过程中，手举话筒，把现场的精彩音响与记者的当场解说采录下来，然后通过电子技术发射手段播送给听众的一种报道形式。这种现场报道融“采、编、录、说”为一体，其优势是快速和逼真，但采制难度大。非现场录音新闻是记者在新闻事件现场或非新闻事件现场先将实况音响录下，然后记者写解说词，由记者或播音员播录，最后再同所录的实况音响复制合成。它不是记者在新闻事件现场向听众直接报道，故称非现场录音新闻。

这两种类型虽然采制方式不同，难易有别，但写作特点与写作要求基本相同，只是现场报道靠临时口头发挥。录音新闻的采制与写作问题应把握好以下三点。

(一)音响的运用

音响是录音新闻的重要元素之一。音响来源于三个方面：一是人物谈话和人物活动的声音；二是物体运动的声音；三是自然界的声音和动物的鸣叫声等。进入录音新闻中的音响，是经过选择的能够直接或间接表达新闻主题的典型音响。

依据音响在新闻中的位置，音响分为主体音响和背景音响两种。主体音响是新闻事实本体发出的音响，是录音新闻中必不可少的揭示新闻价值和主题的骨干音响，是记者决定此题材作录音新闻的依据。背景音响是在录音新闻中用来说明新闻人物或事物的历史、环境等的音响，主要是对新闻事实和主题起烘托、深化和增强听觉形象的作用。可见音响在录音新闻中有重要的作用，它可以增强新闻的真实感、现场感、可信性和感染力。

运用音响的原则与要求是：音响必须真实；音响要少而精，均匀使用；音响要清晰、自然。

注意和掌握以上诸方面的事项，才能有效地运用音响进行录音报道。

例如，获第18届“中国新闻奖”二等奖的广播专题《永远歌唱祖国——追忆人民艺术家王莘》，报道的是中华人民共和国成立后亿万人民久唱不衰的经典歌曲《歌唱祖国》的作者王莘逝世后人民对他的深情悼念。该专题充分利用广播的优势，将音响——音乐声、人物的讲话声和播音员的解说有条不紊地播放出来。播放中，将主体音响《歌唱祖国》音乐声和人物的讲话声贯穿始终；背景音响以不同时代、不同形式、不同版本作为映衬，从不同角度追忆了该歌曲诞生的前后经历及巨大感染力，让人民感悟到这首歌气势雄壮、热情豪放，是作者强烈的爱国情怀和丰厚的艺术造诣所凝聚的。

节目播出后，热心的听众给电台打来电话，讲述歌曲《歌唱祖国》给自己留下的难忘回忆和深远的影响。他们说，作品表达出浓浓的爱国情结令人动容。这一新闻专题还相继在中国国际广播电台《中国之窗》播出；在澳大利亚墨尔本3CW电台、日本CBC中部电台等落地播出，引起海外听众的强烈共鸣。下面请看这篇广播专题的文字稿：

永远歌唱祖国

——追忆人民艺术家王莘

陈　艳　张清淼

各位听众：

一首经典的颂歌《歌唱祖国》，一直被几代人传唱着。歌曲作者、人民艺术家王莘，不幸因病于10月15日5时50分在天津离开了我们。昨天(10月19日)人们从四面八方赶到天津第一殡仪馆，恸别这位伟大的人民艺术家，一次又一次地为他一生热爱祖国、歌唱祖国的情怀所深深感动。

请听天津电台记者采制的新闻广播专题：永远歌唱祖国——追忆人民艺术家王莘。

【出《歌唱祖国》大合唱歌曲、压混】

"五星红旗迎风飘扬，胜利歌声多么响亮!"这是一支在中国人心底里激荡了57年的颂歌，世界上有华人的地方，就有她的旋律在唱响；在无数次令人激动的伟大时刻，她让人热血沸腾、热泪盈眶。这首《歌唱祖国》的词、曲作者就是深受人们尊敬和爱戴的人民艺术家王莘。

怀着对祖国、对五星红旗的无限热爱与眷恋，王莘走完了89年不平凡的人生道路，为祖国、为人民留下了一份宝贵的文化遗产和精神财富。

【《歌唱祖国》音乐渐止……渐入哀乐】

在昨天的告别仪式上，王莘的遗体静卧在鲜花翠柏丛中。人们缓缓地从他身边走过，瞻仰他安详的遗容，缅怀他非凡的一生。

天津音乐家协会副主席王巍，是王莘老人多年的好友，也是当年《歌唱祖国》的首唱演员。他告诉记者：王老生命的最后一刻也是在《歌唱祖国》的旋律中度过的：

【出王巍录音】我握着他的手说：王莘同志，我再给你唱一遍《歌唱祖国》吧！我在唱的时候我感觉他好像左手在动，好像还在指挥……

从北京赶来参加王莘遗体告别仪式的中国文联副主席、中国音协副主席吴雁泽也深情地表示：

【出吴雁泽录音】我们全体音乐人(要)以王莘王老生前这样一个生命不息、奋斗不止的精神(为榜样)，永远把祖国、把人民放在第一位。

普通市民也从四面八方赶来，表达着他们对王莘的敬爱之情：

【出群众录音】我们大家都是唱着王老《歌唱祖国》这首歌长大的。我相信，到什么时候，《歌唱祖国》这首歌都会在我们所有的中国人的心中唱响。

中国文联副主席、天津市文联主席冯骥才在昨天的告别仪式上对王莘的一生和他的艺术成就作出了高度评价：

【出冯骥才录音】"他是标志一个时代的艺术家，但是他的歌声却能够超越这个时代。每当我们心里有一种对国家的激情，充满了对国家情感的时候，或者要表达我们国家的一种自豪感荣誉感的时候，**【《歌唱祖国》音乐渐入……】**我们就会自然地唱起这首歌来，它就是我们的心声！”

是怎样神奇的音符能够如此拨动心弦，让亿万人的心跳动在一起？

是怎样的经历和情怀让艺术家写出如此激昂的旋律和壮丽的诗篇？

王莘，原名王莘耕，1918年生于江苏省无锡市，自幼喜爱音乐；1935年参加抗日救亡运动，经受了民族的苦难，投身民族解放的战场；1938年奔赴延安，师从冼星海，学习作曲，从此开始了他60多年的音乐创作生涯。

1949年10月1日对王莘来说是个永生难忘的日子！王莘作为天津音乐界的代表赴北京参加开国大典。当毛泽东主席在天安门城楼上向全世界宣布："中华人民共和国成立了！中国人民从此站起来了！"的时候，王莘胸膛中热血沸腾，强烈的创作欲望在心中萦绕、激荡。将近一年之后，也就是1950年的9月15号，当王莘再次来到天安门广场，灵感的大门突然敞开，激情的旋律一下子从心底迸发出来。**【音乐渐止……】**对于当年的情形，王莘的夫人王惠芬记忆犹新。

【出王惠芬录音】50年国庆节到北京去，走在天安门前的时候，看着工人同志们正在摆像、挂大红宫灯，少先队员正在敲着小鼓、吹着小号练习游行队伍。他在这个时候往上一看，五星红旗，那么迎风招展着，他这一下子激动了："五星红旗迎风飘扬，胜利歌声多么响亮！"他就这么一鼓劲儿，(灵感)一下就出来了！这下可打不住了，火车上也不管人家怎么样，挤进去(找个座位)就写，跟着火车的节奏，走到了天津的火车站下来以后，第一段就完成了。

王莘回到家里已经是第二天的凌晨了。被创作的激情燃烧着的王莘兴奋地朝妻子嚷嚷着，"我成了！我成了"。之后，就一头扎进创作的世界中，又是唱，又是写。他根本没有注意到，即将临产的妻子正在床上辗转着、忍受着分娩前阵痛的折磨：

【出王惠芬录音】那会儿我正肚子疼，(难受地)翻腾，好不容易睡着了，(他)就嗒啦嗒、嗒啦嗒(地唱)，(跟我说)快瞧，我成了，成了。我说：你干什么呢？有什么事明天再说吧，心里边很不耐烦。开始我不耐烦，(可是)到最后，你猜怎么着，我也跟着他(的情绪)、听着他唱，又跟着他一块儿唱，一直到了天亮。

就这样，1950年9月16日，王莘夫妇的长女王辉和父亲的《歌唱祖国》在同一天诞生了！

王惠芬珍藏着丈夫许多珍贵的资料。在一盘标记着1980年资料的录音磁带中，保留着王莘当年谈自己创作感受的一段话：

【出王莘录音资料】人民群众多么想摆脱贫困，渴望着我们的祖国走向繁荣富强啊！我唱着："越过高山、越过平原、跨过奔腾的黄河长江！"想到祖国，我很自然地想到生养我的家乡秀丽的江南、想到战斗过的地方北方的高山大川、想到曾经渡过的黄河长江！想到祖国，更使我想到人民，勤劳勇敢的中国人民为了打败敌人、争取民族的解放，战胜了多少难以形容的苦难！未来在我面前是富于想象的、是光芒万丈的！

【出1951年《歌唱祖国》首张唱片录音、压混】

我们现在听到的是《歌唱祖国》的最早的一张唱片，是1951年录制在胶木唱片上的。歌曲中的领唱者是当时天津音乐工作团的独唱演员、现任天津音乐家协会副主席的王巍，至今，他依然清晰记得当初第一次试唱这首歌曲时的心情：

【出王巍录音】那是在1950年的秋天，王莘同志找到我说，王巍，我写了一首新歌，你找些人来给我试唱一遍，看看好不好。我就马上找了十几个合唱队员，一块儿唱，唱了一半儿以后大家就非常激动，觉得这首歌好，真好。你比如说第一段，越过高山，越过平原，然后，(唱)英雄的人民站起来了，我们团结友爱坚强如钢……

《歌唱祖国》很快在群众中传唱起来，并受到毛泽东主席、周恩来总理的关注，周总理还亲自对歌词提出过修改意见。

【起童声《歌唱祖国》、铺衬】

那时的王莘刚过而立之年，年轻的艺术家无法想象，这首伴随着共和国成长的《歌唱祖国》在以后的岁月中会经历那么多重要而辉煌的历史时刻。

1951年9月12日，周恩来总理签发中央人民政府令：在全中国广泛传唱《歌唱祖国》。

1951年9月15日，《人民日报》以显著位置发表了王莘作词、作曲的《歌唱祖国》。

【接童声，从中间段落起"东方红版"《歌唱祖国》】

这是1964年大型音乐舞蹈史诗《东方红》中《歌唱祖国》的录音，在人民大会堂壮丽的舞台上，上千人组成的合唱队与台下的观众一起放声高歌。

1980年5月19日，《歌唱祖国》的旋律被选作中央人民广播电台"新闻和报纸摘要"与"各地人民广播电台联播节目"的开始曲，从此，《歌唱祖国》的旋律每天通过电波响遍大江南北、长城内外。

【稍早混入，逐渐扬起：出全中央台"新闻和报纸摘要"节目的开始曲】

1991年5月1日，国务院批准了天安门广场新的升降旗仪式，《歌唱祖国》成为正式升旗前的序曲。(旋律中合入正步效果)每天清晨，当第一缕霞光染红天际，雄伟的天安门广场就回荡起《歌唱祖国》的旋律。

几十年来，《歌唱祖国》已经成为所有重大国务活动、各种会务活动、外事活动、检阅活动的礼仪曲、开场曲和结束曲。

王莘的次子王斌还给记者讲述了一段他在美国的感人经历。那是在1997年7月1号，香港回归祖国的那一天，王斌应邀到美国洛杉矶参加当地华人庆祝香港回归祖国的庆祝大会。当时在大会现场，出现了令王斌意想不到的一幕：

【出王斌录音】那个体育场大约能坐3万人左右，大家进去的时候都发了一面五星红旗和一面香港区旗。一开始，就不知道从哪儿，就是先有人就唱"五星红旗……"，但是声音不是很大；一会儿，很短的时间就蔓延到全场，全场都跟着一块儿(唱)，然后越唱越响，越唱越响！大家都在同唱这一首歌，都是心往一块儿想。回来了以后(我)马上把这事儿告诉我父亲，我父亲也是老泪纵横……

2001年7月13日，北京申办2008年奥运会成功：

【出萨马兰奇宣布北京申奥成功效果、人群欢呼声……群众合唱——压混】

在中国百年奥运梦想成为现实的那一刻，《歌唱祖国》的歌声再次从海内外华夏儿女的心中喷涌而出！

【背景扬起、压混】

听众朋友：人民艺术家王莘积一生的心血，创作了近千首歌曲和十余部歌剧，《歌唱祖国》成为他音乐生涯跨世纪的经典之作。

1982年以后，王莘因脑血栓病留下的后遗症，影响了语言和行动能力。但是，在很多重要的会议上，坐在轮椅上的他依然和大家一起《歌唱祖国》，同时用他能够活动的左手奋力指挥，让无数在场的人们感情奔涌，热泪盈眶！

【出王莘晚年《歌唱祖国》歌声录音——压混】

【大合唱《歌唱祖国》前奏渐渐接入——】

王莘生前常说："我一生写过两首《歌唱祖国》，一首是用音符创作的，一首是用我的一生，永远歌唱祖国！"

【《歌唱祖国》扬起至高潮——结束】

（天津人民广播电台2007年10月20日）

（作品按录音整理，保持原貌）

这篇广播专题作者采写精心，制作精良；报道的主题重大，内涵丰富，可听性强，比报纸的报道效果好得多。

（二）记者的解说、描述同音响要有机结合

为了让听众理解音响，少不了记者的解说或描述；为了让音响的运用恰到好处，也少不了记者的中介作用。这就要求记者的解说、描述同音响要有机结合，才能形成一篇完整的录音新闻。

例如，获第十四届"中国新闻奖"一等奖的广播消息《殷殷嘱托，浓浓民情》，是报道出席十届全国人大会议的朱镕基总理即将卸任，与湖南代表一起讨论的情景。作者作为湖南代表团的随团记者，亲历了朱总理参加湖南组讨论的全过程。在近3个小时的讨论中，朱总理与代表们一起侃侃而谈，话题涉及工业、农业、旅游业等方面，作者从中选取了朱总理心系人民、情牵百姓的几个片断，连夜制作成录音新闻播出，受到了听众和业内人士的广泛好评。下面是这篇录音新闻的文字稿：

殷殷嘱托，浓浓民情

阳 玲

（掌声响起，混）

3月6日下午3点，在中共湖南省委书记杨正午、省长张云川的陪同下，朱镕基总理健步走进人民大会堂湖南厅，一片热烈的掌声瞬间将大厅淹没。

（出录音）朱：我很快就要成为一介平民，但是，我的希望就是，我希望我的湖南，我出生的地方能够好起来，当然我也希望全国好起来，我国最重要的就是农民，不要忘记农民……

这是朱镕基总理最后一次以总理的身份和参加十届全国人大一次会议的湖南代表一起讨论，简短朴实的话语感动了在座的每一位，大家纷纷争先发言。当代表武吉海向总理谈到湘西大力发展猕猴桃带动农民增加收入时，总理接过话说，要打开市场，口味一定得甜。

(出录音)朱：猕猴桃要不好吃，你千万别种。

武：我那个是甜的，是吉首大学研究的，叫猕良一号，又大又甜。

朱：你要别人说你的好吃，不酸，才行，湘西人不怕酸……

武：湘西人是不怕酸，咱们是吃酸菜的。

代表们从猕猴桃，说到如何运用科学技术发展农村经济，朱镕基总理频频点头，思绪又回到了他深深眷恋的土地，深深眷恋的农民。

(出录音)朱：我曾经讲过，中国的农民真穷，中国的农民真苦，中国的农民真好。我们湖南是个农业省，我们任何时候都不能忽视农业工作、农村工作和农民的收入增加。所以，我就很诚恳地希望我们老乡，各级政府，你们千万不要丢了根本。大家团结起来，在以锦涛同志为总书记的党中央领导下，扎扎实实地拼搏，把湖南建设好，首先是把湖南的农村建设好。这是我的临别赠言，拜托在座的诸位……

(压低混播)

对于总理的殷殷嘱托，湖南省委书记杨正午动情地说：

(出录音)杨：请总理放心，请总理常回家看看……(掌声)

朱：我很愿意多回湖南，就是希望谭仲池回去告诉梅克保，你能把长沙的小吃恢复一下，这样就能吸引我了……

(压低混播)

下午6点整，朱镕基总理起身，向大家挥手告别，而总理心系人民、情牵百姓的情怀却久久地在代表们心中涌动……

(湖南人民广播电台新闻频道2003年3月7日)

从这篇录音新闻中可以看出，作者的解说、描述同现场录音的结合十分自然，再现了朱总理和湖南代表亲切交谈的精彩瞬间。在展示朱总理风趣幽默谈话的同时，凸显出朱总理对人民的殷殷深情，是一篇广播新闻佳作。

(三)录音新闻的结构安排

录音新闻有播音员(或记者)的声音、人物谈话声和现场音响等多种声音，加上音调、节奏变化较多，因此在结构安排上要考虑行文顺畅、自然，使听众听得清、听着顺耳。这样，录音新闻的结构以简单为好。一般有两种：一种是依照新闻事件的时间顺序安排结构；另一种是按照新闻事实的逻辑关系安排结构，树立一条明晰的主线，环环相扣，层层深入，不绕弯子，更不宜使用有碍于听觉的插叙或倒叙方法。

事件性新闻的录音新闻，一般采用时间顺序结构。

例如，《万里长江第一条过江地铁今天运营》是一条振奋人心的消息。过去湖北流传“海无边，江无底”的说法。这个“江”指长江，“无底”是说深不可测。而今是“有底”，而且底上有地下铁路跑列车，能不叫人喜在心上笑在眉头？

这第一条过江地铁开始运营，武汉广播电视总台用录音新闻(广播消息)播出，把现场情景、乘客喜情、播音热情和武汉交通发展愿景有机汇合起来，使人不由赞叹：“武汉每天不一样。”

这条广播消息的特点是：按地铁开通时间顺序进行报道；现场感强；声音亲和，播音与音响契合。下面请看文字稿：

万里长江第一条过江地铁今天运营

刘群 赵阳 应响洲

今天上午10点，长江第一条过江地铁——武汉轨道交通2号线一期工程开始运营。请听记者刘群、赵阳采制的录音新闻。

武汉轨道交通2号线一期工程开通仪式的会场设在汉口中山公园站。很多市民都早早来到这里，准备亲眼见证令人激动的时刻：

市民：我早晨八点钟就来了，高兴、高兴！

市民：感觉蛮幸福，很幸福！蛮自豪啊！

【现场声，压混】

和以往重大工程竣工庆典不同的是，今天的仪式，没有搭设主席台，没有摆放鲜花，也没有领导致辞。在市民代表和地铁建设者代表简短发言之后，武汉市委书记阮成发等市领导就和市民、建设者、拆迁户代表一起乘坐首趟过江地铁，以此庆祝第一条过江地铁投入运营。阮成发和市民们一边拉着家常，一边走进地铁车站。他说得最多的就是对市民的感谢：我们发自内心地感谢(你们)！这个功劳归于全市人民。

【地铁广播：欢迎您乘坐武汉轨道交通二号线……(压混)】

走进地铁车厢，副市长胡立山对市民们说：武汉人建成了长江第一座大桥，又建成了长江第一条隧道，今天我们又建成了长江第一条地铁，非常自豪！

武汉轨道交道2号线一期工程总投资150亿元，工期5年，创造了五个中国第一，这就是：第一条穿越长江的地铁；盾头独头掘进距离最长的区间隧道；埋深最大的地铁隧道；第一条在江底修建带泵房联络通道的隧道；水压最大的地铁隧道。隧道在江底最深的地方有46米，这里的水压可以把水柱喷射到15层楼高。

武汉地铁集团董事长涂和平：在水下我们做了五个联络通道，如果一条隧道出现问题，乘客就下车走安全走廊，到另外一条隧道，就非常安全了。在这个紧急情况下，通风井就几分钟可以把烟迅速地抽到洞外。

【地铁广播：乘客您好，列车即将穿越万里长江……(压混)】

列车穿越万里长江，这让车厢里的所有人都兴奋起来。

【列车穿江现场音响数秒，压混】

市民张女士：3分50多秒，不到4分钟，蛮爽！

3分50秒！地铁穿过了3322米的长江地铁隧道！这比公交车走武汉长江大桥快一个多小时。

学生张诗悦：特别特别高兴、特别特别开心！

市民陈女士：很骄傲的，不能用语言来形容！

市民杨威说：我家是住在(汉口)常青花园，我要在(武昌)洪山广场上班。以前我是早上六点钟就得起来，坐两个小时的公交才能到单位，现在我只需要七点起来，八点就可以到单位，而且还绰绰有余。对我个人来说也是最大的一个受益者。

地铁2号线起点是汉口金银潭，终点在武昌光谷广场，全长27. 73公里，设有21座车站，贯穿中心城区的黄金交通走廊，串联起江北江南五大商圈。单边运行时间52分钟，运行初期每天客流量可超过50万人次，可以分流全市24%的过江客流。

市委书记阮成发告诉乘坐地铁的市民：今后五年，（武汉）每年要通一条地铁，这样呢就是（武汉的）三个火车站、飞机场和地铁之间是无缝对接，整个武汉的交通它的综合性和立体性（就）充分体现了。

（武汉广播电视总台2012年12月28日）

以上只是就一般常见的录音新闻的结构形式而言，还有其他的结构形式。总的原则是做到听起来流畅、自然就可以了。

第十二章
电视新闻

第一节　电视新闻概述

一、电视新闻的含义和类型

电视是运用电子技术同时传输图像和声音的现代化传播媒介。电视新闻是运用电视传播手段，通过无线电波或电缆导线传送图像和声音的新闻报道。

一则电视新闻通常由画面、同期声(现场原发声)、有声语言(播音员、主持人及被采访者讲话录音)和解说词等因素构成。有时还配以字幕、音响、音乐等。可以说，电视新闻是一种综合的、系统的、形象的新闻报道形式。

电视新闻的类型也有广义和狭义之分。广义的电视新闻指电视消息、新闻专题、新闻评论等所有电视新闻节目。狭义的电视新闻专指电视消息。

电视新闻表现的形式有：口播新闻、声像新闻、现场报道、字幕新闻、图片新闻、专题新闻、专题报道、电视专访、电视论坛、电视述评、电视短评以及编后语等。

二、电视的优势与弱点

电视，排在空间艺术(绘画、雕刻、建筑)、时间艺术(音乐、诗歌)、综合艺术(舞蹈、戏剧、电影)之后，被誉为“第九艺术”。而这第九位艺术女神，却将前八种艺术统统囊括到自己麾下。它是20世纪人类最伟大的发明之一，是继电影之后电子技术高度发展的产物。它既具有广播的种种长处，同时还有自己的优势与不足。

(一)电视的优势

1. 声像并茂，视听兼备

视与听是人们接收外界信息的主要途径。据科学家们研究，人对外界的感受，60%以上来自视觉，视觉在人的感官中是最重要的。视觉通过眼睛录下物体在空间的形状、颜色、表面特点和运动形式；听觉通过耳朵录下物体运动中产生的声波。眼耳并用，便在人脑中录下了事物的基本特征。从记忆效果看，听到的信息能记住20%，看到的信息能记住30%，边看边听的能记住50%。电视既能看又能听，顺应人接收信息的生理特点，又突破了空间的局限。这是电视最主要的优势。

我们知道，电视发端于1936年11月2日英国广播公司在伦敦市郊的亚历山大宫开办的世界第一座电视台，此后欧美一些国家纷纷研制电视，试办电视台。1939年4月，美国无线电公司在纽约“世界博览会”上展出了它们生产的“525 线”电视机，并用电视实况转播博览会情景。4 月 30 日，参加博览会的罗斯福总统成为电视屏幕上出现的第一位美国总统，上万名观众通过上千台电视机收看了这一盛况，举国轰动，举世震惊。这时人们认识到电视的突出优点：声像并茂，视听兼备。电视通过纽约“世界博览会”而名扬天下，纽约“世界博览会”也因为第一次用电视实况转播而流芳后世。

2. 直接了解，可信度高

人类长期以来，经历了一个借助符号传播信息的过程。从各种图识标记到象形文字直至现代的文字，都是具有特定的象征指代意义的符号。传播和接收信息，实际上是“信息源——编码(制成符号)——传递——解码(了解符号的含义)”的过程。在这个过程中，或者由于编码不清，造成接收者难以解码，无法了解其信息；或者由于解码者受文化水准的限制，无法解码，像不识字的人无法读懂书报一样；或者由于解码者与编码者在认知结构上不同，双方造成误解。而电视可以逼真地再现信息源的多种情景，电视荧屏上所展示的是信息源所发出的真实情景。接收者通过自己的眼睛和耳朵直接了解、感受信息，省去了编码、解码的过程，大大提高了信息的可信度。因此，电视的传播作用是书籍、报纸、广播难以望其项背的。

3. 距离贴近，亲切感强

电视台开辟“家庭影院”，说明在家里看电视台播放的电影，可以代替在电影院看电影。在通常情况下，在电影院看电影必须循规蹈矩，而在家里看电视荧屏上的电影，则方便自由得多。这种近距离的收视形式和家庭氛围的收视环境，与传播内容的声像并茂和现场相结合，便产生了一种面对面的亲切感。

电视的这种面对面的亲切感，非但文艺性节目是这样，其他节目也是如此，尤其是在主持人节目中表现得最为突出。节目主持人直接面对观众，与观众亲切交谈，将节目的宗旨当面传达给观众。出现在电视荧屏上的节目主持人与观众的空间距离那么接近，仿佛他就是家庭中的一员，在家里与你叙谈。所以，电视台开辟了多种为观众服务的专题节目。

4. 节目丰富，包容面广

电视台举办的各种节目可以包容现实生活的方方面面。无论是新闻性节目，还是文艺性节目、知识性节目、服务性节目、教育节目、体育节目等，尽可以将观众需要的内容安排在自己的频道上，奉献给观众。

就以新闻性节目来说，既可以有新闻事件的现场直播，或新闻现场的录像报道；也可以有播音员的口播新闻，辅以图像、图表作衬景；还可以在画面上配上文字说明。总之，一切新闻报道手段，电视新闻都可以采用。

电视的这种包容面广的特性，使电视获得了“新闻窗、百花园、知识库、服务台”的美称。

(二)电视的弱点

电视有如此明显的优势，也有许多弱点，主要有：

1. 反映的表面性

电视与照片拍摄不同的特点在于画面是活动的，观众可以看见活生生的人与物的外貌及其活动形态。但人物的内心活动和事物的内在规律却不大容易用画面来表现，许多背景材料也难以穿插在画面之中。因此，比起报纸新闻来，电视新闻不可避免地比较浅薄。弥补这一弱点的办法是搞分析性报道、追踪性报道。如中央电视台在每晚《新闻联播》之后安排的专题节目《焦点访谈》也在黄金时间播出，以补充或充实《新闻联播》中的信息。

2. 表现的易逝性

同广播一样，电视也有稍纵即逝的弱点。对记者来说，许多新闻事件的发生并非自己所预料，待赶到现场，事情已时过境迁，无法拍摄。即使在现场，稍一疏忽或受到干扰，也抓拍不到精彩的场面。对观众来说，看电视稍一打岔，就看不到一条完整的新闻，或错过了看到好新闻的机会。而报社记者采写新闻和读者看报纸，基本上不存在这个问题。弥补这一弱点的办法，一是把节目办好，吸引观众；二是安排必要的重播。对一些重大新闻，如 1997 年邓小平同志逝世、香港回归祖国、2008 年北京奥运会和 2010 年上海世博会等，都作了重播和用别的节目形式来再现这些重大新闻事实。

三、电视新闻的特点

电视的"声像并茂、视听兼备"的特性决定了电视新闻可视、可听和形象化的特色。作为新闻传播的舆论工具之一，电视新闻又不能脱离新闻的根本属性及其传播原则。换句话说，电视新闻在报道内容、方法和要求以及作用上，同报纸、广播一样。其区别在于电视新闻有自己的个性特点。这些特点是由传播手段、传送方式和受众接受心理体现出来的。概括起来讲，电视新闻的特点是：传播手段丰富，传送方式多样，给受众(观众)的可信度高、可感性强和可受性多。

我们知道，报纸以语言文字诉诸视觉，广播以声音诉诸听觉，它们都是一维的线性传播，或称"单通道"。而电视新闻既有语言符号，又有非语言符号，它通过文字、语音、音响、图像多维地、综合地传播信息，比报纸、广播的传播手段丰富、传送方式多。报纸只能由记者转述新闻现场，广播在记者转述之外还能辅以现场声响，但它们都不能够像电视那样，通过同步传送新闻事实发生的现场声像，声画并茂地向观众进行面对面的传播。电视新闻从空间上消除了观众与事件现场的距离，使观众产生在摄像机带领下直接介入事件进程的参与感，从而大大提高了新闻的可信程度和有效传播率。同时，由于声、像、文字等多渠道传播信息，也扩大了新闻的信息量。

第二节 电视新闻的写作

一、处理好画面和解说词的关系

声音(解说词)和画面共同担负着电视传播的职责，双方配合得好，可以产生立体交叉传播效果。倘若配合不好，互为干扰，结果还不如单通道的传播效果。因此，研究声音和画面在传播中如何配合的问题，首先要明确两者的组合方式。

(一)明确画面与解说词的组合方式

一般说来，组合方式主要有声画合一、声画对位、声画合一和声画对位的综合运用三种。

声画合一：声音和画面传播的具体内容完全一致。也就是说，画面中出现的人和物是声音的发音体。声画合一是声音和画面的基本组合方式。

电视新闻中的同期声讲话和同期声音响是声画合一的组合方式。它能真实地再现新闻人物的讲话和新闻现场的音响，体现新闻信息的完整性和新闻现场的重要性，增强新闻的真实性和可信度。它常被用来报道重大或重要新闻，是目前电视新闻界普遍采用的报道方式。电视实况转播当然更是声画合一的组合方式，各种重要会议、外事活动、体育竞赛、文艺表演等，几乎都采用实况转播，也就是自始至终的同期声讲话和同期声音响的传播方式。

声画对位：又称为声画对列。对位法原是音乐的技巧，指两个以上的旋律根据互相之间的和声关系共同进行，以获得浑然一体的效果。借用在电影电视上，就是指镜头画面与声音对列，它们按照各自的规律彼此表达不同的内容，又在各自独立发展的基础上有机地结合起来，造成单是画面或单是声音所不能完成的整体效果。声画对位的结构方式是声音和画面组合关系的一种升华和飞跃。它使声音和画面不再互为依附、重复表现同一事物，而能各自发挥作用，加上互相丰富和补充，这就大大扩大了电视传播的容量，也加深了观众对画面内在意义的理解。

声画对位也普遍用于电视新闻中。对于那些画面上活动较有特点，能比较明白地传达某些信息，而观众的有关疑问又是画面所无法表达的新闻，用声音加以提示，就能很快释疑。还有，记者来不及赶到新闻现场拍摄有关画面，但又是非报道不可的重大新闻，声画对位是可供采用的一种好方式。

声画合一和声画对位的综合运用：现代人们的审美情趣趋向求真求实，在声画组合的关系上又要求它们具有高度再现事实的能力，这种貌似回归的现象实际上已有了质的变化。目前影视中重新大量采用具有发音客体的现实音响，采用有声源音乐等客观表现的手法。由于运用的独具匠心，同时获得了声画合一和声画对位的传播优势——既真实感人，又增大容量，达到声画立体交融的境界。

在电视新闻中，求真求实既表现在同期声讲话和同期声效果的大量使用上，又表现在节目主持人和记者的现场报道中。主持人和记者的解说画面是声画合一的组合方式；而解说的内容既可以回顾刚刚发生的新闻事实，又可以追溯历史背景，还可以作跨国、跨地区的横向比较介绍，这实际上又成了声画对位的组合关系。因此，主持人节目和记者现场报道往往是声画合一和声画对位的综合运用。

下面，试举获1992年全国电视新闻消息类一等奖的电视片《河南第一位落户企业的博士后刘佑全》为例。该片是现场采访、后期制作的。它报道河南籍有机化工博士后刘佑全婉言谢绝国外的高薪聘用和执意挽留，毅然携妻落户到河南巩义市化工厂工作，报效祖国的动人事迹。该片画面上有7个镜头，前5个镜头是声画对位，用事实说明人物，用人物画面印证事实，各有其功能但又有联系；第6个镜头既有声画对位，又有声画合一（有同期声）；第7个镜头是声画合一，新闻人物接受记者采访的画面和讲话声同时出现。全片流畅自然，画面与声音“嵌合”得当。请看文字稿：

河南第一位落户企业的博士后刘佑全

河南广播电视新闻中心 周建国 王 颖

景别	画　面	解　说　词
近 中	刘工作镜头	我省第一位留学美国进行博士后研究化工专业的刘佑全近日返回家乡河南，落户到地处巩义市的河南化工厂，并被这个厂聘为副总工程师。据了解，刘佑全是我国化工行业中唯一的一名有机化工博士后。像这样高层次的知识分子，直接来到企业在全省乃至全国也很少见。
近	刘看书 照片三幅	今年40岁的刘佑全是我省夏邑县人，1989年底到美国西弗吉尼亚大学进行博士后研究。在出国留学时，他就抱定了学成回国，报效祖国的决心。今年4月，他婉言谢绝了美国导师及同事朋友的挽留，毅然携陪读的妻子回到祖国
中 中	刘与妻子谈笑 刘读书	刘佑全同志到河南化工厂后，厂里从柴米油盐到衣食住行各方面都为他做好了准备，并按照国家有关规定给予他相应的待遇，但是刘佑全同志谢绝了这一切，坚持不要厂里花一分钱。省市有关部门和领导决定把刘佑全全家的户口落到郑州市区，刘佑全同志也谢绝了。他把全家的户口迁往了巩义市。
中	刘工作场面	目前，刘佑全正专心致志地考察河南化工厂所有产品的生产工艺和销售情况，结合自己的专业知识选定课题(同期声)
中	刘接受采访	“我觉得我有机会出国，出国以后，再不回来报效自己的国家，这从良心上是过不去的，作为一个知识分子，首先应该有这点良心。出去以前，也有人说出国以后不一定回来了，但那时，我就下定了坚决回来的决心。后来，我爱人出国探亲，我们把孩子留下来，都考虑到按时回国。当时也有些中国朋友和国外朋友劝我，国内经济比较落后，生活水平低，工作条件差。但是我还是认为：我是中国人，是中国人民培养起来的知识分子，我应该为中国服务”

(《1992年优秀电视新闻稿选》)

(二)选用画面与解说词的组合类型

画面与解说词的组合类型，大体上有图像型、解说型和图像解说型三种，记者可根据自己掌握的素材情况，灵活选用。

图像型：画面是新闻的主导部分，解说词是画面的补充。如突发性新闻，一次性新闻，事情正在发生过程中的报道，重大活动，风景名胜，出土文物，工艺新产品以及不加评论的批评性新闻等，只要能用图像表现的新闻，文字解说宜尽量少些。

解说型：着重用解说词表达主题，是以解说词为主、以画面为辅的新闻报道。由于画面在表达主题时有它的局限性，如不为人知的事物难以用画面表达，还有许多新闻事件只能用画面表现结果，而交代原因和过程要靠解说，这时，解说词往往占主导地位了。如指导性强的报道、综合性报道、会议新闻、事件发生后的补充报道以及记者未能在现场拍到的图像等情况，这时一般用解说型。

图像解说型：图像和解说并重，平分秋色，互为补充。如科技成果报道、人物报道，以及带批评性或表扬性新闻等，一般用这种类型较为合适。

以上只是粗略划分。一条电视新闻究竟以图像为主，还是以解说词为主，这主要由新闻价值来决定，因为电视新闻中新闻性是第一位的。自然流畅的画面和生动客观的解说相配合，才能充分地体现出新闻价值。

(三)处理画面与解说词的关系应注意的问题

第一，解说词的写作和画面的剪辑要“同步”，两者应是和谐的、有机的统一体，而不是“两张皮”。以画面为主的新闻，记者应当把能说明主题的精彩镜头按逻辑顺序或时间顺序分段连接在一起，组成不同的画面，然后再用解说词配合，予以说明和补充。以解说词为主的新闻，则应根据画面的情况，围绕画面予以阐发，表现出新闻的主题。

第二，要克服重此轻彼的倾向。不要以为电视摄像简单，有现成的摄像机、录像机和编辑机，无非是机械操作而已，而把心思放在解说词上；也不要以为写解说词简单，不过陈述而已，就只顾画面镜头。应该说，两者同等重要，不能厚此薄彼。

第三，解说词的写作和画面的制作要按新闻规律办事，不能用电影艺术和艺术摄影的模式代替电视摄像。电视新闻是追求新闻美，电影艺术和艺术摄影是追求艺术美。电视摄像所抓拍的镜头都是真实而蕴含新闻价值的镜头，带有客观性；电影艺术和艺术摄影抓拍的镜头是艺术表现的需要，带有主观性。同时，各自的解说方式也不同。电视新闻的解说词用新闻语言，简洁、明快；艺术摄影类的解说词用文学语言，细腻、婉约，让人去品味。

(四)怎样写好电视新闻解说词

电视新闻解说词除了为画面服务外，其语言表达同广播语言一样，亦应口语化、大众化，使人一听就明白。这是写电视新闻解说词的基本要求。

怎样写好电视新闻解说词，应注意以下几点：

1. 写好开头

电视新闻解说词的开头，应考虑电视“视听兼备”的特点，以有利于说明画面、表现主题和适合受众收听并富有吸引力为原则，用灵活多样的方式写出好的开头。常见的形式有：

直叙式：如获第三届“中国新闻奖”一等奖的电视新闻《邓小平与中央领导同志一起同十四大代表亲切见面》(中央电视台“重要新闻”，1992 年 10 月 19 日播出，作者王晶等)，开头是：

> 邓小平同志同新当选的党中央领导同志一起，今天下午在人民大会堂与出席党的“十四大”的全体代表亲切见面。

描写式：如获第二届“中国新闻奖”一等奖的电视新闻《南浦大桥成为上海人民心中的丰碑》(上海电视台 1991 年 11 月 20 日播出，作者邬志豪等)，开头是：

> 上海市民做了一百多年的大桥梦，今天终于实现了。他们纷纷拥向大桥，争睹这座跨度四百二十三米，名列世界第二的斜拉桥的英姿风采。

议论式：如获第三届“中国新闻奖”一等奖的新闻专题《来自病床上的报道》(山西电视台“专题”，1992 年 1 月 29 日播出，作者周军等)，开头是：

我们的摄像机曾经拍过无数的人和事，但这一次却对准了我们的同行，一个普普通通的电视记者，然而无论对于我们还是对于他，都来得太迟了。

他，病了，在他 56 岁的时候，他得了癌症，在他扛了 16 年的摄像机的时候，他的癌症到了晚期，正是在他功成名就，准备大干一场的时候。医生会诊的时候，为他没有及早来看病而惋惜，惋惜得近乎气愤。(同期声)

对比式：如获第六届“中国新闻奖”一等奖的电视新闻《广东：农民成了现代农业投资的主体》(广东电视台 1995 年 11 月 23 日播出，作者徐惠如等)，开头是：

投资办企业，过去是没有人愿意干的事情。例如我身边如此规模的农业基地，过去非国家投资不可。可今天不同了，随着市场经济的兴起，计划经济的逐渐淡化，依靠农业富裕起来的广大农民，已成为现代农业投资的主体。

背景式：如获第四届“中国新闻奖”二等奖的电视新闻《“老井”已不再是那个〈老井〉》(山西电视台 1993 年 12 月 24 日播出，作者段荣鑫等)，开头是：

1993 年 12 月 1 号到 10 号，记者沿着当年拍摄电影《老井》的所有背景村庄所在地——山西左权、和顺一带采访，欣喜地看到：随着农村改革的逐步深入，太行山这些昔日最为贫困的小山村，如今人民生活发生了巨大的变化，“老井”已不再是当年的那个《老井》。

2. 不要写空话、套话和用抽象词语

电视新闻播发受时间限制(“中国新闻奖”评选规定：广播、电视消息在 4 分钟以内；广播、电视评论在 7 分钟以内；广播、电视新闻性专题节目在 15 分钟以内)，这就要求解说词的写作既具体又简短。对于那些没有实质内容的空话、套话一概略去，诸如“在……会议精神鼓舞下，群众齐心协力……”；“××市党政领导部门精简会议和文件，使领导干部转变了领导作风”；“这样的事迹是多么感人啊”，等等。这些话空洞抽象，陈词滥调，不宜采用。

3. 受众容易理解的画面，不要用文字重复

如记者在现场采访的镜头，不要来个“记者在现场看到”(这是报纸新闻的写法)；再如画面上“列车已启动，鸣汽笛声”，如果再来个“列车已开动，发出了轰轰声”的解说，这就多余了。

此外，广播新闻稿的写作要求，也基本上适用于电视新闻解说词的写作，只要注意与画面、音响配合，就可以写好解说词。

二、电视新闻的摄制

(一)电视新闻的摄制手段

摄制手段即是摄制工具，一般有两种：

1. 电子摄录系统(ENG)

电子摄录系统(Electronic News Gathering，简称为ENG)，是20世纪60年代末期发展起来的一种电视新闻报道手段。它由一部便携式摄像机和一部便携式录像机组成，以磁带录像系统代替了电视新闻影片。它操作简单，携带轻便，不受切换台及传送设备的牵制，活动范围大。用ENG拍得的素材，一般需经后期剪辑、编辑整理。但它比过去用电影摄影机优越得多。

过去，电视台采访制作的新闻节目，主要使用16毫米电影摄影机摄制电视新闻片，需要通过采访、拍摄、洗印、编辑、录音合成(甚至还要印制拷贝)等繁复的工序才能播出。使用ENG系统采录新闻节目，比电影新闻摄影节省时间、节约经费和消除了影片洗印加工带来的环境污染。因此，目前大多数用ENG手段摄制新闻节目。

2. 电子现场制作(EFP)

电子现场制作(Electronic Field Production，简称为EFP)，是运用多台摄像机、录像机及一台电子编辑机或导演台，在新闻事件现场进行即兴式的摄录制作，并往往在录像的同时，就进行现场直播。EFP系统适合用于报道那些时间统一、视点不一的事件，如重要的事件、精彩的比赛和文艺演出等。

此种摄制手段除了在现场使用外，还可在演播室、演播车上进行。

在实际使用时，有相互借用的情况，这要看新闻报道的需要。

(二)电视新闻的拍摄方法

电视新闻记者要熟悉自己使用的摄像机或录像设备，包括胶片感光材料的性能，摄、录像机的调白平衡等技术。

在摄录过程中，要注意保持机器的平稳；横摇、直摇要缓慢平稳，“甩”镜头不可乱用，用时要注意起落画幅面平稳，“甩”准位置。摄制电影常用的“推、拉、摇、跟、移、甩、固定”等手法，在摄录电视新闻中也常运用，摄录磁带每个镜头的实际长度要增加起落幅各5秒，供剪编时选留剪辑用。

要善于运用纪实拍摄手法，提高电视新闻镜头的表现力。所谓纪实手法，就是运用摄像机的记录和揭示功能，力求在真实自然的情况下，以最好的方式体现事实含义的拍摄方法。记者在采访活动中，活动范围较广泛，可以随意选择拍摄位置和手法，如果位置和手法不当，真事也可以拍假。借助纪实手法，就可以把新闻事实现场的第一手资料直接交给观众，使观众产生眼见为实的可信感。

(三)用光与取景

拍摄电视新闻用光有自己的要求和特点。有的电视片不讲究用光，不是光线阴暗，就是光线太亮，这种画面就不能打动人。所以应掌握好光线的运用与光比组合。

有光，才能看清物体的形态，看清物体与环境之间的相互关系。正确用光是要创造一种气氛，把被摄物体的特性照出来。电视用光要求内容真实和形象真实，不能千篇一律地用主光、副光、逆光去拍摄人物。尤其是现在的录像带要求色彩饱和度强，如仍然像黑白片反差那么大，就会使画面中的彩色还原不饱和，强光部位的物体彩色还原好，暗区色调还原不足，造成大红大绿的亮部，不红不绿的暗部。所以，实景照明需要处理好光位；要求做到均匀、柔和；用无影的空间密度光取代逆光、顶光，衬托出景物的立体感。新闻采访来去匆匆，要及时地把新闻记录下来，就要熟练地把光效处理好，达到正确曝光，使人物突出、背景明朗、环境清楚，既表现实景效果，又表现出画面美。

运用灯光使人看到被拍摄的物体，可以造成立体感，使两度空间的画面具有三度空间的效果，加强纵深感，还可以决定画面气氛。电视画面由摄像机与被拍摄物体的位置关系决定，而用光是由机位与被拍摄物体的关系来决定的。被拍摄的物体往往不止用一盏灯，有时用几盏灯或很多盏灯结合照射，以达到技术上和艺术上的要求。多种灯光的综合运用，发挥各自的作用。主光是人物和环境照明的主要光源。辅助光是补助未受主光直射的阴影部分，对画面的明暗关系起调节作用。轮廓光则是指从被摄物体的背逆方向射来的光线，可使主体与背景分开并勾画出主体物的轮廓形态。背景光是照明背景的光线，可使背景与前景分开。装饰光能表现画面的细节，一般用于照明眼神或服饰等。

拍摄电视新闻用光总的原则是：用光来再现生活真实，不是把物体照得越亮越好；注意采用正面布光，因为正面灯光的位置使影子变小，被摄物体可以自由活动，接近生活实际；注意恰当处理人物光，在画面中体现出人物的特定性格和精神风采；灯光录像人员要和记者互相配合，把一组一组镜头拍好。

与用光密切相关的问题是取景。这“景”是指被摄物体，不是单指背景、景物，主要是以人物活动为中心的环境与事件过程。也就是说，摄取所需要的图像和重点部位。取景一般分为下面六个“景别”。

大全景：表现的范围宽广，用来交代事件发生的地点及其周围的环境。

全景：表现的范围比大全景小，只包括所要拍摄的事物的全貌，不包括它周围的环境。如景中有人，应包括完整的人体。

中景：取景范围比全景小。如景中有人，人物在画面上的成像一般在人体膝部以上。

近景：取景范围比中景小，人物成像占画面的大部分，一般取人腹部以上的半身像，用来表现人物的情绪和幅度不太大的动作。

特写：取景范围在人的胸部以上，成像比近景大。特写镜头有强烈、深刻的表现力，但不可滥用。一般用于突出重要人物、重要片断和事物的某一特征。

大特写：又叫细部特写。用全部画面来突出表现人或物的某一生动、重要的局部，如人的眼睛或手、脚等活动形态。大特写是强化事物的局部，运用它要慎重。

取景是为了更好地反映画面。它不是从艺术表现的需要来考虑取景（但不排除艺术角度），而是从新闻报道的需要上来考虑取景，使“景别”“画面”和“解说”融为一体。

（四）蒙太奇手段与声画构成

凡是谈到电影、电视制作，都离不开一个专用术语“蒙太奇”。蒙太奇是影视作品独有的表现方法和思维方式之一。它原意为“构成”，是建筑学术语法语“Montage”的音译。这一概念由狭义逐渐向广义发展。作为影视作品的结构手段和叙述方式，意即“对列构成”，包括镜头的分切与组接，场面段落之间的组合与转换，以及剪接的具体技巧与方法。画面之间、声音之间、声画之间的组合关系等，均属蒙太奇手段的具体内容。通过组合，将影视中视、听诸因素构成运动的、完整统一的屏（银）幕形象。作为一种思维方式，它贯穿在影视创作的各个方面和各个阶段。

蒙太奇一般分为“叙述的蒙太奇”和“表现的蒙太奇”两大类。“叙述的蒙太奇”是把许多镜头按逻辑和时间顺序分段连接在一起，以展示一系列事件，叙述一个过程；“表现的蒙太奇”则是将两组含义相近、内容不同的镜头连接在一起，以表现某种感情或思想。

电视新闻一般采用“叙述的蒙太奇”的镜头组接方法。比如，国家领导人出访，在人民大会堂与欢送者握手告别；步上飞机舷梯，回首举手致意；飞机飞上蓝天渐渐隐去。把这些镜头用“叙述的蒙太奇”方法组接起来，就是一条电视新闻。这种方法由于选用了事件中最富有特征的镜头来组接，使整个事件的叙述显得紧凑、精练，使内容表达主次分明，详略得当。

电视新闻不仅在镜头的取舍上离不开蒙太奇手段，甚至在采访拍摄的时候，电视记者的头脑中就要适当用蒙太奇思维方式去观察事件现场发生的一切，来进行拍摄，以便为下一步运用蒙太奇组接画面打下基础。

无论是镜头拍摄、画面剪辑或声画构成，都要求记者、编辑精心选择富有动态、语感和逻辑联系的画面。这画面，饱含新闻信息，新颖、生动，牵动观众的视线，具有新闻的“磁”性，这便是好的电视新闻。

三、电视新闻节目文字稿的写作

电视新闻节目是在电视荧屏上传播新闻信息，分析、解释与评论新闻事实的各种新闻性节目的总称。

电视新闻节目的任务是向受众传播新闻，反映和引导社会舆论，是电视节目的主体。新闻节目的水平体现电视台的总体水平。

电视新闻节目由于自身在制作和传播形态上不同于报纸和广播，所以在概念的内涵与外延上有相互渗透的情况，即有的是体裁形式，有的是报道方式。按照作用、任务和写作特点不同，电视新闻节目分为三大类：消息类、专题类、评论类。

(一)消息类新闻节目

它以迅速、及时、简要、客观地报道新闻事实为特点，播发新近或正在发生、发现的新闻事态。如中央电视台的《新闻联播》及各省、市、自治区电视台自办的地区新闻联播节目。传播形态有口播新闻、声像新闻及现场报道等。节目播出又有现场直播和录像播出两种方式。

1. 口播新闻

它是以播音员出图像为主，结合画外音，播报文字新闻稿的报道形式。

口播新闻没有新闻现场的画面，它以语言为传播信息的主要手段。早期电视新闻运用的是口播方式，继承了广播新闻的播念方法。今天的口播新闻，则运用抠像等电视特技，辅以字幕、图片和图像等资料，进一步体现了电视的特色。

口播新闻播发灵活方便。有的新闻报道由于条件所限，不能用电视摄像手段到现场拍摄，当新闻只有文字稿时，可以用口播方式及时播出，以加强电视新闻的时效，扩大报道范围。

常见的口播新闻大体包含两大类：一是文件类，如重要公报、决议、命令、通知、新闻发布稿等；二是简讯类，对有新闻价值，但一时又没有形象画面的新闻，多采用口播形式作简要报道。

电视口播新闻虽然以语言为传播信息的主要手段，但它仍有别于广播新闻，是声画“双通道”地传递信息。受众不仅听到播音员口播文字稿的声音，还可以从播音员或节目主持人播讲时的神态、姿势、表情动作、画面色彩、背景图像和字幕等获得无声的形象信息。适当的形象可以加强语言效果。

2. 声像新闻

又称影像新闻，是采用电影摄影或电子摄录系统(ENG)在新闻事件现场摄录画面和声音，并结合解说、对新闻事实进行报道的形式。它以生动形象的画面为主要表现手段，是目前最常用的报道形式。

较之口播新闻，声像新闻更能体现电视新闻形象化报道的优势，给受众以身临其境之感。

声像新闻要求电视记者有较高的政策水平和较强的新闻敏感，熟练掌握采访摄像技巧，并能在现场迅速作出判断、抢拍精彩镜头，结合现场的音响和简练的文字，报道新闻。

获首届“中国新闻奖”一等奖的电视新闻《亚运圣火火种在西藏采集》(中央电视台《新闻联播》，1990 年 8 月 9 日，作者曹玉春)，是一条题材重大、成功运用电视传播手段的声像新闻。该新闻采用了最有电视特点的现场报道手法，通过记者的现场采访报道——采访“亚运”组委会代表，交代背景材料，传播有关知识，信息量大。记者拍摄时运用多机拍摄，从远到近，从低到高，选取了各个角度、各个“景别”充分地反映了采集火种的现场情景。画面上蓝天白云，壮美辽阔，藏族少女达娃央宗站在高原上，从太阳镜中点燃火种，令人精神振奋。这镜头成了珍贵的历史资料。

这条声像新闻的文字稿是这样写的：

(记者)观众朋友，今天是 8 月 7 日，我们是在被称为“世界屋脊”的青藏高原上，现场向您报道取亚运火炬火种的仪式。

我的背后，是著名的念青唐古拉山。这里平均海拔是 4 500 米以上，这里气候干燥，氧气缺乏，那么，为什么亚运火种要取自喜马拉雅山脉？这里，我们请亚运会大型活动文展部部长罗志军同志向您介绍一下。

(罗)我们受亚运会组委会的委托，到西藏来取亚运会的火种，我们所以选择这个地方取火种，第一，是因为亚运会的开幕式上按亚奥理事会的章程规定要点燃火种，火炬代表着纯洁和神圣。

我们在这里，在亚洲和世界公认的“屋脊”上，由纯情的少女从太阳镜中直接从天空中点燃火种。这样做的含义我想大家都是不言自明的。

第二，是因为亚运会的宗旨是团结、友谊、进步，我们这次运动会也有这个意义。我想，以喜马拉雅山脉取的火种，用飞机运回到北京，在天安门广场被点燃，然后传遍祖国的神州大地。这样的一个完整构思，对贯彻亚运宗旨，体现我们全国人民都来支持亚运会，意义是很明确的。

我想这也是我们到这儿来取火种的主要原因。

(接采火种仪式现场)

这条声像新闻播出时间为3分钟，符合消息类电视新闻的特征。

(二)专题类新闻节目

它是综合运用各种电视表现手段与播出方式，深入报道某一重大新闻事件或宣传价值大的典型人物、经验、新出现的社会现象以及某一战线、地区新面貌等题材的新闻报道形式。

专题类新闻可分为专题新闻与专题报道两种。在此基础上，又变换出电视专访、电视新闻连续报道、系列报道以及杂志型电视新闻节目等。

1. 专题新闻

它通常是当天或近日发生的重大事件性新闻的深入和延续报道，重视报道的时间性和时效性。如政协会、人代会、党代会、全运会、亚运会、奥运会举行期间播发的新闻专辑；自然灾害、矿难、飞机失事、车祸以及航天飞行等新闻专辑，均属专题新闻。

如《神舟九号返回舱成功着陆四子王旗草原，三名航天员平安归来》，既是声像新闻又是专题新闻，因为它不是实发性事件，是经过科学计算测试、计划安排了神舟九号天际飞行13天后返回的时间和地点，但是否安全正点返回却是人们十分关注的，所以要在着陆现场专题向受众实况播出。至于航天员如何飞天以及下一步情况，那则是系列报道或连续报道的任务。

下面请看文字稿：

神舟九号返回舱成功着陆四子王旗草原　三名航天员平安归来

【口导】

今天上午10点03分，历经13天航空飞行的神舟九号飞船平安、顺利返回，本台记者在主着陆场——内蒙古四子王旗草原，见证了这一激动人心的时刻。

【记者现场】

记者：现在是上午的10点整，现在我们看到神舟九号飞船正在徐徐降落，在我这个位置可以看到九号飞船的降落伞，那刚才我听到了很大的一个响声，就应该是降落伞打开的声音。在神九的旁边，现在我可以看到有四架直升机正在神九飞船旁边盘旋，应该是正在迎接神九的归来。我们看到神九飞船马上就要降落了。神舟九号飞船已经降落了，它已经顺利落在了地平线上。

【记者现场】

记者：上午10点25分，我们现在到达了神舟九号飞船的返回落点，现在我们可以看到神舟九号飞船舱门已经打开，现在有五位工作人员，外面有五位，里面还有一位，正在对神舟九号进行检查。

【解说】

现在是11点02分，我们可以看到第一位航天员出舱了，这应该是景海鹏，他在向大家挥舞着双手，可以看到他的身体状况应该是非常良好。11点08分，第二位航天员也出舱了，刘旺。第三位航天员，这是一位女航天员刘洋，这是我国的第一位女航天员，她也顺利出舱。

在现场我们也了解到，曾经承担过神舟一号到神舟八号开舱手的李涛，今天再次打开了神舟九号的舱门。

【记者现场】

记者：今天舱门打开得顺利吗？

李涛(航天科技人员)：非常顺利。

记者：用了多长时间？

李涛(航天科技人员)：一分钟也就是，不到一分钟时间。

记者：跟前几次有什么区别吗？

李涛：(航天科技人员)：这一次和神五差不多，他们在里面也同时在开舱，我们同时内外联动的。

记者：在航天员出舱前为什么要先进去一名工作人员？

李涛(航天科技人员)：主要是检查一下航天员的身体状况首先是否良好。

记者：现在三名航天员正在我身后的这架飞机里进行体验。

【解说】

现在是12点50分，我们看到三位航天员已经完成体检，正在陆续走出医保医监飞机，第一位出来的是景海鹏，从表情来看，他们的状态还是非常好的，每个人脸上都挂满灿烂的笑容，热情地向周围的工作人员、媒体记者挥手致意。

现在，工作人员把三位航天员分别送到三架直升机上。

【记者现场】

记者：现在是中午1点10分，三位航天员分别乘坐三架直升机，另外还有一架指挥机、一架通信机，共五架飞机护送航天员前往毕克齐机场。

(内蒙古电视台2012年6月29日 菅海霞 梁兆峰 石藤正一 韩巍)

2. 专题报道

它报道题材广泛，形式多样，注重于题材的挖掘和提炼，并酌情引入有关背景资料，就事实进行分析、解释，力求材料丰富、充实，主题深刻，立意新颖，报道深入。

专题报道的制作，强调新闻依据，用现场拍摄(采访拍摄)的纪实手法报道新闻事实，不允许扮演、摆布和组织拍摄。它可综合运用画面形象、同期声现场效果、背景材料以及特技、字幕、图表等视听因素，亦可适当运用对比、联想、抒情等表现手法，以增强电视新闻的可视性、可感性。

与其他新闻节目相比，专题报道更强调针对性、适时性、形象性，也注重现场感、对象的参与感，但它制作时间较为宽裕。

获第五届“中国新闻奖”特别奖的专题片《公仆、旗帜、丰碑》(辽宁锦州有线电视台1994年7月25日播出，时间为15分钟)，该片无论是其特殊的新闻价值，还是奇特的拍摄经历，都是令人震撼的。作者以深切怀念和崇敬之情，向人们生动地展示了锦州市委书记张鸣岐同志领导抗洪救灾的英雄事迹，树立了一个领导干部崇高的公仆形象。同时，令人赞叹的是年轻记者杨晔、刘晶扛着摄像机在抗洪第一线拍下了张鸣岐同志勇斗激流、举身赴难的壮烈场面。直到杨晔牺牲时，还扛着记者视若生命的摄像机。杨晔和刘晶拍摄的这段珍贵资料，在洪水中浸泡了8天，虽然磁粉已部分脱落，但制作时仍保留了这段同期声像。这是记者用生命换来的珍贵镜头。

这部专题片把现时人们送别张鸣岐烈士的悲壮情景与记者在抗洪前线拍下的镜头有机融合在一起，用同期声和字幕、照片加以显示，使片子产生了巨大的感染力。

我们观看此片、阅读文字稿，不仅仅是学习电视片的制作技巧，重要的还在于学习该片主人公和记者的伟大精神。

下面是这篇专题报道的文字稿：

人们才刚刚认识他，在锦州，他才生活了不到八个月；

人们其实早就见过他，在车间工地，在田间地头，在寻常百姓家；

人们最后一次见到他，是在这长长的大堤上，他迈着坚实的脚步，奔波在那个洪波肆虐风雷大作的雨夜里……

人们将永远记住他，我们的好书记张鸣岐。

（推出字幕）

公仆、旗帜、丰碑

杨 晔 刘 晶 梁会兰 郭效飞 龙 飞

（字幕）1994 年 7 月 13 日 18 时，大凌河洪峰险情，上游义县水流量 10 600m^3/s；19 时 20 分，流量 12 300m^3/s。

午夜时分，洪峰抵达凌海市，水流量已超过大堤防洪能力近一倍，大凌河下游出现了 30 年所未有的严重险情，洪水威胁着凌海市、锦州城……

军民合力抗洪，大凌河主堤坝保住了，两万多受灾群众无一伤亡，然而，那场洪水却给人们留下了深深的创伤：一半儿留在这宽宽的大堤上，一半儿留在锦州人的心窝里。

（同期声）

1. 告别

2. 十里长街，冒雨送行

3. 街头百姓

英雄，也有父母，不单单是他的生身父亲，还有这十里长街的父老乡亲，这面鲜红的党旗。

英雄，也有儿女，不光有这位失去父亲的女儿，还有锦城 300 万百姓，脚下的这方热土。

天在哭泣，人在哭泣，300 万锦州人民正经受着无限悲痛的冲击，他们在含泪送别这位永远冲在第一线的英雄，这位共产党人的杰出代表——张鸣岐。

短短 7 个月，或许他还没有来得及为锦州人做得更多，或许人们对他的了解并不深刻，可锦州人为什么对鸣岐书记如此厚爱、拥戴？这是因为在他的心里时刻装着全市人民。

1993年11月28日，鸣岐同志从沈阳调任锦州市委书记。他叮嘱自己，锦州的经济一定要上去，锦州的面貌一定要尽快改变，锦州人民的生活水平一定要迅速提高，“为官一任，造福一方”，他感到了任重道远。

他倡导了在全市范围内开展的解放思想、富民强市大讨论，他在调查研究的基础上，提出了我市“富民强市”的总体思路，确定了今年在全市突出抓好农村小康工程、工业振兴工程和城市形象工程建设。

他为推动我市改革、发展和各项事业前进，做了大量创造性的工作。他高屋建瓴，对发展“两高一优”农业，对搞好国有大中型企业，对发展第三产业和个体私营业，对大力发展教育，对繁荣社会主义文化市场，都提出了切实可行的意见。

他走乡村，访农户，下车间，串街巷，每到一处，都要问问当地群众生活如何，总要看看群众住的怎样，吃的怎样，孩子们就学怎样，下工夫解决那些群众最需要解决的热点问题，他早已把自己和百姓紧紧连在一起。

凡是和鸣岐同志有过接触的人，哪怕只见过一面，哪怕只聆听过他一次谈话，都会感受到他那巨大的感染力。这些与鸣岐同志朝夕相伴、共同工作的同志，谈起鸣岐风范，无不为之感动。他在锦州工作的225天里，各种开工、剪彩、庆典看不到他的身影，这地处偏僻的条条小巷都深深印下了他的足迹。

时刻准备为了党和人民的利益献出自己的一切，是鸣岐同志的人生准则。

他在沈阳工作期间，新民县境内发生了汽车、火车相撞事件，当时作为副市长的张鸣岐同志，闻讯马上赶往事故现场，组织抢救工作。扑灭3·27锦州观音洞等地特大山火，他不顾手术后刀口没有愈合，冲在火头前指挥灭火；5月4日，义县、凌海遭受暴雨和风灾袭击，他又赶赴现场，组织救灾。

7月13日，是每个锦州人永远难忘的日子。

这一天，辽西普降大雨，大小凌河上游山洪暴发，河水猛涨，洪流呼啸着向锦城倾泻而来。水位迅速上升，1米、2米、3米……

汛情紧急。市防汛指挥中心向公出在外的市委书记张鸣岐汇报汛情。灾情敲击着市委书记的心，他饭也没顾上吃，抓起一个小馒头，驱车冲进风雨中。

在小凌河大堤，鸣岐同志冒雨察看水情，果断指挥抗洪，发出命令，不管洪水多大，一定要保住锦州城，保住人民的生命财产。

(张鸣岐在小凌河大坝同期声)

告别了锦城的万家灯火，他又火速赶往大凌河下游凌海市。他知道那里的水流量已超过了堤坝防洪能力的两倍，他想知道凌海的百姓安置好了没有，这样的险情该如何处理。

(字幕)这段资料为本台记者杨晔、刘晶所拍，杨晔遇难8天后打捞上来。

在凌海市防汛指挥部，听取了有关同志汇报之后，他当即指示：

(同期声)

“现在主要是把群众疏散开，关键是不能死人。”

灾情面前，鸣岐同志想的是百姓的生死，人民的安危。他听说蔡家段、尤山子段洪水倒灌，淹没了村庄，水中还有一百多人没有撤离，当即决定到水灾第一线。他毅然踏进风雨中。

在波涛轰鸣、洪浪不断拍击堤岸的大凌河堤坝险段，一行人中张鸣岐书记始终走在最前头，他曾笑着说："我是走得最快的。"使肩扛10多公斤重摄像机的有线台记者跟不上他的速度。

(同期声)

刘　晶："杨晔，快走。"

张鸣岐："扛不动了吧？帮你扛扛！"

刘　晶："张书记，您不用！"

杨　晔："您慢点走就行了！"

刘　晶："您慢点走让我们跟上您。"

张鸣岐："你们歇会儿吧，省点电。"

刘　晶："不行，这是我们的工作，不能歇！"

张鸣岐等看完大凌河桥和几处险堤，要从尤山子村返回时，套堤决口处的洪水迅速漫过来，洪水阻挡了车的前进，面对生死之间的险境，鸣岐同志全然忘了个人的安危，想的是灾区的百姓，想的是锦州的工作。

(同期声)

张鸣岐："咱不能囚到这儿……"

"别慌啊！"

洪水无情，在没腰深的洪水中张书记和同志们手挽手向前走。(推出两张照片)

(字幕)7月14日凌晨1点16分，一排浪打来，一行人被冲散。

鸣岐走了，化作不朽的河魂，离我们而去。用他49岁的年轻生命，证明他是人民的好公仆，是共产党员的一面旗帜，是矗立在人们心中的丰碑！

啊，鸣岐同志，你给予我们的太多了，连同你整个身躯；你又给予我们太少了，7个多月的时间，短短三个季节；

冬天，带着满怀的激情，嚼着风雪，你来到锦城；

春风中，为了锦城的繁荣，你默默地播种；

火热的夏日里，你忘我地挥洒着汗雨；

可在即将收获的季节却没了你的身影。

不！鸣岐同志，你没有走，躺下来是绵绵长堤，站起来是巍巍群峰，你，永远活在锦州人民心中！

(三)评论类新闻节目

这是对重要新闻作出评论的节目。它体现电视新闻传媒的舆论导向和对听众的舆论引导。

这类节目可以是固定的，也可以临时安排播出，或成为其他节目的组成部分；它可以由评论员、主持人直接出面评论，也可以请特约评论员、节目参加者、观众发表意见。

评论类新闻节目通常用的形式有：评论员评论、电视论坛、电视述评、电视答问、电视座谈、电视辩论以及编后语、短评、主持人和嘉宾点评等。

属于评论类的新闻节目，一般纳入《新闻评论学》研究的范畴，在此从略。

第十三章 网络新闻

网络传播是继报纸、广播、电视之后出现的第四大传播媒体。网络新闻传播是网络传播的重要组成部分，同时也是新闻传播学科的一个分支。当今社会，人们不但看报纸、听广播、看电视，而且还上网搜索信息，或发布新闻，或相互交流，因此学习新闻写作，不能忽视网络新闻的写作，应掌握网络新闻写作的知识和技能，以便有助于新闻传播工作。

第一节 网络新闻概述

一、网络新闻传播的出现和发展

网络新闻传播植根于网络媒体，网络媒体的发展和巨大功能，便有网络新闻传播的出现。

网络媒体就是通常所说的国际互联网，英文名称为 Internet，简称为互联网或因特网(音译)，它是全球性的信息系统。1998 年 5 月联合国新闻委员会年会正式把互联网定为继报纸、广播、电视之后的第四大传播媒体，目前互联网已发展成为仅次于电话网的全球第二大通信网络。它是计算机技术与通信技术相结合的产物，是一个由无数局域网络联结起来的世界性信息传输电子网络。

今天的互联网不再是当初(20 世纪 60 年代末)计算机人员和军事部门进行科研的专利，而是人人都可以出入的虚拟社会，也是人人都可以利用的开发信息资源的工具。互联网已经变成了一个开放的覆盖全球的信息网络与资料库。人们在互联网上建立电子政府、公司企业、新闻媒体、银行、邮局、书店、社区等，它融入了社会生活的方方面面，构成了一个信息社会的缩影。这就是说，新闻传播事业也进入了互联网，并利用它进行网络新闻传播。

互联网上的第一家专业新闻媒体是美国加利福尼亚的《圣何塞信使报》。该报于 1987 年被送上了尚处于初级阶段的国际互联网，从此揭开了网络新闻传播的序幕。国际互联网上第一份中文电子报纸被认为是 1995 年 7 月由美国报业传播机构总社创刊出版的《环球电子日报》，它是以美国新闻、国际新闻、中国大陆地区新闻和中国台湾地区新闻为主要内容的。中国于 1994 年 4 月 20 日正式接入国际互联网络。国内最先上网的媒体是《神州学人》杂志，它由国家教委投资 200 多万元于 1995 年 1 月 2 日正式发刊、定位为文摘式的新闻周刊。国内第一家在互联网上发行的电子日报是 1995 年 10 月 20 日正式上网的《中国贸易报》电子版，该报宣称旨在建立一种全新的新闻媒介形式，打破纸质报纸在出版发行中的时空限制，为受众提供更快捷的服务。它的问世引起了国内外新闻界的极大关注，也成为中国新闻媒介发展史上的一个里程碑，标志着中国新闻传媒从此驶上了信息高速公路。此后，1996 年 12 月中央电视台建立网站，中国传统媒体(报纸、杂志、广播电台、电视台、通讯社)积极进军网络传播领域，商业网站也涉足新闻发布活动。随着互联网在中国的发展，网络新闻传播呈现出风起云涌之势。

二、网络新闻的含义和传播优势与弱势

网络新闻的含义是指通过互联网发布、传播的新闻。发布的途径有：万维网网站、新闻组、邮件列表、公告版、网络寻呼等手段的单一使用或复合使用，发布者是任何机构或个人。

网络新闻传播的优势是很明显的，它的优势源于网络传播的特性，所以了解网络新闻传播的优势先要认识网络传播的特点。

网络传播从空间上看，网络遍布整个世界，只要有电话线甚至无线传输可以到达的地方，都有网络存在，网络已渗透到社会各行各业。从时间上看，网络每时每刻都在运用，其传递速度较之传统媒介更加迅速、及时。从传播方式上看，网络使以往传统媒介的单向式传播变为双向互动式传播，并以此影响着人们的生活方式和思维方式。其特点可以归纳为以下三点：

1. 信息资源的丰富性

互联网被誉为“数字化图书馆”，其信息资源的丰富性是任何传播媒介所无法比拟的，古今中外的信息，只要轻轻按动键盘上的键标或者鼠标即可获得。

2. 信息传播的个人化和交互性

这是网络传播区别于传统传播方式的一个重要方面。网络用户可以对网络信息进行加工、处理、修改、放大和重新组合，成为信息操作的主体。传统媒介如报纸、广播、电视等主要是以传播者为主体，用户(受众)只能在有限范围内选择，而且信息反馈的途径少、速度慢，无法真正实现相互交流，而网络媒体大多数设有“用户论坛”“快速反馈”“电子公告牌”等栏目，供用户发表意见，并同时阅读他人的意见，或就某个问题进行交流。这是网络传播富有吸引力的一个因素。

3. 超文本、多媒体传播的一体性

在互联网上，人们浏览文字化的文本也是常见的获得信息的方式，但网络的强大功能使它所提供的信息远不限于文本阅读。网络媒体依赖于日新月异的多媒体技术发展，打破了单一的语言文字的束缚，将网络技术、超文本技术、多媒体技术融为一体，形成了更为多样的传播与交流形式。受众可以选择文本来“读”，也可以选择声音来“听”，还可以选择图像来“看”。就是在一个文本之中，也可以同时嵌入图像和声音，整个接收过程更具有直观性、整体性。

网络传播的特点和巨大功能，决定了网络新闻传播的自身优势。其优势可以概括为以下三个方面：

1. 时效性更强

传播新闻快捷，是网络新闻传播的特色，也是它的优势所在。互联网上的新闻刷新的频率是很高的，体现出很强的时效性。网上的新闻更新在形式上有些像电视新闻的滚动式

播出，但它更新的频率更快。例如，《人民日报》网站的整点新闻发布，可以随时更新新闻；新浪网的滚动新闻发布，还可以做到与新闻的发生同步进行。在新闻传播的时效性上，互联网比每日定时更新的报纸要快得多；尽管互联网与电视的直播新闻相比还赶不上电视新闻的现场直播，但电视新闻不是每时每刻都在现场直播的，互联网却是不停地更新新闻的。

同时，在互联网上新闻传播的速度也是惊人的。由于网络是全球性的媒体，因而在网上的新闻传播是全球范围的实时传播。比如，西半球的美国发生了什么枪击事件，只要这一新闻上了互联网，在东半球的中国顷刻间就能获此新闻。

另外，由于网友的广泛参与，在一些“人气”集中的网站，经常有网友自发地在论坛中发布最新信息，往往能够快速地传播新闻(尽管个人发布的新闻有时会以讹传讹，但至少在有些时候的确会提供一些线索，甚至完整的报道)。例如，1999 年 4 月 15 日，韩国大韩航空公司一架麦道 MD—11 货机于 16 点 04 分从上海虹桥机场起飞升空后仅一分钟，便坠落在上海闵行区沁春园小区附近的一处建筑工地上。这一突发性新闻事件乃是一名上海网友最先在新浪网站的“谈天说地”论坛中发布的。可见网络传播的时效性比传统媒体发布的新闻的时效性更强。

2. 包容性更大

网络媒体所包容的信息是海量的，是传统媒体无法企及的。传统媒体中的报纸，承载信息的容量受到版面的限制；广播、电视承载信息受到播出时间的限制。而网络媒体的数字存储和传输使得信息容量具有无限性，并且存储技术的不断进步还在不断地推进这一极限。网络新闻的超链接表现方式也使得网络新闻的内容包容性更大。

例如，在 1998 年美国前总统克林顿性丑闻案的新闻事件中，检察官斯塔尔写的调查报告厚达 445 页，牵涉内容广泛而复杂，作为传统的印刷媒体很难承载如此浩繁的内容。正因为如此，网络媒体迅速地承担了这一任务，全文刊登于《斯塔尔报告》，引发了新旧媒体竞争的热潮，这说明网络新闻有承载超量信息的优越性。

与这一优越性俱来的是开拓了深度报道的途径。一个新闻事件发生之后，网络媒体可以在新闻报道后面加上很多新闻背景链接；对于重大事件，网络媒体都以新闻专题的形式发布。一些传统媒体网站，如新华网、人民网，依托其庞大翔实的新闻数据库资料，每条新闻可纵深挖掘并全景式报道，使报道有深度。

3. 使用率更高

网络媒体新闻比传统媒体新闻的使用率更高。报纸容易保存，但需要占据相当大的空间；要查阅又费时费力，放久了会当废纸卖掉。广播电视新闻是“一次过”，不能重复，即或重要的音像资料录制保存起来，用时需要有技术设备，也不方便。唯独网络媒体减少了这些麻烦工序，虽然人们所看到的新闻页面是及时更新的，但其发布的新闻会不断存入网站数据库，人们可以在需要的时候通过检索，即查即用，非常方便。数字化的存储方式使得网络新闻比传统媒体上的信息更易整理、查找和重复使用。即便是广播电视上的节目，如果放在互联网上，也可以制成文件，以便反复收听收看，而不会像日常广播电视节目一样转瞬即逝。

虽然网络新闻有这些优势，但并不等于它完美无缺。由于网络媒体的个人化和参与性，不免会带来虚假新闻，使新闻的生命线——真实性受到严重干扰；再由于网络媒体的海量信息和网民的自由性，尤其是“黑客”的破坏，不免会使信息泛滥或鱼龙混杂，降低新闻的品位；还有，网络新闻传播没有像传统媒体传播那样做到大众化，因为电脑用户毕竟还不像电话用户那样普及。

三、网络新闻传播的类型

网络新闻传播的类型多姿多彩。从传播者职业性质和经营管理上看，基本上有两种：一种是传统媒体网络版，另一种是网络自生媒体。

(一)传统媒体网络版

传统媒体在互联网上的存在方式称为传统媒体网络版。它是指报纸、杂志、电台、电视台、通讯社在互联网上建立网站，利用互联网的功能和优势，在自己的网站上发布自己采编的新闻报道、播发自己制作的新闻节目。它是传统媒体在互联网上的延伸，称为上网媒体。它所建立的网站，大多延续了其传统媒体的权威优势，是互联网上的主流新闻媒体。

根据其所依附的传统媒体实力不同，它又可以分为两类：

一类是独立型。指以一个传统媒体为依托的网络媒体形态，如以《人民日报》为依托的人民网。人民网的前身为《人民日报》网络版，于1997年1月1日正式进入国际互联网。2000年7月，《人民日报》网络版编辑部更名为网络中心；同年10月，正式启用新域名www. people. com. cn。网站定位为以新闻为主的大型网上信息发布平台，除发布新闻外，还提供庞大的资料库检索、网上时政论坛、免费邮件等平台；1999年5月9日创办的中国网站的第一个网上时政论坛——“强国论坛”，注册用户逾20万户，日均上帖量逾万条，被称为“最著名的中文论坛”。此外，还有以新华通讯社为依托的新华网(www. xinhuanet. com)、以中央人民广播电台为依托的中国广播网(www. cnradio. com)等都是独立型网站。

二类是联合型。由多家地域性传统媒体联手，或结合其他有资本的单位创办的新闻网站。如由《北京晨报》《北京日报》《北京晚报》《北京青年报》《北京经济报》等9家北京市属新闻媒体与北京四海华仁国际文化传播中心、北京实华开信息技术公司共同发起和创办的千龙网(www. qianlong. com)，以“权威、即时、全面、独家”为目标，把9家传媒的新闻资源进行整合发布，内容更丰富，表现手段也更多样化。这个网站在经历初期的发展后，已经定位为力争做北京综合性门户网站，其广告语为：“点击千龙，掌握北京。”在上海，由解放日报社、文汇新民报业集团、上海人民广播电台等多家新闻媒体集中资源优势共同建设的大型综合网站东方网(www. castday. com. cn)也是非常有影响的地方性门户网站，其总体发展策略为：“新闻导入、服务衔接、电子商务拓展。”

(二)网络自生媒体

与传统媒体网络版相对应的就是网络自生媒体。它是指某个组织或个人利用网站、主页等网络工具定期制作和发布新闻而形成的新的新闻传播媒体。网络自生媒体又分新闻媒体和非新闻媒体。新闻媒体有正式的出版刊号，专门在互联网上创办电子报刊、杂志。非新闻媒体包括商业网站、专业网站、个人网站。

网络自生新闻媒体是一种没有传统媒体作为依托的新型媒体。我国台湾地区2000年2月15日诞生的第一份网络自生新闻媒体《明日报》就是一例。它的定位是新闻门户网站，聘任了在传统媒体工作近二十年的陈裕鑫任总编，聘用了200多名记者和40名具有丰富经验的编辑，每天报道自采的新闻五百多条，在发稿机制上采取三审制，不断刊载引起轰动效应的独家新闻，每天发布有本报立场的社论和特约撰稿人所写的言论。2000年8月21日，《新民晚报》借《明日报》的电子报发送平台Epost发行简、繁体电子报，成为首家以电子邮件形式通过中国台湾网络发行的大陆新闻媒体。这是一份完全按照市场化规律和网络规则运作的电子报纸，由于经营不当和网络股市低迷，在经营了一年之后于2001年2月21日宣布停刊。

网络自生非新闻媒体中，以具有媒体功能的综合性商业门户网站最为突出。被称为我国三大门户网站的搜狐、网易、新浪均在网络新闻领域中大显身手。其中最具代表性的是新浪网(www.sina.com.cn)。在一系列国际国内重大事件尤其是突发性事件的报道中，新浪网的新闻报道有着突出表现，从而树立起网络媒体在受众心目中的地位；在时效性、连续滚动报道、全方位报道、多种形式报道等方面令传统新闻媒体感受到了网络传播的威力与挑战。

网络新闻媒体的发展一日千里，数字化带来的传统意义上的各种媒介的融合趋势也在网络中得以体现，网络新闻媒体的形态也将因此而不断变化。

第二节　网络新闻的写作

网络新闻的写作在基本规律、基本原则、基本要求、报道内容的价值取向和写作技巧等方面，与传统媒体新闻写作是相同的，但是在操作方式和表现形式上与传统媒体新闻有所不同。

一、网络新闻写作应注意的事项

(一)分层次写作

一般来说，一篇报道可以分为四层：第一层是新闻标题，第二层是新闻提要或导语，第三层是新闻主体，第四层是相关链接。报道多为分段，一个段落一个内容，其中的导语和段首语都应该包含足够的信息量，以引起受众的阅读兴趣。较长的报道宜采用小标题形式分割开来。

(二)突出关键字和关键内容

突出关键字和关键内容能使网络新闻具有“可扫描性”，使被强调的重要因素在屏幕上一眼就可以被扫描到。要达到这种效果，除了对稿件中要强调的部分以特殊标记外，如加黑、变粗、用斜体、用不同的颜色等，还可以用列表的写作方式增强其传播的有效性。

(三)标明发稿时间

网络新闻是一种全时化传播，没有截稿时间。网络是24小时运作，因此每条新闻都要标出发稿时间，这个时间视情况不同可以精确到几分几秒。一方面便于受众阅读和判断，另一方面体现了网络媒体的即时性。

(四)注明稿件来源

现阶段受政策限制，除传统媒体的网站外，网络媒体还很少有自己的采编队伍，它的稿件一般来自传统媒体，很少有独家的原创性报道。

为了尊重他人的版权，网络新闻需要注明新闻来源。有些网络记者不考虑本网站性质和网络传播特点，直接套用传统媒体的稿件到网络上发表并不作注明，这种原封不动的抄袭行为会影响受众对网络媒体的信誉，并可能引发传统媒体的版权诉讼，带来不必要的麻烦。注明稿件来源还能让受众增强信任感，有利于树立网络媒体的公信力。

(五)配发图片

网络新闻较之传统媒体的优势是动态、快捷、自由，与此相伴而来的硬伤便是由这种优势引发的新闻真实性问题。网络新闻中有不少失实新闻甚至假新闻。为了避免这种情况发生，除了注明稿件来源外，配发高质量的图片也是一个补救的办法。但是新闻图片所占数据空间较文本大得多，会给传输带来很大的负担，进而影响传播速度。为了解决这一难题，可以采用下面两种方法：一种是在网页上先用一张分辨率较低、尺寸较小、质量差些的图片做示意，而后链接一张高质量图片，由受众决定是否激活清晰图片；另一种是把一张大图片分成若干小图片。前者是众多网站的通用做法，如2003年"非典"期间炒得沸沸扬扬的果子狸(果子狸是"SARS病毒"的主要携带动物)图片，新闻文本旁边只能看出是个毛茸茸的小动物，点击超链接调出高质量图片后，它的鼻子、眼睛甚至毛发都清晰可辨。

(六)提供参考链接

这种在新闻页面上添加与该新闻事件相关的参考链接的办法，可以增强新闻的可信度，尤其对于刚刚进入网络新闻运作的新媒体，更需要这样做，它表明编辑做了足够的资料搜集和准备工作，而且方便受众浏览其他网站或去查证某些细节。①

二、网络消息的写作

网络消息的格局基本上同于传统媒体上的消息，既可以看，又可以听。但它比一般的消息更简明扼要。人们上网的时候，受网上各种信息的吸引，注意力很难集中在一条新闻上。针对这一特点，网上的新闻报道要尽量简洁明了。但是，过于简洁可能会有不够全面的地方，弥补的办法是建立相关链接，供有兴趣的受众点击浏览。如下文：

美国防部长称不会让塔利班最高领导人奥马尔逃脱
2001年11月20日07：09 新华网

新华网消息　美国国防部长拉姆斯菲尔德北京时间20日凌晨说，即使阿富汗塔利班政权与反塔武装就让塔利班最高领导人奥马尔离开坎大哈的问题达成协议，美国也不会让奥马尔逃脱。

拉姆斯菲尔德还希望阿富汗人民把本·拉登从其藏身处赶出来，这样美国人就不用到山洞里去抓他了。拉姆斯菲尔德表示希望2 500万美元的赏金能使当地人帮助美军寻找拉登的下落。

(相关链接)

不愿被美英控制　北方联盟反对外国部队进入阿富汗(2001/11/20/08:40)

① "注意的事项"参见周家群、张惠编著《网络新闻与传播教程》，合肥工业大学出版社2004年版，第170~173页。

奥马尔仍在阿境内　命令部队服从指挥(2001/11/20/08:37)
图文：北方反塔联盟士兵向昆都士城发射炮弹(2001/11/20/08:22)
图文：布什签署航空安全法　政府直接负责机场安全(2001/11/20/08:06)
图文：4 名外国记者在阿富汗遭劫遇害身亡(2001/11/20/08:04)
四名外国记者在阿富汗东部遭抢劫后遇害(2001/11/20/07:51)
智利收到携带炭疽孢子国际信件　13 人接受治疗(2001/11/20/07:44)
美国国防部长拉姆斯菲尔德称反恐战争才刚刚开始(2001/11/20/07:42)
英国媒体声称在阿富汗首都发现制造炭疽菌的工厂(2001/11/20/07:40)
电影和电视节目重见天日　阿富汗市民争睹成龙电影(2001/11/20/07:39)

这条由新华网发布的消息只有两个短短的自然段，只述核心事实，决不旁牵他涉，表达时没有一个多余的字，充分体现了消息简明扼要的特征。

我们从这篇例文可以看出网络消息的写作与一般消息的写作有以下三个不同点：

(一)标题是单行，简洁、完整地概括事实

网络消息是用标题作为检索标志的，受众看到某一类新闻的界面，浏览排列在一起的标题后，即可知道最基本的新闻事实，对其中的某一条感兴趣，再点击其标题调出全文来看。传统的纸质媒体，标题和正文同时展现在读者面前，标题如有不清楚的地方，读者可以直接去阅读正文；而网络新闻的正文是隐藏着的，如果标题不清楚，读者就没有兴趣打开正文来看，因而要求网络消息的标题能够独立完整地描述新闻事实。

拟出网络消息的标题，不能同纸质媒体中消息的标题靠多行、层次性的形式来概括新闻事实，不能引题、正题、副题俱全。作为索引来使用的网络消息的标题，只能有一行，可以用中间空一字间隔的方式来表达无法组织到一句话中去的复杂内容，但不能另起行。上面例文的“相关链接”中的标题《电影和电视节目重见天日　阿富汗市民争睹成龙电影》就是用中间间隔的方式来表达复杂内容的，但却没引题、正题、副题之分，仍是一个标题。

(二)导语与主体可以合并

网络消息的写作，不一定严格遵守一般消息那样“标题、导语、主体、结尾四大部分”和必要时在其中穿插背景材料的结构模式。文字多的网络消息，可以像一般的消息一样，写一个独立的导语，将最为重要的新闻事实在导语中概括出来。但是为了压缩篇幅，使文字稿更加简明扼要，内容相对单纯，篇幅较短的消息，完全可以不写单独的导语，让导语跟主体合并在一起。这样在外部形式上看来，就没有导语部分，或者说全文只是一个导语而已。如上面例文就没有写导语，仅仅用两个自然段来概括主要事实。

这种情况在传统媒体中也存在，那些被称为“简讯”或“一句话新闻”的特短消息，也是没有独立导语的。

(三)一般不使用背景材料

由网络传播交互性特点所决定，网络消息一般不在文中使用背景材料，因为这种文本可以在文后附上有关背景材料的“链接”，受众如果感兴趣会点击“链接”进行检索，而且这些“相关链接”中的背景材料，比传统媒体中的消息所能提供的背景材料要丰富得多。

我们从上面例文后面的“相关链接”中可以明显地看出这一点。①

以上所讲的是网络消息的写作要领，作者可以运用多媒体手段使网络消息丰富多彩。至于有音频、视频的网络消息的文字稿，基本上等同于广播电视中消息的写作。

三、网络新闻专题的写作

网络新闻中除网络消息之外，最常见的就是网络新闻专题。网络新闻专题有两个含义：一个是指单一题材范围的详细、深入报道，即单一网络新闻专题；另一个是指同一题材范围多种形式的组合报道，即组合网络新闻专题。它们都被称为网络新闻专题。

(一)单一网络新闻专题

这是指对某一新闻事件、新闻人物或社会现象进行详细、深入的报道。它适用于一些有重要意义、影响力大的重大题材的报道。

单一网络新闻专题，从内容上讲，事实并不单薄，比较丰富；从结构上讲，条理分明；从表达上讲，语言平实、手法多样；从篇幅上讲，文字较多，有单篇的，也有多篇的，即一个事件或人物的连续报道，或系列报道。这种专题类似于传统媒体上的通讯和深度报道。不过，它并不是传统媒体上的新闻专题的照搬，而是利用了网络传播的优势，加以创造性地运用。

这种专题最大特点是对一个题材的深入开掘，并揭示其规律和意义。为此，在写作上应把握以下三点：

首先是完整的事实描述。专题报道对事实的描述要比消息详尽、具体。除时间、地点的准确交代外，还要明确地叙述原因和结果，对人物、事件、环境及其细节，也要求有充足的第一手材料，以避免报道浮泛或失实。

其次是充分的背景介绍。一个事件的发生总是有时代、地域、体制、政策等方面的深层原因，对这些原因的了解是深入认识和理解新闻事件本身的基础。专题报道只有把背景介绍清楚，报道才有深入开掘的可能。

再次是中肯的分析评价。专题报道不仅要述事，还要析理。由分析判断、综合归纳，上升到理性认识，方能使专题既专一又深刻。

(二)组合网络新闻专题

这种专题比单一网络新闻专题进了一步。虽然都是同一题材范围，但内容的广泛和厚重、形式的多样和灵活，是单一网络新闻专题无法比拟的。

它同传统媒体对应的传播形式(组合报道、节目组合)相比，其优势首先是传播速度和覆盖范围是巨大的。由于它集纳了多种多样的新闻体裁，可以快速发布简讯，反映新闻事件的最新动态与发展；它的传播速度能通过互联网覆盖全球范围。其次是新闻传播的深度和广度，它比报纸的报道要全面，比广播电视专题节目更为细致深入。再次是容易检索，它可以通过数据库等形式把信息有效地组织起来，便于检索到特定的资料，发挥资料库的作用。

1. 组合网络新闻专题的含义及组成要素

组合网络新闻专题的含义是：围绕某个重大新闻事件或重要人物或重大活动，在一定

① 网络消息的写作参见孙春旻编著《传媒写作》，西北大学出版社 2002 年版，第 466~469 页。

的时间跨度内，运用消息、通讯、特写、专访、调查、新闻分析、评论等体裁，调用文字、图片、音响、视频图像等多种表现手段，通过专门的编排与制作，进行全方位的、连续的、深入的报道。这样一组相关新闻或信息的组合成为一个整体，就是组合网络新闻专题。

一个组合网络新闻专题的构成要素主要有新闻报道、背景资料、新闻分析和综述、新闻评论、花絮、新闻图片、网上论坛等。它们围绕一个主题组合在一起，形成一个立体的、全方位的新闻专题资料库。

2. 组合网络新闻专题的策划

组合网络新闻专题不是一个人能独立完成的，需要在栏目主编领导下，采编人员通力合作。首先是组织策划好新闻专题，确立什么样的新闻事实或新闻事件可以或适合制作成新闻专题。确立一个新闻专题，需要有三个条件：一是在一定的时间内能够引起公众的足够关注；二是要有源源不断的新闻报道；三是要有丰富的背景材料或相关资料。只要具备以上条件，就很容易制作成一个有充实内容和引人注目的新闻专题。

这类新闻专题的组织策划有两种情况：一种是有预见性地在新闻事件未发生前进行充分的策划和安排；另一种是某个事件发生后受到受众的广泛关注，网站及时地组织策划，推出某个新闻专题。

前一种一般是确定在某一具体时间将发生的重大新闻事件，通常是人文活动，如大型体育运动会、一年一度的全国人大、政协“两会报道”等，就是属于事先能确定的专题。这类新闻事件是可以预测的，新闻事件本身就包含了各种准备活动和策划行动，因而，这样的新闻专题的策划可以提前进行。它的组织策划包括确立新闻专题的主题和基调；确定报道的大致规模与数量，并由此做好人员上与技术上的配备和保障；准备各种有关的背景材料与其他相关的资料；组织和安排记者的采访和报道等。

后一种是突发性的新闻事件，不可能准确预知，如灾难事故、恐怖活动、战争爆发等。对于此类新闻题材，由于不可能事先得知，因此也不存在所谓事先的策划与安排。这类新闻事件的专题报道往往是逐步形成的，通常是首先刊发动态新闻，继而随着事态的发展，加上相关的背景材料，用连续报道或系列报道的形式，制作成专题。

如何组织各种信息资源，是组织策划重点考虑的问题。比如，应该设立哪些相关的栏目？从哪些角度来反映事件的全貌？新闻事件的背景是什么？这些材料从哪里获得？对于背景材料多和相关报道数量庞大的新闻专题，还有必要做好分类及检索工作，以便受众能方便地找到想要的东西。

3. 组合网络新闻专题的设计制作

这类专题的设计，可以参照网站的设计程序，但是，它的容量毕竟比一个新闻网站要小得多。因而，专题的设计完全可以创新，完全可以不拘泥于网站其他内容安排，可以采取各种新颖独到的形式。

专题的设计，首先要确立好各个栏目的名称，然后考虑专题首页的设计。一般而言，新闻专题应该有一个独立的首页，在这个首页上应该可以看到最新的报道和涉及背景材料的栏目。

当然，也可以采取简单的标题排列方式，尽管这有其简便易行的一面，但是设计仍有需要改进提高的地方。新颖独到的设计会给人产生愉悦的浏览感受，也会吸引更多的人参与网上交流。

在专题的网页制作上要注意一些技巧，比如要注意网页的修饰和美化；还要注意页面与其他相关内容的网站(页)的链接，使受众可以从相关网站的页面上，了解到更多的信息。

以上只是简单地介绍了网络新闻的写作与制作。当然，实际操作起来远比这些介绍要复杂得多。网络新闻的传播在不断发展中，无论怎样发展，怎样复杂，娴熟的计算机网络技术、过硬的语言文字功底和深厚的新闻意识与素养，是保证写好网络新闻的三个必不可少的条件。

第三节　新闻博客的写作

一、博客概说

(一)博客的含义

"博客"是英文 Blog 的音译，中文意思是网络日志，并在互联网上发表自己意见的人。网络界认为，博客是一种表达个人思想、网络链接、内容按照时间顺序排列、并且不断更新的出版方式。

(二)博客的产生与发展

博客是网络技术的产物，是基于 Web 2.0 技术而建立，并在个人意识觉醒和受众地位提高的前提下得以催生，在媒介组织发展和传播资源高度集中的环境下得以成长。

博客最早出现在 20 世纪 90 年代末的美国，以"(总统)克林顿丑闻揭露"、2001 年的"9·11"事件权威发言人以及之后的"莫斯科人质事件"等现场记录而成名。随后凭借其巨大的发展潜力迅速风靡全球，成为最新的网络媒体交流方式。

如今，博客在互联网上发展极为迅速。在我国，目前已有几大博客网站，如博客网、博易网、赛我网等专门博客网站。除了这些专门的博客网站外，新浪网、搜狐网、网易网、腾讯网等也相继推出博客服务。从普通网民到社会各界知名人士，无不乐于在网络上书写自己的博客。

2010 年，微型博客即微博(昵称"围脖")成了"最火"的事物之一。从其诞生至今，数以千万计的网友以长短不一的篇幅，记录个人生活，参与公共事件，见证社会变迁，让微博日渐成为一种新潮的生活方式。微博是一个个人媒体，它构成一个微观结构，这对于整个社会的信息透明度、意见表达的均衡性和对真相追逐的空间，都提供了一定的可能性。微博是促进社会民主开放和社会健康平衡的一个重要手段，已走入社会生活。

例如，2010 年 2 月 21 日，湖北多家媒体报道了武汉市黄陂区市民孙水林、孙东林兄弟的"信义"接力故事：为了抢在大年三十之前给农民工结清工钱，孙水林连夜驾车回家途中，路遇车祸，全家 5 口人不幸身亡。弟弟孙东林为了践行哥哥的承诺，来不及办理哥哥的丧事，先凑钱按时为 66 位农民工发放了 33.6 万元工钱。两个人 20 年信守一个不变的承诺："新年不欠旧年薪，今生不欠来生债。"对此，百度名片专门对"信义兄弟"开辟专栏，与"信义兄弟"有关的博文达 340 万篇。"信义兄弟"还被中央电视台评选为 2010 年"感动中国"的先进人物之一。

(三)博客的特点

从内容上看，选题不受限制，只要是个人感兴趣的人和事，都可以成为博客的内容。文章内容以“超链接”作为重要的表达方式，这种链接方式更多地体现在博客的外部延伸上。

从形式上看，博客网站是以个人主页的形式存在。其主页由不断更新的个人的诸多文章构成，除了文字，还可以是图片、影像、音频、视频等多媒体元素，外观布局由自己安排。它们是按时间顺序排列的，而且是倒序方式。

(四)博客的分类

按内容分，有新闻博客、知识博客、科技博客、军事博客、娱乐博客、名人博客、文化旅游博客、美食博客，等等。

按标准的 Blog 的形式说，则非常简单：它是一个经常更新的 Web 网页，页面顶端是最近更新的内容，每一条记录都以日期作为标记。通常情况下，Blog 软件会自动对这些记录进行格式化处理，它将自动安排版式并完成所有的 HTML 编码。在这个基本的框架范围内，又出现了三种不同类型的博客：

第一种类型被称为“流水账”。你可以使用博客工具方便地写出一段话，然后将之发布到网上。但这种流水账式的博客十分枯燥，人们希望看到新颖一些的博客。

第二种类型被称为“记事本”。它看起来与杂志或日记类似，每一条记录的篇幅相当于一篇随笔或散文。那些经常能从日常经历中有所感悟的人喜欢用这种方式，许多新闻媒体也从这些博客中撷取素材。

第三种类型叫做“过滤器”。它通常以某个超链接作为开头，链接到另一个网页。博客作者把自己的观点(针对链接内容)贴在链接的后面，可以是寥寥数语，也可以是长篇大论。它可以让作者自如地表达对网站、事件、观点、产品等一切感兴趣的事情的看法。从某种意义上说，第三种类型扮演着微型 Web 门户的角色。

二、新闻博客的写作

新闻博客是以传播新闻信息为主要内容的博客类别。

人人都可以写新闻，但在传统媒体上不一定能发表；人人都可以写博客新闻，却可以任其发布。不过，触犯法律和道德底线的新闻是不允许的。

新闻博客的写作，其基本原则和操作与网络新闻写作基本一致，只是不必像网络新闻写作的要求那样严格。但是，要吸引网民阅读个人自行发布的新闻，必须具有高质量且有别于一般网络新闻的新闻信息和吸引人的呈现方式。写作新闻博客应注意以下几点：

(一)坚持原创，体现个性

“文章最忌随人后”，新闻最忌“炒现饭”，写新闻博客也是如此。网民看你的博文，就是要看属于你自己原创的见闻、照片、声音或视频，体现出你的个性和感悟。文章长短不拘，文体不限，使网民觉得有看头。只有原创的才有生命力，如果见到精彩的文章，想推荐一下，你的选择也要体现个人视角，要指明出处，有时不妨加一个链接，再写上自己的评论，这既是对原作者的尊重，又体现了自己的个性。

(二)态度真诚，语言简朴

博客并不是完全的自我记录，而是一种面对他人的表达方式，这样以诚相待就显得至关重要。如果你希望别人喜欢你的博客，就必须在你的博客上表现出你的真诚。不仅所写的内容要真实可靠，而且语言要简练、朴实。网络上内容越杂糅，人们就越没有耐心在线阅读冗长沉闷的文字，相反却中意短小精悍的文章。据调查，一篇博文的最佳长度为600字左右，这既能反映丰富的内容，又节省了阅读时间。当然，少数特别好的博文篇幅长一些例外。

(三)图文并茂，声像兼备

现在是“读图时代”，报纸杂志都在纷纷缩减文字内容，代之以大幅精美的图片，以吸引读者。博客就是个人出版发行的一份“报纸”，如果只有文字内容那未免枯燥，除非是理论文章，另当别论。如果是纪实性文章，在写上生动文字的同时，配上图片甚至加上音频、视频，一定会更加引人入胜。比如你外出时遇到突发事件，用手机抓拍的照片和视频在博客网上发布，那说不定会成为独家新闻，比一般报纸新闻、电视新闻更有新闻价值。

(四)加链接，多回复

在博客写作中经常会提到其他博客网站的文章等，这时最好能够给相关文字加上链接，让读者得到的信息更全面。超链接是互联网文本区别于传统平面媒体的一大优势，只需链接一下，便可以节省你的时间，并且和其他信息资源联系得更紧密。

几乎每位作者都希望自己的作品得到回馈，无论是赞扬的或是批评的，你应及时回复，这体现了人的一种修养。如果人家感受到了你的真诚，很可能成为你知心的网友。

(五)优化页面结构

良好的页面结构有助于搜索引擎，并有利于读者更好地阅读。比如，在文章中如果需要把某句话作为标题，最好的办法不是使字体变粗，而是直接在网页编辑时将其设定为具有标题属性(HTML语言中体现为〈h1〉、〈h2〉、〈h3〉……这样的标签)，这样既方便，又可以更好地支持搜索引擎。因为一般来说，搜索引擎会认为被设置为有标题属性的文字，就是标题，而标题包含关键字，通常比正文中的字词更重要，所以会优先收录这种格式规范的网页。这样一来，你的博客在搜索的结果中自然就比没有这样做的人排名更加靠前。

下面，我们用一实例看看博客报道的写作特点：

[按语]

刘娅楠是搜狐网的编辑，2007年10月24日，她作为搜狐网的特约记者，专门到西昌发射基地观看了嫦娥一号卫星的发射，并把第一手的见闻和自己的感受写进了搜狐博客。“赶路篇、探访篇、发射篇，在西昌，每天都要写博客。把看到的、想到的、感受到的都要写到博客上。”没想到，这让她的博客小小地“火”了一把，点击量和网友留言都创下了她自己博客的“历史之最”。她因此还受到中央电视台新闻频道的关注和采访报道，并在央视新闻节目中播出。下面仅转载其博客中的“西昌行之发射篇”一文。

西昌行之发射篇①

盼望了这么久，终于到了发射的日子。由于昨天爬了好多山路，加上连续几日的熬夜，早上闹钟响起的时候，感觉十分的疲惫。可是不能懈怠啊。想起老爸常跟我说的那句："坚持到底就是胜利！"嗯，给自己加把劲，出发啦！！10点钟到了旅行社，好多游客已经办好手续在等待出发。游客无疑是今天的一大新闻点，记者朋友们在人群中寻找自己采访的对象。从英国来的两位游客，理查德和巴斯就在这时走进了大家的视线。

两位朋友本是要到四川旅游，碰巧赶上了发射的日子。他们在欧洲也只是在电视上见过发射，这次能亲临现场很是兴奋。巴斯有着很深的航天情结，他很珍惜这次机会，以后有这样的机会，他还会到中国来。

82岁的李泰蓉奶奶是游客中年纪最大的，老人家得知"嫦娥"发射了，很想过来看看。儿女们为了让李奶奶愿望成真，大家凑了钱，女婿从成都开了十几个小时的车，带老人前来观看。问她为什么要来看"嫦娥"，她说："我心里有很多想说的话，但是不知道怎么表达。我都82岁了，有生之年很想能来亲眼看一看！"

刘远祥，北京来的平面设计师，这次他带来了一个新创意——签名卷尺，一共50米长，卷尺的正面和背面都有嫦娥的图像。他介绍说，每个人都可以在自己想要的刻度那里签下名字，他想把这次来看"嫦娥"的人的名字都收集起来，这是一件特别有意义的事情。他认为"嫦娥"虽然要飞到很远的地方去，但是卷尺是可以丈量的，这样"嫦娥"就会永远在他心里。我也在上面留下了自己的名字。

甘露，美国加州人。是个中国迷，来中国后在成都居住10年，先是学习中文，后来便成为西昌外语学校的老师，这一次他特地跟朋友一起来观看嫦娥。他称，他在美国的时候也看过发射卫星，跟这次发射嫦娥的情景很相似，也是很多人站在山头上，等待着。为了更好地理解这次的卫星发射，甘露做了很多准备，甚至请朋友给他讲关于嫦娥的传说。甘塞解释说，作为美国人，其实并不觉得中国发射嫦娥一号是为了竞争，而是为了和其他各个国家更好开发太空资源，发展太空科技。

王鹏翔，最小的游客，今年16个月。爸爸妈妈抱着他来观看。问爸爸，这么小的孩子能看懂吗？爸爸笑着说："我是个航天迷，但很遗憾，无缘从事航天工作，虽然孩子还小，但给他留张照片，等他长大了就明白了，从小培养，希望他长大能从事航天工作。"嗯！！家长有这意识，我国的航天事业后继有人了。

5点左右，大家在牛头山上基本准备就绪。游客们找好了位置，摄影记者们架好了机器，镜头也都加上了增倍镜，变成800的了。我拿着一个300的头挤在一群大头中间。牛头山距离发射基地有3公里左右，300的头明显不专业……这个时候没有条件也要上，也顾不了那么多了。把相机调了又调，试了又试。关键的时刻要到了……

旁边的那个摄影的朋友可能是因为太紧张，不停地问我时间。6点钟。大家都举起相机，聚精会神地看着前方，但是我们距发射基地太远，根本听不见那边的倒计时，只能估测。大家就这样一直举着相机……5——4——3——2——1！点火了！！快

① http://yananliu.blog.sohu.com/68308537.html,2011-06-28。

门声、欢呼声响起一片。接着传来巨大的如飞机起飞时的轰鸣声……火箭先是腾空而起，直冲云霄，然后又朝着月亮的方向飞去，飞到我们的头顶时，火箭尾部的气流形成了一个龙的图案。大家高声呼喊着："中国龙!!!"火箭越飞越高，40秒左右，只能看见一个小亮点，很快地消失在云层中……发射成功了!! 大家欢呼雀跃!! 观看平台上飘扬起了五星红旗，还有人放起了鞭炮。甘露对我说："真羡慕你们! 你们的国家很伟大，我也为你们感到自豪……"

发射结束了，记者们如身临战场，紧张得要命，除了拍照，还要以最快的速度跑到人群中，记录大家欢呼的笑脸。最后及时地把这里成功的喜悦、沸腾的气息传递给祖国的每一个角落。

工作结束，回到旅店，才想起一天没有吃东西了。妈妈打来电话，关心我的情况。我说：很累，但是很开心。每当能参与这样的报道都是我工作中最快乐的时刻，无论多么辛苦都是值得的。

明天就能见到程程他们几个了，自己一个人奋斗了好几天，真是有些寂寞。还好，明天就要回家了。小贯和小猫，我要杀回去了，哈哈!!

(2007-10-25)

这是一则比较优秀的博客报道，与一般的新闻报道不同，作者在写作这则博客报道时，没有受传统新闻写作规则的约束，而是以自由的风格和个性化的语言，将自己的所见所闻用图文并茂、翔实生动地记载下来，呈现给读者，使读者阅读时仿佛跟随作者到现场，体验到亲眼目睹嫦娥一号升空时的激动和兴奋。这样的博客报道相对于传统意义上的新闻，显得更加具有可读性和趣味性。①

① 转引自沈艺虹主编《传媒写作与案例》，中国市场出版社2008年版，第350~355页。

第十四章 手机新闻

第一节 手机媒体概述

手机最初是作为人际传播的通信工具而存在的，随着移动通信技术的创新发展，使得手机成为一种新型的采集、传播和消费的平台，即手机媒体。

手机媒体的定义是什么？专家的界定是：以手机为视听终端、手机上网为平台的个性化信息传播载体，它是以分众为传播目标，以定向为传播效果，以互动为传播应用的大众传播媒介。被公认为是继报刊、广播、电视、互联网之后的“第五媒体。”①

手机媒体的发展是一个渐进过程。初始是20世纪80年代日本产的“模拟通信”，即1G，俗称“大哥大”，是无线传呼机，仅有语言功能。进入90年代，欧洲开始发展“数字移动通信”，即2G，有通话和输送文字功能，俗称“小灵通”“大灵通”。2001年发达国家广泛采用第三代移动通信技术，即3G，又称智能手机，它是由卫星移动通信网和地面移动通信网组成，功能多样：语音、文字、图片、视频等一应俱全，且交互进行。我国在2009年初挂牌出现的中国移动、中国电信、中国联通遍及全国，标志全面进入了3G时代。随着电信技术的快速发展，不久又出现了上网快捷、功能又多样的4G手机、5G手机。

现在人们普遍使用的多为4G手机，即多功能智能手机，俗称“小电脑”。它可以连接宽带网，通过无线路由器(WiFi)上网，也可以不用宽带，自耗数据流量，同样可以联网。它除了承载通信功能照样打电话外，还可以在手机上听广播、看电视电影等。其最明显的优势是小巧玲珑、便于携带，可以随时随地采集和传播新闻信息，这是其他媒体所不及的。但它也有不足之处：屏幕小，除语音功能同于其他媒体外，其视频、图片、文字等还是不及传统媒体清晰、耐看；加上手机使用者受运营商管控，你用的数据流量越多，运营商收的钱就越多。

手机最突出的问题是阅读问题。有人提出手机时代仍有必要订份报纸，说手机毁灭专注，报纸让人深思；手机让人目不暇接，读报培养独到视角和主见，这是有一定道理的。下面以阅读微信为例进一步说明阅读问题：

中国新闻出版研究院调查显示，我国成年人超六成使用手机阅读微信，使用频率为每天两次，人均每天微信阅读时长超过40分钟。聊天、查看朋友圈中的朋友状态是微信阅

① 潘瑞芳、谢文睿、钟祥铭著：《新媒体新说》，中国广播电视出版社2014年1月版，第41页。

读接触者的主要选择，看新闻、阅读朋友圈中分享文章、阅读公众订阅号发布文章的选择比例分别为72.9%、67.1%和20.9%。

专家认为，微信作为典型阅读形态的出现，意味着社交文化阅读已成为全新的阅读趋势。清华大学“新媒体指数”研究团队经过长期跟踪发现，微信内容以快精短为特点，并呈现了短视频、纯干货、附带背景音乐等不拘一格、多元化呈现方式的格局。整体而言，浅阅读、轻阅读、泛阅读依旧是主体。

“微信阅读是碎片化、跳跃式的，而且不少都不正确、甚至是错误的。”中国新闻出版研究院院长魏玉山认为，从目前来看，完全依赖微信阅读获取知识绝对不可能。北京大学教授王余光认为，儿童阅读、学术阅读和经典阅读还是应该依靠纸质书。①

这里，我们想到世界名牌大学规定课堂上不准学生用手机做笔记，全用手书写，这不仅练了脑还练了手。手机是好东西，却不可越俎代庖。

第二节　手机短信

一、手机短信的含义

短信是由通信公司提供的一种将手机的通话功能和寻呼机的寻呼功能合二为一的服务形态。这种服务始于1992年，世界上第一条短信在英国沃特丰的GSM网站上通过电脑向手机发射成功。

手机短信从通信技术角度看，只是一种服务和交流的方式；而从新闻传播学的角度来看，只是手机媒体传播的一种重要形式，而不构成一种媒体形态，或者说手机短信是一种传播新闻的新方式和新途径。其含义：手机短信是指通过手机收发的具有新闻价值的短信息。那些日常生活中通过手机互致问候、庆贺、聊天等内容的不算作新闻信息，它们属于以电子传输代替纸质发布的应用文。

二、手机短信的类型

目前，手机短信的形式主要有三类：一类是普通短信，只能发送文字；二类是加强型短信，这是一种结合文字、图像、铃声的短信；三类是多媒体短信，它能够自动、快速传送用户创建的内容，既包括文字，又包括图片、声音、视频剪辑等在内的多媒体信息，是一个多姿多彩的媒体园地。如今手机短信传播新闻已越来越趋向多媒体化。

手机短信的传播方式分为两类：一是个人作为传播者发送的信息；二是信息台作为传播者发送的信息。个人作为传播者发送的信息又分为三种情况：一是个人给某个人发的信息；二是个人给某群体发的信息，即群发短信；三是个人对信息台发的信息，以备信息台选用。

三、手机短信的传播特点

与传统媒体相比，手机短信的传播具有以下特点：

---

① 路艳霞：《人均每天阅读微信40分钟》，载《北京日报》2015年4月21日。

(一)传播源分散

任何使用手机和互联网的用户都可能成为一条或多条短信的制作者和传播者。

(二)传播周期及时

手机依靠现代通信网络和终站的传递，其信息可以瞬时传到大量受众终站。

(三)传播成本低廉

除去无线电频率、通信网络和终端之外，无需再耗费任何别的资源，单位信息量的传播成本比传统媒体低很多。

(四)传播方式多样

短信制作者和传播者可以根据传播需要，任意选择短信内容的表达方式，只要接受者拥有相应功能的终端，即可解读此类信息。

(五)传播范围广泛

由于世界各国移动通信网络和互联网技术标准已经统一，网络漫游业务基本实现，短信业务可以跨国界实现，信息传播可以随用户漫游。

(六)具有较强的参与性与互动性

信息接受者都可以采用不同方式回复信息源，及时方便地参与信息的反馈和互动。

(七)保密性强

手机短信是点对点或面对点的传播，传播的内容始终处于保密状态之中，无人监视你。

四、手机短信的文本制作

手机短信的文本有两大特征：一是十分简短，图片类和铃声类短信息所占的容量很小，文字内容的信息也是短小精悍的(一条中文短信最好不超过 70 个字)，语言通俗易懂，能让接收者很快心领神会；二是制作随意，短信由个人随意制作，没有统一的规范和形式要求，有时只要收信人能明白，可以用特殊符号代言或以图代言。

由于短信在传播形式和文本形式上的特殊性，其文本制作必须达到下列要求：

(一)内容真实、健康

由于短信传播的隐蔽性，缺少对手机使用者的管理控制，容易出现虚假信息、“黄色”信息等不健康的内容。这就要求持机者讲求“机德”，务必编发和转发真实和健康的信息。

(二)形式要简单

手机短信由于技术所限，容量太少，篇幅太短，较难传播复杂、丰富的信息，这就要求制作的形式要简单、文本要简明扼要，用最短的语言文字把重要内容表达出来。

(三)语言文字要规范

手机文化其实是一种个性文化，个性文化缺少必要的规范性。但它既然是人际传播、大众传播，那语言文字就要按照国家语言文字委员会规定的方案使用，不可随意造次。即便是新造的词语，也要为社会认可为好。①

① 参见孙发友著《新闻报道写作通论》，人民出版社 2007 年版，第 254~256 页。

第三节 手 机 报

一、手机报的含义

手机报是依托手机媒体，由报业集团、移动通信商和网络运营商联手搭建的信息传播平台，受众通过手机浏览到当天发布的新闻。通俗地讲，就是用手机看报纸。具体地说，手机报是将传播媒体的新闻内容通过无线技术平台发送到彩信手机上，从而在手机上实现发送短信新闻、彩图、动漫和 WAP(上网浏览)等功能。手机报已经成为传统媒体继创办报纸网络版、兴办网站之后，跻身电子媒体的又一举措，是报业开发新媒体的一种特殊方式。

手机报的产生缘于传统媒体和电信增值业务的联姻，二者各有所利。我国第一家手机报的出现是 2004 年 7 月 1 日中国妇女报社和北京好易时空公司联手推出的《中国妇女报·彩信版》。它包含一个精粹版和一个全文版，精粹版浓缩了该报当日精华，全文版则为想了解更多内容的用户提供短信点播服务。随后，中国青年报社、新华通讯社等办的报纸和杂志也与北京好易时空公司牵手，推出了各自的手机报。这样，手机报成为报业争相向新媒体进军的途径。截至 2007 年 6 月，共有 30 多家全国性的报社推出了各自报纸的手机报，其数量还在不断大幅增加。

二、手机报的类型

从技术手段上看，手机报迄今为止有两种操作模式：一种是彩信手机报模式；另一种是网站浏览模式，即通过手机上网实现对报纸的阅读。

目前较为多见的是彩信手机报，就是报纸内容通过电信运营商将新闻以彩信(英文名是 MMS，意为多媒体信息服务，通常称之为“彩信”)方式发送到手机终端上。它向终端用户发送一个多达 50K 的多媒体数据包，这个数据包可以包含文字、图片、声音、动画，在内容上做到图文并茂，包括新闻聚焦以及各大类新闻的主要内容；在形式上最大限度地保留并展现报纸的全貌。数据包是一次性发到手机上的，在使用上做到瞬间接受，随时翻看，离线观看，需要时就可以打开手机，不需要时可以放到一边下次再翻看，不会出现掉线或是等待的情况发生。目前国内已开通服务的手机报大多采用这一模式。另外，彩信手机报在资费上也不贵，包月信息费一般为每月 3 至 5 元，不收 GPRS 流量费用，比按流量来上网要可控制得多。所以，彩信手机报的几个基本特征跟纸质媒体很相似，更接近于受众的阅读习惯和延伸需求。

除了彩信手机报外，还有不少网站类型的手机报。目前人们关注较多的是 WAP 型手机报。由于具备 WAP(无线应用协议)功能的手机已成为大众消费品，越来越多的用户开始通过手机上网获取各种资讯。相对于短信型，WAP 型内容更丰富，基本上可以称为全文型的手机报。WAP 版手机报内容包括各类时事新闻，自主组织的各类专题，时尚资讯，图片、动漫画欣赏等。新闻每天实时更新，24 小时滚动显示。WAP 版手机报的资费由信息费和通信费(GPRS 流量费)两部分组成，价格相对较贵。而且，上网浏览虽然有即时更新信息的优势，但每次想看都要经历上线，接入网站，搜索新闻这样一整套过程，比较繁琐。限于目前的网络速度，也比较费时。何况受 WAP 技术限制，手机报内容简单，风格上千篇一律很难体现报纸间的个别差异。久而久之，用户求新求异的心理得不到满足，手机报纸的发展也易陷于停滞。另外，WAP 型的手机报只能单纯面向用户，商业模式单一，缺乏向前发展的动力。

目前彩信手机报模式之所以比网站浏览模式流行，是因为技术问题未曾解决手机的网络浏览。手机报最终还是要过渡到手机网络的。真正的手机报应该建立在 3G 技术基础上，3G 和 WAP 型手机报在经营模式、业务特色、内容编辑等方面存在很大的相似性。两者最大的差别在于 3G 的信息传播速度要大大高于 WAP，在 3G 技术平台上可以大规模传输多媒体信息，用户可以高速上网获取多媒体新闻信息，真正做到看新闻、听新闻。因此，3G 网站类型是未来手机报发展的方向和主流。①

三、手机报的长处与短处

手机报的出现为用户通过手机获取更多的信息提供了新的渠道。它是网络新闻的一种延伸。手机报的长处表现在以下方面：

一是突破了时空限制，实现了信息的即时传播与接受。从时效性看，纸质媒体由于受到排版、印刷、运输、发行等条件限制，在传播时间上稍显滞后，而手机报省去了这些环节，像网络一样实现了新闻的即时发布，将新闻直接发送到手机上。这是其最具竞争力的一个长处。尤其是对于突发性事件的发布，手机报更是凭借其无与伦比的即时性，实现新闻的动态传播。从地域上看，手机报与电视、电脑媒体相比，手机小巧轻便，携带方便。没有人成天会带着电视、电脑、报纸，但却会 24 小时携带手机。人们可以带上手机随时翻看，不受时间和地域限制。例如，2003 年 2 月 1 日，美国“哥伦比亚号”航天飞机失事的消息，在事发后的十分钟内，我国就有几十万户的手机用户通过手机报获悉了此消息，而中央电视台一套播出该消息则是在当晚 23 点 50 分，比手机报晚了一个多小时。

二是充分体现了多媒体优势。从技术层面讲，多媒体手机的应用和普及从传播手段上提供了最大的支持，手机报是基于传统纸质媒体与电信增值服务跨平台合作孕育出的新闻传播新方式，是最新电信增值业务与传统媒体完美结合的信息技术产物。

三是互动性强，真正实现了传播流程的反馈。传统媒体缺乏与受众即时互动，而手机则打破了传统媒体的直线单向型信息传播的局限，与受众实现了互动。现在国内很多手机报开辟了新闻评论园地，用户如有个人见解与建议，可以使用手机平台的“留言”功能，以短信回复的方式与媒体沟通。还可以利用手机的拍摄功能，随时拍录现场情景，以给媒体提供新闻照片。手机报的互动形式多种多样，与受众十分亲近。

四是传播范围广。2010 年，我国手机用户达 5 亿多，占全球手机用户总量的五分之一，数量远远超过纸质媒体读者的数量。只要有人群的地方，只要能使用手机的人，都可以通过手机报获取各种各样的新闻。

五是手机报传播的内容可以保存。2006 年 3 月 1 日，《北京晚报》手机报通过“清华紫光”的优码技术，用手机摄像头扫描登录 WAP 网站。该手机报兼图文、声像于一身，动画、文件、游戏、新闻无所不包，而且保存方便。通常一部普通彩信手机可以保存一年的

① 转引自宫承波主编《新媒体概论》，中国广播电视出版社 2007 年版，第 250~251 页。

报纸内容，方便读者回顾、浏览一年中的要闻。

虽然手机报有这么多长处，但还有诸多短处需要解决：

第一，信息容量小。手机的有限容量注定了手机报不可能容纳足够多的信息量，其内容只能是摘要和对报纸内容的缩写。手机报短期内难以成为人们主要的信息源。

第二，阅读费力易疲劳。手机报目前采用短信、WAP 和彩信三种技术支持。短信容量太小，最多可容纳 70 个汉字；WAP 因上网速度缓慢，也让其使用受到限制；彩信是目前手机报广为应用的技术，一条彩信虽然可容纳 50K，但要容纳高清晰度的图片依然不可能，在制作时只能对图片进行大幅度压缩。同时，即便是目前最高端的手机，其屏幕大小也无法与一张报纸相提并论，每页容量有限，阅读起来比较费力。

第三，资费偏高。从文字量和图片量上来讲，手机报远不如报纸，而它价格又高于报纸。如《杭州日报》手机报，在免费体验阶段有 10 万订户，而到了真正开始实行 5 元包月收费后，订户一下子减少到 1 万。用户如要另外点播，还要另付 5 角到 1 元一条的短信费。

第四，内容同质化。手机报一般都是传统纸质媒体的“彩信版”，内容原创性不多，多为传统报纸内容的概括和缩写，或是互联网上下载的信息，成了“炒现饭”，无法满足读者求新求变的需要。

第五，读者阅读习惯的改变也需时日。有些用户虽然订阅了手机报，但使用频率并没有达到“日读”状态。究其原因是阅读习惯的差异，终端用户的阅读不是短时期能够解决的。①

四、手机报的文本制作

手机报的文本制作不能将纸质媒体和网络媒体的套路机械地搬来，应该按照手机媒体的特点去开发选题，在文章结构、表达方式、语言风格以及图片、声音和影像的整合上形成自身的独特风格。具体地说，手机报的文本制作应注意以下几个方面：

第一，选择具有个性化的信息。手机报一般由受众来主动定制，受众定制新闻是根据自己的爱好来选择的，因此手机报的信息一定要满足受众个性化的需求。手机编辑可根据受众的需求将纷繁的信息划为不同的类别并传送给具有不同需求的受众。比如，编辑可将新闻信息划为时政、国际、经济、金融、文卫、体育、娱乐等多个板块供用户选择，用户可根据自己的兴趣来选择和阅读某方面的信息。

第二，要精心提炼信息。手机屏幕较小，一般 2~3 英寸，分辨率低，一般是 176×220 像素，每张屏幕只能容纳 100 个汉字左右，所以篇幅不宜长。长新闻翻看不方便，另外阅读时间长了眼睛也疲劳。这就要求新闻短小精悍，再加上一个既吸引人又概括了新闻内容的标题用以导读。作者要有能力梳理纷繁复杂的新闻事件，善于提炼主要的新闻信息，用精彩的语言来传达最主要的信息。通常手机报的新闻多为短消息，每次发送信息为多条短消息的集合发送。

第三，充分发挥多媒体优势。彩信方式的手机报可用来发送文字、图片、声音等多媒体格式内容，这种多媒体格式比单纯的文字内容更能激发受众的阅读兴趣，这是手机报强

① 参见宫承波主编《新媒体概论》，中国广播电视出版社 2007 年版，第 251~253 页。

于报纸的优势。

第四，要有新闻专题策划。尽管手机报传播的容量有限，但作为一种大众传播媒介，手机报必然需要对信息传播进行有意识的积极策划，才能提升信息传播的品质并受到大众的青睐。策划的着眼点主要在于新闻专题的报道上。手机报的新闻专题策划与其他媒体新闻类似，但要考虑手机报的快捷、方便的传播特点。比如，2008 年 5 月 12 日 14 时 28 分，四川汶川发生里氏 8 级特大地震，人民网立即面向手机报受众推出第一期“抗震救灾手机报”：《开山辟路，中国人不相信眼泪!》，引起手机报用户的强烈反响。5 月 19 日人民网又推出“抗震救灾手机报”：《全国哀悼日》，再次引发手机用户的关注和好评。人民网利用手机报对汶川大地震报道进行了有意识的新闻策划，从而创造了手机报新闻专题的典范。据统计，这个专题报道共收到手机用户留言 5 万余条。

目前，手机报还处于探索和初步发展阶段。随着 3G、4G 的普及，手机报的新闻传播必然不断突破现有的格局，手机报将会展现更加旺盛的生命力，迎来自己的黄金时代。①

手机终端媒介形态除了短信、手机报外，还有手机广播、手机图书、手机电视电影、微博、微信、客户端等。尤其是微信，被称为中国新四大发明之一。现在大多数网民在使用微信。这是世界上首款具有媒体特性的社交网络：提供使中国媒体产业变得更强大且更客观的自媒体生态体系。

① 参见王灿发主编《现代新闻业务基础教程》，中国传媒大学出版社 2008 年版，第 393~394 页。

结束语：媒体融合对新闻写作提出新的要求

2015年国家“顶层设计”提出推进媒体融合发展的战略，这样传统媒体(报刊、广播、电视)和新媒体(网络、手机)的融合进入快车道，改变了过去独媒体分立单干、各行其道的局面。现在它们互相取长补短、优势互补、此长彼长、合作同辉，把传统媒体报道的高度、深度和新媒体报道的广度、力度融合起来，成为新闻传播领域的新型媒体形态，即“融媒体”。它发扬了传统媒体的优良传统，又吸收了新媒体的新技术手段。

就新华通讯社来说，其出版的《新华每日电讯》除大幅报道国内外新闻外，还提示专题全媒体报道，阅读专题请扫描二维码、登录新华网；阅读专题请扫描二维码、登录新华社客户端。

新华网已不是昔日的旧面孔，而是以全新面貌出现，表现在：一是“让新闻离你更近”。你打开新版网站，能立刻感受到首页右侧“大屏幕”所带来的视觉冲击，这款“全媒体播放器”，集成图片、视频、音频等多种表现形式，将发生在全球的重大新闻以多媒体形态立刻呈现在网民眼前，给网民带来全新的沉浸式体验。二是从“桌面上”转到“手指间”。新版新华网在首页开辟了“新华网络电视”和“新华广播”专区，为新华社的音视频业务提供了更加贴近网民的展示平台；以新华网改版为契机，手机新华网同步改版，采用瀑布流、页面自适应等多种技术手段。三是实现新闻网站首家无人机队。超前布局国内无人机新闻报道领域，以多维视角采集新闻，建立重大突发事件的无人机新闻采集和传播机制。

新版新华网和新上线的新华社客户端，是新华社直接面向亿万网民的两个窗口，是新华社推进媒体融合发展的两个轮子。这两个终端平台全新亮相，标志新华社在媒体融合中迈出了新的坚实步伐。

中央广播电视总台在媒体融合中也有新的态势出现，除每天限时定时播报新闻外，还提示观众：“获取更多新闻资讯，还可以关注微博、微信和客户端”。其他主流媒体——从中央到各省、市的官方网站也纷纷效仿。

媒体融合后，新闻传播的时效性依然很强，内容、形式更丰富，舆论引导、信息供给和知识普及等无所不包，即传播力更大。

媒体融合后，从编制上讲，改变了过去独媒体单打一的状况。虽然过去提出记者、编辑要成为多面手，但实际操作起来还是“敲锣卖糖，各干一行”，记者管采写，编辑管编排，主播依现成稿件播报，摄影记者与文字记者同路不同步。现在不同了，是多种手段一起派上用场，传播者是全能的，采、写、编、摄、播一条龙，给受众以立体的全方位的信息快餐。

据此，对新闻传播者的写作提出了新的要求，概括起来就是有“五个力”：

一、敏锐获取新闻的眼力；

二、快速出手成章的笔力；

三、驾驭融媒体的活力；

四、语言文字规范生动的功力；

五、锻造新闻精品的毅力。

具备以上五点，就能很好地在新时代中国特色社会主义建设中践行党赋予新闻工作者的职责和使命：“高举旗帜、引领导向，围绕中心、服务大局，团结人民、鼓舞士气，成风化人、凝心聚力，澄清谬误、明辨是非，联接中外、沟通世界。”①

① 《习近平在党的新闻舆论工作座谈会上的讲话》(新华社北京 2016 年 2 月 19 日电，记者李斌、霍小光)。

主要参考书目

1. [美]麦尔文·曼切尔著:《新闻报道与写作》，中国广播电视出版社 1981 年版。
2. 穆青著:《新闻散论》，新华出版社 1996 年版。
3. 叶春华、连金禾著:《新闻采写编评》，复旦大学出版社 1996 年版。
4. 冯健总主编:《中国新闻实用大辞典》，新华出版社 1996 年版。
5. 杜荣进主编:《中外新闻采写借鉴集成》，浙江教育出版社 1997 年版。
6. 廖卫民、赵民著:《互联网媒体与网络新闻业务》，复旦大学出版社 2001 年版。
7. 孙春旻编著:《传媒写作》，西北大学出版社 2002 年版。
8. 周家群、张惠编著:《网络新闻与传播教程》，合肥工业大学出版社 2004 年版。
9. 孙发友著:《新闻报道写作通论》，人民出版社 2007 年版。
10. 宫承波主编:《新媒体概论》，中国广播电视出版社 2007 年版。
11. 沈艺虹主编:《传媒写作与案例》，中国市场出版社 2008 年版。
12. 王灿发主编:《现代新闻业务基础教程》，中国传媒大学出版社 2008 年版。
13. 何坦野著:《新媒体写作论》，浙江大学出版社 2008 年版。
14. 李杰著:《媒体新闻语言研究》，中国传媒大学出版社 2009 年版。
15. 廖雪琴、郑贵兰主编:《优秀新闻作品选读》(第二版)，华中科技大学出版社 2014 年版。
16. 潘瑞芳、谢文睿、钟祥铭著:《新媒体新说》，中国广播电视出版社 2014 年版。

后　记

新闻写作学课程改革，是“武汉大学面向21世纪教学内容和课程体系改革计划”暨“湖北省高等学校教学研究项目”之一。它由教材和CAI课件(计算机教学辅助课件)及1 000道题库三部分组成。本书是该课程的主干部分；CAI课件及题库由本书生发而成。这样，组成“三位一体”的课程体系和教学手段，便于学生很快由学习知识转化为动手能力，以适应新闻传播业务工作的需要。

当然，教材要新颖一些，又要实用。为此，作者在担任新闻写作课教学任务时，一面撰写教材，一面进行教学实践，反复几个来回，才形成现在这个模式。

在撰写过程中，阅读了不少新闻写作学教材和专著，汲取了这方面专家学者的一些研究成果，在此对他们致以谢忱并加以说明。

本书得以出版，与武汉大学新闻与传播学院新闻学系的举荐和教研室同仁的大力支持有关，与校教务处的扶持相关，与武汉大学出版社编审蔡先保先生的辛勤劳动有关。在此，向以上部门领导和同仁致以衷心的感谢。

承蒙我国著名新闻学家何微先生为本书作序。令人感动的是，何老在他82岁高龄时还抱病为弟子的书写序言，使弟子甚为不安。在此，祝愿何老身体健康。

书中错误之处，祈望专家和读者指正。

修订版后记

本书自出版以来，已连续印刷了4次，被多所高等院校新闻与传播学专业和多家新闻宣传单位使用。读者认为此书通俗易懂，有一定的新颖性和实用性。新闻写作爱好者使用本书时，与其配套的CAI课件及题库对照练习，可在短期内掌握新闻报道的多种样式与方法技巧。

作者通过近五年的教学实践，深感有必要对本书内容进行更新和充实，为此，在原有九章的基础上，增补了第十章：散文式新闻；第一章总论中增补了一节：新闻写作的基本原则；其他重要章节也置换了新实例，这样与现实更贴近一些。

本书得以修订再版，应感谢武汉大学出版社领导的支持和有关同志的审阅。当本书再版时，我想起了何微先生曾对我的教诲。他老人家已逝世5年了，在此我表示深深的怀念。

书中仍有不尽如人意之处，敬请专家和读者赐教。

作　者

2003年5月

第三版后记

本书自2003年修订出版以来，在一年半的时间内，又印刷了3次，连同第一版的4次，共印刷了7次。尽管如此，本人在继续承担新闻写作课教学任务时，仍感到有必要再次更新观念和充实内容。为适应当代新闻与传播工作的需要，于是增补了最后一章：网络新闻。

在第三版修订中，吸收了网络新闻传播方面专家学者的研究成果，得到了武汉大学出版社文史图书事业部编辑同志的大力帮助，在此，一并致以谢忱。

书中谬误之处，敬请专家、学者和读者斧正。

作　者

2005年12月

第四版后记

想不到拙作第四版“出笼”了，窃以为出到第三版该“寿终正寝”了。之后，见到第三版印刷了 5 次，连同第一版印刷 4 次、第二版印刷 3 次，共印刷 12 次，鉴于此，武汉大学出版社的负责同志两次对我说：“你再修订和增加一些新内容出第四版。”我想：出版社的诚意，岂能束之高阁？于是欣然答应了。为此，我利用历来的教学积累和参考同行专家学者的教材、专著，吸收他们的研究成果，并翻阅主流媒体刊发的作品，加以重新组合，增加了“新闻语言”“新闻博客”和“手机新闻”等章节，并对原版中的实例进行除旧布新，花了两年多的时间才修订成第四版。

第四版面世了。诚然，应感谢武汉大学出版社的领导和出版社王雅红、陶洪蕴等编辑专家的支持和帮助，是他们精湛的编辑水平让拙作顺理成章；也要感谢周伟明主编、复旦大学出版社 2008 年出版的《中国新闻传播学图书精介》将拙作列入其内，引导读者光顾；还要感谢大连理工大学新闻学系等七八所院校和湖北省内的中南财经政法大学新闻系等多所高校新闻传播专业将本书用作教材多年，以及郭光华、吴志文著，中国传媒大学出版社 2006 年出版的《新闻写作》和沈艺虹主编、中国市场出版社 2008 年出版的《传媒写作与案例》等好几部教材也将拙作列为参考书目之一。

我揣想，这本书之所以有点用，一是观念与时俱进、切合实际；二是写得通俗，阅读者易于、乐于接受。尽管这样，我还是认为纰漏还多，体系还不尽如人意。这只有待新闻传播领域的“达人”撰写出比此书“给力”的佳作来。

书中之误、之缺，敬请行家赐教、指正。

作　者

2012 年 7 月

第五版后记

两年前，武汉大学出版社文史分社安排本书再修订，出第五版，我欣然答应。原因是：本书第四版已出版5年印刷了5次，发行情况良好。但随着新媒体与传统媒体融合发展趋势，新媒体又成为新闻传播的重要平台，新闻写作在不断变化中，因此本书的观念和范例也要更新以符合实际，内容不能老化，要去旧布新，这是第一个原因。第二个原因是据悉外地有人盗版，建议上告。我答：太麻烦，算了吧，我再出新版本，这盗的旧版本就没有多大用了，因此就再版。

由于本人见识和精力有限，需要熟悉新闻写作的内行参与，为此请谢献谋、郑忠祥二位内行负责更新观念和内容，由谢献谋撰写第十三章网络新闻，郑忠祥撰写第十四章手机新闻，然后我加以统筹，使本书符合新闻传播的新要求。当然，书中仍有不妥当之处，敬请专家、行家指正。

感谢武汉大学出版社的领导和编辑一直对出版本书的支持和修正。

作　者

2018年4月